세계화시대
우리한국사

세 계 화 시 대

우리 한국사

—

김당택 지음

푸른역사

머리말

저자는 2002년 정치사 중심의 개설서인 《우리한국사》를 펴냈다. 이를 출판하게 된 계기는 새로운 시대구분을 시도한 데 있었다. 이제까지와는 다른 시대구분을 시도한다는 것은 다른 관점에서 한국사를 이해한다는 것을 의미하므로, 개설서를 구상하게 되었던 것이다. 그런데 나름의 틀을 세우는 데 급급하여 구체적인 사실의 서술에 치밀하지 못했다. 역사서의 생명은 올바른 사실을 전달하는 데 있는데, 이를 소홀히 했던 것이다. 이에 2006년에 그 개정판을 펴냈다. 그러나 고조선과 2000년 이후를 다루지 못했을 뿐만 아니라, 여러 역사적 사실들 가운데 저자가 선택한 것이 당시의 시대 상황을 이해하는 데 꼭 적절한 것인가에 대해서 의문이 제기되었다. 따라서 책을 다시 쓰지 않을 수 없었다.

저자는 이 책을 쓰면서, 오늘날이 국가 간의 장벽을 허물고 공동의 번영을 추구해야 하는 세계화시대임을 염두에 두었다. 아울러 한국인이 다른 나라 역사를 공부하듯이, 다른 나라 사람들도 한국사를 통해 한국을 알고 나아가 재미나 교훈, 그리고 지혜를 얻으려 한다는 사실을 잊지 않았다. 따라서 초판이나 개정판에서 그러했던 것처럼, 민족의 우수성이나 영광을 드러내기 위해 노력하지 않았다. 민족정서를 앞세우는 것은 올바른 역사 이해를 가로막을 뿐만 아니라, 민족구성원을 억압하는 데 이용되는 경우가 많다고 생각했기 때문이다. 그 대신 역사적 사실이 한국의 민족구성원에게 어떠한 의미를 지녔는가에 서술의 초점을 맞추었다. 그리고 대외관계사 서술을 늘렸다.

이 책에서 언급한 내용은 두말할 나위도 없이, 학계의 연구 성과에 의존한 것이다. 특히 이기백 선생의 《한국사신론》은 이 책의 바탕이 되었다. 그러나 부득이한 경우를 제외하고, 서술의 편의상 이를 일일이 밝히기는 어려웠다.

차례

제2장
중세 양반사회

제3장
근대 시민사회

서장
한국사의 시대구분

시대구분時代區分은 일반인에게 역사를 체계적으로 쉽게 이해시키기 위해 시도하는 것이다. 역사의 전개과정을 한눈에 알아볼 수 있게 하는 것이 시대구분인 셈이다. 따라서 역사연구에 있어서 시대구분은 매우 중요하다. 이제까지 한국사를 구분한 방법으로는 왕조王朝에 의한 구분, 사회발전단계에 의한 삼분법三分法이나 사분법四分法, 그리고 사회적 지배세력을 기준으로 한 구분 등이 있어 왔다.

왕조에 의한 시대구분은 한국사를 왕조에 따라서 삼국시대, 통일신라시대, 고려시대, 조선시대 등으로 나누는 방법이다. 이러한 시대구분법은 지양해야 한다는 것이 학계의 일반적인 견해이다. 역사가 왕실 중심이 아닌 바에야 이의 청산은 당연하다는 논리이다. 실제로 신라나 고려, 조선 등의 왕조가 한국사에 존재했다는 사실 이외에 이러한 시대구분을 통해 알 수 있는 것은 없다.

삼분법은 서양사에서 사용되는 시대구분법으로, 역사를 고대 노예제, 중세 봉건제, 근대 자본제로 구분한 것이다. 고대 노예제사회 아래에서의 인간 대부분은 노예와 같은 존재였으나, 중세의 봉건제도 아래서 농노로 발전하였고, 근대 자본제 아래서 자유민이 됨으로써 역사는 진보해 왔다는 것이다. 이는 매우 유용한 시대구분법으로 널리 행해지고 있다. 그런데 이를 한국사에 적용했을 때는 문제가 있다. 한국사에는 엄밀한 의미에서 노예제나 봉건제가 존재하지 않았기 때문이다. 이처럼 서양의 삼분법을 한국사에 적용한 데에 따른 문제점들을 극복하기 어려운 결과 한국사를 세 시기로 나눌 경우, 구체적 내용을 담지 않고 현재를 기준으로 해서 시간적으로 옛 시대, 중간시대, 가까운 시대라는 뜻을 가진 의미의 고대·중세·근대로 시대를 구분하기도 한다. 그러나 내용이 없는 시대구분은 시대구분으로서 의미가 없다.

이기백은 한국사를 서양의 예에 따라 무조건 세 시기로 나누어야만 하는 것은 아니라는 점을 분명히 하고, 그의《한국사신론》에서 색다른 시대구분을 시도하였다. 원시공동체의 사회, 성읍국가와 연맹왕국, 중앙집권적 귀족국가의 발전, 전제왕권의 성립, 호족의 시대, 문벌귀족의 사회, 무인정권, 신흥사대부의 등장, 양반사회의 성립, 사림세력의 등장, 광작농민과 도고상인의 성장, 중인층의 대두와 농민의 반란, 개화세력의 성장, 민족국가의 태동과 제국주의의 침략, 민족운동의 발전, 민주주의의 성장이 그것이다. 이는 각 시대를 주도한 사회적 지배세력(주도세력)의 변천과정에 기준을 두고 한국사의 큰 흐름을 파악해 보려는 것이었다. 그러나 한국사를 16시기로 구분함으로써 비전공자들이 이해하기에는 좀 복잡하다는 느낌이 든다.

저자는 알기 쉬우며 또한 매우 일반화되었다는 점에서 한국사에도 삼분법 혹은 사분법을 취하는 것이 좋다고 생각한다. 다만 거기에 고대 노예제, 중세 봉건제, 근대 자본제라는 서양사의 시대구분 내용을 반드시 담아야 한다고는 생각하지 않는다. 노예제나 봉건제를 가지고 한국사의 고대와 중세를 구분할 이유가 없듯이, 자본제의 형성시기를 근대의 기점으로 이해해야 할 필요도 없다. 한국의 자본주의가 일제강점기에 형성되었다는 지적은 상당한 설득력을 얻고 있는데, 일제 치하의 한국 자본주의는 한국인 대다수를 더욱 빈궁하게 했고 민족구성원 간의 갈등을 심화시켜 한국인을 불행하게 만들었던 것이다. 고대·중세·근대라는 용어를 사용했다고 해서 그 내용까지 서양의 경우를 따라야 하는 것은 아니라는 말이다. 한국의 역사발전이 서양의 그것과 다른 단계를 거쳤음을 감안하면 당연한 것이 아닌가 한다. 그렇다면 한국사의 시대구분은 어떻게 해야 하는가. 저자는 고려시대에 대한 이해가 한국사의 시대구분과 관련하여 매우 중요하다고 생각한다.

학계에는 고려가 귀족사회였다는 것이 정설화 되어 있는 가운데, 극히 일부의 학자만이 이에 반대하고 있다. 그런데 저자 역시 고려를 귀족사회라고 부르는 것은 타당하지 않다고 생각한

세계화시대
우리한국사

다. 고려를 귀족사회라고 주장한 학자들이 제시한 음서蔭敍나 공음전시功蔭田柴가 귀족사회설을 뒷받침하는 근거로 적절치 못해서가 아니라, 신라를 귀족사회라고 부르는 것이 일반적이므로 고려는 이와 구분해서 다르게 불려져야 한다고 믿기 때문이다. 고려에는 신라의 골품제도와 같은 엄격한 신분제가 존재하지 않았으며, 신라와 달리 왕족이 정치에서 배제되고 과거를 통해 관리를 선발했던 것이다. 고려가 신라 하대 변화를 바탕으로 성립된 국가였음을 감안하면 이러한 차이는 당연해 보인다. 그러함에도 불구하고 신라의 귀족사회가 와해된 후 성립한 고려를 다시 귀족사회라고 하는 것은 한국사의 체계적인 인식에 혼란을 초래한다. 귀족사회의 성립과 전개, 그리고 몰락이 두 번씩 언급되어야 하기 때문이다. 만일 고려를 굳이 귀족사회라고 부르기를 고집한다면, 신라는 이와 다르게 불리어져야 할 것이다. 한편 고려가 귀족사회였다고 주장한 학자들은 무신란으로 인해 귀족사회가 무너졌다고 하는데, 그렇다면 그 이후는 어떤 사회였는지 궁금하다. 고려가 어떤 사회인가는 한국사 전체의 흐름과 관련하여 논의되어야 할 것이다.

고려 광종대의 과거제도 실시는 커다란 역사적 의의를 지니는 것이었다. 과거제도가 실시된 배경이나 그 급제자의 출신을 고려할 때 그러하다. 물론 신라에서도 원성왕 4년(788)에 독서삼품과가 설치되어 학문에 기준을 둔 관리채용 방식이 채택된 적이 있었다. 그러나 그에 의한 관리채용 대상자는 대체로 6두품으로 매우 제한적이었으며, 그마저도 귀족들의 반대로 곧 폐지되고 말았다. 그런데 광종대의 과거 급제자 가운데는 신라 육두품 출신 유학자들만이 아니라 후백제 계통이나 중국에 유학했던 인물도 포함되어 있었다. 출신 지역에 관계없이 거의 모든 지방의 호족 자제들이 과거를 통해 중앙관리가 되었던 것이다. 따라서 과거제도는 신라의 골품제도와 같은 엄격한 신분제도 아래서는 상상하기 어려운 관리등용 방식이었다. 이는 태조 왕건과 그를 도와 고려를 건국하는 데 공을 세운 인물들이 신라의 골품제도와는 무관한 존재로서, 신라보다 훨씬 개방적인 사회체제를 구축할 수 있었기에 가능한 일이었다. 고려사회의 성격을 이해하는 데 과거제도 실시는 아무리 강조해도 지나침이 없을 것이다.

《고려사》에는 양반이라는 용어가 일일이 열거하기 어려울 정도로 많이 나타난다. 귀족사회의 근거로 이해되어 온 공음전시의 정식 명칭도 '양반공음전시'였다. 그런데 양반은 문반과 무반을 지칭하는 것이었다. 목종 원년(998)의 전시과를 '문무양반 및 군인전시과文武兩班及軍人田柴科'로 이름 붙인 사실로 알 수 있는 일이다. 이처럼 관리가 문반과 무반으로 구분되기 시작한 것은 광종대 이후의 일이었다. 광종은 과거제도를 실시하여 관리를 선발한 이외에 공신세력을 제어하기 위하여 시위군을 증강하였는데, 이들 광종대의 과거합격자와 시위군을 중심으로 양반이 형성되었던 것이다. 이후 고려의 정치사는 문신과 무신이 갈등을 빚은 가운데 전개되었다. 고려사회를 주도한 인물은 문무 양반이었던 것이다.

고려시대의 양반에는 문신과 무신의 가족도 포함되어 있었다.

현직관의 가족은 물론이고, 전직관의 가족도 양반이었다. 양반은 문무 관리를 가리키기도 했지만, 그들의 신분을 의미하기도 했던 것이다. 그렇다면 신분으로서의 양반이 존재했고, 그들이 사회를 주도한 고려는 어떻게 불러야 할까. 양반사회라고 불러야 마땅하다고 생각한다. 그런데 고려를 양반사회라고 한다면 조선과의 동질성 여부가 궁금하다. 조선이야말로 양반사회로 이해되어 왔기 때문이다.

고려 말이나 조선 초를 연구하는 학자들 대부분은 고려 말에 커다란 사회변화가 일어난 것으로 이해하고 있다. 그 근거로 이 시기에 등장한 사대부가 권문세족權門勢族을 몰아내고 조선왕조를 개창한 것을 들고 있다. 향리 출신의 중소지주인 사대부가 막대한 농장과 노비를 소유하면서 정치적으로 고위직을 점한 친원적親元的인 권문세족을 무너뜨렸다는 것이다. 사실이 그러했다면 조선왕조 개창은 커다란 사회변동의 결과였음이 분명하다.

조선왕조를 어떠한 성격의 인물들이 개창했는가를 알아보는 가장 구체적인 방법은 조선의 개국공신을 분석해 보는 것일 수 있다. 그런데 이를 분석한 연구들 모두는 개국공신이 중소지주거나 향리 출신이라고 할 수 없다는 데에 의견의 일치를 보인다. 실제로 52명의 개국공신 가운데 향리 출신으로 이해할 수 있는 인물은 쉽게 찾아지지 않는다. 대표적인 향리 가문 출신으로 정도전을 꼽고 있으나 그의 고조가 호장戶長이었을 뿐, 그의 아버지 정운경은 과거에 합격하여 벼슬이 형부상서에 이르렀던 것이다.

향리 출신의 중소지주가 등장하여 조선왕조를 개창했다는 것이 사실이 아니라면, 조선왕조의 개창을 커다란 사회변동의 결과로 이해하기 어렵게 만든다. 실제로 조선 초의 지배세력을 보다 광범위하게 검토한 연구에서도 고려와 조선의 지배세력은 크게 다르지 않다는 결론이 도출되었다.[1] 고려와 조선은 이질적이라기보다는 동질적인 사회였던 것이다.

고려와 조선이 동질적인 사회였다는 저자의 주장을 두 시대가 꼭 같다는 의미로 받아들여서는 곤란하다. 조선왕조의 개창으로 변화가 초래되었음을 부인할 수 없다. 새로운 왕조가 개창되었는데 변화가 따르지 않았을 까닭이 없다. 따라서 한국사를 여러 시기로 구분하면 고려의 무신란이나 조선의 병자호란에서 시대를 구분할 수 있듯이, 조선왕조의 개창 이후는 당연히 그 이전과 구분되어야 할 것이다. 다만 시대구분이 역사를 쉽게 이해시키자는 데서 출발했음을 염두에 두면, 복잡함보다는 단순함을 취하는 것이 타당하다고 생각한다. 고려와 조선은 양반사회로 함께 묶을 수 있을 것이다.

양반사회는 과거에 의해 관리를 선발하게 된 이후의 산물이다. 그렇다면 그 이전은 어떠한 사회였을까. 신라에 골품제도라는 신분제가 존재했음은 분명한데, 고구려나 백제는 잘 알 수가 없다. 그러나 고구려에도 신라의 골품제도와 흡사한 신분제가 존재했을 것이며, 백제 역시 마찬가지였다고 여겨진다. 따라서 고려 이전은 골품제사회였다고 부를 수 있는데, 다만 이 용어에는 어떠한 세력이 당시의 사회를 주도했는가가 잘 드러나지 않는다.

신라 화백회의의 구성원은 소수의 진골이었다. 또한 고구려에

세계화시대
우리한국사

서는 제5관등의 조의두대형 이상이 국가의 기밀을 맡고 정사를 도모하였다. 그리고 백제에서 재상을 선거했다는 정사암회의에 참석한 인물도 소수였을 것으로 생각된다. 이들은 귀족이라고 불러 무리가 없을 것이며, 실제로 그렇게 부르고 있다. 이들 귀족의 특권은 국가의 조직법이라고 할 수 있는 율령律令에 의해 규정되었다. 따라서 율령이 반포된 이후의 삼국시대나 통일신라시대는 귀족사회였다고 할 수 있다. 이러한 귀족사회는 신라 말에 골품제도가 무너지면서 와해되었다.

한편 과거제도의 실시로 성립된 양반사회는 갑오개혁을 계기로 붕괴되었다. 갑오개혁에서는 과거제도를 없앰으로써 문반과 무반의 구분이 사라졌고, 종래의 양반과 상민의 차별이 소멸되었다. 이는 조선사회의 신분제도 폐지에 대한 요구가 반영된 결과였다. 일찍이 실학자들에 의해서 그 개혁의 필요성이 제기되었으며, 갑신정변을 주도한 인물들의 정강政綱이나 동학농민군의 폐정개혁안에서 그 폐지가 주장되는 등, 신분제도의 폐지는 조선사회의 현안이었던 것이다.

양반사회가 무너진 이후의 조선사회를 이끈 사람들은 누구였을까. 이와 관련하여 주목되는 존재는 독립협회에 참여한 인물들이다. 국가의 자주독립과 자강, 그리고 민권의 신장을 목표로 활동한 독립협회에는 관리나 유생만이 아니라, 상인·학생 등이 참여하였다. 심지어 독립협회가 주최한 관민공동회에서는 고위 관리들이 참석한 가운데 백정 출신이 연설을 하여 만장의 박수 갈채를 받았다. 독립협회에 참여한 이러한 여러 계층의 인물들은, 비록 그들이 서양사에서 말하는 '시민'처럼 경제력을 갖춘 것은 아니지만, 도시에 살면서 사회개혁에 대한 의지를 가지고 있었다는 점에서 함께 묶어 시민이라고 불러도 좋다고 생각한다. 실제로 갑오개혁 이후 사회를 주도한 계층을 시민이라고 지칭한 연구가[2] 간간이 눈에 띈다. 따라서 양반 신분제도가 무너진 이후의 조선사회는 시민이 주도한 시민사회로 이해해서 크게 무리는 없을 것이다.

한국의 시민사회는 한국이 일제의 식민지가 됨으로 말미암아 굴절되었다. 한국인은 민주주의적 정치훈련을 쌓을 기회를 가질 수 없었고, 한국에 민주적 자질을 가진 정치지도자가 양성될 수 없었던 것이다. 그러한 가운데서도 일제의 식민지배에 항거하여 일어난 3·1운동에는 적어도 백만 명 이상의 많은 사람이 자발적으로 참여하였다. 여기에는 노동자·농민이 다수를 차지하고 있었다. 이는 한국인의 정치·사회의식이 그만큼 높아졌음을 말해주는 것이었다.

8·15해방으로 한국은 일본의 식민지배에서 벗어났다. 그러나 이는 한국인의 힘에 의해 이루어진 것이 아니었으므로 한국인에게 완전한 해방을 가져다주지 못하였다. 일본 아닌 미국과 소련으로 그 지배의 주체가 바뀌었을 뿐이었다. 따라서 8·15해방에 커다란 의미를 부여하는 데 이의를 제기할런지 모른다. 그러나 해방 직후 남한에서만 송진우의 한국민주당, 여운형의 조선인민당, 박헌영의 조선공산당을 위시한 많은 정당이 만들어졌다. 수많은 정당·사회단체의 출현은 자유에 대한 열망과 국민이

나라의 주인이라는 인식이 확산된 결과였다. 실제로 곧이어 국회의원 선거가 실시되고 민주국가인 대한민국이 수립되었다. 8·15해방 이후를 민주사회라고 해도 큰 잘못은 없을 것이다.

이제까지의 검토를 통하여 고구려·백제·신라의 율령반포 시기로부터 신라 하대 골품제가 와해될 때까지를 귀족사회, 과거제도가 실시되어 양반이 등장한 이후부터 신분제가 폐지된 갑오개혁까지를 양반사회, 독립협회의 성립으로부터 8·15해방까지를 시민사회, 그리고 8·15해방 이후를 민주사회로 부를 수 있음을 알았다. 한국사는 소수의 귀족이 주도한 사회로부터 그보다 많은 양반이 이끈 사회로 변화했고, 여기에서 시민 중심의 사회로, 그리고 모든 국민이 나라의 주인인 민주사회로 발전해 왔던 것이다. 그렇다면 귀족사회를 고대로, 양반사회를 중세로, 시민사회를 근대로, 민주사회를 현대로 하여, 고대 귀족사회, 중세 양반사회, 근대 시민사회, 현대 민주사회로 한국사를 시대구분할 수 있을 것이다. 이는 한민족이 어떠한 과정을 거쳐 자유를 누리게 되었는가에 초점을 맞춘 시대구분이다.

---

[1] 존 던컨, 2013, 《조선왕조의 기원》.

[2] 신용하, 2000, 《한국근대사회변동사강의》.

1
-
古代

고대 귀족사회

《삼국사기》에 따르면, 신라의 17관등 가운데
제5관등인 대아찬 이상에 오를 수 있는 사람은 진골 귀족이었다.
그들은 국가의 중대사를 결정하는 화백회의의 구성원이기도 했다.
신라는 진골 귀족이 주도한 사회였던 것이다.
이처럼 소수의 귀족이 사회를 주도한 것은
고구려나 백제의 경우에도 마찬가지였다.
그러나 귀족사회는 신라가 삼국을 통일한 이후
골품제도가 붕괴되면서 와해되었다.
여기에서는 귀족국가인 고구려·백제·신라의 성립과 특징, 그들 간의 상호항쟁,
그리고 귀족사회가 와해되는 과정 등을 살펴볼 예정이다.
한편 고조선은 귀족국가가 아니었으나, 최초의 국가라는 점을 고려하여
이 책의 맨 처음에서 다루었다.

01 —
고조선

한국의 역사상 최초의 국가는 조선이었다. 이 조선은 1392년 이 성계가 세운 조선과 구분하여 고조선이라고 부르는 것이 일반적이다. 그런데 어느 나라나 마찬가지겠지만, 최초의 국가를 설명하는 데는 어려움이 따른다. 이에 관한 기록의 대부분이 신화를 토대로 하고 있고, 그것을 해석하는데 민족감정이 개입되기 때문이다. 조선의 경우도 예외는 아니다. 신화와 사실이 뒤섞여 있고, 더욱이 한국 측 기록과 중국 측 기록에 차이가 있는 것이다.

《삼국유사》에는 중국의 요堯 임금 때(기원전 2333), 곰과 관련이 있는 단군(정확히는 단군왕검)이 조선을 세우고 평양에 도읍한 것으로 되어 있다. 1,500년간 나라를 다스리던 단군은 기자箕子가 조선에 봉封해지자 아사달에 들어가 산신이 되었다고 한다. 그러나 단군이 기원전 23세기경에 나라를 세웠다는 것은 그대로 믿기 어렵다. 국가가 형성되려면 청동기문화가 어느 정도 성숙한 다음에야 가능한데, 한반도와 남만주 지역에서 그런 조건이 마련된 시기는 기원전 10세기였다는 견해가 일반적이기 때문이다. 따라서 고조선의 성립을 기원전 2333년이나 그 이전으로 고집하는 것은 국가 형성의 일반적인 조건을 무시하는 것이 된다. 그렇다고 고조선에 관한 《삼국유사》의 기록을 모두 허구로 돌릴 수는 없다. 일정한 역사적 사실을 반영하는 것으로 이해해야 한다.

고조선에 관한 기록의 대부분은 중국의 역사서에 나타난다. 중국의 역사서에 따르면, 기원전 11세기경 주周의 무왕武王이 기자를 조선후朝鮮侯에 봉하자, 그는 5천 명을 데리고 가서 8가지의 법 조목을 제정하고 양잠 등을 가르쳤다고 한다. 후일 이 조선은 왕을 칭했을 정도로 강성했는데, 그러나 곧 전국戰國의 일곱 나라 가운데 하나인 연燕의 장군 진개秦開의 침입을 받아 영토를 빼앗기고 쇠약해 졌다(기원전 332~321 무렵). 조선의 법 8조목 가운데, 전해지는 3조목의 내용은 다음과 같다.

1. 사람을 죽인 자는 사형에 처한다.
2. 남에게 상해를 입힌 자는 곡물로서 배상한다.
3. 남의 물건을 훔친 자는 데려다 노비로 삼는다. 단, 스스로 속죄하려는 자는 1인당 50만전을 내야 한다.

한국의 역사가들 대부분은 주의 무왕이 기자를 조선후에 봉했다는 것, 즉 기자가 조선을 세웠다는 기록을 역사적 사실이 아닌

전설로 이해하고 있다. 그러나 조선에 8가지 법 조목이 존재했고, 또 기원전 4세기경 연의 장군 진개의 침입을 받은 사실은 대체로 인정하고 있다.

연의 침입을 받은 것으로 미루어, 8조목의 법을 보유한 조선은 요동에 자리 잡았음을 알 수 있다. 그런데 문제는 이 조선이 단군이 세운 것이었는가 아니면 기자가 세운 것이었는가 하는 점이다. 중국 측 사서에는 이 조선의 지배자가 기자의 후손이었다고 기록되어 있다. 이에 근거하여, 천관우는 조선을 기자 개인이 아닌 기자를 받드는 종족, 즉 기자족이 세운 나라였다고 이해했는데,[1] 타당해 보인다.

연의 침입을 받아 쇠약해진 조선은 기원전 4세기 이후 언제인가 그 중심지를 요동으로부터 오늘날의 대동강 유역으로 옮겼다. 《고려사》의 기록에 기자가 봉함을 받은 곳이 서경, 즉 평양이었다거나, 그곳에 기자묘가 있다는 것이 이를 뒷받침한다. 당시에는 뒤에 언급될 위만衛滿의 경우로 미루어서도 알 수 있듯이, 오늘날의 중국으로부터 수많은 사람들이 동쪽으로 이동했는데, 기자족 역시 그러했던 것이다. 오늘날처럼 국가 경계나 민족을 확연하게 구분할 수 없는 상황이었으므로, 이러한 견해에 민족감정을 개입시킬 여지는 없다.

조선이 평양으로 그 중심지를 이동할 무렵, 대동강 유역에는 이미 곰과 관련이 있는, 즉 곰을 숭배하던 단군족이 정착하고 있었다. 단군이 평양에 도읍했다는 《삼국유사》의 기록이나 평양의 선조가 단군이었다는 기록(고려 조연수 묘지명)을 통해 짐작할 수

세계화시대
우리한국사

있는 일이다. 이들 단군족은 일정한 정치조직체를 갖추고 있었으나 국가의 단계에 이르지는 못했던 듯하다. 단군왕검이 제사장과 정치적 군장君長의 역할을 겸하고 있던 제정일치적祭政一致的 사회였던 것이다.[2] 따라서 단군족은 요동으로부터 이동해 온 기자족에게 주도권을 넘겨줄 수밖에 없었다. 《삼국유사》에 기자가 조선에 봉해지자 단군이 아사달에 들어가 산신이 되었다는 것은 이를 말해주는 것으로 생각된다. 결국 평양 지방에 먼저 정착한 단군족이나 후일 이곳으로 이동해 온 기자족은 모두 오늘날 한민족의 조상이었다. 그러한 만큼 오늘날 한국인이 단군의 자손이라고 한 표현은 크게 잘못된 것이 아니라고 할 수 있다.

대동강 유역에 존재했던 단군족의 정치조직체는 국가 단계에 이르지 못했으므로 조선이라는 국호를 사용했을 리 없다. 그러함에도 불구하고 단군족의 후손은 이를 국가로 이해했던 듯하다. 《삼국유사》가 기자에 앞서 단군이 평양에 조선을 세웠다고 서술한 것은 이를 반영한 결과로 생각된다. 《제왕운기》나 《조선왕조실록》이 단군조선을 전조선, 기자조선을 후조선으로 기술한 것 역시 이러한 주장에 따른 것으로 여겨진다.

중국에 한漢이 선 이후, 고조高祖는 노관盧管이라는 인물을 옛 연의 땅에 왕으로 봉했다. 그러나 노관은 한에 반하여 북쪽 흉노의 땅으로 망명하여 버렸다. 이에 그의 부하 위만은 천여 명의 무리를 이끌고 조선에 망명하여, 준왕準王으로부터 국경을 수비하는 임무를 맡았다. 그는 힘이 커지자 준왕을 축출하고 스스로 왕이 되었다(기원전 194). 이에 준왕은 위만을 피해 남쪽 진국辰國

으로 내려가 한왕韓王을 칭했다. 위만은 왕이 된 이후에도 조선이라는 국호를 그대로 사용하였다.

(위만)조선은 우세한 군사력과 경제력을 가지고 주위의 여러 나라를 정복하였다. 세력이 강대해진 (위만)조선은 한강 이남의 진국 등 여러 나라가 한과 직접 교역하는 것을 금하였다. 중간무역의 이익을 독점하기 위함이었다. 이러한 (위만)조선의 행동을 한은 즐겨하지 않았다. 더구나 여러 종족을 통합하여 유목제국을 건설한 흉노가 (위만)조선과 연결하는 경우에 받을 위협을 한은 두려워하고 있었다. 이에 한의 무제武帝는 진국 등의 입조入朝를 중간에서 방해하는 위만의 손자 우거왕의 적대적인 태도를 고치는 한편, (위만)조선을 끌어들여 흉노를 견제할 생각으로 섭하涉何라는 인물을 파견하였다. 그러나 우거왕은 한의 제의를 거부하였다. 그러자 귀국길에 오른 섭하는 (위만)조선의 장수를 살해하고 본국으로 달아났는데, 후일 (위만)조선의 군대에 의해 보복적으로 살해되었다. 이를 계기로 한 무제는 드디어 (위만)조선을 무력으로 침략하였다. (위만)조선왕이 자신에게 입조하지 않고, 이웃한 국가가 한과 직접 교통하는 것을 방해했다는 것이 침략의 이유였다.

(위만)조선은 1년에 걸쳐 그들과 싸웠으나 주화파와 주전파가 갈등을 빚어 전력이 크게 약화되었다. 결국 주화파의 일부가 투항하고, 우거왕은 주화파 가운데 한 사람에 의해 살해되었다. 이후에도 대신大臣 성기成己가 저항을 꾀했으나 한나라 장군의 지시를 받은 인물에 의해 그가 살해됨으로써 왕검성이 함락되고

(위만)조선은 멸망하였다(기원전 108). 한은 (위만)조선을 멸망시킨 그 해에 (위만)조선의 영토 안에다 낙랑·진번·임둔의 세 군을 두고, 그 다음해에 압록강 중류 일대에 현토군을 두었다. 이로써 소위 한의 4군이 성립하였다.

02 ─
고구려·백제·신라 귀족국가의 성립

고조선이 대동강 유역에 자리 잡은 이후, 한국사에는 부여와 마한·진한·변한의 삼한, 그리고 가야 등 많은 나라가 등장했다. 그러나 이들은 모두 귀족국가에 이르지 못했다. 여기에서는 귀족국가로 성장한 고구려·백제·신라를 중심으로, 그들이 귀족국가로 발전하는 과정을 구체적으로 살펴보려고 한다.

《삼국사기》에는 고구려가 기원전 37년에, 백제가 기원전 18년에, 그리고 신라가 기원전 57년에 건국한 것으로 되어 있다. 그러나 이러한 연대는 그대로 믿기 어렵다. 고구려는 백제나 신라에 비해 그 발전이 훨씬 앞섰으므로, 건국 연대도 백제나 신라보다 빨랐을 것이다. 연맹의 맹주盟主 지위가 고정된(학계에서는 이러한 현상을 일반적으로 '왕실이 고정되었다'고 표현한다) 시기를 예로 들면, 고구려가 태조왕(53~146)대, 백제가 고이왕(234~286)대, 신라가 나물마립간(356~402)대로 이해된다. 고구려가 신라보다 약

3세기 앞서 있었던 것이다. 이처럼 삼국은 그 출발한 시점이 달랐으나 유사한 발전과정을 거쳤다. 따라서 여기에서는 그러한 유사점에 초점을 맞추어 삼국의 발전과정을 알아볼 것이다.

고구려

《삼국사기》에 따르면, 고구려는 기원전 37년에 부여로부터 남하이동해 온 주몽이 건국했다고 한다. 그 지역은 압록강 중류 동가강 유역의 환인 지방이었다. 그리고 초기 왕의 순서는 다음과 같이 기록되어 있다.

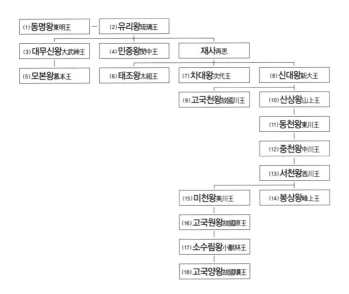

위에 따르면, 고구려왕은 모두 혈연적으로 연결되어 있었다. 모든 왕이 동명왕의 자손인 것이다. 그런데 이와는 달리, 중국의 《삼국지》 고구려전에는 '본래 연노부涓奴部에서 왕이 되었는데 차츰 미약해져서 지금은 계루부桂婁部가 대신하고 있다'고 하였다. 또한 '연노부는 원래 국주國主였으므로, 지금은 비록 왕이 아니지만 그 적통대인適統大人은 고추가古雛加를 칭할 수 있다'고 하였다. 이들 기록은 모두 고구려의 왕실이 교체되었음을 알려주는 것들이다.

《삼국사기》와 《삼국지》 고구려전 가운데 어느 것을 믿어야 할까. 이와 관련하여 참고되는 것이 《삼국유사》의 기록이다. 《삼국유사》에 의하면, 동명왕은 고高씨인데 반해 유리왕·대무신왕·민중왕은 해解씨였다. 모본왕의 경우도 해씨와 관련이 있었다. 한편 태조왕 이후의 국왕 성에 대해서는 언급이 없지만, 고씨로 이해되고 있다. 따라서 유리왕에서 모본왕까지는 동명왕과 다르며, 태조왕 이후와도 구분된다. 사실 모본왕 다음 왕이 시조를 의미하는 태조라는 칭호를 사용한 것으로 미루어 보더라도, 태조왕 이후는 그 이전과 혈통이 달랐다고 생각된다. 즉 해씨를 대신하여 태조왕 이후는 고씨가 왕위를 차지했던 것이다.[3]

그렇다면 《삼국사기》나 《삼국유사》에 고씨인 동명왕 주몽이 고구려의 시조로서 해씨에 앞선 국왕으로 기록된 것은 어떻게 해석해야 할까. 이에 대해서는, 태조왕 이후 고씨가 해씨의 뒤를 이어 왕위를 계승하면서 자신의 조상인 동명왕을 고구려의 시조로 올렸고, 이 과정에서 해씨인 유리왕이 마치 동명왕의 아들인 것처럼 연결되었다는 해석이 있다. 동명왕의 전설은 후대의 고씨 왕에 의해 조작되었다는 것이다.[4] 사실 《삼국사기》의 초기 기록은 그것을 모두 허구로 돌리는 것도 잘못이지만, 그렇다고 무조건 믿을 수도 없다. 그러한 사료가 지니고 있는 역사적 의미를 밝혀야 하는 것이다. 결국 고구려에서는 해씨에서 고씨로 왕실이 교체되었고, 그 시기는 태조왕 때였다. 그리고 이 사실을 중국 측 기록은 연노부(이 연노부는 《후한서》에 소노부消奴部라고 기록되어 있으므로, 흔히 소노부라고 부르기도 한다)에서 계루부로 왕실이 바뀌었다고 서술하였다.

해씨에서 고씨로 왕실이 바뀌었음에도 불구하고 해씨의 왕이 고구려의 왕실계보에 버젓이 수록된 까닭은 어디에 있을까. 이는 고씨와 마찬가지로 해씨 역시 고구려를 구성한 중요한 세력의 하나였음을 반영한다. 그런데 《삼국지》 고구려전에는 전왕족인 연노부와 왕족인 계루부 이외에도 왕비족인 절노부, 그리고 순노부와 관노부 등 5노부奴部가 나타난다. 그리고 《삼국사기》에 의하면, 고구려에 여러 나那가 존재했는데, 이들 가운데 특히 관나부·조나부·환나부·주나부·연나부 등 5개의 나부가 유력하였다고 한다. 이를 통해 《삼국사기》의 나를 중국인은 노로 표기했고, 나 혹은 노로 표기된 이들 다섯 개의 세력이 고구려를 구성한 유력집단이었음을 알 수 있다. 고구려는 이들 세력의 연맹체였던 것이다. 그러므로 왕실이 교체되었다는 것은 곧 해씨에서 고씨로 연맹체 내 맹주가 바뀌었음을 의미하는 것이었다. 그들이 연맹을 형성하게 된 것은 자체 내의 통합운동에 따랐거나, 중국 군현과의 대결과정에서 이루어진 것으로 이해된다.

고구려가 다섯 개 세력으로 구성되어 있었음을 염두에 두면, 고구려라는 명칭은 주몽집단, 즉 고씨집단이 애초부터 사용했던 것이 아니라, 그들이 주변의 세력과 연맹을 형성한 이후에 사용한 연맹체의 칭호였음을 알 수 있다. 뒤에 설명되겠지만, 비류집단과 온조집단이 중심이 된 연맹체가 백제라는 국호를, 그리고 사로국이 중심이 된 연맹체가 발전하여 신라라는 국호를 사용한 것과 궤를 같이 하는 것이다.

고구려 연맹을 구성한 5개의 세력은 처음부터 연노부, 계루부 등으로 불리어졌던 것이 아니다. 애초에 그들은 모두 독립된 국가였다. 《삼국사기》에 보이는 주몽이 싸워 이겼다는 송양왕의 비류국은 그 가운데 하나였을 것이다. 그들은 후대의 왕실, 즉 맹주의 지위가 강화되면서 부로 편제되었다. 해씨집단이 연노부로, 고씨집단이 계루부로 불리어진 것이다. 이처럼 연맹을 구성한 국가들이 부로 편제된 시기는 대체로 계루부 고씨가 맹주의 지위를 확립한 태조왕 때 이후였을 것으로 추측된다.

독립된 국가가 부로 편제되면서 부의 지배자는 가加로 지칭되었다. 아울러 연맹의 맹주는, 그 구체적인 칭호는 알 수 없지만, 후일 신라 6부의 지배자가 간干이고 그 연맹의 맹주 칭호가 마립간麻立干이었던 것처럼, 가의 우두머리라는 뜻을 가진 용어로 불리어졌을 것이다. 왕의 칭호가 사용된 것은 비록 《삼국사기》에는 유리왕, 태조왕 등으로 기록되어 있지만, 후대의 일이었다.

고구려 연맹을 구성한 세력집단은 부로 편제된 이후에도 그들의 독자성을 그대로 유지하였다. 부의 우두머리인 가는 연맹의 맹주와 마찬가지로 관리를 거느리고 있었다. 연맹의 맹주, 즉 왕을 중심으로 한 관등과 가를 중심으로 하는 관등이 동시에 존재했던 것이다. 이는 가가 부내의 일을 어느 정도 자치적으로 처리했음을 짐작할 수 있게 한다. 실제로 각 부는 각각의 독립된 군사기반을 가지고 있었다. 이러한 이원적인 지배체제하에서 국가의 중요한 사항은 왕이 임의로 결정한 것이 아니고, 왕과 각 부의 장인 여러 가들이 논의해서 결정하였다. 이러한 사실은 가들이 수상인 대대로를 선출했다는 것으로 알 수 있다. 이 회의는 제가회의諸加會議라고 부를 수 있는 것이었다.

각 부가 정치적으로 일정한 독립성을 유지한 것과 짝하여 그들은 종교적으로도 독자성을 유지하고 있었다. 특히 계루부 이전에 고구려연맹의 맹주였던 연노부가 그러하여, 그들은 부족신과 하늘에 대한 제사를 자체 내에서 행하였다. 이에 고구려는 국중대회國中大會인 동맹제東盟祭를 개최하였다. 국중대회란 표현이 말해주듯이, 동맹제는 국가차원의 제천의식으로서 각 부의 가를 비롯한 고구려 지배층이 모두 참여하였다. 고구려는 이를 통해 각 부를 아우르는 국가의 통합을 기도했던 것 같다.

고구려 왕실의 위상은 고국천왕(179~196)대에 이르러 높아졌다. 그 이전까지 왕위는 형제상속에 의해서 계승되는 특징을 보였으나, 고국천왕 이후 부자상속이 보편화되었던 것이다. 이러한 왕위계승법의 변화는 왕권이 강화되었다는 것을 의미한다. 왕권강화는 연나부(중국 측 기록의 절노부) 명림씨 출신의 왕비를 맞이하는 것이 관례가 된, 이른바 연나부왕비시대가 시작됨으로써 더욱 촉진되었다. 왕실은 연나부와 결탁함으로써 왕권에 대항하는 여러 세력을 억제할 수 있었던 것이다. 그리고 이를 바탕으로 국왕은 강력한 중앙집권화정책을 시도하였다. 고국천왕이 정부의 곡식을 대여하는 진대법을 실시한 것이나 신하들의 반대에도 불구하고 5부의 출신이 아닌 을파소를 국상國相으로 등용한 것은 그 구체적인 예가 될 것이다.

왕권이 강화되면서 국왕은 부의 인사행정에 관여하는 등, 부를 장악해 나갔다. 그 결과 종래의 계루부·절노부·순노부·관노부·연(소)노부가 각각 방향을 표시하는 내부·북부·동부·남부·서부로 바뀌었다. 원래 독립된 국가가 절노부 등으로 개편되었고, 이제 다시 북부 등으로 변했던 것이다. 이는 부족적인 전통을 지녀온 5부가 방위를 표시하는 행정적인 5부로 개편되었음을 의미한다. 이러한 개편은 부의 족적기반을 와해시킬 목적으로 단행되었다. 그러한 만큼 부의 지배자는 자신의 세력 근거지를 떠나 서울로 거주지를 옮겼던 것으로 추측된다. 부의 독자성이 크게 약화되었음은 물론이다. 이러한 변화가 일어난 시기는 대체로 동부라는 명칭이 나타나는 고국천왕 시기였을 것으로 추측된다.

부족적인 부가 행정적인 부로 개편되면서 단일한 관등체계가 출현하였다. 고구려의 관등은 시대에 따라서 차이가 있었다. 예컨대 3세기 중엽까지는 10개의 관등이었으며, 6세기까지는 12~13관등, 그리고 멸망 당시에는 수상인 대대로 이하의 14관등으로 정리되었다. 이는 고구려의 관등체계가 오랜 기간을 두고 정비되어 왔음을 말해준다. 국왕의 부에 대한 통제가 단시간 안에 이루어지지 않았던 것이다. 고구려의 14관등은 아래의 표와 같다.

고구려의 14관등

1	대대로大對盧	8	수위사자收位使者
2	태대형太大兄	9	상위사자上位使者
3	울절鬱折	10	소사자小使者
4	태대사자太大使者	11	소형小兄
5	조의두대형皂衣頭大兄	12	제형諸兄
6	대사자大使者	13	선인先人
7	대형大兄	14	자위自位

여기에서 특히 눈에 띄는 것은 태대형·대형·소형 등 형兄과 태대사자·대사자·소사자 등 사자使者의 명칭이 붙은 관등이 많다는 점이다. 형은 연장자의 뜻이며, 사자는 행정적인 관리를 가리킨다. 이는 가로 불리어지던 지난날 부의 지배자와 그들에게 봉사하던 행정적인 관리가 함께 왕이 거느린 관리 속에 포함되었음을 의미한다. 즉 가와 그들이 거느린 행정적 관리가 관등체계가 일원화되는 과정에서 각기 그 세력에 상응하는 여러 형과 사자로 개편되었던 것이다. 이리하여 과거 두 계열의 관등체계는 해소되고 왕을 중심으로 한 단일한 관등체계가 성립되었다.

관등체계가 일원화되면서 신분제가 마련되었다. 고구려의 신분제는 잘 알려져 있지 않지만, 국가의 기밀을 맡고 정사를 도모했다는 제5관등인 조의두대형 이상이 귀족이었던 것으로 이해된다. 이들 귀족은 귀족회의를 통해 국정에 참여했던 것 같다. 신라의 화백회의에 견줄 수 있는 이 회의기구의 명칭을 알 수 없는 점이 유감인데, 관등제가 일원화되기 이전에 국가의 중대사를 결정하였던 제가회의와는 다른 명칭으로 불리어졌을 것이다.

고구려는 소수림왕(371~384) 때에 이르러 불교를 수용하고, 교육기관인 태학을 설립하였다(372). 불교의 수용은 신라의 경우를 통해 뒤에 보다 자세히 설명하겠지만, 각 부족 간의 다양한 신앙 차이를 극복하고 사상적 통일을 기함으로써 모든 고구려인이 국왕을 중심으로 결집할 수 있는 토대를 마련하는 데 그 목적이 있었다. 그리고 태학에서는 국왕에 대한 충성을 교육했을 것으로 생각되는데, 이는 국왕을 중심으로 한 중앙집권체제의 구축에 필요한 것이었다. 그러나 무엇보다 주목되는 것은 율령을 반포했다는 사실이다(373). 율령의 율은 범죄와 형벌에 관한 규정이며, 영은 국가의 기본법, 즉 조직법이다. 그러므로 율령의 반포는 곧 국가적 성문법에 의해 왕권을 합법화하고 국가를 통치하는 기준을 마련했다는 것을 의미한다. 따라서 관등체계나 신분에 관한 내용 등이 율령에 포함되어 있었을 것이다. 이로써 귀족국가의 기틀이 마련되었다.

백제

백제의 건국설화에 의하면, 고구려에서 남으로 무리를 이끌고 이주해 온 비류와 온조 형제가 각각 미추홀과 위례에 자리를 잡았는데, 뒤에 형인 비류가 이끌던 미추홀이 온조의 위례에 합류

했다고 한다. 이를 통해 알 수 있는 것은 우선 백제 건국의 중심 세력이 북에서 이주해 온 부여·고구려계 집단이었다는 점이다. 후일 성왕이 사비에 천도한 이후 한때 국호를 남부여라고 불렀던 것은 이러한 사실과 관련이 있어 보인다. 그리고 비류가 미추홀에, 온조가 위례에 자리 잡았다는 것은 그들이 각기 독립된 국가를 이루었음을 알려준다.

《삼국사기》에는 비류와 온조가 형제라고 되어 있다. 이는 그들이 연맹을 맺었음을 암시하는 것으로 해석된다. 그런데 5부가 설치되었다는 것으로 미루어, 고구려와 마찬가지로 백제연맹도 이들을 포함한 5개의 유력한 세력으로 구성되었음을 알 수 있다. 훗날 백제의 귀족이 되어 왕비를 배출한 진眞씨는 그 가운데 하나였을 것이다. 이들이 연맹체를 형성한 계기는 중국 군현세력에 대항하기 위함이었다. 위魏 지배하의 낙랑군과 대방군이 이 지역에 침입한 사실(246)로 미루어 보면, 그 이전에도 중국 군현의 위협은 자못 심각했던 것 같다.

연맹체의 형성과정에서 핵심적인 역할을 한 것은 비류집단과 온조집단이었다. 그리고 비류가 형으로 나오는 것은 연맹 초기에 비류집단이 온조집단보다 우세했음을 반영한다. 그러나 점차 오늘날의 서울지역에 자리 잡은 온조집단이 강성해져 그 중심세력이 되었던 것 같다. 이러한 사실은 백제 국왕의 계보를 통해서도 확인할 수 있다.

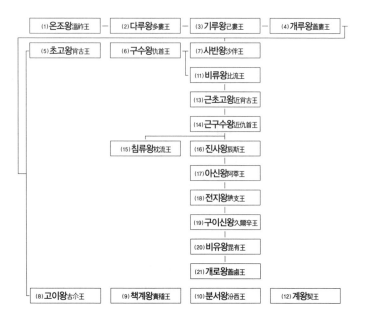

《삼국사기》의 백제 국왕계보에 따르면, 백제의 왕은 모두 온조의 자손이었다. 그런데《삼국사기》가 백제의 왕이 부여씨였다고 한데 반해, 《삼국유사》에는 해解씨로 되어 있다. 이를 어떻게 이해해야 할까. 이와 관련하여, 2대 다루왕에서 4대 개루왕까지 왕명이 '루婁'자로 끝난다는 점에서 이들을 미추홀에 자리한 비류계의 해씨로 이해하는 견해가 주목된다. 이들과 달리, 후대의 백제왕은 부여씨였다. 즉 초고왕 이후는 부여씨였던 것이다. 결국 백제의 국왕은 다루·기루·개루왕의 비류계와 초고왕 이후의 부여씨라고 하는 두 계열로 되어 있었다. 이는 고구려의 경우와 마찬가지로 백제 연맹체 내의 주도권을 장악한 세력이 바뀌었음을 알려주는 것으로 이해된다. 그렇다면 온조는 누구인가.

처음 백제 연맹의 맹주는 비류계의 해씨였다. 그러나 부여씨 세력이 해씨를 누르고 맹주의 지위를 차지하여 이를 세습하게 되자, 그들은 자신의 시조인 온조를 백제의 시조로 올리고, 온조 중심으로 국왕계보를 일원화하였다. 그러한 과정에서 온조가 백제 최초의 왕으로 기술되었고, 해씨왕인 다루를 마치 온조의 아들인 것처럼 연결시켰다. 이는 태조왕 이후의 고구려왕이 자신의 시조인 동명왕을 고구려의 시조로 올리면서 유리왕을 동명왕의 아들인 것처럼 기술한 것과 마찬가지의 이치이다.[5]

백제연맹을 구성한 5개의 세력은 5부로 개편되었는데, 그 시기는 대체로 고이왕(234~286) 때로 추측된다. 고이왕은 백제가 훗날 그 시조로 추대했다는 중국 측 기록의 구이仇台와 동일한 인물로서, 대규모 침략을 해 온 위 지배하의 낙랑군과 대방군의 군대를 물리치고 대방태수 궁준弓遵을 전사케 한 장본인으로 이해되고 있다(246). 그가 화려한 옷차림을 하고 신하들과 함께 국정을 처리한 것도 국왕으로서의 위엄을 드러내기 위한 것이었다. 따라서 부여씨가 맹주의 지위를 확립한 것도 이 무렵이었을 것이다.

백제의 5부는 고구려의 5부처럼 처음 백제의 토착적인 용어로 불렸다. 그리고 각부의 지배자는 부로 개편된 이후에도 여전히 상당한 영향력을 행사하고 있었다. 그러한 만큼 독자적인 관리조직을 보유하였다. 따라서 국정도 국왕의 임의대로 처리되었다기보다는, 고구려의 제가회의처럼 각부의 지배자로 구성된 회의기구를 통해 결정되었을 것으로 생각된다.

그러나 중앙권력이 점차 강화되면서 토착적인 부의 명칭이 동·서·남·북·중과 같은 방위를 표시하는 것으로 바뀌었다. 이는 부의 족적기반이 해체된 것을 의미하므로, 이 무렵 5부의 지배자는 자신들의 세력근거지를 떠나 서울로 이주했다고 여겨진다. 《삼국사기》에는 동·서·남·북·중의 5부가 온조왕 때 설치되었다고 기록되어 있으나 이는 그대로 믿기 어렵다. 중앙정부가 지방을 통제한 이후의 일이었다.

부의 명칭이 동·서·남·북·중으로 바뀌어 부의 독자성이 크게 약화되면서, 관등이 일원화되었다. 백제의 16관등은 아래와 같다.

백제의 16관등

1	좌평佐平	9	고덕固德
2	달솔達率	10	계덕季德
3	은솔恩率	11	대덕對德
4	덕솔德率	12	문독文督
5	간솔扞率	13	무독武督
6	나솔奈率	14	좌군佐軍
7	장덕將德	15	진무振武
8	시덕施德	16	극우剋虞

백제의 관등은 좌평 및 달솔로부터 나솔까지의 여러 솔과 장덕으로부터 대덕까지의 여러 덕, 그리고 문독 이하로 크게 3구분된다. 이들은 각기 자주색·진홍색·푸른색으로 그 옷 색깔이 구분되어 있었다. 이러한 구분은 신라의 경우처럼 신분에 따라 오를 수 있는 관등이 달랐던 것과 관계가 있었다. 부의 지배자는 이러한 관등체계의 상위를 점하면서 중앙귀족으로 편제되었다.

《삼국사기》에는 백제의 16관등이 고이왕 때 설치되었다고 한다. 그러나 이러한 일원화된 관등체계는 왕권이 강화되고 중앙집권화가 이루어진 이후에야 가능했다. 근초고왕(346~375)대에 진씨를 왕비로 맞이한 이른바 진씨왕비시대가 시작되었음을 염두에 두면, 관등이 일원화된 시기도 이 무렵이었을 것으로 추측된다. 국왕은 진씨의 도움을 받아 다른 귀족을 견제해 나갔던 것이다. 근초고왕이 고흥으로 하여금 국사인 《서기》를 편찬케 한 것도 강화된 왕권과 정비된 국가의 면모를 과시하려는 의도였다.

백제의 귀족은 재상의 선출 등 중대한 국사를 논의할 때 이의 성취를 기원하기 위해 신성한 곳을 회의장소로 택하였다. 재상후보자 명단을 바위 위에 놓았다는, 《삼국유사》에 실린 호암사의 정사암에 관한 기록을 통해 이를 알 수 있다. 백제에서도 고구려·신라와 마찬가지로 귀족의 합의에 의한 정치가 행해졌던 것이다.

고구려와 신라가 율령을 반포했다는 사실은 잘 알려져 있지만, 백제의 경우는 알 수 없다. 《삼국사기》 50권 가운데 백제본기는 6권에 불과하므로 자세한 기록이 없는 것이다. 그러나 고구려와 신라의 예로 미루어, 백제도 율령을 반포했다고 이해된다. 다만 그 시기가 문제인데, 이 역시 고구려와 신라의 예로 미루어서 추측이 가능하다. 고구려의 경우 율령을 반포한 것은 소수림왕인데 그다음이 광개토왕이며, 신라에서는 율령을 반포한 법흥왕의 다음이 진흥왕이다. 그런데 고구려의 광개토왕과 신라의 진흥왕은 모두 영토를 넓힌 임금으로 유명하다. 율령의 반포로 국가체제를 정비한 다음 대외적인 정복사업을 수행했음을 알 수 있다. 그렇다면 백제의 율령이 반포된 시기는 영토를 확장한 근초고왕 때이거나 그 이전으로 추정할 수 있다. 백제 역시 율령반포로 귀족국가의 기틀을 마무리 지었던 것이다.

근초고왕의 뒤를 이은 침류왕(384~385)은 비록 짧은 기간 재위하였으나, 중국 동진에서 온 인도의 승려 마라난타摩羅難陀로부터 불교를 받아들여(384) 국가의 사상적 통일을 위해 노력하였다.

신라

신라는 경주평야에 자리 잡은 사로국을 중심으로 발전하였다. 《삼국사기》에 따르면 사로국은 6촌장의 추대를 받은 혁거세가 세운 것이었다. 혁거세는 그 출생이 말과 관련이 있으며, 박씨족으로 이해되고 있다. 그리고 닭과 관련이 있는 김씨족이 그들과 더불어 사로국을 형성하였다. 이 사로국의 지배자 명칭은 거서간이었는데, 제사장을 의미하는 차차웅 혹은 자충이라는 칭호도 같이 사용되었다. 이를 통해 당시는 정치적 지배자가 제사장의 임무도 아울러 수행하는 제정일치의 사회였음을 알 수 있다.

이후 고기를 잡고 살았다는 석탈해의 석씨족이 등장하였다. 신라가 경주평야를 벗어나 동해안 방면으로 그 영역을 확대해 나갔음을 의미하는 것이다. 석씨족은 박씨족, 김씨족과 혼인을 맺으면서 신라의 주요세력으로 부상하였다. 그리하여 박씨·석씨·김씨가 교대로 지배자가 되었다. 초기 신라왕의 순서는 다음과 같다.

세계화시대
우리한국사

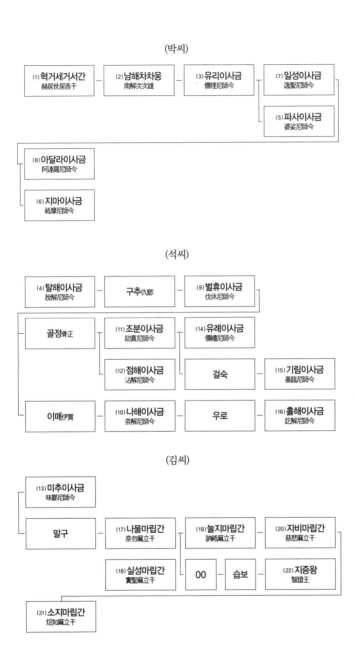

(박씨)

(1) 혁거세거서간
赫居世居西干

(2) 남해차차웅
南解次次雄

(3) 유리이사금
儒理尼師今

(7) 일성이사금
逸聖尼師今

(5) 파사이사금
婆娑尼師今

(8) 아달라이사금
阿達羅尼師今

(6) 지마이사금
祇摩尼師今

(석씨)

(4) 탈해이사금
脫解尼師今

구추仇鄒

(9) 벌휴이사금
伐休尼師今

골정骨正

(11) 조분이사금
助賁尼師今

(14) 유례이사금
儒禮尼師今

(12) 점해이사금
沾解尼師今

걸숙

(15) 기림이사금
基臨尼師今

이매伊買

(10) 나해이사금
奈解尼師今

우로

(16) 흘해이사금
訖解尼師今

(김씨)

(13) 미추이사금
味鄒尼師今

말구

(17) 나물마립간
奈勿麻立干

(19) 눌지마립간
訥祗麻立干

(20) 자비마립간
慈悲麻立干

(18) 실성마립간
實聖麻立干

00

습보

(22) 지증왕
智證王

(21) 소지마립간
炤知麻立干

박씨·석씨·김씨가 교대로 지배자가 되었다는 것은 그들이 모두 독립된 국가의 지배자였고, 아울러 연맹을 구성했음을 알려 준다. 그런데 후일 신라에 6부가 존재한 것으로 미루어, 이들 외에 다른 국가도 연맹의 구성원으로 참여했음을 알 수 있다. 신라는 박씨·석씨·김씨 세력이 중심이 되어, 고구려·백제와 마찬가지로 주변의 여러 세력들, 즉《삼국사기》에 보이는 골벌국·음즙벌국·압독국·이서국 등과 연맹을 이룬 국가였던 것이다. 박씨·석씨·김씨는 연맹의 맹주였고, 그 칭호가 이사금이었다.

연맹체 맹주의 칭호는 4세기에 접어들면서 마립간으로 바뀌었다. 이로써 나물마립간(356~402)으로부터 소지마립간(479~500)에 이르기까지 약 150년간의 마립간시대가 시작되었다. 맹주의 칭호가 바뀐 것으로도 알 수 있듯이, 이 시기 신라는 대내외적으로 커다란 발전을 이룩하였다. 우선 나물마립간 때는 전진前秦에 두 차례에 걸쳐 사신을 파견하였다. 아울러 중앙집권화를 꾀하면서 주변세력에 대한 통제를 강화해 나갔다. 따라서 김씨세력의 맹주 지위가 확립되었다. 이와 더불어 연맹을 구성한 세력들은 부로 편제되어, 급량부·사량부·모량부·본피부·한지부·습비부의 6부가 성립되었다.

연맹체 맹주의 칭호인 마립간은 즉 두간頭干으로, 간 가운데 우두머리였다. 이를 통해 연맹을 구성한 나머지 부의 우두머리는 간이라고 불리어졌음을 알 수 있다. 신라 연맹을 구성한 독립된 국가가 부로 편제된 것과 더불어, 그 지배자의 칭호는 간으로 바뀌었던 것이다. 고구려 연맹을 구성한 독립된 국가가 부로 편제되면서 그 지배자의 명칭이 가로 바뀐 것과 궤를 같이 하는 것이었다.

그러나 6부는 부로 편제된 이후에도 여전히 독자성을 간직했다. 독자적으로 전쟁을 수행했으며, 간은 왕과 마찬가지로 관리를 거느리고 있었다. 그러한 만큼 마립간의 권력 행사에는 한계가 있었다. 국정은 간으로 구성된 회의기구에서 처리하였다. 고구려의 제가회의에 비교되는 이 회의기구는 제간諸干회의라고 부를 수 있다. 그 회의를 주재한 자가 마립간이었으며, 회의 장소는 남당南堂이었던 것 같다.

신라의 왕권은 지증왕(500~514)대에 이르러 크게 신장되었다. 당시는 우경牛耕이 시작되고 수리사업이 활발히 진행되는 등, 농업기술에 커다란 발전이 있었다. 그리고 이에 따른 농업 생산력의 증가는 신라사회의 전진에 하나의 추진력이 되었다. 신라는 그 이전과는 다른 발전단계에 접어들었던 것이다. 이에 걸맞게 지증왕은 마립간 대신 중국식의 왕 칭호를 사용하였다. 박씨족이 왕비족으로 등장한 것도 이때의 일이었다. 그리하여 사로·신라 등으로 불리어지던 국호를 신라로 결정했는데, 이는 '덕업이 날로 새롭고[덕업일신德業日新], 사방을 망라한다[망라사방網羅四方]'는 의미였다. 이러한 국호와 왕호의 한화정책은 단순한 명칭상의 변경에 그치는 것이 아니라, 중국의 고도한 정치조직과 문물을 수용하고자 한 의도를 드러낸 것이었다. 실제로 그는 부에 대한 통제를 강화하기 위해 중국식 지방제도를 실시하였다. 그 결과 각 부의 지배자는 그들의 세력근거지를 떠나 경주지역으로 이주하였다. 그러한 과정에서 17관등제가 성립되었다.

신라의 17관등

1	이벌찬伊伐湌	10	대나마大奈麻
2	이척찬伊尺湌	11	나마奈麻
3	잡찬迊湌	12	대사지大舍知
4	파진찬波珍湌	13	사지舍知
5	대아찬大阿湌	14	길사吉士
6	아찬阿湌	15	대오大烏
7	일길찬一吉湌	16	소오小烏
8	사찬沙湌	17	조위造位
9	급벌찬級伐湌		

　신라의 관등은 찬군湌群과 비찬군非湌群으로 크게 나눌 수 있다. 간으로도 표기되는 찬은 고구려의 형 계열에 해당하는 관등으로, 6부의 지배세력이 여기에 편성되었다. 그리고 비찬군은 국왕과 6부의 지배자가 거느렸던 관리들로 이루어졌다. 이로써 이제까지 두 계열이던 관등체계가 일원화되었다. 관등체계의 일원화와 더불어 6부가 가졌던 독자적 기반은 해소되었다.

　6부의 지배자와 그들이 거느렸던 관리는 신라의 지배체제 속에 편입되는 과정에서 그들 세력의 대소에 걸맞게 등급이 매겨졌다. 그리고 그 등급에 따라 국가가 제정한 법제에 의해 특권을 보장받았다. 이것이 골품제도였다. 골품제도는 골의 등급, 즉 혈통의 존귀함과 비천함에 따라 정치적인 출세는 물론이고, 가옥의 크기, 의복의 색깔이나 심지어는 우마차의 장식 등 일상생활 전반에 이르기까지 여러 가지 특권과 제약이 부여되는 제도였던 것이다.

골품에는 성골·진골의 두 골과 6두품으로부터 1두품에 이르는 여섯 두품이 있었다. 성골은 김씨 왕족 중에서도 왕이 될 자격을 가진 최고의 골품이었으나 신라의 통일 직전에 소멸되었다. 그리고 성골 이외의 왕족과 옛 왕족이자 왕비족이기도 한 박씨, 그리고 신라에 투항한 본가야의 왕족인 신김씨가 진골을 이루었다. 같은 왕족이면서도 성골과 진골로 구분된 이유에 대해서는 다양한 견해가 제시되고 있으나, 어느 것도 확실치 않다.

6두품 출신 이하의 관리는 아무리 능력이 뛰어나도 신분에 따라 규정된 관등의 상한선을 넘을 수 없었다. 중위제重位制의 실시를 통해서 확인할 수 있는 일이다. 6두품의 경우 그들이 올라갈 수 있는 최고의 관등은 아찬이었는데, 4중아찬까지 보이는 것이다. 이는 6두품은 결코 아찬 위의 관등에는 승진시키지 않겠다는 의지의 소산이었다. 그처럼 신라의 신분제는 엄격했다. 따라서 6두품 이하는 귀족이라고 할 수 없다. 진골 출신만이 신라의 귀족이었던 것이다. 그리고 3두품·2두품·1두품은 일반 평민층이었다.

진골귀족은 화백이라는 회의기구를 통해 국정에 참여하였다. 화백회의의 구성원은 대등大等으로 불리어졌으며, 의장은 상대등上大等이었다. 만장일치에 의하여 의결하는 것을 원칙으로 한 화백회의는 특히 중대한 일을 논의할 때에는 금강산과 같은 신성한 곳을 회의장소로 택하였다. 여기에서 논의된 국가의 중대사는 왕위의 계승이나 대외적인 선전포고 등이었을 것으로 추측된다.

신라가 중앙집권적인 귀족국가로서의 체제를 갖추게 된 것은 법흥왕(514~540) 때였다. 그는 우선 율령을 반포하였다(520). 당시 율령의 내용은 알려지지 않고 있으나, 백관의 공복이나 골품제도와 같은 귀족국가의 기본 법령이 여기에 포함되어 있었을 것이다.

고구려·백제와 마찬가지로 주변의 여러 세력과의 연맹을 통해 발전한 신라는 모든 국가구성원이 신앙할 수 있는 새로운 고등종교를 필요로 했다. 부족의 원시 무속신앙이나 조상숭배 신앙만으로는 중앙집권화된 국가와 그에 따른 새로운 지배체제를 이끌 수 없었기 때문이다. 이에 법흥왕은 초부족적 신앙으로서 불교를 수용했다(535). 불법에 귀의하는 같은 신도는 하나의 왕을 받드는 같은 신민臣民이라는 왕즉불王卽佛 사상이야말로 왕권 중심의 지배체제를 유지하는 데 매우 적합한 정신적인 지주였던 것이다. 법흥왕이 건원建元이라는 독자적인 연호를 세우고(536), 울주 천전리의 서석書石에 대왕大王으로 표기된 것은 이러한 노력의 결과였다.

귀족은 처음 불교수용에 반대했다. 그들이 태도를 바꾸어 불교의 공인에 협력한 것은 윤회전생의 사상 때문이었다. 윤회전생사상은 현세에서 공덕을 쌓아야 내세가 좋다는 공덕사상과 현세에서 벌어진 사실은 전세의 결과라는 인과응보설에 기초한 것으로, 이에 따르면 현세의 생활은 우연 아닌 필연이다. 귀족은 골품제도 아래에서 자신의 특권을 옹호해줄 수 있는 이론적 근거를 여기에서 찾았던 것이다. 이처럼 왕과 귀족에 의해 수용된 불교는 호국적인 성격의 것일 수밖에 없었다. 진평왕대 승려인 원광이 수나라에 고구려를 치기 위한 군대의 출병을 요청하는 〈걸사표〉를 썼는가 하면, 화랑도의 세속5계世俗五戒를 지어 국왕에 대한 충성을 강조하기도 한 사실을 통해서 알 수 있는 일이다.

　이제까지의 서술을 통해서 알 수 있듯이, 고구려·백제·신라는 동일한 발전과정을 거쳐 귀족국가에 이르렀다. 고구려의 국가형성과 발전을 백제·신라와 따로 떼어서 설명하기 어려운 것이다. 고구려사가 한국사에서 다루어져야 하는 이유를 여기에서도 찾을 수 있다.

03 —
귀족국가의 상호 항쟁

귀족국가의 기틀을 마련한 고구려·백제·신라는 한강유역의 점
유를 둘러싸고 서로 치열한 싸움을 벌였다. 한강유역은 인적·물
적 자원의 보고였을 뿐만 아니라, 중국과의 통교가 가능한 지역
이기 때문이다. 처음 싸움을 벌인 국가는 고구려와 백제였다. 고
구려가 한강유역을 점유하자, 백제는 신라와 동맹을 맺어 여기
에 대처하였다. 그러나 신라가 한강유역을 점유한 뒤에는 백제
와 고구려가 상호 동맹을 맺었다. 또한 고구려는 돌궐突厥·왜倭
와, 그리고 백제 역시 왜와 연결을 꾀하였다. 이들에 대항하여
신라는 중국의 수隋·당唐과 긴밀한 관계를 유지하였다.

한반도 동남쪽에 위치하여 고구려와 백제에 의해 대중국통로
가 막힌 신라는 선진문물을 수용하지 못했다. 그러나 한강유역
을 점유한 이후에는 중국과의 교류를 통해 비약적인 발전을 이
룩하였다. 특히 김춘추의 활발한 외교활동은 신라가 삼국을 통

일하는 결정적인 계기를 마련하였다.

4세기 후반 고구려와 백제의 싸움

한반도의 여러 나라 가운데 가장 선진적인 국가는 고구려였다. 중국의 선진문물을 적극 수용한 결과였다. 한편 백제는 고구려에 비해 국가의 출발은 늦었으나 한강유역을 점유함으로써 빠른 발전을 이루었다. 그들은 낙랑군과, 후한 말 요동을 지배하던 공손씨가 설치한 대방군이 양국 사이에서 완충지대 역할을 한 동안에는 직접 충돌할 기회가 없었다. 그러나 고구려에 의해 낙랑군과 대방군이 축출된 이후 양국의 충돌은 불가피했다. 고구려는 중국의 진晉이 북방민족의 침입으로 곤경에 처한 틈을 타서 낙랑군을 축출하고 대동강 유역을 차지하는 데 성공했으며 (313, 미천왕 14), 그 다음해에는 대방군을 멸망시켰던 것이다.

고구려와 백제의 군사적 충돌은 고구려 고국원왕의 선제공격으로 시작되었다. 그런데 그 이전에 이미 백제의 근초고왕은 고구려와의 전쟁을 예상하고 활발한 외교활동을 전개하였다. 우선 중국의 동진東晉에 사신을 파견하여 조공하고 책봉을 받았다. 또한 왜와 우호관계를 맺기 위해 힘썼다. 오늘날 일본에 전해지는 칠지도七支刀는 그가 왜왕에게 보낸 것으로, 이 칼의 존재는 백제의 활발한 외교활동을 알려주는 증거로 이해된다.[6] 그리하여 그는 왜 군대의 도움을 받아 배후를 이루고 있던 가야지방과 마한지방을 공격하였다. 《일본서기日本書紀》에 왜군이 한반도에 출동하여 신라를 공격하여 이겼다거나 가야 등 7국을 복속시켰다는 것, 그리고 마한지방을 공략했다는 기록은 이를 알려주는 것으로 해석된다. 백제 근초고왕의 요청에 따라 출병한 왜군이 백제를 도와 가야와 마한지역을 공격한 사실을 《일본서기》는 왜군이 스스로 출정한 것처럼 기술했던 것이다.[7] 고구려와의 전쟁을 앞둔 백제는 이를 통해 후방을 안정시켰다. 그 결과 근초고왕은 고구려의 침입을 모두 격퇴시키고, 결국에는 군대를 이끌고 평양성까지 침입하여 고국원왕을 전사시켰다(371). 이후 백제는 현재의 경기·충청·전라 3도 전부와, 강원·황해 양도의 일부까지 점유하는 큰 영토를 차지하게 되었다.

백제와의 평양성전투에서 왕이 전사하는 비극을 경험한 고구려는 소수림왕 때 율령을 반포하는 등 국가체제를 정비하였다. 이를 통해 내실을 다진 고구려는 광개토왕(391~413) 때에 활발한 대외정복 사업을 추진하였다. 이 왕의 정복 사업은 당시 고구려의 서울이던 국내성(만주 통구)에 남아 있는 거대한 광개토왕릉비에 의하여 상세히 알려져 있다. 그는 거란契丹을 정벌하고 동북의 숙신肅愼을 복속시켰다. 그리고 백제에 대한 대규모의 공격을 감행하였는데, 이와 관련하여 주목되는 것이 비문의 이른바 신묘년辛卯年(391) 구절이다. 마멸이 심해 판독 자체가 어려운 가운데, 일본의 학자들은 이 구절을 왜가 백제와 신라를 정복한 것으로 해석하였다. 그러나 왜의 대외정복에 대한 기사가 광개토왕의 업적을 기록한 비문에 실렸을 까닭이 없으므로, 따르기 어렵다. 395년의 비려碑麗정벌과 396년의 백제정벌 기사 사이에 끼어 있는 391년의 이 기록은 광개토왕의 백제 공격 이유를 알려주는 것으로, 백제가 왜와 연결되었기에 광개토왕이 백제를 정벌했다는 천관우의 해석이 타당해 보인다. 왜의 도움을 받은 백제가 신라를 치자 신라는 고구려에 구원을 요청했고, 이에 광개토왕이 군대를 이끌고 백제를 친 것이 당시의 한반도 정세였던 것이다.[8]

광개토왕은 자신이 직접 군사를 거느리고 대부분의 전쟁을 주도하였다. 이는 전쟁의 목적이 그의 정치적인 의도와 관련이 있었음을 알려준다. 전쟁을 통해 고구려사회 내에 긴장감을 조성시켜, 자신을 중심으로 지배층을 결속시키려고 했던 것이다. 또한 직접 군대를 거느리고 전쟁에 참여함으로써 모든 군사력을 장악할 수 있는 계기를 마련하고, 여기에서 성공했을 경우 자신의 권위를 더욱 높일 수 있었다. 전쟁에서 얻은 전리품을 국왕의 위상을 높이는 경제적 기반으로 이용했을 가능성도 있다.[9] 그가 영락·연수 등의 독자적인 연호를 사용하여 중국과 대등한 입장에 섰음을 과시한 것도, 중국을 겨냥한 것이었다기보다는 국내의 귀족세력을 의식한 것이었다.

한편 신라는 나물마립간 때 두 차례에 걸쳐 고구려 사신의 안내를 받아 전진前秦에 사신을 파견했는가 하면(377, 382), 왜를 끌어들인 백제의 공격을 고구려군의 도움을 받아 물리치기도 하는 등 고구려에 크게 의존하였다. 그러나 이는 도리어 고구려의 내정간섭을 초래하였다. 신라가 여기에서 벗어나려고 했음은 물론인데, 실성마립간이 나물마립간의 아들 미사흔을 왜에 파견하여 관계개선을 시도한 것은 그러한 노력의 일부였다(402).

고구려의 남하와 백제·신라

고구려의 영토 확장은 광개토왕의 뒤를 이은 장수왕(413~491)에 의해서도 추진되었다. 그는 환도성으로도 불리어진 국내성에서 평양으로 천도하였다(427). 이 천도는 북위北魏의 강성함 때문에 더 이상의 서방 진출이 어렵다고 판단하여 그 방향을 남쪽으로 돌려야 했던 데에도 원인이 있었지만, 보다 근본적으로는 국내성 일대에 깊게 뿌리내린 5부의 세력기반을 약화시키려는 의도 아래 추진된 것이었다.

고구려의 평양천도에 위협을 느낀 백제의 개로왕(455~475)은 중국 북위에 사신을 보내어 군사를 청하였다. 이를 안 장수왕은 직접 3만의 군대를 거느리고 백제의 서울 한성을 함락시킨 후, 개로왕을 붙잡아 목 베고 한성을 포함한 한강유역 일대를 송두리째 차지하였다. 그리하여 고구려의 영토는 오늘날의 만주를 비롯하여 한반도의 죽령 일대까지 뻗치게 되었다. 당시 고구려의 지위가 어떠했는가는 충주지방에서 발견된 이른바 중원 고구려비의 비문에 잘 드러난다. 여기에서 고구려는 신라왕을 '동이東夷 매금寐錦(마립간)'이라고 호칭하였다. 이는 고구려가 스스로를 중국과 같은 위치에 놓고, 신라를 자기의 주변에 있는 저급한 국가(이)로 보고 있음을 나타내는 것이었다. 중국이 동방의 여러 나라에 대해서 그러했듯이, 고구려는 신라의 종주국으로 자처했던 것이다.

장수왕에 의해 죽임을 당한 개로왕은 궁실과 부왕父王의 능묘를 새로 짓는 등 토목공사를 일으킨 것으로 유명하다. 고구려에서 거짓 망명해 온 승려 도림의 꾀에 빠졌기 때문이라고 하나, 실은 왕 자신이 적극적이었다. 궁실과 능묘의 증축은 왕실의 권위를 높이는 것과 밀접한 관련이 있기 때문이다. 그러나 그의 이러한 정책은 귀족의 반발을 불러일으켰고, 무리한 토목공사는 국력을 낭비하고 민심을 이반시켰다. 더구나 고구려의 남침에 대비한 그의 군대요청을 북위가 거절함으로써, 북위와의 외교관계 단절을 초래하였다.

한성이 포위되기 직전 개로왕의 명령에 따라 신라에 원병을 요청하기 위해 남쪽으로 내려온 그의 아들 문주왕(475~477)은 신라로부터 원병 1만을 얻어 한성으로 향하였다. 그러나 이때는 이미 개로왕이 죽고 한강유역을 고구려에 빼앗긴 뒤였다. 그는 왕위에 오른 뒤 곧장 수도를 웅진(공주)으로 옮기고, 국가의 재건에 주력하였다. 그러나 한성에서 남하해 온 해씨·진씨·목씨木氏 등 구 귀족세력의 갈등으로 정치정세가 매우 불안하였다.

이러한 정치적 불안을 극복하기 위해 동성왕(479~501)은 신라의 왕족과 혼인하였다. 이를 통해 왕비족의 대두를 예방하고, 신라와 동맹을 굳건히 하여 고구려의 압력을 효율적으로 저지할 수 있었다. 그리고 그의 뒤를 이어 즉위한 무령왕(501~523)

은 고구려에 선제공격을 단행하였다. 또한 중국 양梁으로부터 영동대장군의 관작을 받음으로써 국제적으로 고구려와 대등한 지위를 인정받았다. 아울러 가야지역으로의 진출을 위해 왜를 끌어들이는 등, 왜와의 외교에도 소홀하지 않았다. 후일 무령왕 릉에서 출토된 목관이 일본열도에서 자라는 금송金松으로 만들어진 것은 백제와 왜의 교류가 활발했음을 알려주는 구체적인 예이다.

무령왕의 뒤를 이은 성왕(523~554)은 사비(부여)로 천도하고 (538), 분위기 쇄신을 위해 국호를 남부여로 개칭하였다. 그는 고구려에 빼앗긴 한강유역의 탈환을 목표로 삼고, 승려 겸익을 등용하여 불교의 진흥을 꾀하였다. 국가의 정신적 토대를 굳게 하여 국력을 신장시키려는 의도였다. 그리고 북벌을 위한 군사적인 도움을 받을 목적으로 중국 양의 무제武帝에게 사절단을 파견하였다. 그러나 양에서 후경侯景의 난이 일어나 뜻을 이루지 못하자, 성왕은 신라의 진흥왕과 동맹하여 고구려의 한강유역을 공격하였다.

고구려는 국왕이 정쟁의 와중에서 살해되는 등, 귀족의 내분이 심화되고 있었다. 그리고 북위의 뒤를 이은 북제北齊가 끊임없이 고구려에 무력을 시위하였으며, 북방에서 새로운 강자로 등장한 돌궐도 신경을 곤두서게 만들었다. 그러나 고구려는 이러한 국제정세의 변화에 신속히 대처하지 못했다. 결국 귀족의 내분과 중국 세력에 의한 서쪽 변경의 위협이 주된 요인이 되어 고구려는 백제와 신라의 동맹군에 의해 한강유역을 상실하였다

(551).

　백제의 성왕은 일시 한강유역을 점령하여 그 목적을 달성하였다. 그러나 도리어 신라가 이 지역을 차지함으로써 그의 오랜 노력은 무위로 돌아갔다. 이에 격분한 성왕은 보복전쟁을 감행하였으나, 관산성(옥천)에서 김유신의 할아버지인 신라의 김무력이 지휘하는 군대에게 패하여 전사하고 말았다. 이후 백제는 신라를 최대의 적으로 생각하고 지난날의 적인 고구려와 동맹을 맺고 신라를 공격하였다.

웅진시대 백제의 국왕

신라의 한강유역 점유와 고구려·백제

백제 성왕과의 공동작전으로 한강유역을 고구려로부터 빼앗은 신라의 진흥왕(540~576)은 곧이어 백제의 군대마저 축출하고 이 지역을 독차지하였다. 이후 신라는 남양만에 당항성을 쌓아, 바다를 통하여 직접 중국과 통교할 수 있는 발판을 마련하였다. 진흥왕은 또한 고령의 대가야를 멸하여 낙동강 유역을 점유하고(562), 동북으로 멀리 함흥평야까지 진출하였다. 이와 같은 그의 정복활동은 창녕·북한산·황초령 및 마운령에 있는 네 개의 순수비巡狩碑가 잘 알려준다. 이 밖에 충북 단양군에서 발견된 이른바 적성비赤城碑는 그가 죽령을 넘어 이 지방을 점령하면서 건립한 것으로 짐작되고 있다.

대외적 영토확장을 통해 신장된 국력을 바탕으로 진흥왕은 왕권의 강화를 추진하였다. 마운령비에 '짐朕'이라는 용어가 사용된 것이 이를 말해준다. 그렇다고 왕권이 전제적 경향을 띤 것은 아니었다. 그의 뒤를 이은 진지왕(576~579)은 품행이 좋지 않다는 이유로 재위 4년 만에 화백회의의 결의에 따라 왕위에서 쫓겨났던 것이다. 국왕의 끊임없는 노력에도 불구하고 아직 왕권이 강력하지 못했음을 알려주는 좋은 예이다. 이에 진평왕(579~632)은 관제를 정비하여 왕권의 강화를 기도하였다. 그의 뒤를 이어 선덕여왕이 즉위할 수 있었던 것은 이러한 국왕 위상 강화 노력에 힘입었기 때문이다. 그러한 가운데서도 진평왕은 진지왕의 자손에 대한 회유를 잊지 않았다. 진지왕의 손자 김춘추가 이후 정치적 주도권을 장악한 것으로 미루어 짐작된다.

한강유역을 신라와 백제의 연합군에 빼앗긴 고구려는 당항성을 집중적으로 공격하였다. 평원왕의 사위인 온달이 전사한 것은 이 무렵의 일이었다. 그리고 수가 중국을 통일하자(589), 돌궐·왜와의 외교관계를 강화하여 이에 대처하였다. 승려 혜자가 도일하여 쇼토쿠聖德 태자의 스승으로서 활발한 활동을 전개한 것은 그러한 결과였다. 그러한 가운데 돌궐에서, 그들을 회유하기 위해 그곳을 방문한 수양제와 고구려 사신이 맞닥뜨린 일이 일어났다. 수양제는 고구려와 돌궐의 연계를 의심하고, 왕이 입

조하지 않으면 치겠다고 협박하였다. 그러나 고구려왕의 입조
는 이루어지지 않았다.

한편 신라는 수에 사신을 보내 고구려에 대한 공격을 부추겼
다. 신라의 진평왕은 승려 원광으로 하여금 군대 파견을 요청하
는 〈걸사표〉를 쓰게 하여 이를 수양제에게 올렸던 것이다. 결국
수양제는 대군을 직접 지휘하여 고구려를 침략하였다(612). 그
러나 을지문덕의 뛰어난 용병으로 인해 수나라 군대는 살수(청
천강)에서 대패하였다. 30만 가운데 살아 돌아간 자가 겨우
2,700명이었다고 전해질 정도였다. 양제는 이후에도 두 차례의
침입을 더 감행했으나 실패하였고, 그 결과 수는 망하고 말았다.

수에 이어 당이 서자(618), 고구려·백제·신라는 각각 사신을
파견하여 조공하였다. 특히 신라는 고구려가 백제와 연합하여
대당 통로인 당항성을 공격할 것 같다고 하면서 당에 구원병을
요청하였다(643). 뒤에 언급하게 될, 김춘추와 연개소문의 담판
이 결렬된 직후의 일이었다.

당은 주변국이 입공로入貢路를 막는다는 신라의 호소를 외면
하기 어려웠다. 7백여 년 전 한 무제가 조선(위만조선)을 침략한
표면적인 이유가 조선이 남쪽의 진국이 한에 국서를 바치려는
것을 중간에서 방해한다는 것이었듯이, 당은 공도貢道의 차단을
책봉질서에 대한 명백한 도전으로 인식했던 것이다.[10] 당 태종太
宗은 우선 신라에 대해 왕이 여왕이기 때문에 고구려와 백제 두
나라의 업신여김을 받고 있다고 지적하면서, 당 황족 중에서 한
사람을 뽑아 신라의 왕으로 삼을 것을 제안하였다. 그리고 고구

려와 백제에 대해서는 신라와 화친할 것을 종용하였다. 그러나 당 태종의 이러한 권유를 고구려와 백제는 무시하였다. 특히 정변을 통해 정권을 장악한 고구려의 연개소문은 당의 사신을 연금하기까지 했다. 그는 이러한 강경책을 취함으로써 자신의 정치적인 입지를 강화하려고 했던 것이다.

연개소문은 5부 가운데 하나인 동부의 지배자 후예였다. 당시 고구려는 왕권이 약화되고 수상에 해당하는 대대로와 군사권을 쥔 막리지가 정치적 실권을 장악하고 있었는데, 그의 집안은 대를 이어 막리지 직을 차지하였다. 그 집안의 독주가 귀족전체의 이익에 위협이 된다고 판단한 귀족들은 그가 동부의 대인大人 직을 계승하지 못하도록 압력을 가하였다. 영류왕(618~642)의 입장에서도 그의 독주는 바람직한 것이 아니었다. 왕권에 위협을 가할 소지를 내포하고 있었기 때문이다. 그러함에도 불구하고 연개소문이 대인 직을 계승하자, 왕과 귀족은 그를 당의 침입에 대비한 변방의 천리장성 축조 책임자로 임명하였다. 이에 분개한 연개소문은 군사를 이끌고 평양성으로 들어가 왕과 반대파를 대량으로 학살하고 스스로 대막리지가 되어 무단적인 독재정치를 시작하였다. 그는 전왕의 조카인 보장왕(642~668)을 세워놓고 정치·군사상의 실권을 장악한 한편, 도교 진흥책을 펴면서 불교에 대한 억압을 꾀하였다. 불교가 왕실이나 귀족과 연결되었음을 고려하면, 이는 곧 왕실과 귀족세력에 대한 견제책의 일부였다고 할 수 있다.

연개소문이 사신을 연금하자, 당 태종은 드디어 고구려를 침략하였다(645, 보장왕 4). 그는 국왕을 살해한 연개소문을 징계하고, 고구려와의 전쟁에서 전사한 수나라 군인의 원수를 갚는다는 점을 침략의 명분으로 내세웠다. 그러나 평양으로 진군하는 길목의 요해처인 안시성을 공략하는 데 실패하자, 회군하였다.

광개토왕 이후 고구려의 국왕

백제의 신라 공격과 김춘추의 외교

한강유역의 탈환이 실패로 돌아간 이후 백제의 정치적 실권은 신흥세력인 사씨沙氏·연씨燕氏 등이 주축이 된 8성八姓의 대족大族이 장악하였다. 무왕(600~641)은 이들을 견제하고 왕의 위상을 높이기 위해 노력했다. 그는 익산지방을 별도別都로 하여 자신의 세력근거지로 삼았다. 그리고 그곳에 미륵사를 창건하고 장차 천도할 계획까지 세웠다. 그러나 무왕은 천도를 단행하지 못하였다. 사비지역을 기반으로 한 귀족세력의 반대가 만만치 않았기 때문이다.

사비시대 백제의 국왕

무왕의 뒤를 이은 의자왕(641~660)은 해동증자海東曾子로 칭송될 정도로 효행이 뛰어난 인물이었다. 이는 그가 유교 정치사상에 심취해 있었고, 또한 이를 강조했음을 알려준다. 그의 유교사상 강조는 정치 실제에 있어서 왕권을 재확립하고자 하는 정책으로 나타났다. 그는 우선 친위정변을 단행하여 왕권에 반대하는 고위귀족 40여 명을 추방했다. 그리고 빈번하게 신라를 침범하였다. 이를 통해 자신의 권위를 드러내고, 귀족의 불만을 대외적으로 발산시키고자 했던 것이다.

당시 신라의 국왕은 선덕여왕(632~647)이었다. 그녀가 즉위할 수 있었던 것은 진평왕의 왕권강화 노력에 연유한 것인데, 그러함에도 귀족의 반발이 만만치 않았다. 정치적 실권은 그녀의 후원자인 김춘추가 김유신의 도움을 받아 장악하고 있었다. 진지왕의 손자인 김춘추는 그의 할아버지가 귀족에 의해 폐위되었기 때문에 그들에게 반감을 가지고 있었다. 한편 김유신은 신라에 투항한 본가야왕의 후손으로, 그의 가문 역시 권력의 핵심에서 배제되어 있었다. 따라서 김춘추와 김유신의 결합은 자연스러운 것이었다. 김유신의 여동생과 김춘추의 결혼은 이들의 관계를 알려주는 좋은 예이다.

김춘추는 백제군의 침략으로 딸과 사위를 잃었다. 그가 백제에 대해 개인적인 원한을 품고 있었음은 물론이다. 아울러 그는 자신의 정권유지를 위해서도 백제를 응징할 필요가 있었다. 전쟁에서의 패전은 그의 집권을 반대한 귀족에게 그를 공격하는 소재로 이용될 수 있었기 때문이다. 그는 고구려와의 제휴를 통해 백제에 보복하기로 결심하고, 642년 고구려를 방문했다.

당시 고구려와 신라의 관계는 악화되어 있었다. 신라에 한강 유역을 빼앗긴 고구려가 신라를 자주 공격했던 것이다. 따라서 김춘추의 고구려 방문은 위험을 감수할 수밖에 없었다. 정변을 일으켜 실권을 장악하고 있던 고구려의 연개소문은 출병의 대가로 김춘추에게 한강유역의 반환을 요구하였다. 김춘추는 신라 여왕에게 이를 보고하겠다는 핑계를 대고 겨우 고구려를 빠져나왔다. 이 일이 있은 다음 해, 앞에서 언급했듯이, 신라는 당에 고구려와 백제가 공도를 차단하려 한다고 호소하였다.

고구려와의 청병교섭에 실패한 김춘추는 왜로 건너갔다(647). 이제까지 백제와 우호관계를 맺어 온 왜는 다이카大化 개신改新으로 불리어진, 율령제정을 목표로 한 정치개혁을 시작하면서 외교노선에 약간의 변화를 초래하였다. 백제·고구려와의 우호관계를 강화하는 한편으로 신라에 대해서도 양국관계를 보장할 수 있는 인물의 파견을 요구했던 것이다. 김춘추는 백제보다는 신라를 중시하는 외교정책을 펴도록 왜에 요구하였으나, 거절당했다. 따라서 대백제전에 왜의 도움을 받으려는 그의 노력은 결실을 맺지 못하였다.

선덕여왕 16년(647), 상대등을 역임한 비담은 여왕의 폐위를 주장하면서 난을 일으켰다. 그는 당 태종이 신라에 대해 '왕이 여자로서 잘 다스리지 못하기에 주변국의 빈번한 침입을 받는다'고 한 점을 난의 명분으로 내세웠다. 김춘추는 김유신과 함께 난을 진압하는 한편, 선덕여왕이 죽자 그녀의 사촌동생인 진덕여왕(647~654)을 옹립하였다. 당 태종의 말이 빌미가 되어 비담의 난이 일어났음에도 불구하고 김춘추가 선덕여왕의 사후 또다시 여자인 진덕여왕을 옹립한 것은, 자신이 즉위할 경우 예상되는 반발을 최소화시킬 수 있는 시간을 벌기 위함이었다. 정치권력을 장악한 김춘추의 즉위는 이미 예정된 것으로, 진덕여왕 때를 자신의 즉위를 다지기 위한 기간으로 활용했던 것이다.[11] 그는 관제개혁을 단행하여 집사부를 설치하는 등, 왕권 중심의 지배체제 정비를 시도하면서 자신의 즉위시기를 기다렸다.

백제와의 싸움에 고구려와 왜를 끌어들이는 데 실패한 김춘추는 셋째 아들 김문왕을 데리고 당에 들어갔다(648). 그는 당 태종에게 공동으로 백제를 칠 것을 제의하면서, 자신의 아들을 숙위시키겠다고 하였다. 이는 신라가 당의 신하로서 복종하겠다고 한 것과 다를 바 없었다.[12] 거듭되는 고구려 원정의 실패로 의기소침해 있던 당 태종이 이를 반겼음은 두말할 나위가 없다. 이로써 신라와 당 사이에는 군사동맹이 체결되었다. 고구려와 백제를 평정한 후 평양 이남의 백제 영토는 신라가 차지하고 고구려의 땅은 당이 차지한다는 밀약이 김춘추와 당 태종 사이에 맺어졌던 것이다. 그러나 태종의 죽음으로 당의 출병은 이루어지지 않았다.

태종에 이어 고종高宗이 즉위하자, 신라는 당의 환심을 사기 위해 중국식 의관衣冠을 수용하고 고종의 영휘永徽 연호를 사용하였다. 그리고 진덕여왕은 당 태종의 업적을 칭송하는 5언 시 〈태평송〉을 손수 비단에 수놓아 김춘추의 맏아들 김법민(후일의 문무왕)으로 하여금 고종에게 바치게 했다. 신라는 자주국으로서의 자존심을 버리면서까지 군사동맹이라는 실리를 취하려고 했던 것이다. 그러나 백제 아닌 고구려의 정벌에 관심을 가지고 있던 당은 출병을 유보함으로써 신라의 애를 태웠다.

신라 중고시대의 국왕

04 —
통일신라

무열왕과 그의 뒤를 이은 문무왕에 의해 신라는 통일을 이룩하였다. 이에 대한 후대인의 평가는 부정적이다. 당을 이용하여 통일을 이룬 데 대한 비판이었다. 그런데 당시 삼국의 지배층은, 비록 중국에서 삼국을 삼한三韓이라고 통칭함으로써 고구려·백제·신라를 다른 나라나 종족들과 구별되는 동일 족속의 나라로 인식했음에도 불구하고, 동질성을 지닌 자신들의 존재를 깨닫지 못하였다. 따라서 외세를 이용하여 통일을 했다고 신라를 비난하는 것은 무의미하다.

　신라는 애초에 통일을 위해 전쟁을 시작한 것이 아니었다. 선덕여왕 때 신라는 백제의 빈번한 침공으로 그에 대한 감정이 악화되어 있었다. 당시 권력을 장악하고 있던 김춘추는 이를 자신의 정권 유지에 이용하려고 했다. 그는 백제에 대한 응징을 계획하고 고구려나 왜, 혹은 당의 도움을 받으려고 했으나 여의치 않

세계화시대
우리한국사

았다. 이후 귀족을 제압하고 즉위한 그는 전쟁에서의 승리를 통해 자신의 권위를 드러낼 필요가 있음을 깨달았다. 그는 당을 끌어들여 백제를 치려는 계획을 다시 추진하였다. 한편 당은 고구려를 침공했음에도 이기지 못하자, 신라의 청을 받아들여 백제를 멸망시킨 후 신라와 함께 고구려를 치고자 했다. 신라는 백제를 치는 데 당을 이용했고, 당은 고구려를 치는 데 신라를 이용했던 것이다. 따라서 신라는 한반도에서 당의 세력을 몰아내기 위해 새로운 전쟁을 치루지 않으면 안 되었다.

백제·당과의 전쟁을 성공적으로 치른 신라의 국왕은 왕권의 강화에 주력하였다. 그런데 이로 인한 왕권의 전제적 경향은 골품제도에 토대를 둔 당시의 권력구조와는 상충된 것이었다. 골품제도는 기본적으로 진골귀족을 위주로 한 정치·사회적 체제였던 것이다. 따라서 진골귀족이 반발했다. 이러한 귀족의 불만은 혜공왕대에 이르러 절정에 달했고, 드디어 귀족에 의해 국왕이 살해되기에 이르렀다.

신라가 반도를 통일한 이후 북쪽에는 발해가 존재하였다. 일찍이 조선 정조 때의 실학자 유득공은 그의 저서 《발해고》에서, 신라와 발해를 남북국으로 부르면서 발해사에 대한 주의를 환기시켰다. 그러나 발해가 국사를 편찬하지 않았기에 발해사를 체계적으로 이해하는 데는 적지 않은 어려움이 따른다. 여기에서는 신라와 발해의 관계에 초점을 맞추어 발해사를 검토하려고 한다.

신라와 백제·고구려·당의 전쟁

진덕여왕 사후 예정대로 김춘추가 왕위에 올라 무열왕이 되었다(654). 김유신의 무력에 힘입은 그는 귀족의 지지를 받은 알천과의 왕위계승 경쟁에서 승리했던 것이다. 즉위 이후 그는 큰아들 김법민을 태자에 책봉함으로써 왕위계승 문제에 대한 귀족들의 간여를 사전에 봉쇄하고, 셋째 아들 김문왕을 중시中侍에 임명하는 등 근친세력을 중심으로 하는 새로운 지배체제를 구축해 나갔다. 이러한 조치들은 귀족의 반발을 야기할 수 있는 것이었다. 따라서 무열왕은 자신의 권위를 드러내고 귀족의 불만을 누그러뜨리기 위한 방법을 모색하는 가운데, 당을 끌어들여 백제를 침공하려는 계획을 다시 추진하였다.[13] 그는 당에 사신을 보내어 백제에 대한 양면공격을 제안했다.

무열왕의 요구에 응해 660년 당의 군대가 출동하였다. 648년 김춘추가 백제를 칠 원군을 당에 요청한 이래 12년 만의 일이었다. 고구려를 공격했음에도 별다른 성과를 거두지 못한 당은 우선 백제를 친 다음 신라의 도움을 받아 자신들의 목표인 고구려를 정벌한다는 전략을 세웠다. 당 고종은 소정방蘇定方으로 하여금 산동山東반도를 출발하여 황해를 거쳐 백제를 치게 하였다. 여기에 호응하여 신라는 김유신으로 하여금 백제로 진격하게 하였다. 그리하여 당의 군대는 금강 입구에 상륙하고, 신라의 군대는 탄현(대전 동쪽)을 넘었다.

당시 백제는 의자왕의 빈번한 신라 공격으로 국력이 약해 있었다. 귀족의 분열 역시 심각한 상태였다. 국정을 좌우하던 좌평 임자는 적대국인 신라의 김유신과 내통했을 정도였다. 더구나 피곤한 당나라 군대를 먼저 칠 것인가 아니면 약한 신라군을 먼저 칠 것인가를 놓고 귀족 간에 견해가 엇갈리고 있었다. 결국 백제는 계백으로 하여금 신라의 군대를 막게 하였다. 계백은 자신의 가족을 모두 죽이고 출전할 정도로 패전을 각오하고 있었으므로, 그가 거느린 결사대는 황산(연산)에서 4차례나 신라군을 격파하였다. 그러나 중과부적으로 패하고 말았다. 이후 신라와 당의 군대에 의해 수도 사비가 함락되고, 웅진으로 몸을 피했던 의자왕도 항복하여 백제는 멸망했다(660). 당은 사비에 웅진도독부를 설치하고, 당나라 장군으로 도독을 삼아 백제지역을 관할케 하였다.

백제가 멸망한 직후 왕족인 복신과 승려인 도침 등이 주류성(한산)을 근거로 삼아 군사를 일으켰다. 여기에 임존성(대흥)에서 신라와 당 연합군에 반항하던 흑치상지가 호응하였다. 그들은 왜로부터 귀국한 의자왕의 왕자 부여풍을 국왕으로 삼아 백제부흥을 표방하며 당과 전투를 전개하였다. 왜의 요구에 따라 김춘추가 그곳에 건너가는 등 신라와 왜가 가까워졌음은 앞서 언급했는데, 이에 대응하여 의자왕은 부여풍을 파견하여 우호를 다졌던 것이다. 부흥군은 이러한 부여풍을 세움으로써 정당한 왕위계승자를 옹립한다는 명분을 얻고, 왜로부터의 지원도 기대하였다.

그러나 부흥군은 내분으로 위기를 맞았다. 복신이 도침을 죽이고, 부여풍이 또 복신을 죽였던 것이다. 부여풍은 자신의 역량을 과시함으로써 이러한 위기를 타개하려고 했다. 그는 왜에 군대를 요청하였다. 여기에 응해 왜는 2만 7천여 명의 군대를 백제에 파견했는데, 이를 통해 정권의 내부 결속을 도모하고, 아울러 자신들에게 가해질지도 모를 나당군의 압력을 극복하려 했던 듯하다.[14] 그리하여 백제부흥군은 663년 왜군과 더불어 백촌강(혹은 백강, 오늘날의 금강) 입구에서 신라와 당의 연합군과 일대 격전을 치렀다. 백촌강전투로 불리는 이 전투에서 백제와 왜의 연합군은 패배하였고, 이로써 백제의 부흥운동도 막을 내렸다.

백제를 멸망시킨 당은 예정대로 고구려를 공격하였다. 무열왕의 뒤를 이어 즉위한 신라의 문무왕(661~681)은 김유신으로 하여금 당나라 군대를 지원하게 했다. 그러나 그는 고구려와 직접 전투를 수행하지 않고, 당나라 군대에게 군량만을 제공하였다. 그리고 소정방이 연개소문에게 패하여 퇴각하자, 김유신은 군대를 이끌고 되돌아왔다. 그는 당을 대신하여 고구려와 전투를 벌일 생각이 없었던 것이다.

고구려에서는 연개소문이 죽고, 그의 동생 및 아들 간에 권력 쟁탈전이 벌어졌다. 연개소문의 동생 연정토는 신라에 투항했고, 맏아들 연남생은 당에 항복한 후 그들의 향도가 되어 고구려를 멸망시키는 데 앞장섰다. 당은 이 기회를 이용하여 이적李勣으로 하여금 고구려를 치게 하였다. 신라의 문무왕은 군대를 출동시켜 이에 호응케 하고, 자신도 평양으로 향했다. 그러나 문무왕은 이적이 철군했다는 소식을 듣고 곧 되돌아왔다. 이 전투에서도 신라는 적극적이지 않았던 것이다. 이후 고구려는 1년간

항쟁을 이어갔으나 결국 멸망하고 말았다(668).

당이 백제를 멸한 후 그곳에 웅진도독부를 설치하였음은 앞에서 언급하였다. 곧이어 당은 신라에 계림대도독부를 두고, 문무왕을 계림주대도독에 임명하였다(663). 이는 신라가 당의 한 지방에 불과하다는 것을 나타내는 것이었다. 그리고 다음 해 당나라 장군을 대신하여 의자왕의 아들 부여륭을 웅진도독으로 삼았다. 이민족 지배에 대한 백제유민의 반감을 무마시키고, 아울러 신라의 백제 옛 땅에 대한 연고권 주장을 봉쇄하려는 의도였다.[15] 그뿐만 아니라 문무왕으로 하여금 부여륭과 서로 화친할 것을 맹약케 하였다. 신라를 낮추어, 신라와 백제가 모두 당의 번방藩邦(제후국)이라는 점을 강조하기 위함이었다.

당은 또한 고구려 땅에 9개의 도독부를 설치하고, 평양에 안동도호부를 두어 설인귀薛仁貴를 도호부사에 임명하였다. 그리고 그로 하여금 고구려만이 아니라 백제·신라지역을 모두 관할케 하였다. 이들 지역 모두를 당의 지배하에 놓으려는 의도를 드러낸 것이었다. 신라는 백제와 전쟁을 치렀으면서도 아무런 대가를 얻지 못한 채 당의 한 지방으로 전락한 셈이 되었다. 신라가 당과 새로운 전투를 벌였음은 물론이다.

신라는 우선 백제지역에서 당의 후원을 업은 부여륭과 전투를 벌였다. 그리고 검모잠이 보장왕의 서자庶子 안승을 받들고 고구려부흥운동을 전개하자, 군대를 보내 그들을 지원하였다. 당에 대항시키기 위함이었다. 그 후 안승이 검모잠을 죽이고 신라에 망명하자, 신라는 그를 고구려왕에 봉하여 금마저(익산)에 머물게 하고 부여륭과 싸우게 했다. 부여륭의 적은 신라였으며, 고구려부흥군의 적은 당이었던 것이다.

신라의 고구려부흥군에 대한 지원이 구체화되자 당의 장군 설인귀는 문무왕에게 편지를 보내 이것이 잘못임을 지적하고, 그치지 않는다면 신라를 공격하겠다고 협박하였다. 문무왕은 답서를 보내 평양성을 함락시키는 데 신라의 공이 컸음을 주장하면서, 고구려를 멸망시키고 나면 백제를 포함한 평양 이남의 영토를 신라에 주겠다는 당 태종이 김춘추에게 한 약속을 당이 어겼음을 지적하였다. 아울러 신라를 당에 복속된 백제와 대등한 존재로 취급하는 것을 비난하였다. 강수가 지었을 것으로 추측되는 이 〈답설인귀서〉는 문장이 유려한 것으로 유명한데, 여기에는 당시 양국의 불편한 관계가 잘 드러나 있다. 결국 문무왕은 당의 지원을 받고 있던 부여융을 격파하고 사비성을 함락시켰다. 그리고 여기에 소부리주를 설치함으로써 백제의 옛 땅에 대한 지배권을 완전히 장악하였다(671).

신라가 백제의 옛 땅을 모두 점유하자 당은 문무왕의 동생인 김인문을 그의 동의 없이 신라왕에 임명하고, 백제와 고구려를 멸할 때와 마찬가지로 대군을 동원하여 침략해 왔다. 그러나 신라군은 매소성(연천)에서 말갈계의 이근행李謹行이 거느린 당나라 육군을 몰살시키고(675), 금강 하류의 기벌포(장항)전투에서 설인귀가 거느린 해군을 격파했다(676). 신라는 이처럼 유리한 전황과 이를 배경으로 한 외교교섭을 병행하여 추진함으로써 당나라 군대를 축출하는 데 성공하였다.

당의 패배는 신라의 저항에 기인한 것이지만, 당시 돌궐·토번 등이 당을 위협한 것과도 무관하지 않았다. 특히 토번은 설인귀의 10만 대군을 궤멸시키고 당의 서쪽 지방을 장악하였다. 당은 그들의 정규군을 한반도에 투입하여 신라를 상대로 한 전쟁에만 전력을 기울일 수 없는 상황에 직면했던 것이다. 그들의 대신 라전에 말갈·거란인 등이 당나라 군대의 주력부대로 활약한 이유가 여기에 있었다. 당은 서쪽 변경의 우환을 극복하기 위해서는 나당전쟁의 종결이 필요하다는 사실을 깨달았다.[16] 그들은 안동도호부를 평양에서 요동으로 옮김으로써(676) 한반도에 대한 신라의 지배권을 인정하였다. 이리하여 신라는 대체로 대동강과 원산만 이남의 땅을 점유하게 되었다.

신라는 당에 조공하고 책봉을 받았지만, 당이 자주권을 인정하지 않자 그를 상대로 전쟁을 벌였다. 그러나 당이 영토를 인정하자 다시 정기적으로 조공사절을 파견하여 나라의 사정을 알렸고, 당도 신라의 왕위교체 때 책봉사를 파견하였다. 이로 미루어 보면, 신라가 당에 조공하고 책봉을 받았다고 해서 신라의 자주성이 훼손되는 것이 아니었음을 알 수 있다.[17]

통일 이후 신라 조정은 이제 하나로 통합된 삼국인 간의 융합에 주력했다. 수도의 6부민에게만 주던 중앙의 관등체계인 경위京位를 지방민과 고구려·백제의 일부 지배층에게 부여한 것은 그러한 조치의 하나였다. 삼국인 또한 이질적인 당과의 전쟁을 치르는 동안 서로의 동질성에 대한 자각이 심화되었다. 그리하여 삼한은 하나라는 인식이 확대되었다.[18]

왕권의 전제화와 귀족의 반발

신라의 통일 이후 왕권은 전제화 경향을 띠었다. 무열왕 김춘추가 자신의 집권과 즉위에 반대하는 귀족세력을 견제하려는 의도 아래 백제와의 전쟁을 시작했음을 감안하면, 전쟁의 승리 후왕권이 전제적 경향을 띤 것은 자연스러운 결과였다. 왕권이 강화됨에 따라 화백회의의 의장으로서 귀족의 대표자와 같은 위치에 있던 상대등의 권한은 약화되었다. 이에 반해 왕명을 받들어 여러 관부를 통제하는 집사부의 장관인 중시가 왕권의 방파제 내지는 안전판과 같은 구실을 담당하면서 막강한 권한을 행사하였다. 임기 3년의 중시가 천재지변이 있을 때 교체된 것으로 미루어 알 수 있다. 흉년이 들면 왕을 바꾸었다는 부여의 경우로 미루어 재이災異에 대한 책임은 국왕이 져야 했는데, 이제 중시가 대신 떠맡았던 것이다. 한편 무열왕 이후는 왕비의 아버지나 왕의 동생 등에게 특별한 사회적 지위를 인정해 주던, 고구려의 고추가에 대비되는 갈문왕의 존재가 자취를 감추었다. 국왕에 버금갈 정도의 세력을 가진 갈문왕은 때로는 국왕의 정치적인 경쟁자이기도 했는데, 이것이 사라진 것 역시 왕권이 강화된 당시의 사정과 무관하지 않았다.

진골귀족을 약화시켜 왕권을 강화하려는 노력은 무열왕의 뒤를 이은 문무왕에 의해서도 지속되었다. 문무왕은 백제·당과의 전쟁을 성공으로 이끈 다음 귀족세력을 장악하기 위한 조치들을 취해 나갔다. 그는 우선 무열왕에 대한 사후의 칭호(묘호廟號)

를 중국식으로 태종이라고 하였다. 이는 중국의 황제가 지니는 전제적 성격을 동경한 데서 비롯된 것이다. 그리고 대백제전쟁에서 공을 세웠으며 병부령으로 군사적 실권을 장악하고 있던 김진주를 처형하였다. 문무왕은 병부령이 갖고 있던 병권을 국왕 직속으로 돌리려 했고, 여기에 김진주가 반대하자 그를 처형했던 것 같다.

문무왕의 귀족억압책으로 인해 수세에 몰리고 있던 귀족은 그에 저항하여 모반을 시도하였다. 당과 결탁하여 난을 일으켰던 한성주도독 박도유는 그 대표적인 인물이었다. 그리고 숙위학생으로 당에 유학한 김풍훈은 자신의 부 김진주가 문무왕에게 살해된 데 대해 앙심을 품고, 당의 장군 설인귀의 향도가 되어 신라를 공격하는 데 앞장섰다. 국가의 사활이 걸린 전쟁기간 동안 이처럼 진골귀족의 모반이 자주 일어난 것은, 신라의 전쟁 목적이 국왕의 권위를 드러내고 귀족을 억압하려는 데 있었던 것과 관련이 있다.

통일 이후 신라의 왕권을 강화시킨 대표적인 인물은 신문왕(681~692)이었다. 그는 왕비의 아버지인 김흠돌이 난을 일으킨 것을 계기로 귀족에 대한 대대적인 숙청작업에 들어갔다. 김흠돌은 국왕의 강력한 왕권 구축에 불만을 가진 인물로서, 자신과 밀착된 상대등을 신문왕이 교체하자 난을 일으켰던 것이다. 신문왕은 또한 왕권을 뒷받침하는 정치 및 군사 등의 제도정비에 박차를 가하였다. 그는 우선 위화부로 하여금 관료의 선발을 맡게 하였으며, 국학을 설립하여 관료를 양성·배출하도록 했다.

국학에서는 유교를 교육하였는데, 여기에서 공부한 사람은 주로 6두품 출신이었다. 국왕과 6두품 출신은 종종 정치적 견해를 같이 하였다. 무열왕이 강수를 너무 늦게 만난 것을 한탄했다거나, 설총이 신문왕에게 정치의 방법을 깨우치는 이야기를 하여 그의 총애를 받았던 것은 그 구체적인 예일 것이다. 이러한 현상은 국학 설립 이후 더욱 두드러졌다. 국왕과 6두품 출신은 진골귀족을 공동의 대항세력으로 삼아 자연스럽게 결합했던 것이다.

신문왕은 시위부대를 강화하는 등 중앙 군사조직의 변화를 꾀하였다. 그 결과 경주에 주둔한 9서당九誓幢이 군제의 핵심이 되는 군단으로 등장하였다. 9서당의 특징은 그 구성원이 신라인뿐 아니라 고구려·백제·말갈인까지 포함하는 점에 있었는데, 이러한 사실이 왕에게 충성을 맹세한 부대였음을 알 수 있게 한다. 광개토왕이 자신이 정복한 지역의 주민으로 하여금 자신의 묘를 지키게 했듯이, 국왕의 시위부대는 정복한 지역의 주민을 주축으로 편성된 경우가 적지 않았던 것이다.

신문왕은 관리에게 관료전을 지급하는 대신 녹읍祿邑을 폐지하였다. 녹읍은 관직 복무에 대한 대가로 지급되는 것으로, 전공을 세우는 등 특수한 경우에 받는 식읍食邑과 차이가 있었다. 그러나 이 양자의 수급자는 모두 조세 이외에 그 지역 주민의 역역力役까지 징발할 수 있는 권리를 가졌다. 따라서 녹읍의 폐지는 귀족의 인간에 대한 직접적인 지배를 제한하려고 한 데서 비롯된 것이었다.

신문왕은 부왕인 문무왕을 화장하여 동해에 장사지냈다. '죽어서 큰 용이 되어 나라를 수호하겠다'는 문무왕의 유언에 따른 것이라고 전해지는데, 이러한 문무왕의 유언은 실은 신문왕의 조작이었을 가능성을 배제하기 어렵다. 왕권강화를 강력하게 추진한 신문왕이었고 보면, 귀족의 반발을 완화시키기 위해 자신의 부왕인 문무왕을 동해에 장사지냈던 것이 아닌지 의심된다. 위기의식을 조장하기 위해 외침을 강조했을 가능성이 큰 것이다.

강력한 왕권의 유지를 위한 노력은 경덕왕(742~765)에 의해서도 경주되었다. 경덕왕은 국왕에게 충성하는 관리를 양성하기 위해 유교 교육을 강화하였다. 또한 관청 및 관직과 전국 군현의 이름을 중국식으로 고치는 등, 한화정책을 추진하였다. 이는 중국 황제권을 동경한 데서 비롯된 것이었다. 그리고 부왕인 성덕왕을 위하여 거대한 성덕대왕신종을 만들었는가 하면, 불국사와 석굴암을 창건하였다. 석굴암에는 중앙에 석가여래의 좌상이 안치되어 있고, 그 둘레의 벽에 여러 보살상과 나한상이 조각되어 있다. 이 석가여래는 귀족에 의하여 옹위되고 있는 국왕을 의미하는 것이었다. 석가여래를 둘러싸고 있는 보살처럼 귀족도 국왕을 받들어야 한다는 점을 드러내기 위해 경덕왕은 석굴암을 조성했다고 생각된다.[19]

왕권이 강화된 신라 중대에는 대부분의 귀족이 정치적으로 소외되고 국왕 측근만이 중용되었다. 이제까지 왕비족으로 일컬어지던 박씨는 중대에 들어와 왕비를 배출하지 못했을 뿐만 아니라, 행정적인 요직보다는 학자직·기술직을 많이 차지하였다.

성덕대왕신종을 만들 때 그 주조를 직접 담당한 4명의 기술자가 모두 박씨였던 것이다. 박씨와 아울러 김유신의 직계손도 정치적으로 소외되었다. 따라서 왕권의 전제적 경향에 대한 귀족의 불만은 커져만 갔다.

귀족의 반발이 거세지자 경덕왕은 그들과의 타협을 모색하였다. 신문왕 때 혁파된 바 있는 녹읍을 부활한 것은 그러한 조치의 일환이었다. 그러나 그의 뒤를 이어 8세의 어린 혜공왕(765~780)이 즉위하면서 경덕왕의 왕권강화 노력은 수포로 돌아갔다. 경덕왕이 중국식으로 고친 관청과 관리의 칭호가 모두 원래대로 복구되었던 것이다. 경덕왕의 관호개혁이 중국의 황제권을 동경한 데서 이루어진 것이었음을 염두에 두면, 혜공왕대의 관호복구는 왕권을 강화하려는 국왕의 노력에 대한 부정이었다. 결국 혜공왕은 자신이 임명한 상대등에 의해 살해되었다. 귀족의 불만이 그만큼 심각했음을 알려준다.

신라 중대의 국왕

(29)태종무열왕太宗武烈王	(30)문무왕文武王	(31)신문왕神文王	(32)효소왕孝昭王
			(33)성덕왕聖德王
	(34)효성왕孝成王	(35)경덕왕景德王	
		(36)혜공왕惠恭王	

신라와 발해

발해는 말갈靺鞨계 고구려 장군인 대조영이 건국한 나라였다. 그러한 만큼 발해의 주민은 말갈인과 더불어 고구려 유민으로 구성되었다. 만일 발해의 피지배층 대부분이 흔히 지적되는 것처럼 말갈인이었다면, 발해사는 고구려 유민사가 아닌 말갈사로 보는 것이 합리적일 것이다.

대조영의 뒤를 이어 즉위한 대무예, 즉 무왕(719~737)은 발해의 배후에 있던 흑수黑水말갈이 당과 통교하자, 자신의 동생 대문예를 파견하여 흑수말갈을 공격케 하였다. 그런데 대문예는 일찍이 대조영에 의해 당에 파견되어 숙위한 경험을 가지고 있던 인물로서, 발해가 흑수말갈을 치면 당이 곧 발해를 공격할 것을 예상하고 무왕의 조치에 반대하면서 당으로 망명하였다. 무왕은 사신을 당에 보내 대문예를 죽이기를 요청하였으나 당이 거절하였다. 그를 우대하여 발해의 내부 분열을 획책하려고 했던 것이다. 이에 무왕은 거란과 돌궐의 측면지원을 받아 당의 등주登州를 공격하였다. 그러자 당은 대문예를 앞세워 발해로 진격하는 한편, 신라에게 발해의 남쪽을 칠 것을 요청하였다. 당의 요구에 부응하여 신라의 성덕왕은 김유신의 손자인 김윤중과 김윤문 형제를 지휘관으로 삼아 출병시켰다. 그러나 신라군은 발해군의 저항과 추위로 인해 다수의 동사자를 낸 채 퇴각하고 말았다(733).

이러한 갈등에도 불구하고 발해는 당과 빈번하게 교류했다.

100여 회의 교섭기록이 이를 말해준다. 따라서 발해는 당나라의 정치체제인 3성 6부의 제도를 명칭은 달랐지만, 상당 부분 그대로 모방하였다. 한편 발해는 일본으로의 통로인 일본도日本道와 신라로 통하는 신라도新羅道를 개설하는 등, 일본·신라와도 접촉을 가졌다. 그러나 200년이 넘는 동안 일본에의 사신 파견이 34차례였던 것과는 달리, 신라와의 교섭은 5회에 불과했다. 발해와 신라는 교섭보다 대립의 시기가 더 많았던 것이다.[20]

발해와 신라의 대립관계는 당에서 있었던 두 나라 사신의 이른바 윗자리다툼사건(쟁장사건爭長事件; 897)을 통해 알 수 있다. 발해의 사신은 그들의 국세가 신라보다 강성하니, 자신을 신라의 사신보다 윗자리에 앉게 해달라고 당에 요청하였다. 그러나 당은 이를 거부하고 그 이전대로 신라를 우선으로 하였다. 이를 전해들은 신라는 당의 소종昭宗에게 감사하는 글[사불허북국거상표謝不許北國居上表]을 보냈는데, 신라왕을 대신하여 최치원이 쓴 이 글은 조선 성종 때 서거정이 과거 우리나라의 유명한 시문을 뽑아 편집한 책인 《동문선》에 실려 있다.

발해와 신라의 대립은 당이 외국인을 위해 설치한 빈공과賓貢科 시험을 둘러싸고도 벌어졌다. 빈공과 급제자의 대부분은 신라인이었고, 여기에 소수의 발해인이 포함되어 있었다. 그런데 875년 실시된 빈공과에서 발해 유학생이 신라 유학생보다 높은 점수를 얻어 수석의 영광을 차지하자, 신라는 이를 매우 수치스럽게 여겼다. 906년의 빈공과에서 신라의 최언위가 발해 유학생 오광찬보다 상위의 성적으로 합격함으로써 신라는 30년 전의 굴욕을 씻을 수 있었다. 발해는 이미 확정된 빈공과의 급제 순위를 외교를 통해 바꾸려 하였으나 당에 의해 거절당했다.

발해는 신라보다는 일본과 빈번하게 접촉했다. 일찍이 무왕은 '고려 국왕'을 자칭하면서 일본에 사신을 파견했는데(727), 이는 당에 대항하기 위함이었다. 일본도 발해의 사절을 정중하게 대접하고 일행을 무사히 귀국시킴으로써 우호를 다졌다. 그러나 발해는 신라와의 관계 악화로 신라 연안을 이용하지 못한 까닭에 일본과의 접촉도 원활하지 못했다. 황해를 직접 횡단하여 일본으로 가다가 조난을 당하는 경우가 많았던 것이다.

05 ―
신라의 골품제도 와해와 후삼국

《삼국사기》는 신라를 상대上代·중대中代·하대下代로 구분하고, 무열왕 이후를 중대, 선덕왕(780~785) 이후를 하대라 하였는데, 학계의 신라사 시대구분도 이에 따르는 것이 일반적이다. 하대에는 155년간 20명의 왕이 바뀔 만큼 왕위 교체가 빈번하게 이루어졌다. 국왕의 상당수가 내란에 희생되었을 정도로 권력쟁탈전이 치열한 시기였던 것이다. 이러한 권력쟁탈전의 격화는 골품보다는 힘을 중시하는 경향을 초래하였다. 신무왕의 경우는 심지어 지방세력인 장보고에 의지하여 왕이 되었다(839). 그리고 신라 말에는 박씨가 왕위에 오르기도 했다. 따라서 신라의 골품제도는 와해될 수밖에 없었는데, 이러한 현상은 당에 진출했다가 귀국한 인물들에 의해 더욱 촉진되었다.

당에서 활동하다가 귀국한 인물로는 장보고처럼 해상무역에 종사한 상인을 비롯하여, 승려와 유학자儒學者가 있었다. 골품제도로 인해 출세가 막히자 당에 진출하여 자신의 진로를 개척하려고 했던 그들은 귀국하여 골품제도의 붕괴에 큰 영향을 미쳤다. 장보고는 중앙의 정치권력에 도전했고, 승려는 개인주의적 성향을 띤 선종을 보급했으며, 유학자는 능력에 따른 인재 등용을 주장했던 것이다. 이에 따른 골품제도의 와해는 곧 귀족사회의 종말을 의미하는 것이었다.

귀족의 권력쟁탈전이 치열한 틈을 타서, 학계에서 호족이라고 부르는 지방세력이 대두하였다. 여기에는 낙향귀족이나, 지방의 관리, 군인, 해상세력가 등이 포함되어 있었다. 그들 가운데 견훤과 궁예는 각각 백제와 고구려의 부흥을 내세우면서 후백제와 후고구려를 세웠다. 그리하여 신라와 더불어 후삼국을 이루었다. 궁예가 멸망한 이후에는 왕건이 세운 고려가 이들과 더불어 한반도의 주도권을 다투었다. 이들 세 나라가 정립한 시기를 한국사에서는 후삼국시대라고 부르는데, 그 기간은 견훤이 나라를 세운 900년부터 고려에 의해 통일이 된 936년까지였다.

왕위계승을 둘러싼 귀족 간의 갈등

혜공왕의 뒤를 이어 즉위한 선덕왕은 혜공왕대의 상대등이었다. 그는 난의 와중에서 국왕을 살해하고 왕이 되었다. 그리고 선덕왕이 돌아간 뒤에는 상대등 김경신이 무열왕 직계손의 대표자적 지위에 있던 김주원을 물리치고 즉위했으니, 그가 원성왕(785~798)이다. 원성왕 역시 무력의 뒷받침을 받아 왕위에 올랐던 것이다. 뒷날 김주원의 아들 김헌창이 자신의 아버지가 왕위에 오르지 못한 것을 이유로 반란을 일으킨 것을 보아도, 원성왕의 즉위가 정쟁의 산물이었음을 알 수 있게 한다. 그런데 선덕왕은 나물왕의 10대 손이라고 하였고, 원성왕은 나물왕의 12대 손이라고 하였다. 그리하여 그 이전에 왕위를 이어 오던 태종무열왕계는 끊어졌다. 이후 왕위계승은 혈통보다는 사병私兵과 같은 힘에 의존해 이루어졌다.

원성왕은 왕 4년(788)에 독서삼품과를 설치하여 능력에 따른 관리선발을 시도하였다. 그가 김주원과의 경쟁을 통해 왕위에 올랐음을 염두에 두면, 이를 통해 유학적 소양을 갖춘 인물을 등용하여 자신의 지지기반으로 삼으려 했을 가능성이 크다. 그러나 독서삼품과는 별다른 효과를 거두지 못하고 폐지되었다. 골품제도를 통해 자신의 특권을 유지하려는 진골귀족이 반발했기 때문이다. 그렇다 하더라도, 신분보다는 학문적 능력에 바탕을 둔 관리선발이 시도되었다는 것 자체가 골품제도의 와해 징후를 드러내는 것이었다.

귀족 간의 왕위계승전은 흥덕왕(826~836) 이후 더욱 치열해졌다. 흥덕왕 사후 그의 사촌동생이며 상대등인 김균정이 궁성으로 들어가서 왕이 되었으나, 흥덕왕의 조카인 김명은 이에 반발하여 그를 살해하고 자신의 매부인 희강왕(836~838)을 즉위시켰다. 따라서 희강왕대는 김명이 상대등이 되어 실권을 장악하였다. 그는 곧 희강왕을 핍박하여 자살케하고, 자신이 즉위하여 민애왕(838~839)이 되었다. 이에 김균정의 아들 김우징은 그 가족을 이끌고 청해진으로 피난하여 장보고에게 의탁하였다. 여기에는 그만이 아니라 그의 일파가 모여 재기를 도모하였다. 이제 청해진은 단순한 지방 해상세력의 근거지가 아니라 중앙귀족 가운데 한 파벌의 집결지가 된 것이다. 결국 김우징은 장보고의 군대를 빌려 서울로 쳐들어와 민애왕을 살해하고 즉위하였으니, 그가 신무왕이다.

진골귀족 간의 왕위계승전이 두드러진 이유 가운데 하나는 세대 수에 제한을 받지 않고 왕의 자손이라면 누구라도 진골귀족이 될 수 있었던 골품제도의 원리 때문이었다. 《삼국유사》에 따르면, 혜공왕 4년(768)에 일어난 김대공의 난에는 96각간이 관련되어 있었다 한다. 귀족이 파를 나누어 반란군과 진압군에 각각 가담하여 싸웠음을 알려주는데, 각간은 신라 17관등 가운데 제1관등의 이벌찬을 가리키는 것이었다. 그만큼 많은 인물이 제1관등에 진출해 있었던 것이다.

중앙귀족의 치열한 왕위계승전은 지방반란의 원인이 되었다. 중앙권력이 미치지 못한 틈을 타 지방에서 반란이 빈번하게 일어났던 것이다. 특히 진성여왕(887~897) 때가 그러하여, 신라에 반기를 든 주현이 절반에 이를 정도였다. 서남해 지역에서 난을 일으킨 견훤과 북원(원주)의 양길, 양길의 부하였다가 독립한 궁예는 대표적인 반란군의 지도자였다. 결국 견훤이 후백제, 궁예가 후고구려를 세웠고, 그리고 왕건이 궁예의 뒤를 이었다.

그러한 시기에 박씨왕이 등장하였다. 신덕왕(912~917)이 그였는데, 헌강왕의 사위였던 그는 헌강왕의 또 다른 사위 김효종과의 왕위계승 경쟁에서 승리하였다. 이후 경명왕(917~924)과 경애왕(924~927)이 역시 박씨로써 왕이 되었다. 박씨왕의 등장은 김씨 진골귀족의 반발을 초래하여 정국을 혼란스럽게 만들었다. 《삼국사기》에 신덕왕대 이후 천재지변에 관한 기록이 자주 나타나는 것은 이러한 사정을 알려주는 것으로 이해된다. 경명왕이 김유신을 흥무대왕으로 추봉한 것도 당시의 정치상황이 빚어낸 결과였다. 김씨세력의 견제를 받은 경명왕은 김유신 집안의 후손을 자파의 후원세력으로 끌어들이려 했던 것이다.

경명왕과 경애왕은 고려의 왕건과 밀착되어 있었다. 견훤이 신라를 공격했을 때 경명왕은 왕건에게 구원을 요청하였으며, 경애왕은 자신의 즉위를 누구보다도 먼저 왕건에게 알렸을 정도였다. 이러한 박씨왕의 친고려정책은 왕건과 대립하고 있던 견훤의 불만을 사, 그의 경주 침입을 야기하였다(927). 당시의 사정을 기술한 《삼국사기》에 따르면, 견훤이 경주를 침공할 당시 경애왕은 포석정에서 연회를 베풀고 있었다 한다. 외적이 침입한 상황에서, 더구나 음력 11월인 겨울에 국왕이 노천인 포석정에서 연회를 베풀었다는 것은 이해가 되지 않는다. 그런데 최근 발견된 필사본 《화랑세기》에는 포석정이 포석사鮑石祠로 기록되어 있다. 단순한 놀이터가 아닌, 나라의 안녕을 비는 사당의 역할도 하는 곳이었음을 알려주는 것이다.[21] 그렇다면 경애왕이 포석정에 간 것은 놀이를 위한 것이 아니고, 견훤의 침입을 물리칠 것을 기원하기 위함이었다고 해석된다. 성덕왕대 김대문이

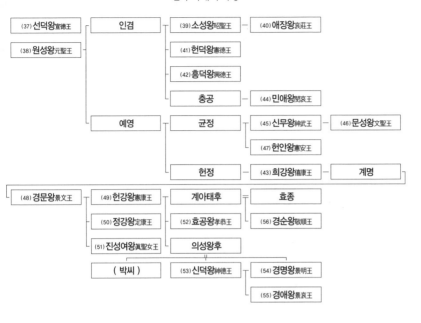

신라 하대의 국왕

지었다는《화랑세기》는 1995년 필사본으로 발견되어 그 진위 여부를 둘러싸고 많은 논란이 벌어지고 있는데, 포석사에 대한 기록으로 미루어 보면 전적으로 후대의 위작이라고 단정하기 어렵다.

경주에 침입하여 경애왕을 제거한 견훤은 신라를 멸하지 않고, 새로운 국왕으로 경순왕(927~935)을 세우고 돌아갔다. 이는 견훤의 경주 침입이 경애왕과 갈등을 빚고 있던 경순왕 세력의 요구에 따른 것이라는 추측을 낳게 한다. 경순왕은 박씨인 신덕왕과 왕위를 다투었던 김효종의 아들이었기 때문이다. 박씨왕이 왕건과 밀접한 관계를 맺고 있었던 것과 달리, 경순왕을 비롯한 김씨세력은 견훤과 연결되고 있었던 것이다. 경순왕이 견훤에 의해 옹립되었으면서도 신라 귀족의 별다른 반발 없이 왕위를 유지할 수 있었던 이유가 여기에 있었다. 그러나 그는 결국 신라의 마지막 왕이 되고 말았다. 귀족의 왕위계승을 둘러싼 갈등이 신라를 멸망으로 이끌었던 것이다.

신라인의 당나라 진출

838년부터 847년까지 9년 여 동안 당에서 구법활동을 한 일본 승려 엔닌圓仁(자각慈覺)은 《입당구법순례행기》라는 기행문을 남겼다. 여기에는 중국의 산동반도 일대에 신라인의 거주지인 신라방이 있었으며, 여행객이 임시로 머물 수 있는 신라관, 그리고 사원인 신라원이 있었다는 등, 당시 당나라 동해안 지역에 거주한 신라인에 관한 기록이 많이 남아 있다. 아울러 장보고에 관해서도 비교적 상세한 언급이 있는데, 이에 따르면 당에서 군인으로 출세한 그는 해상무역에 종사하여 법화원이라는 사찰을 세웠을 정도로 큰 성공을 거두었다. 귀국한 장보고는 완도에 청해진을 설치하고(828, 흥덕왕 3), 그곳을 기반으로 중국·일본과 활발한 무역활동을 전개하였다.

장보고는 청해진의 군사력을 바탕으로 중앙의 왕위계승전에도 관여하였다. 앞에서 언급했듯이, 김우징은 그의 힘에 의지하여 신무왕이 되었던 것이다. 이후 장보고는 자신의 딸을 신무왕의 후계자인 문성왕(839~857)의 둘째 비로 들이려고 하였다. 비록 귀족의 반대로 실현되지 못했지만, 골품제 사회에서 낮은 신분 출신인 장보고가 국왕을 즉위시켰고, 자신의 딸을 왕비로 들이려고 했다는 사실은 주목되어 마땅하다.

장보고의 성공은 신라사회에 커다란 자극을 주었다. 이후 해상활동에 종사한 인물이 다수 등장했던 것이다. 왕봉규나 고려를 건국한 왕건의 선대는 그 대표적인 존재였다. 왕봉규는 강주(진주)지방에서 독립적인 세력을 누리면서 후당後唐과 통교했고, 왕건의 조부 작제건은 예성강과 강화 일대에서 해상무역을 통해 부를 축적하였다. 이를 배경으로 왕건은 궁예의 부하가 되어 정치권력에 다가서는 한편, 서해안 일대의 해상세력가를 자신의 휘하에 집결시키는 데 성공하였다. 그러한 점에서 왕건은 장보고의 후계자적 성격을 지닌 인물이라고 할 수 있다.

장보고 이후 해상세력가의 활발한 활동이 가능했던 것은 새로운 대중국 항로가 개설되어 시간이 크게 단축된 것과 관련이 있었다. 종전에는 경기도 화성군 남양만의 당항진에서 황해를 횡단하여 중국 등주登州에 이르는 황해 횡단로를 이용했는데, 9세기 후반에 이르러서는 오늘날의 나주시 다시면 영산강 하구의 회진에서 황해 남부를 가로질러 남중국에 이르는 항로가 열렸던 것이다.[22]

신라 하대에 중국에 진출한 인물 가운데는 또한 승려가 있었다. 삼국이 불교를 수용한 이래 많은 승려가 중국에 유학儒學했는데, 그러한 현상은 신라 하대까지 이어졌다. 그들 가운데 주목되는 인물은 선종 9산의 조사祖師이다. 9산선문 가운데 희양산의 도헌을 제외한 가지산의 도의, 실상산의 홍척, 동리산의 혜철, 봉림산의 현욱, 사자산의 도윤, 성주산의 무염, 사굴산의 범일, 수미산파 이엄 등이 모두 중국에 유학했던 것이다. 이들이 전한 선종은 '불립문자不立文字'와 '견성오도見性悟道'를 내용으로 하였다. 교리보다는 선禪을 통해 각자의 마음속에 태어날 때부터 갖추고 있는 불성佛性을 깨달을 수 있다는 것이다. 그러므로 선종은 개인주의적인 경향을 띠었고, 이는 중앙의 간섭에서 벗어나려는 지방호족의 이해관계와 일치하여 그들로부터 환영을 받았다. 가령 봉림산파는 김해호족 김율희의 후원을 받았고, 사굴산파는 강릉호족 왕순식과 연결되어 있었다. 그리고 수미산파는 송악(개성)호족 왕건과 관계가 깊었다. 결국 당에 유학한 승려들은 신라사회에 선종을 유포시킴으로써 지방세력의 중앙정부로부터의 이탈을 가속화시켰다.

신라 하대에는 당에 유학儒學한 학생의 수가 크게 증가하였다. 유학생 가운데는 우선 숙위학생宿衛學生이라고 하여 황제를 숙위하면서 국학에서 학습한 학생이 있었는데, 그들은 국가에 의해 파견되었다. 이들 외에 사비로 유학한 학생도 적지 않았다. 유학생 대부분은 6두품 출신이었으나, 지방의 지식인도 이 행렬에 참여하였다. 그들의 유학열을 자극시킨 것은 당이 외국인을 위해 실시한 빈공과제도였다. 유학생은 여기에 합격함으로써 당의 관직을 얻는 것은 물론, 귀국 후 본국 정부로부터도 어느 정도의 지위를 보장받을 수 있었다. 빈공과에는 821년 김운경이 최초로 등제한 이래, 당이 멸망할 때까지 58명의 신라인이 급제하였다.

당에 유학한 신라인은 당의 문인과 활발하게 교유하였다. 최치원의 경우, 당나라에 있을 당시 펴낸 그의 문집《계원필경집》이 외국인의 작품으로는 이례적으로《신당서》에 그 서명이 기록되어 있는데, 이는 그가 당의 문인과 활발하게 교유한 구체적인 증거이다. 당에서 이러한 경험을 한 6두품 유학자儒學者들은 신라 골품제도의 불합리함을 더욱 심각하게 느꼈던 듯하다. 그들은 진골귀족 만능의 신라사회에 대해 불만을 표출했던 것이다. 진성여왕 2년 시정을 비방하는 글이 거리에 나붙자, 이를 6두품 출신 지식인인 왕거인의 소행으로 단정했다는 사실이 이를 말해준다.

최치원은 당에서 귀국한 후 진성여왕에게 10여 조의 〈시무책〉을 올렸다. 이 상서문은 전하지 않고 있지만, 골품보다는 학문에 기초를 둔 인재등용을 주장했을 것으로 추측되고 있다. 단순한 골품제도에 대한 비판이 아니라, 그를 보완할 대책까지 제시했던 셈이다. 그러나 그의 건의는 받아들여지지 않았다. 그가 전국의 명승지를 방랑하다가 가야산 해인사에서 여생을 마친 것은 그 때문이었다. 따라서 당나라 유학생 가운데는 신라로부터 이반한 인물들이 적지 않았다. 최치원과 함께 삼최三崔로 일컬어지던 인물 가운데 최언위가 왕건에게 협력하고, 최승우가 견훤의 신하가 된 것이 이를 말해준다. 결국 왕위계승을 둘러싼 중앙귀족의 갈등과 신라인의 당나라 진출로 인해 신라의 골품제도는 와해되어 갔다. 후삼국의 성립은 이러한 시대상황의 산물이었다.

후백제

900년 백제의 부흥을 표방하면서 전주지역에 도읍한 견훤은 국호를 후백제라고 하였다. 《삼국사기》에 따르면, 상주 아자개의 아들인 견훤은 군인으로 서울에서 서남해에 파견되어 방수를 담당했다고 한다. 그의 부 아자개는 처음 농사를 지어 생활했으나 후일 장군을 자칭했다는 기록도 있다. 이는 아자개가 상주의 호족임을 짐작케 한다. 당시의 호족은 스스로를 성주城主나 장군이라고 칭했기 때문이다.

그러나 견훤이 아자개의 아들이었다거나 서울에서 서남해에 파견되었다는 기록은 사실로 받아들이기가 주저된다. 아자개는 견훤의 세력이 절정에 이른 시기인 918년 고려 태조에게 귀부歸附하였는데, 견훤이 아자개의 아들이라면 있을 수 없는 일이다. 그리고 당시 경주를 지배하는 데 불과했던 신라가 서남해에 군대를 파견할 수 있었는지도 의심스럽다. 《삼국사기》에는 견훤이 의자왕의 원수를 갚겠다고 하자 많은 사람이 호응하여 한 달 만에 무리가 5천에 이르렀다고 했는데, 이 역시 그가 중앙에서 파견된 군인이 아니었음을 말해주는 것으로 생각된다. 중앙에서 파견된 군인은 지방민과 이해관계가 상충되었을 것이고, 따라서 지방민이 그에게 호응했을 것 같지 않기 때문이다.

《삼국유사》에는 광주의 부잣집 딸이 밤에 남자를 맞아 아들을 낳았는데, 그가 견훤이었다는 설화가 전해진다. 이를 뒷받침하듯, 견훤의 측근 가운데는 오늘날의 전라도 지역 출신이 많았다. 사위 박영규는 승주(순천) 사람이었으며, 또 다른 사위인 지훤은 무주(광주)의 성주였다. 따라서 견훤은 광주 출신으로 서남해 지역에서 군인으로 활동한 인물이었다고 생각된다. 그러한 견훤이 상주의 호족 아자개의 아들로 기록된 까닭은 그가 아자개를 상부尚父(상보라고도 읽는다)로 대우한 데서 연유했다는 견해가 있는데,[23] 설득력이 있다. 당시 견훤이나 왕건은 유력호족을 자신의 편으로 끌어들이기 위해 노력하였다. 전략상 요충지인 상주의 호족 아자개는 특히 그들 두 사람의 회유 대상이었다. 이에 견훤은 아자개를 아버지처럼 대우했는데, 이 때문에 그가 아자개의 아들로 기록되었다는 것이다.

군인인 견훤의 세력 형성과 관련하여 주목되는 것은 그가 군대생활을 했다는 서남해 지역이 군사적 요충지였다는 사실이다. 고려가 건국된 이후 그곳에 안남도호부가 설치된 사실로 알 수 있는 일이다. 따라서 그곳에는 신라 하대에 군진軍鎮이 설치되었을 가능성을 배제하기 어렵다. 신라가 군사적 요충지에 군진을 설치했기 때문이다. 그런데 군진의 군인 가운데는 지방세력가로 성장한 인물이 적지 않았다. 궁예에게 협력한 박지윤이나 왕건의 부하 장군이 된 유금필은 그 대표적인 존재로서, 그들은 패강진(평산)을 세력기반으로 삼고 있었다. 그렇다면 견훤 역시 군사적 요충지인 서남해 지역의 군인을 기반 삼아 세력을 키워 나갔던 것이 아닌가 생각된다.

견훤의 후백제는 고려와의 관계에서 우위를 점하였다. 견훤은 우선 조물성(안동과 상주 사이)전투에서 왕건에게 대승을 거두었다(925). 이 전투 직후 왕건이 견훤을 상부라고 부르면서 우대했을 정도였다. 그리고 공산(대구 팔공산 부근)전투에서는 고려의 장군 신숭겸을 전사시켰다. 그러나 후백제는 고창(안동)전투와 운주(홍성)전투에서 잇달아 패배하였다. 이후 견훤은 고려에 대한 군사적인 열세를 깨닫고 귀부를 모색하기 시작했다. 견훤의 이러한 태도에 그의 두 아들 신검과 양검이 반발하였다. 그리고 능환과 같은 장군이 여기에 동조하였다. 그들이 고려와의 전투에서 크게 공을 세웠음을 감안하면, 이러한 반발은 당연해 보인다.

견훤은 신검과 양검에 의해 금산사에 유폐되었다(935). 금산사는 일찍이 신라 경덕왕 때에 백제부흥의 뜻을 품고 출가한 진표가 미륵신앙을 전파한 사찰이다. 따라서 진표의 미륵신앙은 신라지배에 대한 반발을 내포하고 있었고, 이를 설파한 장소인 금산사는 백제부흥운동의 상징적인 장소였다고 할 수 있다.[24] 신검 등이 이러한 곳에 견훤을 유폐시키고 고려에 대한 전의를 다졌다는 사실은 후백제의 내분이 대고려정책을 놓고 벌인 갈등의 결과였음을 알 수 있게 한다. 견훤이 타협적이었던 데 반해, 그의 아들 신검은 강경한 입장을 취했던 것이다. 이러한 내분의 결과 후백제는 멸망의 길로 접어들었다.

태봉과 고려

신라의 왕자였던 궁예는 정권 다툼의 희생양이 되어 지방에서 승려생활을 하였다. 이후 강원·경기·황해지방을 휩쓴 반란군의 지휘자 양길의 부하가 되었다가, 드디어 그를 타도하고 장군을 자칭하면서 독립된 세력을 이루었다.

궁예가 자립할 수 있었던 데에는 사원세력의 도움이 컸던 것 같다. 신라 하대에 중앙귀족의 권력쟁탈전이 격화되자, 귀족들은 자신의 승리를 기원하기 위해 막대한 재물을 사원에 희사하였다. 따라서 사원이 비대해졌다. 성주사의 경우, 절의 규모가 불전이 80간, 행랑이 800간이었으며, 낭혜의 이름 있는 제자가 2,000인에 이르렀다고 기록될 정도였다. 또한 농장을 보유하고 이를 관리하는 사람[지장知莊]을 파견했을 만큼 상당한 경제력을 갖추고 있었다. 그러한 만큼 그에 걸맞은 군사적인 능력을 보유하고 있었다. 성주사에 침입했다가 낭혜의 설법을 듣고 '개과천선하여 승려가 된 도적이 100인에 이르렀다'는 기록이 이를 뒷받침한다. 물건을 훔치러 침입한 도둑이 승려의 설법을 들었다는 것은 이치에 맞지 않으므로, 이들 도둑은 낭혜의 설법에 의해서가 아닌 성주사 승려의 무력에 의해 제압당했을 것으로 이해되는 것이다.[25] 궁예가 승려였음을 고려하면, 그는 이러한 사원을 기반으로 자신의 세력을 확대시켜 나갔던 것 같다.

궁예는 또한 호족의 협력에 크게 힘입었다. 궁예에게 협력한 대표적인 호족으로는 왕건의 아버지인 송악지방의 왕륭이 있었다. 왕륭의 귀부를 계기로 궁예는 송악을 자신의 근거지로 삼고, 901년 고구려의 부흥을 표방하며 후고구려를 건국하였다. 그는 '옛날 신라가 당나라에 군사를 청하여 고구려를 멸망시켰으니 내가 반드시 그 원수를 갚는다'고 하면서 부석사에 그려진 신라왕의 벽화를 보고 이를 칼로 쳤는가 하면, 사람들로 하여금 신라를 멸도滅都라고 부르게 하고, 신라에서 항복해 오는 자는 모조리 죽이게 하였다. 그의 이러한 행동은 신라에 대한 자신의 감정 표현이라기보다는 옛 고구려 지역민을 의식한 것이었다. 이를 통해 그는 구 고구려인을 자신의 세력으로 포섭하려고 했던 것이다. 그러나 곧 국호를 마진摩震으로 바꾸었으며(904), 서울을 송악에서 철원으로 옮긴 후에는 다시 태봉으로 고쳤다(911).

왕이 된 궁예는 미륵불을 자처하였다. 미륵불은 현실세계를 개혁하는 미래불로서, 전륜성왕이 세상을 다스릴 때 하생下生하는 부처이다. 그러므로 궁예 자신이 곧 전륜성왕이자 동시에 미륵불이었던 셈이다. 그는 미륵신앙을 통해 왕권강화를 기도했던 것이다. 아울러 그는 큰아들을 청광보살, 둘째 아들을 신광보살이라고 칭함으로써 자신의 아들까지 신격화하였다. 궁예의 이러한 전제적 행태는 그에게 협력한 호족의 의사와는 상반된 것이었다. 많은 호족이 그로부터 등을 돌렸음은 당연하다. 결국 그는 다수 호족의 지지를 등에 업은 왕건에 의해 제거되고 말았다.

왕건은 궁예의 휘하에서 큰 전공을 세운 인물이었다. 수군水軍을 거느리고 금성(나주)을 공격하여 얻었는가 하면, 견훤과 싸워 이기기도 했다. 이처럼 활발한 군사활동에 힘입어 정주(개풍)와 나주지역의 호족을 자신의 편으로 끌어들였다. 아울러 홍유·배현경·신숭겸·복지겸 등, 궁예정권의 군사력을 장악하고 있던 인물들의 지지도 얻었다. 마침내 왕건은 이들의 도움을 받아 궁예를 축출하고 왕위에 올랐다(918).

왕건은 나라 이름을 고려라고 하여, 고구려를 계승한 국가임을 드러냈다. 이로써 궁예의 태봉에 대신하여 고려가 신라, 후백제와 함께 후삼국을 이루었다. 왕건은 자신의 출신지역인 송악을 수도로 정하고, 천수天授라는 연호를 사용하였다. 자신의 권위를 드러내기 위함이었는데, 후당後唐이 자신을 고려왕으로 책봉하자 곧 천수 연호를 버리고 후당의 장흥長興 연호를 사용했다. 국왕의 권위를 상징하는 독자적인 연호 사용에 대해 호족이 반발했기 때문이 아닌가 생각한다.

왕건의 선대는 고구려 유민이었다. 그들은 해상무역을 통해 부를 축적한 인물들로서 신라 골품제도 밖에 위치했다. 이 점에 있어서는 홍유·배현경·신숭겸·복지겸도 크게 다를 바 없었다. 의성 사람인 홍유는 신라의 지방민이었다. 배현경은 경주인인데 궁예 밑에서 군졸부터 시작하여 장군이 되었다 한다. 경주인이었음에도 불구하고 군졸에서 출발했다거나 신라에 대해 반란을 일으킨 궁예에게 가담한 것으로 미루어 보면, 골품제도의 비호를 받던 인물은 아니었을 것이다. 신숭겸에 대해서는 그가 곡성 사람이라고 전해지는가 하면, 광해주(춘천) 사람이었다는 기록도 있다. 이는 그가 곡성에 살다가 오늘날의 춘천으로 거주지를 옮겼기 때문으로 생각된다. 곡성에 살던 그가 춘천으로 옮겨

간 구체적인 내력은 알 수 없지만, 살기 어려웠기 때문이 아닌가 한다. 따라서 그를 농민 출신으로 이해해도 무리는 없을 것이다. 그리고 복지겸은 해상세력가였다. 결국 고려를 건국한 왕건이나 건국에 공을 세운 인물들 대부분은 신라의 골품제도와 무관한 존재였다. 이처럼 해상세력으로 부를 축적한 지방세력가나 평민에 의해 고려가 건국되었고, 나아가 그러한 고려가 후일 후삼국을 통일했다는 사실은 커다란 역사적 의의를 지닌다. 지배세력의 사회적 기반이 크게 확대되었음을 의미하기 때문이다. 따라서 고려는 신라보다 훨씬 개방적인 사회체제를 구축할 수 있었다.[26]

1 천관우, 1974, 〈기자고〉, 《동방학지》 15.

2 이병도, 1959, 진단학회 《한국사》 고대편.

3 김철준, 1975, 《한국고대사회연구》.

4 김용선, 1980, 〈고구려 유리왕고〉, 《역사학보》 87.

5 노중국, 1988, 《백제정치사연구》.

6 김현구, 1997, 〈가야의 대외관계〉, 신편 《한국사》 7, 국사편찬위원회.

7 천관우, 1977, 〈복원 가야사〉, 《문학과 지성》.

8 천관우, 1979, 〈광개토왕릉비문재론〉, 《전해종기념논총》.

9 임기환, 1996, 〈고구려 후기의 정세변동〉, 신편 《한국사》 5, 국사편찬위원회.

10 이기동, 2004, 〈수·당의 제국주의와 신라 외교의 묘체〉, 《신라문화》 24.

11 주보돈, 1994, 〈남북국시대의 지배체제와 정치〉, 《한국사》 3, 한길사.

[12] 신형식, 1984, 《한국고대사의 신연구》.

[13] 주보돈, 1994, 〈남북국시대의 지배체제와 정치〉, 《한국사》 3, 한길사.

[14] 노중국, 2003, 《백제부흥운동사》.

[15] 이병도, 1959, 진단학회 《한국사》 고대편.

[16] 서영교, 2006, 《나당전쟁사》.

[17] 권덕영, 2006, 〈나당교섭사에서의 조공과 책봉〉, 《한국고대국가와 중국왕조의 조공책봉관계》.

[18] 노태돈, 1989, 〈연개소문과 김춘추〉, 《한국사시민강좌》 5.

[19] 이기백·이기동, 1982, 《한국사강좌》 고대편.

[20] 송기호, 1989, 〈동아시아 국제관계 속의 발해와 신라〉, 《한국사시민강좌》 5.

[21] 이종욱, 2000, 《화랑세기로 본 신라인 이야기》.

[22] 이기동, 1997, 〈나말여초 남중국 여러 나라와의 교섭〉, 《역사학보》 155.

[23] 변동명, 2000, 〈견훤의 출신지 재론〉, 《진단학보》 90.

[24] 이기백, 1986, 〈진표의 미륵신앙〉, 《신라사상사연구》.

[25] 김두진, 1996, 〈불교의 변화〉, 《신편 한국사》 11, 국사편찬위원회.

[26] 정청주, 1996, 《신라말 고려초 호족연구》.

2
-
中世

중세 양반사회

고려에서 관직을 역임하고 국가로부터 토지를 지급받은 인물은 양반이었다.
관리에 대한 토지의 지급 규정인 전시과의 명칭 자체가
'양반전시과'였던 것이다. 고려사회는 이들이 주도했다. 이후 양반은
고려의 무신란이나 조선왕조의 개창,
그리고 병자호란과 같은 변화에도 불구하고 여전히
정치·사회적 특권을 누리면서 존재했다. 양반이 사라진 것은
894년 신분제도가 폐지된 이후의 일이었다.

06 —
고려 양반국가의 성립

고려 태조(918~943) 왕건은 호족의 협력에 의해 건국과 통일을 이룩하였다. 호족의 도움에 힘입어 궁예를 제거할 수 있었으며, 건국 후에는 호족의 지지를 바탕으로 후백제의 견훤과 신라의 경순왕을 끌어들여 통일을 이루었다. 한편 태조는 귀부에 대한 대가로 호족에게 그들 영역에 대한 지배권을 지속적으로 허용했다. 따라서 통일 이후에도 호족세력은 건재하였다. 태조 사후 호족세력을 배경으로 한 왕자들 간의 왕위계승전이 치열했던 이유가 여기에 있다.

고려의 건국 직후 정치적 주도권은 호족이 장악하였다. 이들과 더불어 최승로와 같은 신라 6두품 출신 유학자도 중요한 역할을 담당하였다. 그리고 광종대 과거가 실시된 이후에는 과거 출신 관리가 중앙정계의 주요세력으로 등장하였다. 성종대 이후 이들 세 세력이 각축했는데, 최후의 승리는 과거 출신 관리에

세계화시대
우리한국사

게 돌아갔다.

광종대 실시된 과거제도는 신분보다 유교적인 지식을 중시했다는 점에서, 신라의 골품제도와 같은 엄격한 신분제도 아래서는 상상하기 어려운 관리등용 방식이었다. 이후 양반이 등장하여 고려의 지배 신분층으로 자리 잡은 것도 커다란 변화였다. 따라서 과거제도가 실시될 수 있었던 배경이나 양반의 성립과정을 알아보는 것은 고려사회의 성격을 이해하는 데 도움이 될 것이다.

고려의 통일

태조는 29명에 달하는 부인을 거느린 것으로 유명하다. 이들로부터 25명의 왕자와 9명의 공주를 얻었는데, 특이한 것은 족내혼族內婚을 행해 이들을 서로 혼인시켰다는 사실이다. 아울러 유력한 호족에게 자신의 성姓인 왕씨 성을 하사하였다. 이로 인해 명주(강릉)의 김순식이 왕순식이 되었고, 양평의 함규는 왕규가 되었다.

태조가 혼인한 29명은 대부분 지방 세력가의 딸이었다. 따라서 태조의 혼인은 그들을 포섭하려는 노력의 일환이었다. 그리고 왕자와 공주를 혼인시킨 것은 그들이 다른 호족과 결혼함으로써 왕실세력이 분열하는 것을 우려했기 때문이다. 겹겹이 얽힌 가족관계를 토대로 왕실세력을 공고히 하려고 했던 것이다. 한편 그가 사성정책賜姓政策을 실시한 것은 호족에게 자신의 가족과 같은 존재임을 인식시켜, 그들과의 연합을 굳게 하려는 것이었다. 새로운 왕조를 연 그 해에 궁예세력의 반란이 잇달아 일어났고, 공주·운주 등 10여 주현이 고려를 배반하고 후백제에 귀부했음을 염두에 두면, 태조는 호족세력의 회유에 주력하지 않을 수 없었을 것이다.

태조는 '많은 폐물과 공손한 언사[중폐비사重幣卑辭]'로써 호족에게 화친하려는 뜻을 나타냈다. 또한 호족이 귀부했을 경우, 그들이 보유한 사병과 지배영역을 공식적으로 인정하였다. 당시는 군소호족이 대호족에게, 군사적으로 열세한 세력가가 우세한 세력가에게 귀부하는 것이 하나의 관행이었고, 귀부자는 귀부를 받은 세력가로부터 일정한 지위를 보장받는 것이 불문율처럼 되어 있었던 것이다.[1] 그 결과 많은 호족이 귀부하였다. 특히 후백제와의 고창(안동)전투를 계기로 재암성장군 선필, 고창군 성주 김선평 등 경상도 일대의 호족은 물론이거니와, 매곡성 장군 공직 등 일찍이 견훤에 항복했던 호족까지 태조에게 다시 귀부하였다. 이러한 호족의 도움에 힘입어 태조는 견훤과의 싸움에서 주도권을 장악할 수 있었다.

태조에게 군사적으로 밀린 후백제의 견훤은 고려에의 귀부를 모색하였다. 그 결과 견훤이 자신의 아들에 의해 금산사에 유폐되었음은 앞에서 설명한 바 있는데, 그는 그곳을 탈출하여 나주로 도망한 후 태조에게 귀부 의사를 밝혔다. 태조는 해로海路를 통해 그를 맞이하고 후대하였다. 이후 고려는 견훤을 앞세워, 오늘날의 경북 선산에서 신검의 후백제군과 전투를 벌여 그들을 대파하였다. 후백제군은 패주하다가 황산(연산)에 이르러 모두 고려에 항복하였다(936, 태조 18).

태조는 고구려의 부흥을 표방했음에도 불구하고, 건국 직후부터 친신라정책을 추구하였다. 신라와 연결하여 견훤을 압박하려는 의도도 있었지만, 자신이 신라의 전통과 권위를 계승하는 존재라는 점을 과시하기 위함이었다. 그런데 이점에 있어서는 견훤도 마찬가지였다. 그는 신라에 침입하여 경애왕을 제거했음에도 신라를 멸하지 않았던 것이다. 따라서 그들은 신라의 외곽을 장악하기 위해 치열한 싸움을 벌였다. 그들 간의 중요한 전투가 모두 경주와 그리 멀지 않은 대구, 안동 등지에서 벌어진 사실이 이를 알려준다. 신라의 멸망은 예정된 것으로, 그 외곽을 장악하는 것이 신라의 항복을 받아내는 데 유리하다고 판단한 결과였다.

후백제 견훤이 고려에 귀부한 그 해에 신라의 경순왕도 신하를 거느리고 고려에 귀부하였다. 당시 신라는 그 지배력이 미치는 곳이 경주평야 일대에 불과한 상태로서 이미 자존 능력을 상실하고 있었다. 더구나 자신을 왕위에 앉힌 견훤이 고려에 귀부한 현실을 경순왕으로서는 외면할 수 없었다. 고려에 귀부하는 것만이 자신이 살아남는 유일한 길이라고 판단했을 가능성이 크다. 이로써 고려는 신라의 전통과 권위를 합법적으로 계승할 수 있었다.

태조는 경순왕을 정승공에 봉하여 그 지위를 태자보다 높게 하였고, 경주를 그의 식읍으로 삼고, 그를 경주의 사심관에 임명하여 그 지역세력을 통제하게 했다. 그리고 신라인에게는 고려에서 벼슬할 기회를 제공해주었다. 이로 인해 신라의 6두품 출신은 고려에서 활발한 정치활동을 전개할 수 있었다. 이처럼 태조에 의한 후삼국통일이 견훤과 경순왕의 귀부에 의해 이루어졌기 때문에 통일 직후 신라나 후백제의 부흥운동은 일어나지 않았고, 이들 지역 간의 분열과 대립도 신라의 통일 이후보다 심각하지 않았다.

태조는 후대 국왕이 지켜야 할 〈십훈요〉를 남기고 돌아갔다고 전해진다. 그 내용은 거란과 외교관계를 맺지 말고, 연등회·팔관회를 지속적으로 개최할 것이며, 오늘날의 전라도 지역에 해당하는 공주강 밖 차현 이남 사람을 등용하지 말라는 것 등이었다. 그런데 연등회·팔관회는 성종 때 폐지되었고, 더구나 태조의 후계자인 혜종은 전라도 지역의 나주 오씨 소생이었다. 따라서 〈십훈요〉는 태조가 제정한 것이 아니라, 후일 현종 때 만들어진 것이라는 견해가 있다. 태조의 권위를 빌리기 위해 그가 제정한 것처럼 꾸몄다는 것이다.[2]

현종 때 거란의 침입을 당한 고려는 거란에 적대적이었다. 그리고 이를 피해 나주로 피난 가던 현종은 삼례에서 전주절도사로부터 신변에 위협을 받았다. 따라서 그가 오늘날의 전라도 지역에 좋은 감정을 가졌을 리 없다. 이제까지 폐지되었던 연등회·팔관회가 다시 개최된 것도 현종 때였다. 이러한 점들을 감안하면, 〈십훈요〉가 현종 때 만들어졌을 것이라는 주장은 설득력이 있다.

광종의 왕권강화

태조 사후, 그의 뒤를 이어 혜종(943~945)이 즉위하였다. 태조
의 왕자 25명 가운데 혜종이 그의 후계자로 지목된 것은 나주
오씨 소생이라는 사실과 관련이 있었다. 나주는 태조가 매번 정
치적 곤경에 빠졌을 때마다 머문 곳이었다. 그가 즉위 후 중앙정
부와는 별개의 독립된 행정부인 나주도대행대羅州道大行臺를 설
치한 것도 나주를 중시한 결과였다. 나주는 개경을 제외한 태조
의 또 다른 세력근거지였던 셈이다.

　혜종은 정적의 위협으로부터 시달려야 했다. 그가 태조의 각
별한 비호를 받았음을 고려하면, 다른 지역 출신의 왕자나 호족
으로부터 견제의 대상이 된 것은 당연한 결과였다. 혜종에게 정
치적 도전을 가한 대표적인 인물로는 혜종의 이복형제인 충주
유씨劉氏 소생의 요와 소, 즉 후일의 정종과 광종이 있었다. 《고
려사》에는 왕규라는 인물이 혜종을 살해하려고 난을 일으키자,
요, 즉 후일의 정종이 서경(평양)에 주둔하던 왕식렴의 군대를
끌어들여 왕규와 그의 당 300여 명을 살해했다고 되어 있다. 이
른바 '왕규의 난'이 그것인데, 왕규가 태조의 제16비와 17비의
아버지인 동시에 혜종에게도 딸을 들인 인물이었음을 고려하
면, 그가 난을 일으킨 것이 아니라, 실은 후일의 정종과 광종이
혜종의 후원세력인 그를 제거했다고 이해하는 것이 합리적이
다. 따라서 혜종 역시 정종과 광종에 의해 살해되었을 가능성을
배제하기 어렵다.

혜종 사후 즉위한 정종(945~949)은 서경천도를 계획하였다. 자신을 후원해 온 세력의 근거지에 천도하여 왕권을 강화하기 위함이었다. 그러나 정종의 계획은 실현되지 못했다. 서경에 궁궐을 짓자 '사람들이 복종하지 않았으며, 원망과 비방이 일어났기' 때문이다. 그는 즉위 4년 만에 27세로 사망하였는데(949), 이는 그의 후견인이던 왕식렴이 죽은 직후의 일이었다. 그러므로 그의 죽음 역시 혜종의 경우처럼 타살이었을 가능성이 크다. 호족세력을 배경으로 한 왕자들 간의 권력쟁탈전이 그만큼 치열했던 것이다.

정종의 뒤를 이은 광종(949~975)은 그 까닭은 잘 알 수 없지만, 태조의 비인 신주원부인 강씨康氏에게서 길러졌다. 이는 광종이 예성강 이북의 호족인 신천 강씨와 연결되었을 가능성을 시사해준다. 그리고 그의 비는 황주의 호족과 연결된 대목왕후 황보씨였다. 그는 오늘날 황해도 지역 호족의 지원을 등에 업고 있었던 것이다. 한편 광종은 당 태종의 통치방침을 기록한 《정관정요》를 항상 읽었다고 한다. 이는 그가 유학에 상당한 조예가 있었음을 알려주는데, 실제로 그는 유학자들과 긴밀한 관계를 유지하였다. 외교문서를 작성하여 그로부터 사랑을 받은 신라 6두품 출신 최승로는 그 대표적인 인물이었다.

광종은 이러한 세력을 바탕 삼아 왕 1년 광덕이라는 독자적인 연호를 사용하였다. 연호의 사용은 국왕인 그의 권위를 높이는 것이었다. 그러나 본격적인 왕권강화는 상당한 기간이 지난 후에야 가능하였다. 그동안 그는 공신에 대한 회유에 주력하였다.

후일 최승로는 《정관정요》를 모범으로 삼았기에 정치와 교화가 맑고 공평했다'고, 이 시기의 광종을 높이 평가하였다.

광종의 왕권강화를 위한 노력은 노비안검의 실시로 구체화되었다. 이는 노비의 신분을 조사해서 본래 양인이었던 자를 해방시킨 것을 말한다. 노비를 소유한 인물은 대체로 공신이었으므로, 노비안검은 공신의 노비에 대한 해방을 목표로 시행되었다고 할 수 있다. 그런데 공신이 획득한 노비는 그들이 태조를 따라 후삼국의 통일전쟁에 참여하여 얻은 전쟁포로가 대부분이었다. 이러한 노비는 공신에게 사병과 다름없이 이용될 수 있는 존재였다. 광종에 앞서 태조가 노비의 혁파에 강한 의지를 보였던 이유가 여기에 있었다. 태조는 공신의 반발을 두려워하여 공신으로부터 노비를 사서 양인으로 만들었을 정도였다. 결국 광종에 의한 노비안검의 실시는 공신의 사병을 혁파하는 조치였다. 공신이 여기에 반발했음은 물론인데, 광종은 시위군을 증강하여 이에 대처하였다. 그 결과 3천 명에 달했다고 전해지는 태조의 공신은 혜종·정종·광종을 거치는 동안 겨우 40명만이 살아남았다고 한다. 적지 않은 공신이 광종에 의해 희생되었음을 짐작할 수 있다.

고려는 건국 직후 지방의 호족을 회유하기 위한 방법의 하나로 그들에게 관계官階를 수여하였다. 따라서 개경의 관리보다 지방의 호족이 고위 관계를 점하는 경우가 적지 않았다. 이러한 모순을 극복하기 위한 것이 광종의 백관공복 실시였다. 여기에서는 관리의 옷을 자주색·빨간색·진홍색·초록색으로 구분했는데, 이는 현직 관리를 우대함과 아울러 그들의 상하 구분을 분명히 하려는 의도였다. 이로써 국왕을 중심으로 하는 새로운 관료체계가 탄생하였다.

광종은 황제를 칭하였다. 여주 고달사에 있는 원종대사탑비에 광종을 '우리 황제폐하'라고 부르고 있는 것이다. 여기에 걸맞게 개경을 황도皇都, 서경을 서도西都라고 부르고 준풍이라는 연호도 사용하였다. 이러한 칭제건원은 고려가 자주국임을 중국에 과시하기 위함이라기보다는 국내의 정치세력을 겨냥한 조치였다. 광종은 자신이 호족 출신의 공신과는 차원을 달리하는 존재임을 드러내고자 했던 것이다.

과거제도 실시와 양반의 등장

958년(광종 9) 고려는 과거제도를 실시하였다. 후주後周에서 귀화한 쌍기雙冀의 건의를 받아들인 결과였다. 당시 후주에서는 재야의 인재를 널리 등용하여 이들로 하여금 황제권을 신장시키는 데 기여하도록 하였다. 이러한 후주의 황제권 강화를 동경한 광종은 쌍기를 중용하고, 그의 건의에 따라 과거제도를 실시했던 것이다. 따라서 과거제도의 실시가 왕권을 강화하려는 광종의 의도에서 비롯된 것임은 부인하기 어렵다. 그렇다고 하더라도, 고려에서 과거제도의 실시가 어떻게 가능했을까 하는 의문은 여전히 남는다. 그 이전 신라 원성왕 때도 시험에 의해 관리를 선발하는 독서삼품과를 실시하려 했으나 실패했기 때문이다.

고려는 신라의 골품제도와 같은 폐쇄적인 신분제도로 사회를 이끌어 나갈 수 없었다. 앞서 지적했듯이, 고려를 건국한 왕건과 그가 즉위하는 데 기여한 홍유·배현경·신숭겸·복지겸 등이 모두 신라의 골품제도와 무관한 존재였던 것이다. 이들과 더불어 고려에서 활발한 정치활동을 전개한 신라 6두품 출신 유학자 역시 골품제도에 불만을 품고 있었음은 널리 알려진 사실이다. 따라서 고려는 신분보다는 개인의 능력에 의한 관리의 선발이 요구되는 사회였다고 할 수 있다.

광종이 과거제도를 실시할 수 있었던 것은 또한 유학이 광범위하게 보급되었기에 가능했다. 일찍이 신라 신문왕 때 국학을 설치하여 유교 교육을 실시한 이래, 신라 하대에는 많은 학생이 당나라에 유학하였다. 특히 주목되는 것은 유학생으로 당의 과거에 합격한 인물이 58인에 달했다는 사실이다. 그만큼 신라인의 유학 수준이 높았음을 말해주는데, 그들은 대체로 6두품 출신이었다. 그렇다고 유학에 대한 이해가 6두품 출신의 전유물이었다고 할 수는 없다. 광종 때 설립된 용두사의 철당간鐵幢竿에는 청주지방에 학교가 존재했음을 알려주는 기록이 남아 있는데, 이로 미루어 보면 다른 지방에도 학교가 설립되었을 가능성이 크다. 황주 토산(상원) 사람인 최응이나 광해주 사람이었다는 왕유, 영암의 최지몽, 그리고 염주(연안)의 태평 등 지방 출신의 학자가 등장한 것은 그러한 결과였다. 그리고 후일 이천의 서희, 전주의 유방헌 등이 과거를 통해 중앙정계에 진출한 것 역시 지방에 유학이 널리 보급되었음을 알려주는 예일 것이다. 요컨대 고려에 있어서 과거제도의 시행은 새로운 사회의 시대적인 요구에 부응한 결과였다. 따라서 이들 과거 출신 관리가 후일 고려의 정계를 주도했을 것이라는 예상은 크게 빗나갈 것 같지 않다.

과거제도 실시를 비롯한 광종대의 정치적 변화는 다음 왕인 경종(975~981) 때에 제정된 전시과에 반영되었다. 경종 1년(976) 전시과에는 고위 관리를 제외한 하위 관리만이 문반과 무반, 그리고 기술계통의 관직으로 이해되는 잡업雜業으로 나뉘어져 있다. 여기의 문반은 광종대의 과거에서 배출된 진사가, 그리고 잡업은 복업卜業·의업醫業 등의 급제자가 그 구성원이었다. 한편 광종대의 과거에는 무과가 설치되지 않았으므로 어떠한 인물이 무반을 구성했는지 궁금한데, 활과 말에 익숙한 자들을 무신으로 선발한 후대의 예로 미루어, '주현의 풍채 있는 자'를 뽑아서 조직했다는 광종의 시위군이 경종 1년 전시과의 무반을 구성했을 것이라는 이해가 자연스럽다. 경종 1년 전시과의 문반과 무반, 그리고 잡업이 하위직에 국한되어 있었던 것도 광종대의 과거합격자와 시위군이 아직 고위직에 오르지 못했기 때문일 것이다. 결국 모든 관리가 문·무반으로 나누어진 것은 아니었지만, 광종대 과거제도의 실시를 계기로 고려에는 문·무반의 양반이 등장하였다.

고려 양반제도는 목종 때에 이르러 진일보하였다. 목종 1년(998)의 전시과 명칭이 '문·무 양반 및 군인전시과'였던 것이다.

세계화시대
우리한국사

그런데 여기에는 문·무반 이외에도 잡업과 왕명의 전달이나 조회에서의 의장을 담당하는 내료직인 남반南班이 존재했다. 즉 관리를 문반·무반·잡업·남반으로 4구분했던 것이다. 그러므로 엄밀한 의미에서 양반제도가 확립되었다고 할 수는 없다. 문·무반으로서의 양반제도가 확립된 것은 남반과 잡업의 관직이 모두 문반 관직화 한 문종대 이후의 일이었다. 문종 30년(1076) 전시과에서 비로소 모든 관리가 문반과 무반으로 나누어졌던 것이다.

고려의 양반은 원래 문·무반의 관리를 가리키는 것이었다. 그런데 차츰 관리의 가족도 양반으로 지칭되었다. 또한 현직관의 가족만이 아닌, 이전에 관리를 역임한 인물의 가족도 양반으로 불려졌다. 관리에서 관리의 가족, 그리고 관직에서 물러난 인물의 가족에게까지 점차 그 범위가 확대되었던 것이다. 이제 양반은 신분을 의미하기도 했다. 그들은 처음에는 모두 개경에 거주했으나, 양반의 수가 늘어나고 관직에서 물러난 자들이 지방으로 낙향함에 따라 지방에도 양반이 거주하게 되었다.

과거 출신 관리와 호족 출신 관리

성종(981~997)은 즉위와 더불어 5품 이상의 관리에게 당시 정치의 잘잘못에 대한 평가를 요구하였다. 여기에 부응해서 최승로는 태조에서 경종에 이르는 다섯 임금의 치적을 평가한 〈오조정적평〉과 이를 토대로 성종이 힘써야 될 점을 묶은 〈시무28조〉를 올렸다. 〈시무28조〉에서 최승로는 현실정치가 불교보다는 유교에 토대를 두어야 하며, 지방관을 파견할 것 등을 건의하였다. 최승로의 건의 내용은 대부분 성종에 의해 받아들여져 그의 정책에 반영되었다. 이는 최승로로 대표되는 신라 6두품 출신 유학자가 성종대 초반의 정치를 주도했음을 의미한다. 그들은 경종 때부터 정치적으로 두각을 나타냈는데, 이는 경종이 경순왕 김부의 딸을 비로 맞이한 것과 깊은 관련이 있었다.

신라 6두품 출신과 더불어 호족세력인 황주 황보씨도 성종대의 유력한 정치세력 가운데 하나였다. 그들이 정치적으로 성장한 것은 광종대 후반부터의 일이었다. 광종의 비가 황보씨였으며 경종의 비 두 사람도 황보씨였다. 성종도 황보씨와 무관한 존재가 아니었다. 그는 조모인 신정왕후 황보씨의 손에서 성장했던 것이다. 그가 경종으로부터의 왕위를 쉽게 물려받을 수 있었던 것도 이와 관련이 있다. 그리하여 성종대의 황주 황보씨는 경종비 헌애왕후 황보씨, 즉 천추태후를 중심으로 하나의 정치세력을 형성하고 있었다.

황주 황보씨와 신라 6두품 출신은 성종의 후사를 둘러싸고 정치적 갈등을 빚었다. 신라 6두품 출신이 태조의 아들로서 유학적 소양을 갖추고 있던 왕욱을 후원한 반면, 황주 황보씨는 경종과 천추태후 사이에서 출생한 왕송, 즉 후일의 목종을 옹립하려고 하였다. 황주 황보씨의 후원을 받은 왕송이 성종의 후계자로 내정됨으로써 신라 6두품 출신 세력은 약화되고 황주 황보씨의 약진이 두드러졌다. 그런데 황주 황보씨에 대항할 새로운 세력이 등장하였다. 과거 출신의 유학자가 그들이었다.

성종은 즉위 이후 정치제도를 정비하였다. 여기에 기여한 인물은 유학에 능한, 광종대 이후의 과거 출신자였다. 따라서 과거 출신자 또한 성종대의 유력한 정치세력으로 부상하였다. 그들은 유학자라는 공통점에도 불구하고 신라 6두품 출신 유학자와 정치적 이해를 달리 했다.[3] 최승로가 '남북의 어리석은 무리[남북용인南北傭人]', '재주가 없는 인물들[비재非才]' 등의 표현을 동원하여 과거합격자를 비하한 것으로 알 수 있는 일이다. 그들의 정치적 위상은 과거 출신인 서희의 거란에 대한 외교적 담판이 성공한 이후 더욱 높아졌다.

성종 12년(993) 고려에 침입한 거란의 장군 소손녕蕭遜寧은 신라의 땅에서 일어난 고려가 자신들의 소유지인 고구려 땅을 침식하고 바다 건너 송을 섬기고 있다는 점을 들어 서경 이북의 땅을 거란에게 떼어줄 것을 요구하였다. 고려조정은 대책회의를 열었는데, 항복하자는 의견과 서경 이북의 땅을 떼어주자는 의견이 맞섰다. 이와 달리 서희는 그들과 승부를 겨루어볼 것을 강력하게 건의하여 성종의 승낙을 얻어냈다.

서희는 소손녕과의 담판에서 고려가 고구려를 계승한 국가임을 분명히 함으로써 그의 주장을 비판하였다. 그리고 고려가 거란과 통하지 않은 것은 압록강 남쪽 지역을 여진이 차지하고 있기 때문이므로, 만일 여진을 쫓아내어 도로가 통하면 조공하겠다고 하였다. 거란의 침입 이유가 고려와 송의 교빙관계를 고려와 거란의 그것으로 대치하려는 데 있음을 간파한 서희는 고려와 거란 사이에 국교가 통하지 않은 것을 여진의 탓으로 돌렸던 것이다. 그리하여 고려는 거란에 대해 사대의 예를 취하는 대신 강동6주로 불리는, 청천강 이북에서 압록강 이남에 이르는 지역의 땅을 개척하는 실리를 얻어냈다.

서희와 같은 과거 출신자는 자신의 학문을 통해 관리로 진출한 만큼, 지역적인 기반에 의존하기보다는 중앙집권화에 적극적이었다. 따라서 그들과 황주 황보씨의 갈등은 불가피했다. 황주 황보씨는 황주라는 특정한 지역을 기반으로 중앙에서 정치적 주도권을 장악하려고 했기 때문이다.

과거 출신 관리와 황주 황보씨와의 대립 양상은 황주 황보씨가 후원한 목종(997~1009)이 성종의 뒤를 이어 즉위함으로써 일단 황주 황보씨의 승리로 끝났다. 따라서 목종대의 정치는 황주 황보씨를 비롯한 호족 출신 인물이 주도하였다. 목종의 모후母后인 천추태후는 국정을 좌지우지했으며, 그녀와 사통했다는 죄목으로 유배되었던 김치양 역시 목종의 즉위와 더불어 유배지에서 소환되어 정치권력을 휘둘렀다. 과거 출신 관리들이 그들을 제거할 기회를 엿보았음은 당연하다.

목종 12년(1009), 정변이 발생하여 김치양을 비롯한 황주 황보씨 세력이 제거되고, 목종도 폐위되었다가 곧 이어 살해당했다. 그런데 이 정변을 주도한 인물은 최항·채충순 등 과거 출신자였다. 그들은 군사력을 보유한 무신 강조를 끌어들여 정변을 성공으로 이끌었다. 과거 출신자가 호족인 황주 황보씨 세력을 제거하기 위해 일으킨 것이 목종대의 정변이었던 것이다. 그리하여 현종을 새로운 국왕으로 옹립했는데, 그는 일찍이 목종과 더불어 성종의 후계를 다투었던 왕욱의 아들이었다. 이후 호족세력은 고려의 중앙정계에서 힘을 발휘하지 못했다.

고려 태조에서 목종에 이르는 국왕

07 —
국왕과 문신

현종(1009~1031)이 즉위한 이후 고려의 정치는 그를 옹립한 문신, 특히 과거 출신 관리가 주도하였다. 그 이전의 정치적 주도권을 호족 출신이 장악했던 것과는 다른 현상이었다. 그리고 고려 말까지 모두 현종의 자손이 국왕이 되었다. 따라서 현종 이후는 그 이전과 구분해야 마땅할 것이다.

고려의 정치제도는 과거 출신에게 유리한 것이었다. 과거 출신은 좌주座主와 문생門生, 그리고 동년우同年友의 관계를 통해 결속력을 강화하고, 사학私學을 설립하여 세력기반을 다져 나갔다. 따라서 과거에 합격해야 중요한 관직에 임명될 수 있었고, 고위직으로의 승진도 용이했다. 음서蔭敍를 통해 벼슬한 인물이 다시 과거에 응시한 이유가 여기에 있었다.

과거급제는 또한 가문을 유지하는 중요한 수단이기도 했다. 해주 최씨의 경우, 최충과 그의 아들, 손자가 연이어 과거에 합격하였다. 파평 윤씨는 윤관이 과거에 합격한 이후 그의 아들 언이, 언이의 세 아들, 그리고 언이의 손자 세 사람이 모두 과거에 급제하여, 사람들이 그 집을 삼제택三第宅이라고 불렀다 한다. 철원 최씨도 최석 이래 대대로 과거에 급제함으로써 독서인 가문의 전통을 이어갔다. 이들 가문은 여러 대에 걸친 과거 급제를 통해 문벌을 이루었던 것이다.

과거 출신 문신은 왕권의 강화에 비판적이었다. 이에 국왕은 유력한 문신과 결탁하는가 하면 측근세력을 형성하여 맞섰다. 따라서 국왕과 문신, 국왕 측근세력과 문신의 갈등은 불가피했다. 이들의 갈등은 대외관계를 둘러싸고 구체화되었다. 현종·덕종대의 대거란강경론과 온건론, 숙종·예종대 여진정벌을 둘러싼 갈등, 그리고 인종대 금국金國정벌론자와 이에 반대한 관리의 갈등이 그것이었다.

국왕은 문신을 제어하기 위한 방법의 하나로 무신에게 관심을 표시하였다. 문종과 숙종이 무신을 중용했고, 예종이 국학(국자감)에 무학재武學齋를 설치했으며, 의종이 시위부대를 강화한 이유가 여기에 있었다. 국왕의 이러한 조치는 문신의 강한 반발에 부딪쳤다. 이에 의종은 무신을 정치에서 배제하고 문신을 회유하기 위해 노력하였다. 그러자 여기에 불만을 품은 무신이 난을 일으켰는데, 이것이 무신란이다.

과거 출신 관리의 정치적 주도권 장악

현종 1년(1010) 거란이 다시 침입했다(제2차 침입). 목종을 살해한 강조의 죄를 묻는다는 것이 그들이 내세운 침략의 명분이었다. 그러나 실은 고려와 송의 관계에 불안을 느꼈기 때문이다. 당시 송은 고려의 군사적 지원을 얻어 거란과 여진을 견제하고자 했고, 고려도 송의 선진문화를 수입하기 위해 거란에 사대의 예를 취하면서도 송과 통교를 유지했던 것이다. 거란은 또한 고려가 개척한 압록강 이남 땅에 대한 전략적 가치를 깨닫고 있었다. 동여진을 공략하기 위해서는 이 지역의 확보가 필수적이라고 여기고, 이의 반환을 요구했으나 거절당했다.

거란군이 개경을 점령하자, 현종은 나주로 피난하면서 휴전을 제의했다. 개경으로의 진격을 서둘러 서북지방의 성을 미처 함락시키지 못한 거란은 송과 여진으로부터 후방을 공격당하거나 보급로가 차단될 것을 두려워했다. 고려와 송의 연계를 꺼려하여 고려에 침입했던 만큼, 후방을 비워둔 채 전쟁에 전념할 수 없었던 것이다. 거란은 고려의 화전 제의를 받아들여 현종의 입조入朝를 조건으로 물러갔다. 그러나 현종의 입조가 실현되지 않자 거란은 다시 침입하였다(제3차 침입). 고려는 과거 출신인 강감찬과 강민첨을 각각 사령관과 부사령관에 임명했는데, 그들은 귀주에서 거란을 거의 전멸시켰다(귀주대첩; 1018, 현종 9).

이후 고려의 관리들은 대거란관계를 둘러싸고 강경론과 온건론으로 나뉘어 대립하였다. 강경론을 주장한 인물들은 왕가도 등 현종의 측근으로서, 그들은 거란과의 긴장관계를 이용하여 왕권을 강화하려고 하였다. 이에 반해 왕권이 강화되는 것에 반대한 인물들은 대거란온건론을 내세워 맞섰다. 이러한 갈등은 후일 덕종(1031~1034) 때까지 이어졌는데, 마침내 강경론을 주도하던 왕가도가 실각하고 온건론이 승리하였다. 이는 곧 왕권이 강화되는 것에 대한 반대 여론이 우세했음을 웅변해준다.

한편, 거란의 2차 침입 당시 현종의 옹립에 공을 세운 강조가 피살되었다. 그의 살해를 계기로 그와 정치적 견해를 같이 한 무신 역시 정계에서 배제되었다. 이후는 현종의 옹립을 주도한 유학자, 특히 과거 출신자가 정치적 주도권을 장악했다. 현종이 설총과 최치원에게 시호를 추증하고, 그들을 공자와 함께 제사지낼 수 있도록 문묘종사文廟從祀한 것은 이러한 분위기를 반영한 것이었다.

정치적 주도권을 장악한 과거 출신 문신은 자신에게 유리한 정치제도를 마련했다. 고려의 재추宰樞, 즉 재상은 중서문하성과 중추원 소속의 2품 이상 관리로 구성되었는데, 여기에는 무신이 배제되고 문신만이 임명될 수 있었다. 무신 가운데 가장 고위직인 상장군이 3품에 불과했기 때문이다. 그리고 무신의 인사를 담당한 병부의 판사와 상서직도 문신이 장악하였다. 국왕의 과오에 대해 간쟁하는 간관과 관리의 잘잘못을 감찰하는 어사대의 대관은 합해서 대간臺諫으로 불리었는데, 그들 역시 문신, 그 가운데서도 과거 출신자가 임명되는 것이 일반적이었다. 그밖에 왕명과 외교문서의 작성을 전담한 문한관文翰官도 과거 출신자의 전유물이었으며, 국왕의 비서와 같은 존재인 승선에도 유학자가 임명되는 것이 원칙이었다. 지방 수령 또한 문신의 독차지였다.

고려의 정치제도가 과거 출신자에게 유리한 것이었음은 참직 參職을 통해서도 확인할 수 있다. 참상參上 혹은 상참常參으로도 불리어진 참직은 국왕에게 상서하고 관리를 천거하는 등, 국정에 참여할 수 있는 권한을 가진 관직이었다. 따라서 고위직으로 승진하기 위해서는 반드시 참직을 거쳐야 했고, 그러한 만큼 모든 관리들은 여기에 임명되기를 원했다. 그런데 조선시대의 참상이 6품 이상의 모든 관직이었던 것과는 달리, 고려에서는 6품 가운데도 참직인 관직과 아닌 관직이 있었다. 6품 참직의 대표적인 관직으로는 중서문하성의 좌·우정언과 어사대 소속의 감찰어사가 있었는데, 좌·우정언은 과거 출신자만이 맡을 수 있는 관직이었으며, 감찰어사의 경우는 과거 출신자와 음서 출신자가 각각 절반씩 나누어 임명되었다. 음서 출신자가 차지할 수 있는 참직은 그 수가 극히 제한되었던 반면, 과거 출신자가 임명될 수 있는 참직은 많았던 것이다. 음서 출신자는 과거 출신자에 비해 참직에 나아가기 어려웠으며, 그러한 만큼 고위직으로의 진출도 힘들었다. 음서를 통해 벼슬길에 진출했던 관리가 다시 과거에 응시한 사례가 빈번했던 까닭이 여기에 있었다.

과거 출신 문신은 사학을 설립하여 그들의 세력기반을 넓혀 갔다. 문종(1046~1083) 때는 최충의 최공도崔公徒를 비롯한 12개의 사학이 있었으므로 이를 12도라고 불렀는데, 그 창설자는 대부

세계화시대
우리한국사

분이 전직 고관이었고, 또 당대의 대학자로서 과거의 시험관인 지공거를 역임한 경우가 많았다. 따라서 관학보다는 사학에 진학하는 것이 과거에 급제하는 데 유리했다. 그뿐만 아니라 과거시험을 주관한 좌주와 그 밑에서 합격한 문생의 관계가 중요했던 당시의 사정 때문에 출세하는 데에도 사학 출신이 유리한 고지를 점할 수 있었다. 사학이 융성한 것은 당연한 결과였다.

문신이 사학을 설립하자, 국왕은 관학의 진흥을 추진하였다. 사학이 문신의 세력기반으로 이용되는 한 국왕이 강력한 왕권을 행사하기는 어려웠기 때문이다. 문종을 비롯하여 숙종, 예종, 인종 등이 모두 최고의 유학 교육기관인 국자감의 진흥에 각별한 노력을 기울인 이유가 여기에 있었다.

한편 문종은 문신의 집요한 반대에도 불구하고 2,800간에 달하는 흥왕사를 낙성하였으며, 길흉을 점치는 데 빠져있었다. 그만이 아니고, 그로부터 의종에 이르는 국왕들 대부분이 불교나 풍수지리설, 그리고 음양비술에 관심을 가지고 있었다. 숙종과 의종은 풍수지리설에 뛰어났다는 신라의 승려 도선에게 각각 왕사와 국사의 칭호를 내렸으며, 예종 또한 음양·지리·길흉화복을 맹신하여 그의 측근 신하 가운데 도가道家가 많은 것으로 알려져 있다. 국왕의 이러한 반유교적인 행동 역시 문신을 의식한 조치였다. 유학이 문신의 사상적 기반이었음을 고려할 때 그러하다. 유학은 충을 강조함으로써 왕권의 강화에 이바지하기도 했지만, 왕권을 견제하는 이론적인 무기로 이용되기도 했던 것이다.

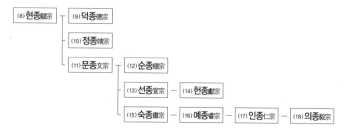

고려 현종에서 의종에 이르는 국왕

(8) **현종**顯宗 — (9) **덕종**德宗

(10) **정종**靖宗

(11) **문종**文宗 — (12) **순종**順宗

(13) **선종**宣宗 — (14) **헌종**獻宗

(15) **숙종**肅宗 — (16) **예종**睿宗 — (17) **인종**仁宗 — (18) **의종**毅宗

숙종·예종대의 여진정벌

선종에 뒤이어 11세의 어린 헌종이 즉위하자, 숙종(1095~1105)은 그를 제거하고 왕위에 올랐다. 그 과정에서 숙종은 자신의 즉위에 반대한 이자의를 비롯한 많은 인물을 살해하였다. 그런데 숙종의 이러한 정변은 무신의 뒷받침이 있었기에 가능했다. 따라서 그의 즉위 이후 무신의 정치적 지위는 크게 높아졌다. 그러나 문신은 숙종의 즉위과정과 이후 그가 취한 정책을 달갑지 않게 여겼다.

숙종은 즉위 직후부터 남경천도를 계획했는가 하면, 국청사를 준공하는 등 천태종의 개립을 후원했다. 그리고 해동통보를 주조하여 사용하였다(1102, 숙종 7). 숙종이 남경천도를 계획한 것은 정치적 분위기를 일신하기 위함이었으며, 천태종의 개립을 후원한 것은 당시 화엄종·법상종·선종으로 분열되어 있던 불교계를 통합시키려는 의도에서 비롯된 것으로, 모두 왕권을 공고히 하는 데 도움이 되는 것이었다. 그리고 화폐의 사용이 물품화

폐경제에 편승한 지배층의 비리를 저지하고 국가의 세수稅收 증대를 도모하려는 데 그 목적이 있었음을 감안하면,[4] 해동통보의 주조 역시 왕권을 강화하기 위한 노력의 일환이었다고 할 수 있다. 그러나 숙종의 남경천도는 실현되지 않았다. 해동통보의 사용이나 천태종의 개립도 문신의 거센 저항에 직면했다. 이는 곧 왕권을 강화하려는 숙종의 노력이 문신의 반발에 부딪쳐 성공하지 못했음을 말해준다. 그러한 시기에 여진정벌이 단행되었다.

여진은 발해 지배 아래에서 말갈로 불리어지던 종족이다. 그들은 문화적으로 선진인 고려를 부모의 나라라고 부르며 식량과 농기구의 수요를 충족시켜 왔다. 따라서 그들 중에는 그들 거주지에 살면서 고려에 의탁하여 오는 향화인向化人과 고려로 이주해온 투화인이 적지 않았다. 고려는 이들에게 가옥과 토지를 주어 회유하였다. 그러나 여진족에서 오아속烏雅束이라는 추장이 나타나면서 사정이 달라졌다. 그는 여진인이 고려에 의탁하는 것을 막고, 이미 고려에 복속하고 있던 여진부락을 경략하였다. 그리하여 정주 이북의 여진부락이 모두 그의 통치 아래 들어갔다.

숙종은 임간을 보내어 여진을 치게 하였다. 그가 실패하자 윤관을 파견했는데, 그 역시 패배하였다. 이에 숙종은 별무반을 설치하고 재원정의 기회를 노렸다. 별무반은 기병인 신기군과 보병의 신보군, 그리고 승려로 조직된 항마군으로 구성되어 있었다. 주목되는 것은 신기군의 징발 대상에 재상의 자손이 포함되어 있었으며, 별무반이 국왕의 시위를 담당했다는 사실이다. 이는 별무반의 설치가 자신의 군사적 기반을 강화하고, 재상 등 고위 관리를 장악하려는 숙종의 정치적 의도에서 비롯된 것임을 짐작케한다. 여진정벌 역시 위기의식을 조장하여 자신에게 유리한 정치적 분위기를 조성하기 위해 추진된 것이었다. 많은 관리가 여진정벌과 별무반의 설치에 반대한 이유가 여기에 있었다.

숙종의 뒤를 이어 예종이 즉위하자, 여진은 사신을 보내와 고려와 싸울 뜻이 없음을 밝혔다. 고려의 관리들도 여진정벌을 위한 출병을 불필요한 것으로 판단했다. 그러함에도 예종은 왕 2년(1107) 윤관을 원수, 오연총을 부원수로 삼아 여진족을 소탕하게 하였다. 이는 당시의 정치상황과 관련이 있었다. 예종의 즉위 직후 국왕의 명령이 문신 관리에 의해 무시되는 등, 국왕의 권위는 여지없이 추락하고 있었다. 숙종의 자신들에 대한 견제에 불만을 품었던 문신은 예종과의 관계에서 기선을 제압하려고 했던 것이다. 예종은 문신의 국왕에 대한 지나친 간섭은 방관하지 않겠다는 의사를 분명히 밝히면서 여진정벌을 추진하였다. 한편 간관은 윤관이 명분이 없는 군사를 일으켰다고 그를 탄핵함으로써 예종의 여진정벌에 반발하였다.

윤관은 여진을 정벌한 후 그들의 거주지역인 오늘날의 함경도 일대에 9성을 설치하였다. 그런데 9성 설치에는 여진정벌에 참여한 인물들마저 반대했다. 이의 설치가 꼭 필요했던 것도 아니었음은 다음 해에 그곳을 여진에게 돌려준 사실로 알 수 있다. 그러함에도 9성이 설치된 것은 이를 통해 전시체제를 유지하려는 예종의 정치적 의도와 관련이 있었다. 9성을 유지하기 위해서는 지속적인 군사작전이 필요했던 것이다. 결국 예종대의 여진정벌 역시 숙종대와 마찬가지로 전시체제의 유지를 통해 국왕의 권위를 높이고 나아가 문신을 장악하기 위해 추진되었다고 할 수 있다.

인주 이씨는 왕실의 비호세력

문종에서 인종(1122~1146)에 이르는 기간의 고려왕실은 인주이씨와 중첩적인 혼인을 맺었다. 문종은 이자연의 세 딸을 취했으며, 선종 역시 인주 이씨 출신 세 명을 비로 맞이하였다. 그리고 예종은 이자겸의 딸을, 예종의 아들인 인종도 이자겸의 두 딸을 비로 맞이하였다. 인종은 자신의 이모 두 사람과 혼인했던 것이다. 학계는 이러한 인주 이씨와 왕실과의 관계를 대립적으로 파악하였다. 왕실과 인주 이씨가 혼인을 맺은 이후 왕권은 약화되고 인주 이씨 세력이 강대해졌다는 것이다. 이러한 견해에 따르면 마치 국왕은 인주 이씨의 요구에 의해 혼인을 강요당한 것 같은 인상을 지우기 어려운데, 사실은 그렇지 않다.

현종대 이후 문신이 정치적 주도권을 장악하면서 왕권강화에 비판적이었고, 이에 대처하기 위해 국왕이 여러 조치를 취했음은 앞에서 지적했다. 문종이 이자연의 세 딸과 혼인한 것도 그러한 노력의 일부였다. 이자연은 이허겸의 손자인데, 그는 현종에게 세 딸을 비로 바친 김은부의 장인이었다. 이자연은 왕실과 혼인으로 연결된 집안의 자손이었던 것이다. 더구나 그는 과거에 급제한 후 문신이 거쳐야 할 중요한 관직을 두루 역임했다. 왕실과 인척 간이었을 뿐만 아니라 학문이 뛰어난 그는 문신에게 영향력을 행사할 수 있는 존재였다. 문종은 이러한 이자연의 세 딸을 취함으로써 왕권을 안정시키려고 했다. 이자연도 사직단을 신축하는 등, 왕실의 권위를 드러내기 위해 노력함으로써 문종의 의도에 부응하였다.

예종은 여진정벌과 9성의 설치에 따른 문신의 반발이 심각한 상태에 이르렀을 때 이자겸의 딸과 혼인하였다. 이자겸은 최사추의 사위였으며, 김인존의 처남이었다. 최충의 손자인 최사추는 당시의 여론을 주도할 정도로 정치적 영향력이 큰 인물이었는데, 그는 숙종의 여진정벌과 별무반의 설치에 불만을 품었다. 그리고 김인존은 그의 아버지 김상기와 더불어 예종의 여진정벌에 반대한 것으로 유명하다. 따라서 예종이 이자겸의 딸과 혼인한 것은 여진정벌에 대한 문신의 반대 여론을 무마하기 위함이었다고 생각된다.

예종의 뒤를 이은 인종은 외할아버지인 이자겸의 도움을 받아 즉위하였다. 그런데 이후 이자겸은 셋째 딸과 넷째 딸을 인종의 비로 들였는가 하면, 숭덕부라는 부府를 설치했다. 고려에서 부는 왕자나 왕비가 설치한 것으로, 관리가 부를 설치했을 경우 그의 지위는 왕자나 왕비와 다를 바 없었다. 이자겸이 부를 설치했다는 것은 그가 왕실과의 관계를 이용하여 권력을 독점했음을 말해준다. 그러므로 부를 설치한 이자겸은 인종에게 왕실의 비호자가 아닌, 국왕에게 압력을 행사하는 자로 비쳐졌을 가능성이 크다. 당시의 관리에게도 정치권력이 이자겸 1인에게 집중되는 현상은 묵과할 수 없는 일이었다. 결국 인종과 그의 측근 관리가 이자겸의 살해를 기도한 사건이 일어났는데, 이것이 이른바 '이자겸의 난'이다(1126, 인종 4).

이자겸의 난 직후 이자겸은 몰락했다. 그렇게 된 가장 큰 원인은 그의 심복인 척준경의 배신에 있었다. 척준경은 국왕이 이자겸을 외면한 상황에서 그가 권력을 유지하지 못할 것이라는 확신을 가지고 있었다. 그는 이자겸의 권력의 원천이 왕실이라는 사실을 잘 알고 있었던 것이다.

이자겸은 '십팔자十八子의 참설(李씨 성을 가진 사람이 왕이 된다는 예언)'을 믿어 자신이 왕이 되려고 했다 한다. 또한 독이 든 떡과 약을 올려 두 차례나 왕을 독살하려 했으나 이자겸의 넷째 딸인 왕비가 일부러 넘어지면서 이를 깨트렸다는 기록도 있다. 그러나 이는 믿기 어렵다. 이자겸의 제거를 합리화시키기 위한 조작으로, 권력을 독점한 이자겸에 대한 관리들의 증오가 이렇게 표현된 것으로 여겨진다. 후일 인종이 이자겸과 그의 처를 추모하여 벼슬을 내린 것은 이자겸이 인종의 후견인이었음을 알려주는 구체적인 예일 것이다.

묘청과 김부식

이자겸의 난 이후, 정지상 등 일부 관리들은 난 당시 개경의 궁궐이 불탄 점을 들어 서경으로 천도할 것을 주장하였다. 정지상은 인종의 총애를 받고 있었으며, 그와 함께 서경천도를 주장한 인물들 역시 인종의 측근이었다. 따라서 국왕인 인종도 그들의 주장에 적극 동조하였다. 그들은 서경천도를 합리화시키기 위해 풍수지리와 음양비술에 능한 서경의 승려 묘청을 끌어들였다.

인종의 측근이 서경천도를 주장한 것은 당시 정치적 주도권을 장악하고 있던 개경의 문신을 견제하기 위함이었다. 천도는 개경 문신의 세력기반을 와해시키는 것과 다를 바 없었기 때문이다. 따라서 과거 출신의 문신이 여기에 반대했음은 물론이다. 김부식은 그 대표적인 인물이었다.

서경천도론자들은 또한 칭제건원과 금국정벌을 주장하였다. 고려의 국왕이 황제를 칭한 예는 일찍이 광종의 경우에서 찾을 수 있는데, 그가 칭제한 것은 호족에게 자신을 과시하기 위함이었다. 이와 마찬가지로 인종대의 칭제건원론도 국내의 정치세력을 의식한 것이었다. 그런데 여기에 반대한 인물들 대부분이 과거 출신자였음을 고려하면, 인종대의 칭제건원론은 문신에게 국왕의 권위를 드러내기 위한 조치였다고 할 수 있다. 한편 서경천도론자의 금국정벌론은 현실적인 주장이 아니었다. 여진이 세운 금나라는 요遼를 병합하고(1125), 곧 이어 송의 수도를 함락하여 휘종徽宗과 흠종欽宗, 두 황제를 잡아갈(정강의 변; 1127) 정도로 막강했기 때문이다. 그러함에도 금국정벌론을 제기한 것은 이를 통해 위기의식을 조장하여 국왕의 위상을 높이기 위함이었다.

인종대 금국정벌·칭제건원·서경천도를 둘러싼 정치세력 간의 갈등이 국왕의 위상을 높여 이를 통해 정치권력을 유지하려는 자들과 왕권을 견제하려는 문신의 정치적 대립이었음은 김부식과 윤언이의 왕안석王安石에 대한 평가를 통해서도 확인할 수 있다. 칭제건원을 주장한 윤언이는 인종에게 〈만언서萬言書〉를 올렸다. 그런데 〈만언서〉는 왕안석이 송의 인종仁宗에게 올린 상서문의 이름이었다. 윤언이가 왕안석의 〈만언서〉를 올렸는가 아니면 자신의 상서문을 〈만언서〉라고 이름 붙였는가는 알 수 없지만, 어느 경우라도 그가 왕안석을 동경하고 그로부터 큰 영향을 받고 있었음은 의심의 여지가 없다.[5] 왕안석은 황제권을 강화하고 고위 관리세력을 억제하기 위해 송의 신종神宗(1067~1085) 연간에 개혁을 실시한 인물이었다. 따라서 왕안석을 동경한 윤언이의 정치사상 역시 왕권을 강화하려는 것이었다고 생각된다. 한편 서경천도에 반대한 김부식은 왕안석을 비난하고 사마광司馬光을 높이 평가했는데, 왕안석과 사마광은 정적이었다. 왕안석이 송의 신법당인데 반해 사마광은 그 반대파인 구법당으로서 황제권의 강화에 반대했던 것이다. 그리고 김부식이 자신의 이름 한 자를 따온 소식蘇軾 역시 구법당이었다. 김부식은 사마광 등 구법당의 정치사상에 공감하고 있었음이 분명하다.

묘청은 정지상 등이 자신을 이용하여 서경천도를 합리화시키려 한다는 사실을 잘 알고 있었다. 그러나 이에 따른 불만은 서경천도 논의가 진행되는 과정에서는 표출하기 어려운 것이었다. 서경천도는 묘청 자신의 정치적 지위를 약속해주는 것이었기 때문이다. 그러나 김부식을 비롯한 개경 문신의 반발에 부딪쳐 서경천도가 이루어질 기미가 보이지 않자, 묘청은 위기의식을 느꼈다. 서경천도에 반대한 인물들이 그의 목을 벨 것을 국왕에게 요구하고 있었기 때문이다. 이에 묘청은 정지상 등과 상의 없이 독자적으로 난을 일으켰다(1135, 인종 13). 고려조정은 이 난을 토벌하기 위한 출정군의 사령관으로 김부식을 임명하였는데, 그는 정지상을 살해한 후 난의 진압에 나섰다.

묘청의 난 진압 직후 김부식은《삼국사기》의 편찬에 착수하였다. 유교적 합리주의를 표방했다는 평가를 받고 있는《삼국사기》에서, 김부식은 신라가 멸망한 이유 가운데 하나로 불교를 신봉한 사실을 들었다. 또한 신라의 법흥왕이 독자적인 연호를 사용한 것이 잘못이라는 점을 지적하였는데, 금국정벌에 반대한 사실과 더불어, 이 때문에 그는 사대주의자라는 비난을 받아 왔다.

김부식은 불교와 밀접한 관련을 맺고 있었다. 그의 형이 승려였으며, 그 자신도 사찰을 소유하고 있었다. 이러한 그가 불교를 비난한 것은 서경천도를 주장한 묘청이 승려라는 사실과 관련이 있었다. 그가 유교적 합리주의를 표방한 것도 문종에서 의종에 이르는 국왕들이 유학보다는 불교나 음양비술, 그리고 풍수지리에 지나치게 관심을 가지고 있었던 것과 무관하지 않았다. 김부식은 어떠한 형태로든가 이를 경계할 필요를 느꼈던 것이다. 그리고 법흥왕의 연호 사용을 비난한 것은 그가 사대주의자였기 때문이 아니라, 당시의 칭제건원론을 겨냥한 것이었다. 사실 김부식이 사대주의자라는 비난은 당시의 시대상황을 이해하는데 별 도움이 되지 않는다. 만일 그가 사대주의자였다면, 왜 그가 사대주의를 표방했는가를 통해 당시를 이해하려는 노력이 뒤따라야 하는 것이다.

고려는 고구려를 계승한 국가였다. 그러함에도 김부식은 《삼국사기》에서 신라적 전통의 계승을 강조하였다. 고구려 계승의식이 대외강경론자에게 그들의 주장을 합리화하는 수단으로 이용되었기 때문이다. 성종 때 거란에 대한 강경론을 주장한 서희가 고려가 고구려를 계승한 국가임을 분명히 한 사실을 통해 알 수 있는 일이다. 그런데 이러한 대외강경론은 국왕의 권위를 높이는 데 기여하였다. 따라서 김부식은 신라적 전통을 강조함으로써 대외강경론을 내세워 국왕을 높이려는 시도에 반대했던 것이다. 결국 김부식은 인종대 전개되었던 서경천도·금국정벌·칭제건원론이 부당하며, 왕권이 지나치게 비대해서는 안 된다는 점을 강조하기 위해 《삼국사기》를 편찬했다고 이해된다.

08 —
무신정권

1170년(의종 24)에 일어난 무신란의 성공으로 무신정권이 성립하였다. 무신정권은 1270년(원종 11)에 그 막을 내림으로써 꼭 100년 동안 지속되었다. 여기에서는 다음과 같은 점에 주목하면서 이 시기를 이해하고자 한다.

무신란 이후 정치적 주도권은 무신이 장악했으며, 경제제도의 근간인 전시과가 무너졌다. 그리고 천계 출신의 인물이 재상에 오르는 등, 신분제도 역시 크게 흔들렸다. 무신란은 고려의 역사에 커다란 변화를 초래했던 것이다. 그런데 궁금한 것은 어떻게 그러한 변화가 가능했는가 하는 점이다.

무신정권 기간 동안 정권을 장악한 무신은 모두 11인에 달했다. 이들 가운데 최충헌은 대代를 이어 권력을 세습하였다. 그로부터 시작된 최씨무신정권은 최이(우)·최항·최의에 이르기까지 4대 60여 년 동안 지속되었던 것이다. 이러한 형태의 권력세습은 한국의 역사상 유일한 것인데, 그럴 수 있었던 이유가 궁금하다.

무신정권시대에는 빈번하게 민란이 일어났다. 학계는 민란의 원인으로 중앙 통치력의 이완, 지방관의 탐학으로 인한 농민의 곤궁, 그리고 민중의식의 향상을 지적해 왔다. 그런데 이러한 점들은 어느 시대의 민란에나 그 원인으로 거론될 수 있는 것들이다. 즉 고려 무신정권시대뿐만 아니라 신라 말이나 조선 말에 일어난 민란의 원인으로도 열거될 수 있는 것이다. 따라서 난의 원인에 대한 이러한 설명은 고려의 무신정권시대를 이해하는 데 큰 도움이 되지 않는다. 이 시기 민란만의 특징을 알아보려는 노력이 요구되는데, 이를 위해서는 병장기의 출처와 아울러 난을 일으킬 수 있었던 조직의 배경에 대해 알아보는 것이 중요하다. 조직이나 병장기만 갖추었다면, 민란은 언제라도 일어났을 것으로 믿어지기 때문이다.

무신이 권력을 장악하고 있을 때, 고려는 몽고의 침입을 받았다. 무신정권은 강화도로 천도하여 오랫동안 항쟁을 벌였다. 그런데 그들의 몽고에 대한 항쟁은 농민의 지지를 얻지 못했다. 따라서 몽고에 대한 항쟁을 강조하는 것 못지않게, 민심이 왜 무신정권으로부터 이반했는가를 알아보는 것이 당시를 이해하는 데 도움이 될 것이다.

무신란과 초기의 무신정권

고려의 무신은 문신보다 정치적으로 하위에 있었고, 경제적으로도 열세에 놓여 있었다. 군대를 지휘하는 사령관직은 문신이 차지하였다. 출정군의 사령관으로 유명한 강감찬·윤관·김부식이 모두 과거 출신이었던 것이다. 한편 군인은 군인전을 지급받아 그 생활이 보장되게 되어 있었음에도 토지를 거의 지급받지 못했고, 더구나 전쟁뿐 아니라 평상시의 역역力役에도 흔히 동원되어 천역의 담당자처럼 천시되었다. 따라서 무신에 대한 차별대우와 군인들의 불만, 그리고 국왕인 의종의 실정 등이 무신란의 원인으로 지적되어 왔다.

무신에 대한 차별대우나 군인의 불만은 의종 이전에도 나타난 현상이었다. 그러므로 이를 지적하는 것만으로는 무신란이 왜 하필 의종대에 일어났는가에 대한 의문을 충분하게 해결해주지 못한다. 무신란이 일어날 수밖에 없었던 시대적 상황을 알아보는 것이 필요하다.

의종은 무신과 긴밀한 관계를 유지한 국왕이었다. 무신을 중용했는가 하면, 상·대장군의 합의기구인 중방을 설치하였다. 때와 장소를 가리지 않고 시위부대에게 격구와 수박手搏을 시키고 이의 관람을 즐겼으며, 군사적인 능력이 뛰어난 인물의 경우 신분을 막론하고 총애하였다. 그런데 시위부대에게 있어서 격구나 수박은 곧 군사훈련이므로, 의종이 그들에게 이를 행하게 한 것은 자신의 시위부대를 강화하기 위한 노력의 일부였다고 할 수 있다.

의종의 무신에 대한 이러한 태도는 문신을 자극하기에 충분한 것이었다. 의종대 대간의 국왕에 대한 간쟁이 두드러진 이유가 여기에 있었다. 문신은 그들과 정치적 견해를 같이 한 인물을 국왕으로 추대하려는 움직임마저 보였다. 따라서 의종은 정권의 유지나 안정에는 무신보다는 문신의 역할이 더욱 중요하다고 판단했다. 그는 문신과 대립하기보다는 타협을 통해 정권의 안정을 유지하려고 했다.

의종은 경치 좋은 곳을 찾아다니며 문신과 놀이를 즐겼다. 이에 반해 무신은 국왕의 시위에 시달렸다. 그들은 한때 국왕의 총애를 받았고, 그러한 만큼 정치권력과 밀착되어 있었다. 그런데 이제 정치권력으로부터 소외되었을 뿐만 아니라 국왕으로부터 홀대까지 받았다면 그들의 불만이 어떠했을 것인가는 구체적인 설명을 필요로 하지 않을 것이다. 실제로 무신란을 주도한 정중부·이의방·이고는 모두 시위부대의 현직 지휘관이거나 지휘관 출신이었다. 결국 무신란은 국왕의 총애를 받아 오던 무신이 정치권력으로부터 소외되자, 소외감을 반란으로 연결시킨 데서 일어난 사건이었다.

처음 무신란을 계획한 인물은 산원 벼슬의 이의방과 이고였다. 정8품의 산원은 무반의 서열상 고급장교라기보다는 하급장교에 가깝다. 이들이 난을 주도하는 데는 여러 가지 어려움이 뒤따랐다. 난을 합리화시켜 더 많은 동조자를 끌어들이는 것이 급선무였지만, 고위 무신의 향배에도 신경을 쓰지 않을 수 없었다. 그들은 무신 전체를 대표할 만한 인물을 전면에 내세움으로써 이러한 문제를 해결해 보려고 했고, 이에 대장군 정중부에 접근했다. 정중부가 여기에 동의함으로써 난은 구체화되었다. 그런데 정중부와 같은 고위 무신이 무신란에 가담한 목적은 의종의 총애를 독차지한 문신 몇 명의 제거에 있었다. 무신란에서 행해진 국왕의 제거나 다수 문신의 살해와 같은 커다란 변화는 애초에 염두에 두지 않았던 것이다. 당시 그들의 지위가 높았음을 감안하면 무리가 아니다. 급격한 변화는 그들의 지위를 위협할 소지가 있었기 때문이다.

한편 하급무신, 그 가운데서도 특히 천한 출신의 인물은 무신란에 매우 적극적이었다. 노비의 아들이었던 이의민이나, 창고 곁에서 쌀을 주어먹고 살았다는 석린, 기생의 아들인 조원정 등이 그들이었다. 그들은 자신의 불우한 처지를 개선해 볼 목적으로 무신란에 적극적이었다. 무신란을 일대 변혁의 계기로 삼았던 것이다. 따라서 '문관文冠을 쓴 자는 비록 서리胥吏라고 하더라도 씨를 남기지 말라'는 것은 그들에게 적합한 행동 지침이었다.

무신란에는 일반군인이 적극 참여하였다. 온갖 역역에 시달렸던 그들은 무신란과 같은 기회가 오기만을 기다렸는지도 모른다. 그런데 이제 문신이라면 누구를 막론하고 살육하라는 상급자의 지시까지 있었고 보면 그들의 행동이 걷잡을 수 없게 된 것은 당연하다 하겠다. 그들은 무신란을 통해 그들의 누적된 불만을 표출했다. 문신 살해에 협력했을 뿐만 아니라, 그들에게 가혹하게 굴었던 인물을 색출하여 처단했던 것이다.

결국 하급무신과 일반군인의 참여로 인해 무신란은 애초의 계획과는 다른 방향으로 전개될 수밖에 없었다. 훨씬 과격한 양상을 띠고 확대된 형태로 전개되었던 것이다. 국왕의 총애를 독차지한 문신 몇 명만이 제거된 것이 아니라, 많은 문신이 피해를 당했으며 국왕인 의종도 폐위되기에 이르렀다. 천계의 무신에게 씌워졌던 신분적 굴레는 무신란의 성공 이후 그들이 고위직에 오름으로써 자연스럽게 제거되었다. 기존의 신분질서가 그대로 유지될 수 없었음은 물론이다. 이처럼 무신란이 고위 무신에 의해서가 아니라 하급무신과 일반군인의 참여에 의해 성공으로 이끌어졌기에, 이후 커다란 변화가 일어날 수밖에 없었다.

무신란의 성공 이후, 이의방·정중부·경대승·이의민이 차례로 정권을 장악했다. 무신집권자가 자주 교체된 것은 그들의 출신이나 정치적 성격의 다름에 연유한 것이었다. 따라서 이러한 정권의 변동을 혼란으로 이해해서는 안 될 것이다. 무신란에 다양한 출신의 인물이 참여했음을 감안하면, 이후의 역사 전개과정에서 당연히 나타날 수밖에 없는 현상이었다. 이러한 정권의 변동은 최충헌의 집권과 더불어 마감되었다. 이의민정권을 무너뜨리고 집권한 그는 대를 이어 권력을 세습했던 것이다.

무신란 이후 정권을 장악한 무신

이의방(1170~1174)	최항(1249~1258)
정중부(1174~1179)	최의(1258)
경대승(1179~1183)	김준(1258~1268)
이의민(1184~1196)	임연(1268~1270)
최충헌(1196~1219)	임유무(1270)
최이(우)(1219~1249)	

최씨정권

최충헌정권의 성립과 관련하여 《고려사》에는 이의민의 아들 이지영과 최충헌의 동생인 최충수가 비둘기를 두고 다툰 결과, 최충수가 최충헌에게 이의민 제거를 제의한 것으로 되어 있다. 이를 부인하기 어렵지만, 그렇다고 비둘기를 가지고 이의민정권의 몰락과 최충헌정권의 성립을 설명할 수는 없는 노릇이다. 역사 연구는 우연보다는 필연을 추구하는 것이기 때문이다.

최충헌은 상장군 최원호의 아들이었다. 무반 가문이지만 비교적 좋은 집안 출신이었던 것이다. 음서에 의해 벼슬길에 나아간 그는 행정실무를 담당하는 것으로 관리생활을 시작하였는데, 이는 그가 어느 정도의 학식을 갖추고 있었음을 말해준다. 그리고 그의 이의민 제거에 협력한 무신들 역시 좋은 가문의 출신이었다. 이러한 사실은 이의민정권을 이끌었던 인물들과 좋은 대조를 이룬다. 이의민이 천계였음은 앞에서 잠깐 언급했는데, 그는 문자를 알지 못하고 오로지 미신만을 믿었다 한다. 그와 함께 정권을 이끌었던 인물들 역시 마찬가지였다. 그들은 문벌이나 학식에 의존하지 않고 자신의 용력에 의존하여 출세한 자들이었다.

천계의 인물에 의해 주도된 이의민정권은 그 이전과는 크게 다른 사회 분위기를 조성하였다. 글자를 읽지 못했다는 최세보가 문신 가운데서도 학식이 뛰어난 인물이 임명되었던, 역사 편찬을 책임진 동수국사同修國史가 된 것은 그 하나의 예이다. 따라서 최충헌에 의한 이의민의 제거는 좋은 가문의 출신 무신이 이의민집권기의 급격한 변화에 불만을 품은 결과였다고 할 수 있다. 좋은 가문 출신의 무신은 고려의 기본적인 제도를 변화시키지 않고도 그들의 지위를 유지할 수 있는 존재였기 때문이다.

이의민 제거 이후 최충헌의 가장 강력한 정적으로 등장한 인물은 그의 동생 최충수였다. 최충수의 문객門客은 그를 부추기어 최충헌과 싸울 것을 주장하였다. 이에 최충수는 최충헌과 싸움을 벌였고, 결국은 패하여 죽임을 당하였다. 따라서 최충헌에게는 문객을 보유한 무신이 항상 경계의 대상이었다. 문객을 기반으로 정권에 도전할 가능성이 있었기 때문이다. 최충헌이 무신의 문객 보유를 방해했음은 두말할 나위가 없는데, 이를 위해 그는 인사행정을 장악하여 다른 무신의 문객에게 관직을 허락하지 않았다. 관직을 얻지 못한 문객이 그 주인에게 충성을 바칠 까닭이 없다고 판단한 결과였다. 봉사에 대한 대가가 없는 한 그들은 주인의 곁을 떠나기 마련이다.

최충헌은 무신이 합의기구를 통해 힘을 발휘할 수 있는 길마저 봉쇄하였다. 중방의 권한을 약화시킨 것이 그것이다. 중방은 상·대장군의 합의기구로서, 무신란 이후 국가의 모든 중대사를 처리하였다. 특히 주목되는 것은 정치적인 모반사건을 이곳에서 처리했다는 점인데, 그러한 만큼 군대를 동원할 수 있는 권리를 보유했다. 이러한 중방은 무신집권자에게 위협을 가하는 경우가 종종 있었다. 고위 무신의 합의기구였을 뿐만 아니라 군대 동원 능력까지 갖춘 중방이었고 보면 이상할 것은 없다. 최충헌은 중방을 약화시키기 위해 자신이 장관으로서 모든 권한을 행사한 교정도감을 설치하여, 이 기구로 하여금 모반사건을 처리하게 했다. 이로써 중방의 군대동원 능력은 소멸되고, 교정도감이 최고의 권력기구가 되었다. 모반사건의 처리야말로 정권의 최대 과제였기에, 이를 담당한 기구가 최고의 권력기구가 된 것은 자연스러운 일이었다.

다른 무신의 문객 보유를 철저히 방해한 것과 달리, 최충헌 자신은 도방이라는 이름의 3천여 명에 달하는 거대한 문객집단을 거느렸다. 군인 가운데 강한 자들로 구성된 도방은 이후 최이(우)·최항·최의에게 차례로 계승되었다. 최씨의 가문을 잇는 자가 도방을 거느리게 되고, 가장 강력한 군사집단인 그곳의 구심점이 된 인물이 정치권력을 장악했던 것이다.

최씨정권의 유지에는 문신이 적지 않은 기여를 했다. 우선 재상, 즉 재추는 최씨집권기에 들어와 국가의 모든 중대사를 논의하였다. 국가의 중대사를 고위 무신의 합의기구인 중방에서 처리했던 그 이전과는 다른 변화였는데, 교정도감의 설치가 그러했듯이, 이 역시 중방의 권한을 약화시키려는 최씨의 의도에서 비롯된 것이었다. 한편 재추회의는 최씨에 의해 소집되고 그의 사제私第에서 국정을 논의하였다. 이러한 재추회의는 최씨와 반대되는 의견을 제시하기 어려웠을 것이다. 최씨는 자신의 의견을 재추회의의 의결을 거치게 함으로써 훨씬 설득력이 있는 것으로 만들 수 있었다.

고려의 인사행정에는 많은 관리가 참여하였다. 이부와 병부에서 대상자를 선발하면 재상이 검토하여 국왕의 재가를 받았고,

세계화시대
우리한국사

여기에 대간이 서경署經하여 이를 확정했다. 공정을 기할 필요가 있었기 때문이다. 그런데 최이(우)는 자신의 집에 정방을 설치하고, 그곳에서 소수의 관리만을 데리고 인사를 행했다. 많은 관리가 참여하는 것을 배제하고 자신의 의도대로 인사를 처리하기 위함이었다. 그리고 여기에 국왕의 비서와 같은 존재인 승선을 참여시켰는데, 이는 자신에 의한 인사가 국왕의 의도에 부합하는 합법적인 것임을 가장하려는 것이었다. 그렇게 함으로써 인사에 따른 반발을 줄일 수 있다고 믿었던 것이다. 이처럼 국가의 공무인 인사를 개인의 사제에 설치된 정방에서, 국가의 관리로 구성된 소수의 정방원이 시행했다는 사실이야말로 정방의 큰 특징이었다. 국가의 관리를 자신의 필요에 따라 효과적으로 이용할 수 있었기에 최씨의 장기집권은 가능했던 것이다.

문신이 최씨정권의 유지에 기여한 것은 최씨가 문신을 철저하게 장악한 결과였다. 최씨는 문신을 발탁하여 등용한 것으로 널리 알려져 있다. 그런데 최씨가 등용한 문신은 대부분 한미한 가문 출신으로서, 그들이 최씨에게 발탁되기 위해서는 최씨와 밀착된 인물의 천거를 필요로 했다. 또한 예외 없이 과거합격자였다. 이는 최씨가 문신을 발탁한 이유가 자신의 심복을 만들기 위한 것이었음을 알 수 있게 한다. 최씨와 밀착된 인물의 천거를 받은 한미한 출신의 문신은 최씨에게 충성을 바치기 마련이었다.

최씨는 빈번하게 시회詩會를 개최하였다. 그런데 최씨가 개최한 시회에서는 최씨가 시제를 내리고, 참석자들이 여기에 맞추어 시를 지었다. 시의 주된 주제는 아름다운 경치나 맛 좋은 술

등이었다. 최씨는 몇 걸음 안에 짓는 주필走筆을 시험하기도 했다. 물론 참석자들은 시로써 최씨의 덕을 칭송하였다. 현실 문제를 주제로 선정할 여지가 없었음은 두말할 나위도 없다. 최씨는 자신이 시회를 주도함으로써 문인의 현실 비판 경향을 둔화시키려고 했던 것이다.

최이(우)는 문인으로 구성된 문객집단인 서방書房을 조직하였다. 서방은 3번으로 나누어 교대로 그를 숙위했다. 문인으로 구성되어 있었던 만큼, 그들로부터 군사적인 능력을 기대하기는 어려웠을 것이다. 그러함에도 최씨가 서방으로 하여금 자신을 호위케 한 것은 자신에 대한 충성심의 강요였다.

최충헌은 두 명의 왕을 폐하고 4명의 왕을 옹립했다. 그러나 그 스스로 왕이 되지는 않았다. 정권 내부에도 국왕의 권위를 들먹이며 자신을 공격하는 자가 있었기 때문이다. 최충헌정권의 성립에 기여한 인물들이 변화를 꺼려한 좋은 가문의 출신들이었음을 염두에 두면, 당연해 보인다. 최충헌은 자신이 왕위에 오름으로써 초래될 수 있는 정권의 몰락보다는 국왕의 권위를 이용하여 정권을 안정시키는 것이 유리하다고 판단했던 것이다.[6]

최씨정권이 국왕의 권위를 이용한 구체적인 예는 부의 설치와 몽고와의 대화에서 드러난다. 최충헌과 최이(우)는 각각 흥령부(곧 진강부로 고침)와 진양부를 설치했는데, 이들 부는 이자겸의 경우처럼 왕자나 왕비의 예에 따른 것이었다. 부의 설치로 인해 최충헌과 최이(우)는 왕자나 왕비와 동등한 지위를 공식적으로 인정받았던 것이다. 따라서 최씨는 자신에 대한 도전은 곧 국왕에 대한

도전과 다를 바 없다는 점을 정적에게 인식시킬 수 있었다.

　고려가 강화도로 천도한 이후, 관리들 사이에는 몽고와의 강화를 갈망하는 여론이 비등하였다. 그런데 몽고와의 강화가 그들을 불필요한 존재로 만들고 말리라는 것은 누구보다 최씨 자신이 잘 알고 있었다. 그들은 몽고에 대한 항쟁으로 일관하는 수밖에 없었다. 이에 최씨정권은 몽고와의 대화 책임자로 국왕을 내세웠다. 강화가 이루어지지 못한 책임을 국왕에게 떠넘기기 위함이었다.

　고려의 국왕이 최씨정권을 지탱시키는 도구화하자, 최씨정권에 불만을 품은 세력은 각각 신라·고구려·백제부흥운동을 일으켰다. 신라부흥운동은 이의민의 족인이 중심이 되어 경주지방에서 일어났으며, 고구려부흥운동은 서경의 군졸인 최광수에 의해, 그리고 백제부흥운동은 담양·나주를 근거로 한 이연년에 의해 주도되었다. 고려왕조는 최씨정권을 지지하는 자들 이외의 대부분에게 그 존재 의의를 상실했던 것이다.

고려 무신집권기의 국왕

무신정권과 민란

무신정권시대 맨 처음 민란이 일어난 지역은 동계와 서계, 즉 양계兩界였다. 고려는 북방의 국경지대에 양계를, 그리고 남부지방에 5도를 설치했는데, 5도가 군현郡縣으로 구성된 것과 달리 양계는 주진州鎭으로 이루어졌다. 주진의 군인은 양계의 주민이었다. 그들은 평상시에 농사를 짓다가 비상시에 군인으로 활동했던 것이다. 주진군의 장교 역시 양계의 주민이었는데, 그들은 중앙의 무신에 비해 정치·경제적으로 차별 대우를 받았다. 그러한 만큼 중앙정부에 대해 항상 불만을 가지고 있었다. 더구나 그들은 그들과 다를 바 없는 서울의 군인이 무신란으로 인해 정권을 장악한 데 크게 고무되어 있었다. 결국 양계의 주민은 주진군의 조직과 병장기를 이용하여 그들의 불만을 분출하였다.

무신정권시대 남쪽 5도에서 일어난 민란 가운데는 군인이 일으킨 난이 적지 않았다. 가혹한 사역에 불만을 품고 일어난 전주의 군인 죽동의 난은 그 대표적인 것이었다. 그리고 명종 23년(1193)에 운문(청도)과 초전(울산)을 근거로 일어난 김사미와 효심의 난에도 다수의 군인이 참여했을 것으로 짐작된다. 처형된 반군의 대부분이 무기를 소유했다는 사실로 미루어 그러하다. 고려에서 병장기를 소유할 수 있었던 자들은 아무래도 군인전을 지급받고 무기를 스스로 마련한 군인이었다고 이해되기 때문이다.

군인전의 탈점이나 군인의 역역 동원은 무신란 이후에도 지속되었다. 따라서 군에서 이탈한 군인의 수는 늘어갔다. 그들은 자신들의 생계유지를 위해 도적이 되거나 반란에 가담하였다. 이러한 상황에서 외적이 침입하면, 농민이나 노비, 혹은 승도로 전투부대를 구성하여 대처할 수밖에 없었다. 이 경우, 군대에 편성된 농민·노비·승도가 그들에게 지급된 무기와 군대 조직을 이용해서 난을 일으켰다. 고종 4년(1217)에 일어난 승도의 난이나, 고종 18년(1231)의 충주 노군·잡류별초의 난이 이에 해당한다. 거란의 침입에 대비해서 승려로 부대를 조직하고, 몽고군을 막기 위해 노비나 잡류로 별초군을 조직했기에 그들의 반란이 가능했던 것이다.

　유명한 만적의 난도 무신란 이후의 정치·군사적 상황과 밀접한 관련이 있었다. 신종 1년(1198) 최충헌의 노비인 만적 등은 자신들도 정권을 장악할 수 있다고 하면서 난을 일으켰다. 목숨을 걸고 난을 일으켰다는 점에서 만적의 이 말은 과장이라고 보기 어렵다. 그들은 난의 성공을 어느 정도 확신하고 있었던 것 같다. 문제는 노비였던 그들이 어떻게 그것이 가능하다고 믿었는가 하는 점인데, 이와 관련해서 주목되는 것은 최충헌이 이의민을 제거하는 과정에서 자신의 가노家奴를 동원했고, 이의민의 아들 이지순 역시 자신의 가노을 이끌고 여기에 맞섰다는 사실이다. 당시의 무신은 후일의 최충헌처럼 도방과 같은 사병조직을 갖추고 있지 않았기에 정권쟁탈전에 그들의 노비를 동원했던 것이다. 여기에 동원된 노비는 무신이 자신들의 힘에 의존하여 정권을 장악한 사실을 잘 알고 있었다. 따라서 그들 스스로가 정권을 장악하기 위해 나섰다고 해서 이상할 것은 없다. 결국 무신란 이후 무신 실력자들이 노비를 동원하여 권력쟁탈전을 벌였던 당시의 시대적 상황이 만적으로 하여금 정권장악을 위한 봉기를 가능하게 했던 것이다.

몽고에 대한 항쟁

최충헌의 아들인 최이(우)가 정권을 장악하고 있을 때인 1231년 (고종 18), 고려는 몽고의 침입을 받았다. 고려는 일찍이 몽고군에 쫓겨 고려의 영토 안으로 들어온 거란족을 몽고의 도움을 받아 물리쳤다(1219). 이후 몽고는 은인을 자처하면서 많은 공물을 요구하였다. 고려가 그들과 갈등을 빚었음은 물론인데, 그러한 가운데 자국의 사신이 귀국하는 도중에 살해되자, 몽고는 이를 빌미로 고려에 침입하였다. 그러나 몽고는 이 사건이 일어나기 이전부터 고려를 복속시켜 일본정벌에 도움을 받을 생각을 가지고 있었다. 그들의 공격목표였던 남송이 일본과 해상무역을 통해 연결되고 있었기 때문에, 남송을 고립시키기 위해서는 일본을 복속시킬 필요가 있다고 여겼던 것이다.

최이(우)는 몽고군에 맞서 싸웠으나 대패하자, 화의를 추진하였다. 몽고의 장군 살례탑撒禮塔이 여기에 응함으로써 화의가 성립되었다. 그러나 최이(우)는 곧 태도를 바꾸어 강화도에 천도하였다. 그가 천도를 결정한 것은 몽고가 수도인 개경에 다루가치達魯花赤를 설치하여 고려의 국정을 관장하게 한 데 있었다. 다루가치가 설치되면 최씨정권이 몽고의 제재를 받게 될 것은 당연했으므로, 설사 고려왕조가 존속되더라도 최이(우)에게 이로울 것은 없었던 것이다. 정권유지를 위해서는 몽고에 대한 항쟁을 택할 수밖에 없었다.

국왕과 대부분의 관리들은 천도에 반대하였다. 몽고군이 이미 물러간 상태에서 천도는 명분 없는 것이었다. 또한 자신들의 오랜 생활근거지를 떠난다는 것도 쉽지 않았다. 그러자 최이(우)는 반대한 인물의 목을 매달아 공포분위기를 조성한 후, 국왕과 관리들을 협박하여 천도를 단행했다(1232, 고종 19). 강화도는 조석 간만의 차가 크고 조류가 빨라 몽고군으로서도 공격이 용이하지 않은 곳이었다. 아울러 개경과 근접해 있고, 해로를 통한 지방과의 연결이나 조운이 편리하다는 점도 강화도가 가진 지리적 이점이었다.

고려의 강화천도가 몽고를 자극했음은 물론이다. 이에 다시 침입한 몽고군은 고려 본토를 철저하게 유린함으로써 고려정부로 하여금 스스로 항복해 오도록 하는 방식을 택하였다. 고려를 앞세워 일본을 정벌할 계획을 세운 몽고는 고려정부를 강화도에서 끌어내려 했던 것이다. 멀리 경상도까지 내려가 현종 때 조판하여 대구 근처 부인사에 간직되어 오던 대장경을 불태운 것도 이때의 일이었다. 그들은 사세를 관망하다가 출륙이 이루어지지 않으면 다시 침공하였다.

몽고의 침입과 이에 대한 최씨정권의 항쟁은 고려의 백성을 피폐하게 만들었다. 백성들은 몽고에 대한 항쟁을 정권유지의 수단으로 이용한 최씨에 불만을 터뜨렸다. 1258년(고종 45) 조휘·탁청이 반란을 일으켜 철령 이북의 땅을 가지고 몽고에 항복한 것은 그 하나의 예이다. 이를 계기로 몽고는 화주(영흥)에 쌍성총관부를 설치하여 이 지방을 몽고의 영토로 편입하고, 다루가치를 파견하여 직접 통치했다. 최씨정권에 대한 민심의 이반은 최항정권(1249~1257)이 산성해도입보정책을 추진함에 이르러 극에 달했다. 산성해도입보정책이란 몽고군에게 양식을 제공하지 않기 위해 백성들로 하여금 집과 곡식을 불사르고 몽고군을 피해 산이나 섬으로 들어가게 한 것이었다. 백성들이 이에 따르지 않을 경우, 최항정권은 야별초를 보내 그들을 고문하고 죽였다. 따라서 백성들은 몽고군이 오는 것을 기뻐했을 정도였다.[7] 최씨정권은 이반된 민심을 수습할 필요가 있었다. 오늘날 해인사에 남아 있는 고려대장경은 이를 위해 만들어진 것이었다. 불교를 통해 국론을 통일하기 위함이었다.

몽고에 대한 항쟁은 최씨정권의 붕괴와 더불어 일단락되었다. 최씨의 마지막 집권자인 최의가 김준에게 살해된 다음 해인 1259년, 고려는 항쟁을 단념한다는 의미로 강화도의 성곽을 헐고 태자(후일의 원종)를 몽고에 파견하였다.

그러나 최씨의 뒤를 이은 무신집권자 김준은 최씨와 마찬가지로 몽고에 대한 항쟁을 자신의 정치적 지위를 유지하기 위한 수단으로 이용하였다. 이점에 있어서는 김준을 제거하고 정권을 장악한 임연도 마찬가지였다. 따라서 그들은 개경환도에 반대하고 몽고에 대해 지속적인 항쟁을 선언하였다. 그런데 무신의

이러한 태도는 몽고에 대한 항쟁으로 피해를 당하고 있던 서북
지방민의 반발을 초래하였다. 결국 서경인이 임연정권에 반기
를 든 것을 계기로 몽고는 그곳에 동녕부를 설치하고(1269) 다루
가치를 파견하여 다스렸다. 이 직후 무신정권이 몰락하고, 고려
는 수도를 강화도에서 개경으로 옮김으로써 몽고에 항복하였다
(1270).

고려정부가 개경으로 환도하자, 삼별초가 이에 반대하고 몽고
에 대한 항전을 선언하였다. 삼별초란 일찍이 최이(우)가 도적을
잡기 위해 조직했다는 야별초와 최항정권 때 몽고의 포로가 되
었다가 도망해 온 자들로 구성된 신의군을 합친 부대였다. 그런
데 야별초가 잡기 위한 도적은 실은 최씨의 정적이었으므로, 야
별초는 최씨의 사병과 같은 존재였다. 한편 신의군이 조직될 당
시는 최항정권의 산성해도입보정책에 따라 민심이 이반하고 본
토로부터 수송되는 조세가 감소하였다. 여기에 위기의식을 느낀
문신 관리들은 출륙환도를 주장하였다. 최항으로서는 이러한 여
론에 쐐기를 박을 필요가 있었다. 출륙환도는 곧 정권의 종말을
의미했기 때문이다. 이에 그는 신의군을 조직하여 그들의 몽고
에 대한 적대감을 출륙환도의 여론을 묵살하는 데 이용하였다.
따라서 신의군 역시 최씨정권을 지탱하는 군사적 기반이 되었
다. 몽고로부터 도망 온 군인으로 조직된 신의군이 도적을 잡기
위한 야별초와 함께 삼별초를 구성한 이유가 여기에 있었다.

삼별초는 몽고와의 항전을 유리하게 전개하기 위해 근거지를
강화도로부터 진도로 옮겼다. 진도지역을 장악함으로써 영·호

2
中世

남지역의 조세를 자신들의 자원으로 이용할 수 있었다. 경상·전라지역의 세곡이 조운을 통하여 서울로 운송되는 길목이었기 때문이다. 그들은 일본에 사신을 보내어 자신들이 고려의 정통 정부임을 주장하면서, 공동으로 몽고에 대항하자고 제의하기도 했다. 고려와 몽고의 연합군에게 진도가 함락된 후에는 제주도로 들어가서 저항을 꾀하였다. 그러나 고려와 몽고의 연합군에 의해 진압됨으로써(1273) 그들의 저항은 막을 내렸다.

강화도에서 개경으로 환도한 고려는 1270년(원종 11)에서 1356
년(공민왕 5)까지 원(몽고는 1271년에 중국식의 원으로 국호를 바꾸
었다)의 지배를 받았다. 이 시기의 역사에 대해서는 일제 식민
주의사학자들이 큰 관심을 표시하여, 그들의 이에 관한 연구 업
적은 비정상적이라고 할 만큼 방대한 것이었다. 이에 반해 한국
의 역사학자는 그다지 열의를 보이지 않았는데, 원의 영향력을
지나치게 의식한 결과였다. 그러한 가운데 학계는 이 시기에 지
방 향리 출신의 중소지주인 사대부라는 새로운 세력이 등장하
여, 지배세력인 권문세족權門勢族(혹은 權門世族)의 친원親元적 태
도나 농장과 노비를 증대시켜 간 사실을 비판하며 끊임없이 개
혁을 시도했고, 결국은 이성계를 등에 업고 조선왕조를 개창했
다고 설명해 왔다. 원의 지배를 받은 이후부터 고려가 멸망할
때까지를 한 시기로 묶어 권문세족과 사대부의 갈등으로 이해

한 것이다.

그러나 이민족의 지배를 받은 시기와 거기에서 벗어난 시기를 함께 묶은 것은 적절해 보이지 않는다. 무엇보다 원의 지배를 받은 시기에 새로운 세력인 사대부가 등장하여 개혁을 시도했다는 점이 이해되지 않는다. 한국사학자들이 이 시기의 연구를 소홀히 했음을 염두에 두면, 이러한 결론이 어떻게 도출된 것인가 의심스럽기도 하다. 사실 사대부가 향리 출신의 중소지주였다는 설명부터가 근거 없다. 사대부는 새로운 세력이 아닌, 양반을 가리키는 용어였던 것이다.

한편 학계가 권문세족을 당시의 지배세력으로 이해한 것은 권세가라는 용어가 《고려사》에 빈번하게 보이는 데 주목한 결과였다. 그런데 권세가라는 용어는 당시의 정치적 지배세력을 가리키는 고유명사가 아니라, 부당하게 정치권력을 행사한 자들을 비하하여 지칭한 보통명사였다. 따라서 당시의 지배세력을 권문세족이라고 부르는 것 역시 적절치 않다. 사대부와 권세가를 새로운 세력이나 정치적 지배세력으로 단정하기보다 그러한 용어가 사서에 자주 등장한 이유를 밝히는 것이 중요한데, 이를 위해서는 원의 지배를 받은 시기 정치사에 대한 이해가 선행되어야 할 것이다.

원은 왕위를 미끼로 고려 국왕을 통제하였다. 그들의 필요에 따라 고려왕을 교체했던 것이다. 충렬왕·충선왕·충숙왕·충혜왕이 모두 왕위에서 물러났다가 다시 왕위에 오른 까닭이 여기에 있었다. 그 결과 충렬왕과 충선왕, 충선왕과 충숙왕, 충숙왕과 충혜왕은 부자父子 간이었음에도 불구하고 왕위를 차지하기 위해 극심한 갈등을 빚었다. 따라서 국왕과 관리들은 원과 긴밀한 관계를 유지하기 위해 노력하였다. 그러나 충혜왕이 원에 잡혀 가서 사망한 것을 계기로 고려의 관리 사이에는 원에 대한 반감이 싹텄다.

원의 부마국이 된 고려

고려는 원에 항복한 이후에도 독자적인 통치체제를 그대로 유지하였다. 이는 원의 무종武宗이

지금 천하에서 자기의 백성과 사직을 가지고 왕위를 누리는 나라는 오직 삼한(고려) 뿐이다《고려사》33 충선왕 2년 7월 을미).

라고 한 것으로 알 수 있다. 실제로 원은 고려를 원의 직할성으로 만들어 달라는 일부 고려인의 요구를 4차례나 묵살하였다. 고려를 직할성으로 삼았을 경우 예상되는 고려인의 반발을 우려했던 것이다.

고려가 독자적인 통치체제를 유지한 것은 원 세조世祖의 고려에 대한 약속과 관련이 있었다. 1259년(고종 46) 고려가 항전을 단념한다는 표시로 강화도의 성을 허물고 태자인 후일의 원종을 몽고에 보내자, 쿠빌라이忽必烈, 즉 후일의 세조는

고려는 만리나 되는 큰 나라[萬里之國]이다. (옛날) 당나라 태종이 친히 정벌에 나섰어도 굴복시키지 못했는데, 지금 그 태자가 스스로 왔으니 이는 하늘의 뜻이다.

라고 하였다. 고려를 고구려와 동일한 국가로 이해한 그는 당나라도 이기지 못한 국가가 항복해 온 데 대해 크게 기뻐했던 것이다. 황제에 오른 쿠빌라이는 '고려의 의관衣冠은 본국의 풍속을 따르며 고치지 않는다'는 점을 분명히 했다. 그의 이러한 언급은 고려의 종묘와 사직, 즉 왕조체제의 존속을 보장하는 것으로, 이후 고려와 원의 관계를 규정하는 중요한 원칙이 되었다.[8]

그러나 고려는 원의 부마국, 즉 사위나라였다. 고려의 국왕은 원의 공주를 정식 비로 삼았고, 그 몸에서 난 아들이 원칙적으로 왕이 되었던 것이다. 따라서 원의 견제는 뒤따를 수밖에 없었다. 우선 고려의 왕실과 관련된 용어는 모두 격하되었다. 고려의 국왕은 사후의 칭호(묘호)를 짓는 데 '종'과 같은 용어 대신 '왕'자를 사용하게 되었고, 더구나 위에는 '충'자를 덧붙여서 원에 대한 충성심을 표시하는 뜻을 나타내었다. 즉 '원종'과 같은 칭호가 사라지고 대신 '충렬왕' 등으로 부르게 되었던 것이다. 그리고 중서문하성과 상서성이 통합하여 원의 지방정부기관인 첨의부로 명칭이 바뀌었다. 아울러 도평의사사(도당都堂)라는 회의기관이 출현한 것도 이 시기의 변화였다. 이는 재추회의와 군사·대외문제의 회의기관인 도병마사를 통합 일원화한 것인데, 원이 병권과 관련된 도병마사의 존재를 꺼려했기 때문에 모든 국가

정무를 평의한다는 뜻의 도평의사사로 개편되었던 것이다.[9]

원은 고려인의 무기소지를 금하고, 군대 지휘관인 만호萬戶를 황제가 임명함으로써 고려의 군사력을 장악하였다. 원에 대한 고려인의 모반을 우려해서 취해진 조치였다. 그리고 고려를 효과적으로 통제하기 위해 이제까지 고려의 내정을 간섭하던 다루가치를 폐지하고, 일본원정을 위해 설치했던 정동행성을 고려에 대한 통치기구로 이용하였다.

정동행성은 장관인 좌승상에 고려 국왕이 임명되었지만 명예적인 것에 불과했고, 실질적인 권력은 그 예하기구가 행사하였다. 행정의 실무를 담당한 좌우사와 형옥을 관장한 이문소, 그리고 원의 과거인 제과制科에 응시하기 위한 예비시험인 향시鄕試를 주관한 유학제거사가 그것이었다. 특히 죄인의 치죄를 이문소가 관장함으로써 고려 국왕은 반역죄가 발생한 경우에도 이를 다스릴 수 없었다.

정치적으로 원에 예속된 고려는 그로부터 문화적인 영향을 받기도 했다. 충선왕은 원의 수도에 만권당을 지었는데, 여기에 이제현 등 고려 관리들이 머물면서 조맹부趙孟頫 등 원의 문인과 학문을 토론하였다. 또한 최해·안축 등은 제과에 급제하여 고려인의 문명文名을 드높였다. 그러한 가운데 성리학이 수용되었다. 주자朱子에 의해 완성되었다고 해서 주자학이라고도 불리어진 성리학은 그 이전의 유학과 달리, 우주의 근본과 인간의 심성心性문제에 체계를 부여한 형이상학을 내포한 것이었다. 이미 문종 때 송으로부터 전래되기 시작했으나 크게 발전되지 못하다가, 안향(안유) 등 원을 내왕한 학자에 의해서 비로소 본격적으로 수용되었다. 주자의 호를 따서 자신을 회헌이라 했을 정도로 그를 숭배한 안향은 고려에 성리학의 씨를 뿌린 인물이었던 것이다. 한편 원이 라마교(티베트불교)를 신봉함에 따라, 신비적이고 세속적인 라마교가 고려불교에 영향을 미쳤다. 그리고 원나라 사람에 의해 그들의 생활방식인 몽고풍이 고려 궁중과 지배층을 중심으로 유행하기도 했다.

왕실의 분열

고려가 몽고에 항복하기 전부터 태자로서 그곳에 들어가 있던 충렬왕(1274~1298, 1298~1308)은 원 세조의 딸인 제국대장공주와 혼인하였다. 이로써 그는 원의 정치적 후원을 얻을 수 있게 되었다. 그러나 원은 충렬왕이 고려에서 권력을 마음대로 행사하는 것을 방치하지 않았다. 위에서 지적한 대로 원은 고려의 군사력을 통제하여 국왕의 세력기반 형성을 방해했던 것이다. 국왕이 무신집권자에 의해 휘둘린 것을 목격함으로써 왕권강화에 강한 집념을 가지고 있던 충렬왕은 독자적인 방법을 모색할 수밖에 없었다.

충렬왕은 원 황제에게 매를 진상한다는 명분을 내세워 응방을 설치하였다. 그런데 여기에는 자신의 시위부대를 강화하려는 의도가 내포되어 있었다. 매사냥을 빙자하여 군사훈련이 가능한 기구가 응방이었기 때문이다. 황제에게 매를 잡아 바친다는 명분은 원에서도 묵살하기 어려운 것으로, 원을 자극하지 않으면서 자신의 세력을 강화할 수 있는 기구가 응방이었던 셈이다. 충렬왕은 또한 환관을 장군에 임명했는가 하면, 공신에 책봉하기도 했다. 환관의 정치적 지위가 향상되었음은 물론인데, 이처럼 충렬왕이 환관을 우대한 것은 원에서 환관의 정치적 영향력이 컸던 것과 관련이 있었다. 원의 환관과 긴밀한 관계를 유지할 수 있는 인물은 아무래도 그들과 처지가 비슷한 고려의 환관이었다.

원과의 관계가 국내의 정치상황을 결정하는 하나의 변수로 작용한 상황 아래에서는 통역을 담당한 역관이 정치적으로 중요한 위치를 점하였다. 충렬왕은 자신의 지위를 강화하기 위해서도 이들을 중용하지 않을 수 없었다. 그들의 응대 여하에 따라 고려의 정치적 상황이 달라질 수 있었기 때문이다. 그는 역관을 내시에 소속시켰는데, 그들을 자신의 측근세력으로 만들려는 의지의 표현이었다. 고려의 내시는 환관과 동일시 된 조선의 그것과 전혀 다른 것이었다. 그들은 신체적인 불구자가 아니었을 뿐만 아니라, 가문이나 학식이 뛰어났다. 따라서 승진하는 데 있어서도 다른 관리에 비해 유리한 위치를 점하고 있었다. 한편 그 구체적인 임무를 잘 알 수 없는 내료內僚는 충렬왕이 태자로서 원에 들어갔을 때 성실하게 그를 시종하였다. 그러한 만큼 그들이 충렬왕의 즉위 이후 중용된 것은 당연하다. 충렬왕이 즉위한 이후 응방·환관·역관·내료 등에 소속된 인물의 정치적 진출이 두드러진 이유가 여기에 있었다.

매를 잡거나 국왕을 시위하는 데는 가문이나 학식보다는 용력이 중시되었다. 그러므로 응방의 구성원은 대체로 천한 출신이었다. 환관이나 역관으로 진출한 자들의 신분도 좋지는 않았다. 그리고 내료는 문·무반의 관직을 차지할 수 없었고, 남반으로 진출한 경우라도 7품 이상은 오를 수 없는 한품限品의 대상자였다. 그들 가운데는 노비 출신도 있었다.

천한 출신의 정치적 진출은 양반, 즉 사족士族의 반발을 불러일으켰다. 그들은 자신들만이 고위 관직을 점할 수 있음을 강조하였다. 사족 출신의 인물이 사림士林이었고 이들 가운데 벼슬한 자들이 사대부였는데, 사림은 여론을 일으켜 천한 신분 출신 인물의 고위직 임용을 비판했고, 사대부 역시 그들에 의한 토지 탈점을 강하게 비난하였다. 충렬왕대 이후의 기록에 '사림'·'사대부' 등의 용어가 빈번하게 나타난 이유가 여기에 있었다. 그런데 사림, 즉 양반의 천한 출신 관리에 대한 비난은 그들을 등용한 충렬왕에 대한 비판과 다를 바 없었다. 그러함에도 충렬왕의 정치적 지위는 원이 제2차 일본정벌을 추진하는 과정에서 더욱 강화되었다.

1270년 고려를 복속시킨 원은 일본정벌을 추진하였다. 삼별초난이 진압된 다음해에(1274, 원종 15) 합포(마산)를 떠난 여원연합군은 쓰시마對馬와 이키壹岐 두 섬을 정복하고 규슈九州를 공격하였다. 그러나 일본인이 후일 가미카제神風라고 부르는 태풍을 만나 절반에 달하는 인원이 익사하는 피해를 당했다. 이후 원은 남송을 멸망시킴으로써(1279) 그들과 일본의 연결을 차단한다는 애초의 목표가 사라졌다. 그러함에도 재차 침략을 계획했는데 (1281), 충렬왕은 여기에 매우 협조적이었다. 원에 들어가 일본 정벌 계획에 직접 참여했는가 하면, 국내에서 병력과 군량의 확보에 주력하였다. 이는 원의 제1차 일본정벌 준비과정에서 원종이 취했던 소극적인 태도와 대조되는 것이었다. 이처럼 충렬왕이 일본정벌에 적극적이었던 것은 원으로부터 확고한 정치적 지위를 보장받기 위함이었다. 실제로 제2차의 일본정벌이 실패했음에도 그의 지위는 격상되었다. 그 이전까지 고려의 국왕과 원의 사신은 대등하게 상대했는데, 이후 상하관계를 분명히 했던 것이다.

충렬왕의 강력한 왕권 구축은 원에게 결코 바람직한 것이 아니었다. 원에 대한 의존도를 감소시킬 수 있는 것이었기 때문이다. 그러한 가운데 원에서는 세조의 뒤를 이어 성종成宗이 즉위하였다. 충렬왕은 이를 틈타 탐라(제주)를 돌려줄 것을 요구하는 등, 새로운 황제와의 관계에서 기선을 제압하려고 하였다. 이러한 충렬왕을 원의 성종은 매우 부담스럽게 여겼다. 그는 고려의 요구 조건을 모두 거절하는 한편, 충렬왕에게 왕위에서 물러나도록 압력을 행사했다. 결국 충렬왕은 마음에도 없는 양위表讓位表를 원에 올리고 아들인 충선왕에게 왕위를 물려주었다.

충렬왕의 뒤를 이어 즉위한 충선왕(1298, 1308~1313)은 우선 충렬왕의 양위와 자신의 즉위가 정당한 것임을 드러내고자 했다. 국왕이 생존해 있음에도 불구하고 세자가 왕위에 오른 데 대한 변명이 필요했던 것이다. 이를 위해 충선왕은 충렬왕대의 정치가 파행적인 것임을 강조하였다. 충렬왕대의 불법을 일일이 열거해놓은, 충선왕의 장황한 즉위교서가 반포된 이유가 여기에 있었다. 여기에서 충선왕은 충렬왕파의 관리를 권세가로 부르면서 그들의 불법적인 행위를 비판하였다. 이로부터 충렬왕과 충선왕은 부자간임에도 불구하고 극심한 갈등을 빚었다. 이들의 갈등은 양자 만에 국한되지 않고, 거의 모든 관리가 충렬왕파와 충선왕파로 갈리어 대립하는 상황으로 발전하였다. 권세가라는 용어가 《고려사》에 자주 등장한 것은 이 때문이다. 충렬왕파는 충선왕파를 권세가로, 그리고 충선왕파는 충렬왕파를 권세가로 지칭했던 것이다.

충선왕이 즉위한 후에는 충렬왕대의 정치에 불만을 품고 있던 양반이 다시 정치적 주도권을 장악하였다. 그들은 원에 의해 고쳐진 관제를 원래의 것으로 되돌려 놓았다. 자신들의 지위유지에 편리한 제도였기 때문이다. 그런데 이러한 관제개혁은 원의 민감한 반응을 불러일으켰다. 원은 고려의 관제개혁 의도가 자신들의 지배를 부인하려는 것이 아닌지 의심했던 것이다. 그러한 시기에 충선왕의 비인 계국대장공주와 조비趙妃 사이의 갈등이 불거졌다. 계국대장공주는 충선왕이 조인규의 딸인 조비만을 총애한 데 대해 불만을 품고, 그녀가 자신을 저주했다는 내용의 글을 원에 보냈다.

원은 조비가 계국대장공주를 저주한 사건을 조사한다는 이유로 사신을 파견하여 조비를 옥에 가두는 한편, 고려의 관제개혁에 관한 서류를 압수했다. 이로 미루어 보면 조비가 공주를 저주한 사건을 규명한다는 것은 구실에 불과했고, 실은 충선왕에 의한 관제개혁을 원래의 상태로 되돌리기 위해 원은 사신을 파견했던 것으로 이해된다. 결국 충선왕은 즉위한 지 7개월 만에 왕위에서 물러나고 충렬왕이 복위하였다. 이후 원은 활리길사闊里吉思를 정동행성의 평장사로 삼아 충렬왕과 함께 고려를 통치하도록 했다. 아울러 국왕이 지켜야 할 사항을 충렬왕에게 제시했는데, 그 가운데는 관리가 반역죄를 범했다 하더라도 고려 국왕이 이를 마음대로 처벌할 수 없다는 조항이 포함되어 있었다.

왕위에서 물러난 충선왕은 원에 들어갔다. 그가 그곳에 머무는 동안 충렬왕파의 관리들은 계국대장공주의 개가改嫁를 추진하였다. 충선왕을 정치적으로 무력하게 만들기 위함이었다. 충렬왕파의 이러한 기도는 원에서도 문제가 되어, 우승상의 반대로 무산되었다. 비록 왕위에서 물러났다고는 하지만 자신의 비인 공주의 개가를 고려의 신하들이 추진했다는 사실은 충선왕에게 견디기 힘든 치욕이었을 것이다.

충선왕은 원에서 무종을 황제로 옹립하는 데 공을 세워 심양왕瀋陽王에 봉해졌다. 그리고 충렬왕이 사망하자 다시 고려왕에 즉위하였다. 충선왕은 고려왕위와 심양왕위를 동시에 가지게 되었던 것이다. 그는 충렬왕파의 핵심 인물을 살해하고 자신에 반대한 많은 관리를 유배하였다. 그러나 국내에서의 실추된 권위의 회복은 여전히 그에게 남겨진 숙제였다.

충선왕은 복위와 더불어 왕실과 혼인할 수 있는 15개의 가문을 '재상 집안[宰相之宗]'으로 지정하였다. 학계는 이들 가문이 충선왕 이후 고려 말까지 정치를 지배한 세력으로 이해하고 있다.[10] 그런데 청주 이씨처럼 오랫동안 재상을 배출하지 못한 가문이 여기에 속해 있는가 하면, 안동 김씨나 원주 원씨처럼 당시 많은 재상을 배출한 가문이 빠져 있어, 이들 '재상 집안'이 꼭 당시의 정치적 지배세력이었다고 보기는 어렵다. 충선왕이 지정한 '재상 집안'을 당시의 지배세력으로 단정하기보다는 충선왕이 왜, 어떠한 기준을 가지고 그러한 가문을 선정했는가를 밝히는 것이 중요하다고 생각한다.

15개의 '재상 집안' 가운데 언양 김씨·공암 허씨·당성 홍씨·평양 조씨는 충선왕과 혼인한 집안이었다. 그리고 경원 이씨(인주 이씨) 등은 왕비를 배출한 것으로 유명했으며, 파평 윤씨 등은 많은 과거합격자와 재상을 배출함으로써 사회적인 지위가 높았던 가문이다. 충선왕이 자신과 혼인한 집안을 사회적인 지위가 높은 가문과 같은 반열에 올려놓기 위해 '재상 집안'을 선정하여 공표했음을 알 수 있다. 자신과 조비의 혼인이 원 공주와의 혼인 못지않게 정당한 것임을 주장하려는 것이었다. 이를 통해 그는 자신의 혼인을 원이 정치적으로 이용하는 것을 막고, 아울러 공주의 개가 추진으로 실추된 자신의 권위를 회복하려고 했던 것이다.

충선왕은 그의 재위 기간 동안 주로 원에 머물러 있었다. 고려의 정치가 원에 의해 좌우된다는 것을 인식한 결과였다. 그런데 그의 원 체류는 고려 국내의 정치적 혼란과 경제적 부담을 야기시켰다. 고려의 관리들은 충선왕에게 환국을 요청했고, 원 황제도 그에게 귀국을 명하였다. 그러자 충선왕은 원에 머물기 위한 방법의 하나로 충숙왕(1313~1330, 1332~1339)에게 고려왕위를 넘겼다. 그리고 심왕(심양왕)위는 조카인 고에게 넘겼다. 고로 하여금 충숙왕을 견제케 하려는 의도였다.

충선왕은 양위 후에도 고려의 정치에 깊이 관여하였다. 인사행정과 재정은 그가 장악했던 것이다. 충숙왕이 이러한 충선왕에게 불만을 품었음은 말할 나위가 없다. 충숙왕은 충선왕파의 관리들을 권세가로 지칭하면서, 충선왕의 권력 행사를 비판하고 나섰다. 따라서 양자의 갈등은 불가피했다.

원은 충선왕과 충숙왕의 갈등을 방관하지 않았다. 고려조정의 분쟁은 그들의 통치 능력 부족을 드러낸 것과 다를 바 없었기 때문이다. 그런데 충선왕은 왕위에서 물러난 인물로서, 원의 입장에서 보면 황제의 명령을 어긴 존재였다. 원은 분쟁의 일차적인 책임을 충선왕에게 물어 그를 토번에 유배하였다(1320). 그리고 충선왕과의 불화와 실정失政을 들어 충숙왕도 원에 소환하였다.

원이 고려의 국왕을 마음대로 교체하는 등, 정치가 원에 의해 좌우되자 국왕과 관리들은 원의 정치적 실력자와 긴밀한 관계를 유지하기 위해 노력했다. 국왕은 빈번하게 원에 들어갔을 뿐만 아니라, 장기간 체류하였다. 관리들 역시 마찬가지였다. 그런데 이를 위해서는 막대한 경비가 요구되었다. 원을 왕래하는데 드는 비용 이외에 원의 관리에게 주는 뇌물, 그리고 이를 수송하는 데 따른 경비가 만만치 않았기 때문이다. 그들은 경제적

부의 확대에 주력하였다. 국왕이 소금을 전매했고, 관리는 개간과 탈점으로 자신의 농장을 늘려갔다. 원의 지배를 받게 된 이후 고려 관리의 넓은 농장이 자주 문제가 된 까닭이 여기에 있었다.

원지배기의 고려 국왕

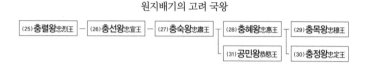

원에 대한 반발

충숙왕은 충선왕과의 불화를 이유로 원이 자신을 억류한 데 대해 반감을 가졌다. 원은 그러한 충숙왕을 퇴위시키고 그의 아들 충혜왕(1330~1332, 1339~1344)을 즉위시켰다. 그러나 충혜왕 역시 2년 만에 왕위에서 물러나고, 충숙왕이 다시 왕이 되었다. 원이 그렇게 결정했기 때문이다. 충혜왕이 복위한 것은 충숙왕이 죽은 이후였다.

충혜왕은 사냥을 빙자하여 시위부대를 육성했는가 하면, 경제적 기반을 확대하는 데에도 노력을 기울였다. 또한 궁전을 신축하기도 했는데, 이는 왕실의 권위를 드러내기 위함이었다. 충혜왕이 이처럼 권력기반의 강화에 적극적이었던 것은 원의 압력을 피해보기 위함이었다. 원이 고려왕위를 미끼로 이용하여 자신을 통제하려 하자, 그는 권력기반을 강화하여 이에 맞섰던 것이다. 그러한 가운데 충혜왕은 원 기황후奇皇后의 오빠인 기철 등 부원세력과 갈등을 빚었다. 그의 왕권강화가 부원세력에 대한 견제를 전제로 하는 것이었음을 감안하면 무리가 아니다. 따라서 충혜왕이 취한 일련의 정책은 원에게 모반과 다를 바 없는 행위로 비춰졌다. 결국 그는 원에 의해 유배되는 도중에 비극적인 최후를 맞이하고 말았다(1344).

충혜왕이 원에 잡혀가 사망한 데 대해 고려의 관리들은 커다란 충격을 받았다. 왕의 죽음은 고려의 사직을 위태롭게 하는 것으로, 고려왕조를 통해 자신의 지위를 누려오던 관리들이 위기의식을 느낀 것은 자연스러운 결과였다. 이러한 위기의식은 반원적 분위기로 발전했는데, 이제현을 비롯한 문신이 이를 주도하였다. 그들은 충혜왕의 무죄를 주장하는 글을 원의 황제에게 올림으로써 자신들의 불만을 드러냈다. 또한 기철 등 부원세력이 원을 사주하여 충혜왕을 잡아간 것으로 이해하고, 이들에 대해서도 반감을 가졌다.

고려 관리의 불만은 원에서 정치문제화 되었다. 그들을 통해 고려를 간접적으로 지배하고 있던 원으로서는 이를 방치할 수 없었던 것이다. 원은 부원세력의 불법을 다스리는 것을 목적으로 한 정치도감整治都監의 설치를 고려에 허락함으로써(1347, 충목왕 3), 그들의 불만을 무마하려고 했다. 아울러 고려 관리들의 지지를 얻고 있던 공민왕을 즉위시켜 그들을 달랬다.

그러나 공민왕의 즉위는 원의 의도와 달리 도리어 고려의 반원적 분위기를 부채질하는 결과를 초래했다. 원과 밀착되었던 인물까지 반원적인 행동을 서슴지 않았던 것이다. 예컨대 자신의 여동생이 원의 고관과 혼인한 정지상의 경우, 그는 원에서 파견한 사신을 잡아 가두고 원의 권위를 상징하는 금패金牌를 빼앗았다. 이제 원과의 밀착보다는 반원을 내세우는 것이 고려에서 자신의 정치적 지위를 유지하는 데 유리한 상황이 도래했기 때문이다. 그들은 과거에 원을 이용했듯이, 이제는 자신의 정치적 지위를 위해 원을 외면했다. 공민왕의 반원정책은 이러한 분위기에 힘입어 성공할 수 있었다.

세계화시대
우리한국사

10—
문신과 무신의 갈등

1356년(공민왕 5), 공민왕이 추진한 반원정책이 성공함으로써 고려는 원의 지배에서 벗어났다. 그리고 이로부터 36년 후인 1392년 이성계에 의해 고려가 무너지고 조선이 개창되었다. 따라서 공민왕 이후의 정치사는 보통 조선의 개창과 관련하여 다루어지고 있다.

학계에는 지방 향리 출신의 중소지주인 사대부가 권문세족을 몰아내고 조선을 개창했다는 견해가 일반화되어 있다. 이러한 설명은 일제 식민주의사학자들이 주장한 한국사의 정체성(停滯性)을 부인하고, 내재적 발전론을 강조했다는 점에서 지지를 받아왔다. 그러나 저자는 앞에서 사대부가 지방 향리 출신의 중소지주가 아니었으며, 당시의 지배세력을 권문세족으로 지칭한 것도 잘못이라는 점을 지적하였다. 따라서 사대부와 권문세족의 갈등으로 조선의 개창을 설명하는 것은 온당치 않다. 공민왕 이후부터 조선의 개창에 이르는 기간에 일어난 수많은 정치적 사건들을 사대부와 권문세족의 갈등으로 설명한 연구가 없다는 점도 이를 뒷받침한다. 그렇다면 조선의 개창은 어떻게 이해해야 하는가.

공민왕대의 문신과 무신

공민왕(1351~1374)은 기철을 비롯한 부원세력을 제거하고, 정동행성의 이문소를 혁파하였다. 아울러 원의 지배를 받게 되면서 고쳐진 관제를 고려의 전통적인 관제로 인식되어 온 문종대의 것으로 복구시켰다. 그리고 쌍성총관부를 무력으로 철폐하고 그 지역을 다시 회복하였으며, 압록강 서쪽에 있던 원의 군사적 요충지를 공격하기도 했다.

공민왕의 반원정책은 문신보다는 무신에 의해 주도되었다. 반원정책의 대부분이 군사력을 필요로 하는 것이었음을 감안하면 당연하다. 그런데 무신은, 최영과 같은 국왕의 시위부대 출신을 제외하면, 대부분 원의 비호를 받던 인물들이었다. 원이 만호를 통해 고려의 군사력을 통제했으므로 고려의 군사력을 장악한 무신은 원과 밀착된 존재였던 것이다. 따라서 공민왕의 반원정책은 원과 밀착된 인물에 의해 수행되었다고 할 수 있다. 실제로 대표적인 부원세력이었던 기철을 제거하는 데 공을 세운 인물의 대부분은 원과 밀착된 존재였다.

세계화시대
우리한국사

원과 밀착된 무신이 공민왕의 반원정책에 적극 협력한 것은
원의 쇠퇴와 무관하지 않았다. 그들은 장사성張士誠 난의 토벌을
돕기 위해 원에 파견되어 원의 쇠퇴를 직접 확인했다(1354, 공민
왕 3). 그렇다고 그들이 반원정책에 앞장선 까닭을 단순히 원의
쇠퇴만으로 설명하기는 어렵다. 친원을 포기하는 데 그치지 않
고 반원을 적극 표방했다는 점에서 그러하다. 이와 관련하여 주
목되는 것은, 앞에서 언급한 바 있듯이, 당시 고려에 반원적 분
위기가 확산되고 있었다는 사실이다. 원과의 밀착보다는 반원
을 내세우는 것이 고려에서 정치적 지위를 유지하는 데 있어서
유리한 상황이 전개되었던 것이다. 그러한 만큼 원과 밀착되었
던 무신이 이제 반원정책에 적극적이었다고 해서 이상할 것은
없다.

반원정책의 수행과정에서 공민왕은 자신과 정치적 견해를 달
리한 인물을 제거하였다. 자신을 배제하고 원과 직접 연결된 자
는 그의 일차적인 제거 대상이었다. 원 황실과 혼인관계를 맺고
있던 기철이나 권겸, 그리고 노책은 모두 이러한 범주에 속한 인
물이었다. 그러나 원과 밀착되었던 인물이라 하더라도 자신의
반원정책에 협력한 무신을 공민왕이 꺼려할 이유는 없었다. 그
는 그들을 제거하기보다는 그들의 군사력을 이용하는 길을 택
했다. 과거에 원과 밀착되었다는 사실만으로 제거 대상이 되지
는 않았던 것이다. 따라서 공민왕에 의한 부원세력의 철저한 숙
청은 애초부터 불가능한 일이었다.

원과 밀착되었던 무신이 반원정책의 성공 이후에도 정치적으

로 건재한 사실은 이제현과 같은 문신의 불만을 초래했다. 그들은 일찍이 충혜왕이 원에 잡혀가 목숨을 잃자 고려의 반원적 분위기를 주도했던 인물들이다. 그러나 반원을 내세워 무신을 공격할 수는 없었다. 그들 대부분도 한때는 원에 협력했을 뿐만 아니라, 이제는 무신이 반원을 적극적으로 표방하고 나섰기 때문이다. 그들은 무신의 정치참여가 부당하다는 점을 강조하면서 이들을 정계에서 배제하기 위해 노력했다. 그러한 가운데 빚어진 문신과 무신 간의 갈등은 무신정권시대의 그것과 매우 흡사하게 집단적인 형태를 띠었다. 결국 반원정책이 성공한 이후의 정치상황은 부원세력 대 반원세력의 대립이 아니라 문신 대 무신의 대결구도로 전개되었다.

문신과 무신의 갈등에서 우위를 점한 것은 무신이었다. 반원정책을 주도했을 뿐만 아니라, 공민왕 8년(1359)과 10년(1361)의 2차에 걸친 홍건적의 침입을 물리쳤음을 감안하면 무리가 아니다. 무신이 정치적 주도권을 장악하자, 공민왕은 이들에 대한 견제에 나섰다. 대중으로부터 인기를 얻고 있던 승려 신돈을 중용하여 정치를 맡긴 것은 그러한 노력의 일부였다.

신돈은 최영을 유배하는 등 무신 재상을 정치에서 배제하였다. 그리고 내재추를 설치하여 소수의 선발된 재추로 하여금 궁중에서 국가의 중대사를 처리하게 하였다. 이는 재상의 합의기구인 도평의사사(도당)의 권한을 분산시키려는 것이었다. 당시 도평의사사의 구성원 대부분이 무신이었음을 감안하면, 무신 재상의 권력을 약화시키기 위한 조치와 다를 바 없었다. 신돈은 또한 권세가가 탈점한 전민田民을 원래의 주인에게 돌려주는 것을 목표로 한 전민변정도감을 설치하였는데, 여기의 권세가에 무신 재상이 포함되었음은 두말할 나위가 없다.

그러나 신돈은 공민왕에 의해 제거되었다. 공민왕은 자신의 비인 노국대장공주가 죽자 그녀의 초상을 모시는 영전影殿, 즉 일종의 능묘를 웅대한 규모로 건립하였다. 자신의 권위를 드러내기 위함이었다. 그런데 이 역사役事는 인심의 동요를 불러일으켰다. 영전의 대들보를 올리다가 역부가 압사하는 등 이로 인한 피해가 속출했던 것이다. 민심의 이반이 자신을 공격하는 무기로 이용될 것을 두려워 한 공민왕은 영전 역사의 책임을 신돈에게 전가시켜 그를 제거하였다.

신돈이 몰락한 이후에는 그에 의해 유배되었던 무신이 다시 정계에 등장하였다. 무신은 자신을 제거하려는 신돈의 기도에 효과적으로 대처하지 못하고 거세된 경험을 가지고 있었다. 그들은 신돈이 설치한 내재추를 혁파하고, 도평의사사의 기능을 회복하였다. 신돈의 몰락이 무신 재상에게 도평의사사를 중심으로 결집할 수 있는 계기를 마련해주었던 셈이다. 공민왕은 무신의 자제로 구성된 자제위라는 시위부대로 하여금 자신을 시위하도록 함으로써 무신을 회유하려고 했다. 그러나 자신이 자제위에 의해 살해됨으로써 그의 노력은 성공을 거두지 못했다.

우왕대 무신의 정치적 주도권 장악

공민왕의 사후 10세의 어린 우왕(1374~1388)이 무신 재상의 후원 아래 즉위하였다. 따라서 이후의 정치권력은 무신이 장악하였다. 그들은 도평의사사를 중심으로 무신연립정권을 구축하였다. 도평의사사 자체가 합의기구였을 뿐만 아니라, 무신 개개인이 특정 지역의 군인을 각각 거느림으로써 군대가 일관된 통수체제를 결여하고 있었기에 가능한 일이었다.

무신이 정치적 주도권을 장악한 데 대해 문신이 불만을 드러냈다. 그들의 반발은 우선 우왕 1년(1375) 원과의 외교관계를 재개한 데 대한 반대를 통해 드러났다. 일찍이 원의 수도인 대도大都(북경)가 명에 의해 함락되고 순제가 북으로 도망간 것을 계기로, 고려는 원과의 관계를 단절하고 명과 외교관계를 수립하였다(1370, 공민왕 19). 그런데 이후 명은 고압적인 자세를 취함으로써 고려의 불만을 샀다. 그들은 고려가 당시 요동에 남아 있던 원의 잔존세력과 내통하고 있지 않은가 의심했던 것이다. 그러한 시기에 고려의 관리가 명의 사신을 살해하고 원으로 달아난 사건이 발생하여(명사살해사건; 1374), 명과의 관계는 더욱 악화되었다. 이 사건 직후 공민왕이 사망하고 우왕이 즉위했는데, 원이 또한 우왕을 인정하지 않으면서 고려에 군사행동을 취할 가능성을 내비쳤다. 명과의 관계가 악화된 상태에서 원과의 싸움은 고려에게 매우 부담스러운 것이었다. 이에 정권을 장악하고 있던 무신세력은 원을 회유할 목적으로 그들과 외교관계를 재개했다. 그러자 정몽주·정도전 등 문신이 반대하고 나섰다.

정몽주와 정도전은 공민왕이 즉위한 이후 과거를 통해 벼슬한 인물들로서, 공민왕대 명과의 외교를 적극적으로 추진한 장본인이었다. 그들이 명과의 외교를 적극 추진한 데에는 원 지배 아래에서 벼슬하여 정치적 기반을 구축한 인물들에 대한 부정적 의미가 내포되어 있었다. 자신들이 중국의 새로운 지배자로 등장한 명의 상대역이 됨으로써 국내에서 정치적 주도권을 장악하려고 했던 것이다. 따라서 그들은 우왕 1년 원과의 외교관계 재개를 자신들의 정치적 입지를 약화시키려는 조치로 받아들였다.

문신은 또한 정방의 혁파를 요구하였다. 무신이 정방을 통해 인사권을 장악하고 있었기 때문이다. 그리고 무신의 정치적 지위향상이 왜구를 물리친 전공에 연유한다고 판단한 문신은 무신의 전공을 낮게 평가하였다. 간관이 군공을 세운 사람들에게 상을 주기 위해 설치한 첨설직에 끊임없이 불만을 터뜨린 것도 군공 중심의 인사행정에 대한 반발이었다. 그들은 우왕에게 친정親政을 요구하기도 했는데, 이 역시 무신의 정치적 영향력을 약화시키기 위한 것이었다.

그러나 문신의 무신에 대한 공격은 성공하지 못했다. 원과의 외교관계 재개를 반대했던 정몽주·정도전은 집권 무신에 의해 유배되었으며, 문신의 정방 혁파 요구는 우왕의 지지를 받았음에도 불구하고 실현되지 않았다. 그리고 왜구와의 전투에서 공을 세우지 못했다고 무신을 탄핵한 간관은 도리어 파면되었다. 우왕이 친정을 행해야 한다는 문신의 요구 역시 묵살되었다.

우왕은 상당한 정치적 능력을 갖춘 인물이었다. 그는 한때 문신과 긴밀한 관계를 유지했는데, 무신은 그러한 우왕이 왕권을 행사할 수 없도록 방해하였다. 그 때문에 우왕은 정치에 뜻을 잃고 방탕한 생활을 하기도 했다. 결국 우왕은 무신과의 타협을 통해 자신의 지위를 유지하지 않으면 안 된다는 사실을 깨달았다. 국왕이 친정하여 무신을 제어해 줄 것을 기대한 문신은 이러한 우왕의 태도에 실망하였다.

문신과 이성계의 결합

정몽주·정도전은 무신을 압도할 수 있는 방법을 강구하였다. 그 가운데 하나는 군사력을 보유한 인물과의 결합이었다. 이성계는 그들의 요구에 부합되는 존재였다. 그는 원이 화주(영흥)지역을 직접 통치하기 위해 설치한 쌍성총관부에서 대대로 천호직을 맡고 있던 집안의 자손으로서, 선대 때부터 전해 내려온 동북면의 인민과 여진인으로 구성된 휘하 친병親兵을 거느리고 있었다. 그의 친병은 국가에 역役을 바치지 않은 대신 군사훈련에 전념했으며, 그러한 만큼 강했다. 이성계가 그들을 이끌고 외적의 격퇴에 커다란 공을 세웠음은 널리 알려진 사실이다. 그의 전공은 왜구와의 전투를 꺼려했던 다른 무신과 비교할 때 더욱 두드러졌다. 그러함에도 이성계는 중앙정계에서 두각을 나타내지 못했다. 정치권력을 장악한 무신들이 그를 견제했기 때문이다.

그의 선대가 원의 앞잡이 노릇을 했을 뿐만 아니라, 강한 군대를 거느리고 있었음을 감안하면 무리가 아니다. 정도전은 이러한 이성계를 만나기 위해 함주(함흥)의 막사로 그를 찾아갔다.

무신 가운데는 자신의 정치적 기반을 확고히 하기 위해 문신을 자신의 문객으로 끌어들인 인물이 있었다. 이성계 역시 문신과 관계 맺기를 갈망하였다. 그러나 그는 정방에 참여하지 못함으로써 그러할 기회를 갖지 못했다. 그러한 만큼 그가 정도전의 접근을 반겼음은 물론이다. 정몽주·정도전은 당시 명과의 외교에서 주도적인 역할을 수행하고 있었기 때문에, 선대가 원에 협력한 것이 자신의 커다란 약점이었던 이성계로서는 이를 극복하는 데도 그들과의 연결이 필요했던 것이다. 정몽주·정도전은 무신에 대항하기 위해 이성계의 후원을 필요로 했고, 이성계는 중앙정계에 뿌리를 내리기 위해 그들의 접근을 반겼던 것이다.

정도전이 함주의 막사를 방문한 것을 계기로 이성계와 정몽주·정도전은 정치적으로 결합하였다. 여기에는 여러 번 과거를 주관하여 많은 문생을 거느림으로써 당시 문신의 대표적 존재로 인식된 이색이 동조하였다. 이후 정몽주와 정도전은 명에 사신으로 파견되어 오랫동안 양국 간의 현안으로 대두되었던 우왕의 책봉문제를 매듭지음과 아울러 전왕의 시호를 공민으로 정하는데 기여함으로써 정치적 위상을 높였다. 그러한 시기에 정몽주와 긴밀했던 조반이라는 인물이 당시의 정치적 실력자 가운데 한 사람인 염흥방과 갈등을 빚은 사건이 일어났다. 이 사건을 계기로 이성계는 염흥방을 제거하고, 최영과 함께 정치적 주도권을 장악하였다.

중앙정계의 핵심적 인물로 부상한 이성계는 자신에게 충성을 바칠 문신을 끌어들이기 위해 노력하였다. 정몽주·정도전이 자신과 결합한 것이, 자신의 군사력을 이용하여 권력을 장악한 무신에 대항하기 위함이라는 사실을 이성계는 잘 알고 있었던 것이다. 그 결과 조준이 이성계 일파에 가담하였다. 무신 실력자로부터 배척을 당해 두문불출하고 있던 조준은 새로운 정치적 실력자로 등장한 이성계를 통해 정치질서를 개편해 보려는 의도를 가지고 있었다.

이성계의 위화도회군

이성계가 독자적인 세력을 형성해 나가자, 그와 여러 면에서 견해를 달리했던 최영은 불안을 느꼈다. 그 무렵 원의 잔존세력인 나하추納哈出를 평정하고 고려와 국경을 접하게 된 명은 철령위鐵嶺衛를 설치하여 원에 속했던 땅을 회수하겠다는 뜻을 고려에 통보해 왔다. 철령이 안변에 위치했으므로, 고려에서는 이에 대한 대책을 논의하였다. 그 결과 명에 대한 군사적 공격과 같은 강경 수단보다는 외교적인 교섭을 통해 사태를 해결해보자는 데 의견이 모아졌다. 이에 사신을 파견하여 철령위의 설치 중지를 명에 요청하였다. 그런데 고려의 우려와는 달리 명은 요양遼陽 북쪽, 즉 오늘날의 무순撫順 서쪽에 철령위를 설치하였다. 고려 영토가 명에 의해 회수되지 않았음은 물론이고, 직접적인 군사적 위협을 받지도 않았다. 그러함에도 최영은 명에 파견한 사신이 귀국하기도 전에 요동공격에 반대한 인물을 처단한 후, 출병을 강행하였다.

요동공격군은 8도도통사 최영의 지휘 아래 조민수의 좌군과 이성계의 우군으로 구성되었다. 총병력은 3만 8천여 명이었는데, 좌군과 우군의 숫자를 구체적으로 알 수는 없으나, 각각 이 병력의 절반에 해당한 인원으로 구성되었다고 이해하면 크게 무리가 없을 것이다. 그런데 조민수 휘하의 좌군이 서경과 양광도·경상도·전라도·계림·안동에서 징발된 군대로 편성된 것과는 달리, 이성계가 거느린 우군은 안주도·동북면·강원도의 병력만으로 구성되었다. 좌군에 비해 우군은 훨씬 좁은 지역에서 병력을 차출했던 것이다. 그러한 만큼 이성계는 많은 휘하 친병을 동원할 수밖에 없었다. 결국 요동공격은 이성계 휘하의 강력한 사병을 합법적으로 제거할 수 있고, 아울러 명과의 관계 회복에 노력한 정몽주·정도전 등 문신에게도 정치적 타격을 가할 수 있는 것이었다.

최영의 요동공격이 자신을 죽이려는 것임을 이성계는 잘 알고 있었다. 그가 여기에 반대했음은 물론이다. 이성계는 소국이 대국을 치는 것은 잘못이라는 등의 4가지 이유를 들어 요동공격의 부당성을 지적하였다. 그러나 우왕과 최영에 의해 묵살되었다. 명과의 싸움을 명분이 없는 것으로 판단한 이성계는 휘하의 군인을 이끌고 회군하였다(1388, 우왕 14).

위화도회군은 고려왕조를 부인하는 행위였다. 따라서 회군할 무렵부터 이성계를 새로운 국왕으로 추대하려는 움직임이 있었다. 조인옥과 남은이 주도한 이 논의에는 조준과 윤소종 등이 가담하였다. 그들은 이성계파라고 불러 무리가 없는 인물들로서, 이성계의 군사력을 이용하여 무신세력에 대항하려고 했던 정몽주·정도전, 그리고 이색과는 다른 존재였다. 이성계를 추대하여 새로운 왕조를 개창하려는 자들이었던 것이다. 따라서 조선왕조 개창에 대해 조준·윤소종이 이색·정몽주와 견해를 달리한 것은 일부의 주장처럼 그들의 사회경제적 배경에 차이가 있었기 때문이 아니라, 이성계와 결합한 시기가 달랐던 데에 연유했다. 이러한 사정을 간과하면 조선왕조 개창과정을 제대로 이해하기 어렵다. 위화도회군은 조선왕조 개창과 관련하여 하나의 분수령이었던 것이다.

결국 고려왕조는 무신이 정치적 주도권을 장악한 데 불만을 품은, 공민왕 이후 과거를 통해 벼슬길에 진출한 문신이 이성계와 결탁한 것을 계기로 몰락의 길로 들어섰다. 고려 말 문신과 무신의 갈등이 조선왕조 개창의 원인이 되었던 것이다.

세계화시대
우리한국사

11 —
조선의 성립

위화도회군이 고려왕조를 부인하는 행동이었음에도 불구하고, 이성계는 그 직후 왕이 되지 못했다. 그의 즉위에 반대하는 인물이 많았기 때문이다. 그는 김저사건과 같은 정치적 사건을 조작해서 우왕과 창왕을 비롯한 반대세력을 제거하고, 사전혁파 등 제도개혁을 통하여 새로운 지배질서를 확립한 다음에야 새로운 왕조를 개창할 수 있었다. 위화도회군으로부터 4년이 지난 후에야 비로소 조선왕조가 개창된 까닭이 여기에 있었다.

조선왕조 개창 후 정치적 주도권은 물론이거니와 군대의 통수권마저도 문신이 장악했다. 조선에서 무신이 정치권력을 장악하기 위해 문신과 갈등을 빚었다거나 난을 일으킨 예는 찾아보기 어렵다. 이는 고려와 다른 현상으로, 정도전·조준 등 조선의 기틀을 마련한 인물들이 철저하게 문신 위주의 정치체제를 구축한 결과였다. 그들이 무신의 권력 장악에 불만을 품고 이성계와 결탁하여 새로운 왕조를 개창했음을 감안하면, 무리가 아니다.

조선왕조의 개창 직후 왕위계승을 둘러싸고 왕자들 간에 갈등이 빚어졌다. 두 차례에 걸쳐 '왕자의 난'이 일어나고 공신책봉이 여러 차례 이루어졌던 것은 그 때문이다. 따라서 국왕은 왕권의 안정에 주력하였다. 태종은 신문고 설치와 양위파동 등을 통해 자신의 반대세력을 제거했으며, 세종은 6진 개척과 한글 창제 등을 통해 어느 정도 왕권의 안정을 이룩하였다. 그러나 세조가 동생인 안평대군과 어린 조카인 단종을 죽이고 왕위를 찬탈한 것을 계기로 양반의 왕권에 대한 저항이 두드러졌다.

왕조의 개창

1388년 이성계가 위화도에서 회군할 당시, 그를 국왕으로 추대하려는 움직임이 있었다. 그러나 이제까지 그와 정치적 견해를 함께 했던 인물들마저 여기에 반대함으로써 이는 실현되지 못했다. 정도전만이 이성계파의 새로운 핵심인물로 떠오른 조준에게 협력했을 뿐, 이색과 정몽주는 왕조개창에 비판적이었던 것이다. 강력한 군대를 거느리고 있었으면서도 중앙정계로부터 소외된 경험을 가지고 있던 이성계는 새로운 왕조개창이 군사력만으로는 불가능하다는 사실을 잘 알고 있었다. 그는 자신의 세력을 확대할 필요를 느꼈다.

이성계파는 제도개혁을 실시하여 도평의사사(도당)의 권한 일부를 이·병·호·형·예·공 6부에 환원시켰다. 그리고 정방을 폐지하고 상서사를 설치하였다. 그들이 6부를 중시한 것은 도평의사사를 약화시켜 이성계의 권력행사가 방해받지 않도록 하기 위함이었으며, 상서사를 설치한 것은 인사행정을 장악하기 위한 수단이었다. 아울러 그들은 병제개혁을 추진했는데, 그 핵심은 이성계를 중심으로 군의 통수체계를 확립하고, 이성계의 휘하 친병을 국가의 핵심부대로 삼으려는 것이었다. 그들은 또한 고려의 사전私田을 혁파하고 과전법을 반포하였다.

사전은 국가가 관리나 군인에게 나누어 준 토지였다. 이러한 토지는 수급자가 관직이나 군대에서 물러나면 반납하는 것이 원칙이었다. 그런데 고려 말에 이르러 국가에 반납하지 않고 사사로이 자손에게 전해주는 불법적인 사전이 생겨나게 되었다. 이로 인해 국가의 수입이 줄어들어 새로운 관리나 군인에게 토지를 지급할 수 없게 되었다. 그런데 이성계파의 조준 등은 이러한 불법적인 사전만이 아니라, 관리에게 지급된 합법적인 사전까지 혁파하였다. 고려왕조의 지배체제 자체를 부인하려는 의도였다. 그리고 사전의 새로운 지급규정인 과전법을 반포하였는데(1391), 이는 곧 새로운 왕조개창의 선언과 다를 바 없었다. 이러한 점들로 미루어 보면, 이성계파의 제도개혁은 학계의 일반적인 견해처럼 민을 위한 것이었다고 이해하기 어렵다. 그들의 정치적 목적을 달성하기 위한 수단이었던 것이다.

이성계파에서 추진한 제도개혁의 상당 부분은 이미 그 이전 이색·이숭인 등 문신에 의해 꾸준히 거론되어 온 사안들이었다.

그들은 공민왕 때부터 정방의 폐지와 6부의 권한강화를 추진했던 것이다. 그리고 불법적인 사전으로 인한 폐해를 근절할 것을 요구했다. 그런데 그들이 제도개혁의 필요성을 강조한 의도는 이성계파와 달랐다. 이색 등이 정방의 폐지와 도평의사사의 권한 일부를 6부에 환원시킬 것을 주장한 것은 무신의 실정失政을 부각시켜, 그들의 권력 장악을 저지하기 위함이었다. 무신이 도평의사사를 통해 정치권력을 행사했고, 또한 정방을 장악하여 인사행정을 주도했기 때문이다. 한편 불법적인 사전의 폐지를 주장한 이색과 이숭인은 사전이 고려왕조의 법제임을 들어, 합법적인 사전까지를 혁파하려 한 이성계파에 반대했다. 이는 곧 새로운 왕조개창에 대한 반대였다.

이성계파의 인물들은 불교를 배척하였다. 그런데 그들이 불교에 대해 본격적인 비판을 전개한 것이 조선왕조 개창 직전인 1391년(공양왕 3)부터였다는 사실은 주목할 필요가 있다. 이는 그들의 불교에 대한 비판이 사상적인 차원이 아닌 정치적인 차원에서 이루어졌음을 말해준다. 고려왕조의 사상체계를 부인하려는 노력의 일부였던 것이다.

이성계파는 그들에게 협력하지 않은 인물을 제거하기 위해 여러 정치적 사건을 조작하였다. 김저사건은 그 가운데 하나였다. 이성계는 위화도회군 직후 우왕을 강화도에 방출하고 그의 아들 창왕을 즉위시켰다. 그런데 우왕은 이후에도 지속적으로 관리들에게 영향력을 행사하였다. 이성계파는 이러한 우왕을 방치할 수 없었다. 그를 구심점으로 하여 이성계에 반대하는 세력이 결집할 가능성이 컸기 때문이다. 이에 우왕이 김저라는 인물로 하여금 이성계를 제거하려 했다고 거짓으로 꾸미며, 우왕과 창왕을 제거하였다. 그리고 그들의 제거를 합리화시키기 위해 그들이 왕씨가 아니라 신돈의 자손이라는 우·창신성설禑昌辛姓說을 구체화시켰다. 우왕과 창왕을 중심으로 한 사직은 헛된 것이며 그들에 대한 충절도 잘못이라는 것이 이성계파의 논리였다.

우왕과 창왕을 제거한 이성계는 공양왕을 옹립하였다. 자신의 즉위에 필요한 시간을 벌기 위함이었다. 그러나 그의 의도와 달리 공양왕의 즉위는 새로운 사태를 야기했다. 이색·변안열 등 그에 반대한 인물들이 공양왕을 중심으로 결집했던 것이다. 이성계파는 그들을 보다 효과적으로 공격하기 위한 방법을 모색하는 가운데 잇따른 정치적 사건을 조작하고, 여기에 그들을 연루시켜 제거하였다. 그런데 과전법의 반포를 계기로 이제까지 중립적인 태도를 취했던 정몽주마저 이성계로부터 등을 돌렸다. 이러한 상황을 위기로 파악한 이성계는 정몽주를 제거하였다. 이 직후 그는 공양왕으로부터 왕위를 물려받고, 도평의사사의 승인을 받은 형식을 취해 즉위하였다.

태조(1392~1398)는 즉위교서에서 국호나 법제는 모두 고려의 것을 따른다는 점을 분명히 했다. 자신의 즉위에 반대한 인물들을 의식한 조치였다. 그러한 한편으로 명에 사신을 파견하여 국호의 선정을 의뢰하고 자신의 즉위를 승인해줄 것을 요청하였다. 명의 권위를 빌려 새로운 왕조를 개창한 데 따른 반발을 무마시키기 위함이었다. 명이 조선으로 할 것을 통보함으로써 국호가 확정되었다(1393, 태조 2).

고려 말의 국왕

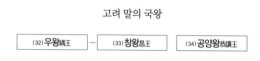

왕자의 난

조선왕조 개창 이후 정치적 실력자로 부상한 인물은 정도전이었다. 개국 1등공신에 책봉된 그는 중앙군의 최고 책임자인 판의흥삼군부사가 되어 병권을 장악하고, 《조선경국전》을 편찬하여 왕조의 통치규범을 새로 마련하였다. 아울러 그는 백성이 나라의 근본임을 강조함으로써 조선왕조 개창의 이념적 토대를 마련하였다.

조선왕조를 개창한 인물들은 신유학, 즉 성리학을 통치이념으로 채택하였다. 성리학에서는 우주 만물이 본성을 결정하는 이理와 형태를 결정하는 기氣를 공유한다고 설명한다. 그런데 이와 기의 결합에 따라 다르게 나타나는 현상은 우주의 섭리인 천리로서 인간으로서는 어길 수 없다. 즉 신하가 임금이 될 수 없고, 노예는 주인을 넘보아서는 안 되는 것이다. 이에 따르면 이성계의 즉위는 천리를 어긴 것으로 비판을 받아 마땅하다. 이에 정도전은 천지天地나 인간은 모두 같은 원리, 즉 천리天理에 의해 지배되므로 인심이 곧 천심이며 민심이 곧 우주의 섭리라고 주장하였다. 천명天命·천심은 고정불변한 것이 아니라 민심에 의해 바뀔 수 있으므로, 임금이 임금답지 못할 경우 그를 몰아내는 것도 가능하다는 것이었다. 이성계의 즉위가 찬탈이 아닌 인심에 따르고 우주의 섭리에 순응한 것이라는 것이 정도전의 논리인데, 이를 위해 그는 맹자의 민본사상을 바탕으로 백성이 나라의 근본임을 강조했던 것이다.[11] 결국 정도전이 백성이 나라의 근본임을 주장한 것은 백성을 위해서라기보다는 이성계에 의한 새로운 왕조개창을 합리화시키기 위한 것이었다.

정도전은 세자인 이방석의 스승이었다. 태조에게는 이방원을 비롯한 신의왕후 한씨 소생의 왕자와 이방석 등 신덕왕후 강씨康氏 소생의 왕자가 있었는데, 태조는 이방석을 자신의 후계자로 내정하고 정도전으로 하여금 그의 교육을 담당케 했던 것이다. 정도전은 세자의 지위를 확고하게 하기 위해서는 왕자와 공신이 보유한 사병의 혁파가 선행되어야 한다는 사실을 깨닫고 이의 혁파에 주력하였다. 당시 왕자와 공신이 사병을 보유한 것은 고려 말 왜구의 침입에 연유한 것이었다. 빈번한 왜구의 출몰 때문에 각 지역을 중심으로 왜구를 방어할 수밖에 없게 되자, 고려는 개경의 재상으로 하여금 각 도의 절제사를 겸임하여 지방의 군적軍籍을 장악케 하였다. 이들 절제사 휘하의 지방 군인은 상경하여 시위하는 등, 절제사의 사병처럼 이용되었다. 이러한 현상은 조선의 건국 직후까지 지속되었다. 이성계가 지방군에 대한 통수권을 왕자와 개국공신으로 하여금 나누어 맡게 했기 때문이다. 그러므로 정도전이 시도한 사병혁파란 왕자와 공신의 지방군에 대한 지휘권을 박탈하여 지방군을 국가의 통제 아래 두는 것이었다.[12] 그러나 이는 쉽지 않았다. 왕자들이 반발했기 때문이다. 그러한 시기에 표전문제가 발생했다.

이성계가 즉위와 더불어 명에 사신을 파견하여 자신의 책봉을 요청했음은 앞에서 언급했다. 그러나 명은 조선국왕의 인장과 명황제의 신임장인 고명誥命을 보내주지 않음으로써 승인을 뒤로 미루었다. 그뿐만 아니라, 조선이 요구한 육로를 통한 1년에 3번의 사신 파견(1년 3사)을 거부하고 해로를 통한 3년에 한 번의 사신 파견(3년 1사)만을 허락하였다. 이를 통해 조선을 복속시키려는 의도였다. 명으로부터 건국을 승인받는 것이 시급한 과제였던 조선으로서는 명에 대한 사대외교에 만전을 기해야 했다. 그런데 명은 표전문제를 제기함으로써 또다시 조선을 당혹케 했던 것이다.

표전은 조선에서 명나라에 보내는 외교문서였다. 명은 여기에 모욕적인 언사가 있다고 하여 그 문서의 작성자인 정도전을 압송할 것을 요구했다. 조선은 표전에 경박한 문구가 있는 것은 언어가 중국과 다르고 학문이 천박한 때문이라고 해명하였다. 조선의 이러한 공식적인 사과와 달리, 정도전은 요동공략과 이를 위한 전국 군대의 진법훈련陣法訓練 실시를 주장하였다. 정도전이 이러한 주장을 한 데에는 자신에 대한 명의 압송 요구를 일축하고, 동시에 사병혁파의 명분을 얻으려는 의도가 숨어 있었다. 요동공략을 위해서는 왕자 휘하의 지방군이 동원될 수밖에 없었기 때문이다. 따라서 진법훈련 역시 이를 통하여 일원적인 지

휘체계를 확립함으로써 지방군을 국가의 통제 아래 두려는 데에 그 목적이 있었다.[13]

정도전의 이러한 의도를 왕자나 공신이 간파하지 못했을 까닭이 없다. 왕자들은 진법훈련에 비판적이었다. 정도전과 적대관계에 있던 이방원이 특히 그러했다. 정도전은 자신의 힘으로는 훈련이 효과를 거둘 수 없다고 판단하여 태조에게 직접 훈련의 관장을 건의하였다. 그리하여 왕자를 시위하는 군대가 해산되고 아울러 그들이 보유한 병장기를 모두 소각시키는 조치가 취해졌다. 그러자 이방원은 정도전이 왕자를 제거할 음모를 꾸미고 있다고 하면서 그를 살해하였다. 그리고 이방원의 측근인 이숙번은 이방석을 노상에서 격살하였다. 이것이 '방석의 난' 또는 '정도전의 난'으로 불리는 제1차 왕자의 난이다(1398, 태조 7).

제1차 왕자의 난 이후 태조가 퇴위하고 이방원의 추대에 의해 그의 형 이방과가 정종(1398~1400)으로 즉위했다. 《태조실록》은 태조가 상심해서 퇴위를 결정한 것으로 설명하고 있지만, 이방원에 의해 퇴위를 강요당했다고 해야 옳을 것이다. 실제로 왕위에서 물러난 이후 태조의 행동은 이방원의 감시 대상이었다. 태조가 이방원의 눈을 피해 자신의 세력근거지인 동북면에 행차한 직후, 안변부사 조사의가 이방원에 의해 서인庶人으로 폐해진 태조의 계비 강씨의 원수를 갚는다는 기치 아래 난을 일으켰다. 조사의의 난은 태조의 이방원에 대한 정치적 반격이었던 셈이다. 그러나 조사의의 난이 실패로 끝남으로써 태조는 개경의 궁에 연금되었다가 생을 마감하였다.

정종의 즉위 이후 실질적인 권력을 장악한 이방원은 병권 집중을 위한 사병혁파를 본격적으로 추진하였다. 정도전의 사병혁파 기도에 반발하여 그를 살해한 이방원이었지만, 자신의 권력기반을 굳히기 위해서는 다른 왕자나 공신이 거느린 사병의 혁파가 불가피했던 것이다. 여기에 불만을 품은 개국공신 박포는 태조의 4남 이방간을 움직여 이방원과 개성에서 치열한 시가전을 벌였으나 패하고 말았다. 이것이 '방간의 난' 또는 '박포의 난'이라고 불리는 제2차 왕자의 난이다(1400, 정종 2).

정종의 양위에 의해 왕위에 오른 태종(1400~1418)은 명으로부터 책봉을 받아 지배체제의 확립에 박차를 가할 수 있었다. 정종 때 도평의사사를 없애고 의정부를 설치했던 그는 이제 의정부의 거의 모든 정무를 6조에 이관하고, 명나라와의 외교문서와 중대한 죄수에 대한 재심만을 의정부로 하여금 관장케 했다. 또한 6조의 기능을 더욱 확대하여 종래 상서사에서 맡아오던 인사의 기능을 이조와 병조에 귀속시켰다. 그리고 정무를 이·호·예·병·형·공 6조에서 왕에게 직계하여 처리하는 6조직계제를 실시하였다. 이로써 의정부의 기능은 축소·약화되고, 국왕 중심의 집권체제가 확립되었다. 그러나 두 차례에 걸쳐 왕자의 난을 일으키고 즉위한 만큼 그의 정권에 대한 반발이 만만치 않았다. 태종이 신문고를 설치하고 양위파동을 일으켰던 것은 이 때문이다.

태종은 신문고를 설치하면서 역모를 꾀한 자를 고발했을 경우에 고발자가 받을 포상내용을 자세하게 규정하였다. 이는 신문

세계화시대
우리한국사

고 설치 의도가 민원을 해결하기 위한 것이라기보다는 자신에
반대하는 세력을 색출하여 제거하는 데 있었음을 알려준다. 한
편 태종은 재위기간 동안 모두 4차례에 걸쳐 양위파동을 일으켰
다. 그는 재이災異를 이유로 양위를 표명했는데, 실은 여기에는
그의 정치적인 의도가 내포되어 있었다. 양위를 표명하면서 양
위 반대여론을 일으키도록 유도했던 것이다. 그렇게 함으로써
왕위의 정당성을 확보하고, 그의 양위를 바라는 세력을 노출시
켜 제거하였다.[14]

세종대의 집현전과 의정부

태종은 세종(1418~1450)에게 양위한 후 상왕으로서 4년 동안 재
위하였다. 태종과 같은 강력한 군주가 왕위에서 물러난 이유가
무엇인지 궁금하나, 잘 알 수가 없다. 자신의 의도에 순종하는
국왕을 후계자로 삼으려는 데서 비롯된 행동이 아니었나 짐작
될 뿐이다.

세종은 집현전을 설치하여 젊고 우수한 학자를 여기에 소속시
켰다. 집현전의 관리인 집현전관, 즉 집현전학사는 국왕에 대한
학문상의 고문과 교육을 맡았을 뿐만 아니라 세자를 교육하기
도 했다. 집현전학사 20명 가운데 10명은 경연관을, 그리고 10
명은 서연관을 겸임했던 것이다. 집현전학사는 이를 통해 정치
에 직접 참여할 기회를 가졌다. 세종이 세자로 하여금 정무를 처

리하게 한 이후에는 특히 그들의 정치적 영향력이 증대되었다.

세종은 집현전학사와 더불어 당시 《훈민정음》이라 이름붙인 한글을 창제하였다(1446, 세종 28). 대중이 사용할 문자의 필요성이 높아진 시대적 요청 때문이었지만, 여기에는 국왕의 위엄을 널리 알리려는 의도도 내포되어 있었던 듯하다.[15] 한글을 이용하여 왕실 조상의 덕을 찬양한 《용비어천가》를 편찬하고 충과 효를 강조한 《삼강행실도》의 언해를 간행한 점 등으로 미루어 그러하다.

세종은 두만강 유역의 여진 거주지역에 김종서로 하여금 6진을 설치케 하고(1434, 세종 16), 압록강 방면에 4군을 두어 국경을 강화하였다. 여진에 대한 이러한 정벌의 목적은 농토의 확장과 아울러 천연의 요새를 국경선으로 삼는 데 있었다고 이해되어 왔다. 그런데 관리들 일부는 6진 설치가 나라를 불안하게 만들고 경비를 축낸다는 점을 들어, 김종서의 목을 벨 것을 주장하였다. 실제로 6진과 4군의 설치는 백성의 고통을 수반한 것이었다. 개척한 6진과 4군을 지키기 위해서는 남도 민호의 사민徙民이 불가피했는데, 축성과 방수의 어려움 때문에 입거入居한 주민들이 도망하는 사례가 속출했던 것이다.

과거급제자인 김종서는 5년 동안 좌승지를 역임하는 등 세종과 밀착된 인물이었다. 따라서 6진 개척은 세종의 의도에서 비롯된 것이었고, 관리들이 김종서의 처벌을 주장한 것은 곧 세종에 대한 반발과 다름없었다. 그들은 6진과 4군의 설치라는 군사행동이 왕권강화와 자신들에 대한 통제의 수단으로 이용될 것을 우려했던 것 같다.

6진 설치 직후 세종은 6조직계제를 의정부에서 정무를 의결하도록 한 의정부서사제議政府署事制로 바꾸었다. 이로써 일반정무는 6조에서 의정부에 상신하여, 의정부 재상이 먼저 합의 결정한 후에 왕의 재가를 받아서 시행되었다. 국왕이 처리해야 할 정무가 폭주한 때문이라는 것이 표면에 내세운 이유였으나, 실은 6진 설치에 비판적인 의정부대신을 비롯한 관리를 의식한 조치였다고 생각된다. 세종은 의정부서사제의 실시를 통해 왕권 강화에 비판적인 관리와의 타협을 시도했던 것이다.

의정부서사제를 시행하면서 세종은 권력이 의정부에 집중되는 폐단을 방지하기 위해 인사·군사·형옥문제는 6조에서 직계하게 하였다. 또한 국왕에 직속하는 집현전의 기능을 대폭 확대함으로써 의정부 재상의 지나친 권력 증대를 견제함과 아울러 왕권의 신장을 도모하였다. 따라서 세종대는 의정부의 합의가 존중되면서도 왕권은 집현전을 기반으로 강화되었다. 왕권과 신권臣權이 조화를 이루었던 것이다.

조선 초의 국왕

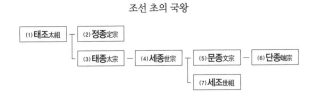

세조의 찬탈

문종의 뒤를 이어 12세의 어린 단종(1452~1455)이 즉위하자, 김
종서 등 의정부대신이 그를 보필하였다. 이로 인해 국가의 모든
정사가 의정부에서 결정되는 가운데, 문종의 동생 수양대군과
안평대군이 대립하였다. 안평대군이 의정부대신의 지지를 얻은
데 반해, 수양대군은 집현전학사와 왕의 시위부대인 내금위 소
속 무신의 후원을 받았다. 수양대군은 세종의 재위 시절부터 성
삼문·신숙주 등과 함께 서적의 편찬에 참여했을 뿐만 아니라,
이들의 승진을 여러 차례 적극 주장하여 환심을 샀던 것이다. 그
들은 문종 사후 김종서의 지나친 권력 증대에 비판적인 입장을
취했다. 내금위 소속의 무신 역시 자신들의 인사행정이 김종서
에 의해 좌우된 데에 불만을 품고 있었다. 결국 이들의 지지를
등에 업은 수양대군은 김종서와 안평대군을 살해하였다(계유정
난; 1453). 김종서가 안평대군을 추대하여 사직을 위태롭게 만들
려고 했다는 것이다. 이로 인해 수양대군이 영의정에 올라 왕을
대신해 정무를 관장하였다. 그리고 성삼문·신숙주 등은 난을 진
정시켰다는 의미의 정난공신에 책봉되었다. 계유정난은 세종대
이래 집현전학사와 의정부대신 간의 갈등이 구체화된 것이었다.
  정권과 병권을 장악한 수양대군은 단종에게 왕위를 넘기도록
압력을 행사하였다. 단종의 양위로 즉위한 세조(1455~1468)는
의정부서사제를 폐지하고 6조직계제를 단행했는가 하면, 대간
의 서경권을 폐지하였다. 이러한 조치들은 모두 왕권을 강화하

기 위한 것이었다. 관리들이 여기에 반발했음은 물론이다. 그 결과 성삼문 등이 단종의 복위를 내세워 세조를 제거하려고 한 사육신사건이 일어났다(1456, 세조 2). 그리고 세조의 찬탈을 의롭지 못한 행위로 단정하고 불사이군不事二君의 원칙에 따라 두문불출하거나 혹은 방랑으로 일생을 보낸 사람도 나타났다. 김시습을 비롯한 이른바 생육신이 그들이었다.

세조를 제거하려다가 죽임을 당한 사육신은 무신 유응부를 제외하면, 모두 집현전학사 출신으로서 세조의 정권 장악과 찬탈에 기여한 인물들이었다. 세조는 이처럼 자신의 집권에 긍정적인 역할과 부정적인 역할을 동시에 수행한 집현전을 혁파하였다. 그리고 그곳의 서적을 모두 예문관으로 옮긴 후, 김종직 등젊은 유생을 선발하여 학문을 연구·토론케 하였다. 또한 경연을 중단시켰다. 경연이 국왕의 독재를 방지하고 좋은 정치를 펴나갈 수 있도록 유도하는 기구였음을 감안하면, 세조가 이를 중단시킨 것은 당연한 것이었는지도 모른다. 세조는 자신의 정권에 방해가 된다고 판단된 유교적 이념이나 유학자는 단호히 배척한 반면, 젊은 유생을 양성하여 자신의 세력기반으로 삼았던 것이다.

세조는 고유한 문화에 각별한 관심을 가지고 있었다. 그는 양성지가 우리나라는 역사적으로나 문화적으로 중국과 다르니, 우리의 고유한 문화적 가치를 유지해야 한다는 요지의 상서문을 올리자 극찬을 아끼지 않았다. 또한 그는 단군과 기자, 그리고 고구려 시조인 동명왕을 높이는 조치를 취했는데, 이 역시 전통적인 요소를 강조한 것이었다. 고유한 문화의 강조가 그의 통치에 유용했기 때문일 것이다. 한편 세조는 원각사를 짓고, 간경도감을 설치하여 불경을 한글로 번역 출판한 것으로 유명하다. 그는 관리들로 하여금 불교의 능엄경을 강론케 하고, 이를 시행하지 않은 인물에게 장형杖刑을 내리기도 하였다. 세조는 유교적인 이념으로부터 일정한 거리를 유지하려고 했던 것이다. 유교적인 가치에 따르는 한 그의 정권은 정당화될 수 없었기 때문이다.[16]

세조는 한명회·신숙주·구치관을 원상院相에 임명하였다. 원상은 국왕의 비서기구인 승정원의 재상을 말하는 것인데, 그들은 그곳에 항시 출근하여 상소를 검토하고 왕의 자문에 응하는 등, 모든 국정을 상의해서 결정하였다. 원상은 의정부와 승정원, 그리고 경연 등의 기능을 가진 일종의 비상기구였던 셈이다. 어린 조카를 밀어내고 왕위를 찬탈함으로써 국왕으로서의 정통성을 결여하고 있던 세조는 이러한 비상기구를 통해 국정을 장악해 나갔다.

12—
양반의 도덕성 경쟁

학계는 조선 성종(1469~1494)에서 선조(1567~1608)에 이르는 시기의 정치사를 '사림파'와 '훈구파'의 갈등으로 설명한다. '훈구파'는 많은 토지를 소유한 고위 관리이며, '사림파'는 중소지주 출신의 재야 학자로 길재와 김종직의 학통을 이은 인물이었다고 한다. 대부분 영남 출신으로 성종대 이후 주로 대간을 통해 정계에 등장한 '사림파'는 몇 차례의 사화에 의해 타격을 받으면서도 서원과 향약鄕約을 토대로 지지기반을 넓혀 갔으며, 선조 이후 드디어 조선정계를 지배했다는 설명이 일반화되어 있는 것이다.

그러나 '사림파'에 대한 이러한 설명은 잘 납득이 되지 않는다. 영남의 중소지주이면서 김종직의 제자인 인물의 숫자가 얼마나 되었기에 몇 차례의 사화로 화를 당하고도 그들이 선조 이후의 조선정계를 지배했다고 하는지 궁금한 것이다.

《조선왕조실록》에는 '사림파'라는 용어가 보이지 않는다. 또한 후대의 학자들이 그렇게 부를 수 있는 정치세력의 존재도 확인하기 어렵다. 이는 조선에 '사림파'라는 정치세력이 실재하지 않았음을 말해 준다. 설사 김종직과 그의 문인門人이 도덕적으로 흠이 없는 성리학자라는 공통점을 지녔다 하더라도, 그들을 하나의 정치세력으로 묶어 성종 이후의 정치사를 설명하는 것은 타당하지 않다. 김종직이 활동한 성종대와 그의 문인이 활동한 이후는 시대가 달랐기 때문이다. 시대의 변화를 무시하고 그들을 동일한 정치세력으로 묶는 것은 당시를 이해하는 데 방해가 된다.

사림은 사족, 즉 양반으로서 벼슬한 사람만이 아니라 아직 벼슬하지 않은 인물까지를 포괄해서 지칭하는 용어였다. 성종대 이후 아직 벼슬하지 않은 양반의 정치 참여가 활발해지면서 사림은 사서에 자주 등장한다. 사림은 세조의 찬탈에 협력한 인물을 사림의 자격이 없는 존재라고 비판하였다. 따라서 사림은 마치 지조가 있는 선비를 가리키는 용어처럼 사용되었다. 한편 공훈이 있는 고위 관리를 지칭하는 훈구는 고유명사 아닌 보통명사로서, 그 가리키는 대상이 늘 달랐다. 다만 분명한 것은 훈구로 지칭되는 인물 역시 사림이었다는 사실이다.

세조의 찬탈에 협력한 공신을 비판한 가운데, 양반은 누가 더 도덕적이며 누가 더 권력에 당당하게 맞서는가를 두고 경쟁하였다. 그러한 가운데 사화가 발생했으며, 당파가 형성되었다. 그들은 어떻게 하면 보다 도덕적일 수가 있는가를 고민했고, 이에 대한 해답을 성리학에서 찾았다. 그 결과 조선에서는 성리학의 우주론보다는 도덕 수양의 이론적 근거가 되는 심성론心性論이 발달하였다. 물론 여기에 박통한 사람이 출세하고 여론의 주도권을 장악하였다. 당파가 학파를 중심으로 전개되고 서원이 증가한 것도 이 때문이다. 양반은 성리학을 탐구하고 자신들의 세력기반을 강화하는 장소로 서원을 이용했던 것이다.

최근 학계에는 '당쟁'이라는 용어 대신 '붕당朋黨' 혹은 '붕당정치'라는 말이 널리 사용되고 있다. 일제 식민주의사학자들이 '당쟁'이라는 용어를 사용한 데 대한 반발에서 비롯된 것인데, 실은 '붕당'이라는 용어 역시 '당쟁' 못지않게 일제 식민주의사학자들이 널리 사용하였음이 드러났다.[17] 따라서 일제 식민주의사학자들이 사용했기에 '당쟁'이라는 용어를 피하고 '붕당'이라는 용어를 사용해야 한다는 주장은 설득력을 지닐 수 없다. 당파 간에 정쟁이 존재한 것을 반드시 부정적으로 이해할 필요가 없으므로, '붕당'과 마찬가지로 '당쟁'이라는 용어 역시 사용해도 무방한 것으로 생각한다.

세조대의 정치에 대한 부정

세조 사후 즉위한 예종은 불과 1년 남짓한 기간을 재위하고 요절하였다. 그의 뒤를 이어 왕이 된 인물은 12세의 어린 성종이었다. 그가 즉위한 이후에는 신숙주·한명회 등 세조의 찬탈에 협력하여 공을 세운 인물들이 정치의 주도권을 장악하였다.

세조의 공신이 성종대의 정치를 주도한 데 대해 많은 관리들, 특히 젊은 대간이 비판적이었다. 왕위를 찬탈하고 어린 조카를 자살하게 만든 세조의 행동은 유교적인 도덕관으로 용납하기 어려운 것으로, 여기에 협력한 공신이 권력을 장악한 것은 부당하다는 것이 대간의 논리였다. 그들은 절의가 양반의 중요한 덕목임을 강조하면서, 지조를 버리고 세조에 협력한 공신을 사림으로서의 자격을 상실한 사람이라고 비판했다. 그들은 세조의 찬탈과 단종의 죽음에 불만을 품었으며, 사육신의 죽음을 의롭게 여기는 등 권력에 당당히 맞서는 행위를 높이 평가하였다. 세조대 정치에 대한 비판이 세조대 이래 고위직을 역임한 인물에 대한 공격으로 연결되었던 것이다.

젊은 대간의 세조 공신에 대한 공격에는 성균관의 유생儒生, 심지어 4학四學의 학생까지 참여하였다. 서울에 설치된 4개의 학당인 4학은 지방의 향교에 해당하는 곳으로, 서당을 나온 양반 자제가 입학하였다. 그리고 성균관은 생원·진사과에 합격한 인물이 문과 급제를 준비하기 위해 입학한 곳이었다. 그들은 도덕성을 문제 삼아 고위 관리를 공격하는 데 앞장섰다. 따라서 성종대 이후는 아직 벼슬하지 않은 그들의 여론이 정치에 커다란 영향을 미치게 되었다.

대간을 중심으로 한 젊은 양반의 세조대 정치에 대한 비판은 세조대 이래 고위직을 역임한 관리의 반격을 받았다. 이에 젊은 양반은 자신들의 주장이 정당하다는 근거를 성리학에서 찾았다. 현실정치도 도덕이 뒷받침되어야 한다는 점을 성리학의 권위를 빌려 입증하고자 했던 것이다. 이를 위해 그들은 성리학에 대한 공부에 주력했는데, 그 과정에서 주목한 것이 《소학》이었다. 주자의 만년 저작으로 그의 사상이 함축된 《소학》은 성인의 도를 실천하려는 그들에게 적절한 지침서였던 것이다. 아울러 그들 가운데는 성리학에 조예가 깊은 김종직에게 배움을 구한 인물이 많았다. 이처럼 성리학의 도덕관념이 강조되면서 사림, 즉 양반이 갖추어야 할 덕목도 까다로워졌다.

연산군대의 사화

젊은 양반의 고위 관리에 대한 공격은 연산군(1494~1506)이 즉위한 이후 국왕에 대한 간쟁으로 확대되었다. 간쟁이야말로 권력에 맞서는 가장 구체적인 행위였기 때문이다. 그 무렵 《성종실록》의 편찬을 위한 실록청이 개설되었는데, 여기에서 사관史官 김일손이 자신의 스승 김종직의 〈조의제문〉을 수록한 사초史草가 문제가 되었다.

〈조의제문〉은 항우에게 죽임을 당한 중국 초楚나라 의제義帝에게 단종을 비기어 그 죽음을 슬퍼하고 세조의 찬탈을 비난한 것이었다. 그런데 당시 국왕은 세조의 자손이었지 단종의 자손이 아니었다. 따라서 《성종실록》을 위한 사초에 〈조의제문〉을 수록한 김일손의 행동은 용납하기 어려운 것이었다. 세조에 대한 비난은 세조의 자손인 현 국왕에 대한 불충으로 확대 해석될 수 있는 것이었기 때문이다. 이러한 사실을 모르지 않았을 김일손이 〈조의제문〉을 사초에 수록한 것은 절의를 중시한 당시 젊은 양반의 여론을 의식한 것이었다. 김종직의 만년의 제자로서 그에게 각별한 존경심을 가지고 있던 김일손은 이를 통해 자신의 스승이 지조가 있는 선비임을 알리려고 했던 듯하다.

연산군은 자신에 대한 대간의 간쟁을 가식적인 행위로 파악했다. 대간이 당면한 정책상의 원칙이나 쟁점보다는 다른 사람으로부터 갈채를 얻는 데[조명釣名] 보다 큰 관심을 가지고 간쟁을 한다는 것이었다. 그는 김일손의 행동 역시 대간의 그것과 다를 바 없다고 이해했다. 이로 인해 무오사화가 발생하였다(1498, 연산군 4). 김종직은 무덤에서 꺼내어 목이 베어졌으며, 김일손도 죽음을 면치 못했다.

무오사화 이후에도 대간은 연산군의 행동 하나 하나를 간쟁거리로 삼았다. 연산군은 대간의 간쟁권 남용을 억제하고 정부의 기강을 바로잡겠다는 뜻을 품었다. 그러한 시기에 임사홍이 성종 때 연산군의 생모인 윤씨가 폐출되어 죽임을 당한 사실을 연산군에게 알렸다. 연산군은 윤씨가 죽을 당시 그 논의에 찬성하였거나 힘써 싸우지 않은 윤필상·김굉필 등을 죽이고, 이미 죽은 한명회·남효온 등을 무덤에서 꺼내어 목을 베었다(갑자사화; 1504, 연산군 10). 관리 사이에 윗사람을 깔보는 풍조가 만연되어 있다고 판단한 연산군이 그들을 장악하기 위해 취한 조치가 갑자사화였던 것이다.[18]

갑자사화 이후 연산군은 관리에 대한 인사를 직접 주도하였다. 그리고 홍문관과 사간원을 혁파하였으며, 사헌부의 관원을 감축시키고 서경권을 폐지하였다. 또한 경연의 개최 횟수를 줄였다. 언론 기능을 축소함으로써 왕권의 견제 기능을 약화시켰던 것이다. 이로써 관리를 장악했다고 판단한 연산군은 관리로 하여금 충성 서약문을 작성하여 서명케 하는 등, 충성심을 강요하였다. 여기에 불만을 품은 고위 관리들은 그를 몰아내고 중종을 세웠다(중종반정; 1506).

성종에서 선조에 이르는 조선의 국왕

조광조의 집권

중종 10년(1515) 34세의 나이로 문과에 급제한 조광조는 곧 이어 정6품의 사간원 정언에 임명되었다. 그런데 정언이 된 다음날, 조광조는 왕에게 자신의 임명을 철회하던가 아니면 사헌부·사간원의 모든 관리를 파직시킬 것을 요구하였다. 사헌부·사간원의 관리들이 중종을 세우는 데 공을 세운 정국靖國공신의 의견에 굴복했다는 것이 그 이유였다. 중종은 조광조의 요구를 받아들여 그를 제외한 대간 전원을 교체하였다. 대사헌은 종2품, 그리고 대사간은 정3품인데 정6품의 정언 조광조가 이들을 갈아 치웠던 셈이다. 어떻게 이러한 일이 가능했을까.

중종대는 연산군에 의해 화를 당한 김종직과 그 제자들의 이념을 거룩한 것으로 우러러보는 기풍이 생겨났다. 중종반정을 합리화시키기 위해 연산군대를 철저하게 부정한 결과였다. 조광조가 사헌부와 사간원 관리 전원의 파면을 요구한 것은 이러한 시대 분위기를 틈탄 것이었다. 권력에 맞서는 인물이 존경받는 시대적인 분위기가 조광조로 하여금 그러한 요구를 할 수 있게 만들었던 것이다. 한편 대간을 교체하라는 조광조의 요구에는 많은 양반이 동조하고 있었다. 반정의 주모자들에 의해 왕위에 앉혀짐으로써 이렇다 할 독자적인 세력기반을 형성하지 못한 중종으로서는 양반의 여론을 등에 업은 조광조의 요구를 외면하기 어려웠다. 중종은 조광조 개인이 아닌, 양반의 여론을 두려워했기에 그의 건의를 수용했던 것이다.

조광조는 관직에 나아간 지 40개월도 되지 않은 37세의 나이에 사헌부 대사헌에 올라 정국을 장악하였다. 그만이 아니고, 그와 함께 국정을 운영하다 후일 기묘사화에서 화를 당한 인물 대부분이 30대였다. 젊은 그들이 정변을 일으키지 않고도 어떻게 정국을 장악할 수 있었는지 궁금하다.

조광조는 일찍이 평안도의 지방관으로 부임한 아버지를 따라갔다가 무오사화로 인해 희천에 귀양 가 있던 김굉필을 만나 성리학을 공부함으로써 그의 문인이 되었다. 그런데 《소학》에 밝았을 뿐만 아니라 연산군에 의해 화를 당한 김굉필은 중종대 젊

세계화시대
우리한국사

은 양반의 존경 대상이었다. 이러한 김굉필의 제자인 조광조는 그 자신도 성리학에 조예가 깊은데다가 정국공신에 당당히 맞선 인물이었다. 따라서 그는 성균관 유생을 비롯한 젊은 양반의 여망을 안을 수 있었다. 중종은 이러한 조광조와 그 일파에게 국정을 맡기지 않을 수 없었다.

정국을 장악한 조광조 일파는 《소학》에 기초한 정치를 표방하면서 권선징악과 상호부조를 그 정신으로 하는 향약을 실시하였다. 자신들이 추구한 지배질서를 향촌에 뿌리내리기 위함이었다. 아울러 그는 자신의 스승 김굉필의 문묘종사를 추진하였다. 김굉필을 높여 자신의 집권을 정당화하려는 의도였다. 그러나 호응하는 사람이 없자, 정몽주를 추가하였다. 그리하여 왕조개창에 반대한 정몽주가 조선에서 최초로 나라의 큰 스승으로 받들어졌다. 권력에 맞서는 인물이 존경받은 시대적인 분위기가 이러한 결과를 낳았던 것이다. 그러나 김굉필의 경우는 무산되었다.

김굉필이 문묘에 종사되지 못한 것은 조광조에게 커다란 정치적 타격을 안겨주었다. 그가 중종과의 끈질긴 논쟁 끝에 천재지변이 있을 때 일월성신에 제사지내는 소격서를 폐지한 것은 이를 만회하기 위한 것이었다. 성리학 이외의 어떠한 이념이나 사상도 용납될 수 없음을 주장한 것인데, 이는 곧 자신들의 주장 이외에 어떠한 것도 받아들여서는 안 된다는 논리와 다를 바 없었다.

조광조는 천거에 의해 인재를 선발하는 현량과를 설치하였다. 그런데 현량과 출신자는 모두 조광조 일파였으므로, 그는 자신의 세력기반을 강화하기 위해 이를 설치했다고 할 수 있다. 여기에 많은 양반이 실망하였다. 조광조는 이러한 상황을 타개할 필요가 있었다. 그가 이른바 위훈삭제사건僞勳削除事件이라고 하는, 13년이나 지난 일인 중종의 정국공신 책봉을 새삼스럽게 끄집어내어 이를 강하게 비판하고 나선 이유가 여기에 있었다. 그러나 이제 조광조는 권력에 맞서는 인물이 아니라 권력을 부당하게 사용하는 인물로 젊은 양반에게 비춰졌다.

결국 조광조는 죽임을 당했다(기묘사화; 1519). 국왕과 공신들이 조광조의 처벌을 결정하자 젊은 양반 일부가 동조한 결과였다. 젊은 양반의 여론을 등에 업고 집권한 조광조는 그들의 여론이 등을 돌리자 실각할 수밖에 없었던 것이다. 그러나 그는 그와 함께 죽임을 당한 인물들과 더불어 후대의 양반으로부터 기묘명현己卯名賢으로 높은 추앙을 받았다. 정국공신의 부도덕성을 공격하면서 주자의 사상을 현실정치에 구현하려고 한 조광조는 양반의 상징적 존재로 인식되었던 것이다.

당파의 성립

선조(1567~1608)가 즉위하자 양반 사이에는 외척이 주도한 명종(1545~1567) 때의 정치에 대한 비판이 일어났다. 그리고 이러한 비판적 분위기는 양반 간의 갈등을 불러일으켰다. 그들은 상대편이 명종대의 정치와 관련되었다고 공격하는가 하면, 자신이 무관했음을 강조하기도 했다. 당쟁의 시발점으로 이해되어 온 심의겸과 김효원의 갈등도 여기에서 빚어진 것이었다. 심의겸이 김효원을 외척인 윤원형의 집에 드나들었다고 비난하자, 김효원은 심의겸이 명종비 심씨의 동생임을 들어 반격했던 것이다. 이들의 갈등은 전랑직 임명을 둘러싸고 구체화되었다.

전랑이란 전조銓曹, 즉 문·무관의 인사실무를 담당한 이조와 병조의 낭관郎官을 지칭하는 용어이다. 이조와 병조에는 각각 정랑 3명과 좌랑 3명 등 도합 6명의 낭관이 있었다. 그런데 흔히 전랑이라고 할 때는 이조 낭관만을 가리키는 경우가 대부분이었다. 이들은 정5품에서 정6품에 이르는 당하관에 불과했지만, 후임자를 스스로 천거할 수 있는 자천권과 3사의 당하관을 추천할 수 있는 통청권通淸權을 보유하고 있었다.

그러나 전랑의 역할과 관련하여 무엇보다 중요한 점은 그들이 젊은 양반의 여론을 모을 수 있다는 것이었다. 조선의 모든 양반은 대간에 발탁되기를 원했고, 대간은 그들과 더불어 3사三司를 이룬 홍문관으로의 진출을 희망했다. 경연을 담당한 홍문관이 국왕과 밀착되었기 때문이다. 그리고 홍문관원은 전랑에 선발되기를 바랐다. 따라서 전랑은 조선시대의 젊은 양반 모두가 임명되기를 갈망하는 관직이었던 셈이다. 그러한 만큼 전랑은 후배에게 강한 영향력을 행사할 수 있었다. 젊은 양반의 의견 조정이 전랑을 통해서 가능했던 이유가 여기에 있었다. 그리고 전랑을 통하여 집약된 의견은 양반 전체의 의견, 곧 공론으로서 기능하였다.[19] 젊은 양반의 여론이 정치에 막중한 영향력을 행사한 시기에 전랑은 그들의 여론을 이끈 존재였다.

전랑의 이러한 역할 때문에 조선의 관리는 자신과 정치적 견해를 같이 한 인물을 전랑에 포진시키려고 했다. 김효원과 심의겸의 대립도 여기에서 연유한 것이었다. 심의겸은 이조참의로 있으면서 김효원이 전랑에 임명되는 것을 방해했는데, 김효원이 전랑이 되어서는 심의겸의 동생 심충겸의 전랑 임명을 저지했던 것이다. 결국 김효원 등은 동인, 심의겸을 중심으로 한 관리는 서인이라 하여 동·서의 분당이 생기게 되었다. 서인은 대체로 서울 근방에 생활 근거를 둔 고관이 주류를 이루었다. 따라서 서인 중에는 척신이 많을 수밖에 없었다. 왕비는 대체로 서울 근방의 고관 집에서 채택되는 것이 관례였기 때문이다. 이 서인에는 학문적으로 이이·성혼의 영향을 많이 받은 인물들이 속했고, 이황과 조식의 문인이 동인의 주류를 이루었다. 당파는 학파와 밀접한 관련을 맺고 있었다.

이황과 이이는 도덕적이기 위한 최선의 방법이 무엇인가에 대한 탐구에 주력하였다. 이황은 이와 기를 별개로 파악하여[이기불상잡理氣不相雜], 선한 것은 모두 이가 움직인 것이며 기가 움직인 결과는 악할 수도 있다고 하였다. 인간이 도덕적이기 위해서는 선한 본성을 실현시키고 악한 것으로부터 멀어져야 하는데, 이를 위한 수행의 방법으로 그는 심기가 항상 밝게 깨어 있어야 한다는[주경主敬] 점을 내세웠다. 이는 현실정치에 있어서 치자治者의 도덕적 절제를 강조하는 것으로 나타났다. 한편 이이는 이와 기는 서로 떨어질 수 없는 것으로[이기불상리理氣不相離], 일어나는 모든 것은 기가 움직인 결과이며 이가 방향을 제시하기 위하여 그 위에 탄다고 하였다. 그에 따르면 선과 악은 본래부터 구별된 것이 아니라 기의 활동, 즉 인간의 행동에 따라 선해지기도 하고 악해지기도 한다는 것이다. 이이는 도덕 행위에 대한 적절한 지침을 찾아[궁리窮理] 그에 따라 행동할 것을 권했다. 그는 악한 것으로부터 자신을 피하기보다 맞서 싸울 것을 주장한 셈이다. 따라서 서인은 제도개혁에 적극적이었다.

동인과 서인으로 당파가 나누어진 초기에는 서인이 정치적으로 우세를 확립하였으나, 이이의 사망을 계기로 서인이 실세하고 동인이 정치적 주도권을 장악했다. 그러나 동인도 정여립의 모반사건으로 인해 큰 타격을 입었다. 정여립과 친분관계에 있다는 점만으로 많은 사람이 연루되어 죽임을 당했던 것이다(기축옥사; 선조 22). 특히 호남지방의 양반이 혹심한 피해를 입었다. 당쟁은 중앙뿐만이 아니라 지방에까지, 그리고 벼슬한 당사자만이 아니라 그의 문인·친족에게까지 영향을 미치게 되었다.

정여립사건 당시 동인의 죄를 가혹하게 다스린 인물은 서인 정철이었다. 여기에 앙심을 품은 동인은 선조 24년(1591) 정철이 세자책봉을 건의하자, 이를 빌미삼아 그를 공격하였다. 정철은 선조에게 왕비 소생의 적자가 없기에 공빈 김씨가 낳은 광해군을 세자로 책봉하자고 건의했는데, 선조가 인빈 김씨를 총애하여 신성군을 얻었다. 동인 이산해는 정철의 이러한 주장은 신성군을 해치는 것이라고 정철을 궁지로 몰았다. 이 사건을 전후하여 동인은 정철에 대한 온건론을 편 남인과 강경론을 주장하는 북인으로 갈리었다. 이황의 학통을 계승한 류성룡 등이 남인으로 분기하자, 정인홍 등 조식의 문인과 이산해 등 서경덕의 학통을 계승한 사람들이 북인으로 불리었던 것이다.

세계화시대
우리한국사

13 —
일본·후금(청)과의 전쟁

1592년 조선은 일본의 침략을 당해 전쟁을 치렀다. 한국사에서 임진왜란이라고 부르는 이 전쟁은 1597년의 정유재란을 포함하여 7년을 끌었는데, 이에 대한 학계의 관심은 주로 이순신과 의병의 전공에 모아졌다. 그런데 이순신에 대한 지나친 미화는 도리어 임진왜란에 대한 정확한 이해와 접근을 방해하는 요인이 될 수 있다. 이순신의 지휘 아래 지방민으로 구성된 조선 수군이 어떻게 막강한 전력의 일본군을 물리치는 전투력을 발휘할 수 있었는가를 구체적으로 밝히는 것이야말로 임진왜란 전쟁사를 제대로 이해하는 길의 하나일 것이다.

임진왜란 당시 조선정부는 부산에 상륙한 일본군에게 20일 만에 서울을 내줄 정도로 그들의 침략에 속수무책이었다. 그렇게 된 원인 가운데 하나는 민심의 이반이었다. 조선인 가운데는 심지어 일본군에 협력한 자들이 적지 않았다. 한편 일본군을 피해 의주로 피난한 선조는 명에 원군을 요청하였다. 이에 따라 명군이 참전함으로써 임진왜란은 명과 일본의 전쟁으로 바뀌었다. 조선정부는 명군이 추진한 일본군과의 강화협상에 끼지도 못했던 것이다.

임진왜란 직후 여진족이 후금을 세웠다. 당시 후금의 군사력이 명을 압도했음에도, 조선정부는 이러한 국제정세에 민감하게 대처하지 못했다. 후금과의 외교를 중시한 광해군이 명에 대한 의리를 내세운 관리들에 의해 폐위되었으며, 정권을 장악한 서인은 '친명배금親明排金'을 내세웠던 것이다. 이러한 조선의 태도는 명과의 전투를 앞두고 후방을 안정시킬 필요가 있던 후금을 자극하였다. 따라서 조선은 후금과, 후금이 이름을 바꾼 청으로부터 잇따른 침략을 당했다. 국제정세를 외면하고 명이 조선을 구했다는 '재조再造의 은혜'만을 강조하면서, 후금에 대한 외교를 소홀히 한 조선정부의 잘못이 후금과 청의 침입을 초래했던 것이다.

일본과의 전쟁

1404년 일본 무로마치室町막부의 3대 쇼군將軍 아시카가足利義滿가 일본 국왕의 이름으로 국서를 보내자, 조선은 이를 접수하였다. 이로써 8세기 말 신라가 일본과 외교를 단절한 후 600여 년만에 한반도 국가와 일본 간에 국교가 성립되었다. 이후 조선은 통신사라는 이름의 사신을 일본에 파견하였다. 그러나 15세기 후반 무로마치막부 권위가 약해지고 다이묘大名 간에 싸움이 벌어진 전국시대가 시작되면서 조선의 일본에 대한 외교는 중단되었다.

전국시대를 마감하고 일본을 통일한 인물은 도요토미豊臣秀吉였다. 그는 조선과의 외교를 담당한 쓰시마도주對馬島主를 통해 통신사의 파견을 요구했다. 조선정부는 여러 차례 거절하다가, 선조 22년(1589) 정사에 서인 황윤길, 부사에 동인 김성일을 파견하였다. 그들은 귀국 후 일본의 사정을 보고했는데, 정사와 부사의 내용이 달랐다. 황윤길은 일본이 많은 병선을 준비하고 있어서 반드시 침략해 올 것이라고 보고한 반면, 김성일은 그렇지 않다고 주장했던 것이다. 황윤길은 닥쳐오는 위급에 대비할 필요를 말한 것이고, 김성일의 말에는 인심을 동요시키지 않고자 하는 뜻이 담겨 있었다. 그러나 이러한 엇갈린 보고로 적절한 대책을 마련하지 못하는 동안, 일본은 16만의 군대를 출정시켜 조선군의 저항을 간단히 물리치고 북상하였다.

선조는 여진을 진압하여 이름을 떨친 신립을 도순문사로 삼아 왜적과 싸우게 하였다. 그러나 그가 충주에서 패하자 평양으로의 피난을 결정하고, 왕자 임해군과 순화군을 함경도에 보내 의병을 모으도록 하였다. 그러는 사이 일본군은 부산에 상륙한 지 20일 만에 서울을 점령하였다.

선조가 서울을 빠져나가자 분노한 백성들이 관청의 재물을 약탈하고 경복궁과 노비문서가 소장되어 있던 장예원·형조 등에 불을 지르는 등, 일본군이 도착하기도 전에 서울은 이미 수라장이 되고 말았다. 그리고 함경도에 머물던 임해군과 순화군이 현지인에게 붙잡혀 일본군에게 넘겨질 정도로 민심은 철저하게 이반되어 있었다.

평양으로 피난한 조선정부는 국경을 넘어 중국 땅인 요동으로 들어갈 것인가의 여부를 논의하였다. 민심의 이반으로 조선에 자신이 갈 만한 곳이 없다고 판단한 선조는 요동으로 들어가기를 고집하였다. 그러나 국왕이 요동으로 들어가면 조선은 더 이상 존재하지 않는다는 반대에 부딪치자, 명에 원군을 요청하기로 했다. 명군이 우리 경내로 들어오면 난처한 일이 더 많을 것이라는 반대 의견도 있었지만, 조선의 힘으로 일본군을 물리칠 수 없는 상황이었으므로 원병 요구는 불가피했다. 조선의 요청에 응해 명이 이여송李如松 휘하의 4만 병력을 파견하였다. 그들과 조선군은 일본군에 의해 약 7개월 동안 점령되었던 평양을 탈환하였다(1593. 1).

평양에서의 일본군 패인은 우선 전라좌수사 이순신에 의해 해로를 차단당한 데 있었다. 거북선을 앞세운 이순신의 연승은 서해를 통한 그들의 보급로를 차단함으로써 바다와 육지에서 동시에 북진하려는 일본군의 작전을 무산시켰다. 또한 조선의 의병에 의해 후방을 교란당한 것도 패인의 하나였다. 경상도 의령에서 군사를 일으킨 곽재우와 충청도 옥천의 조헌, 그리고 전라도 광주에서 일어난 고경명 등이 일본군을 괴롭혔던 것이다. 조선의 겨울 날씨도 한몫을 했다. 일본군의 선봉은 따뜻한 남부 시

고쿠四國와 규슈九州 출신이 대부분이었는데, 그들은 평양의 겨울 날씨를 견디지 못했던 것이다.[20]

한편 명이 조선에 원군을 파견한 것은 중국 본토에서 일본군을 막는 것보다 조선에서 막는 것이 유리했기 때문이다. 명 본토를 전장으로 만들지 않을 수 있을 뿐만 아니라, 군대가 필요로 하는 군량이나 군수물자를 조선에 요구할 수 있었던 것이다. 그러한 만큼 명의 참전은 조선에 막대한 피해를 끼쳤다. 일본과 평양에서 전투를 벌일 당시 명의 군사들은 상금을 노리고 일본군의 머리를 얻기 위해 경쟁했는데, 이여송 군대가 벤 머리의 절반이 조선인의 것이라는 말이 떠돌 지경이었다. 명군의 참전으로 인해 조선의 백성들이 입은 피해는 일본군에게 당한 그것 못지 않게 심각했던 것이다. 그리고 명의 사신 가운데는 선조를 접견하면서 남면南面함으로써, 조선의 국왕을 신하처럼 대한 인물도 있었다. 이러한 어려움 때문에 이미 평양전투 직후부터 조선은 명이 증원군을 파견한다는 소식에 긴장하고 있었다. 그러는 한편으로 조선의 지배층은 이여송의 생사당生祠堂을 세우는 등, 명의 은혜를 과장되게 강조하였다.

평양을 탈환한 명나라 군대는 남으로 일본군을 추격하였다. 그러나 고양의 벽제관전투에서 패하자 평양으로 돌아가 움직이지 않았다. 함경도 방면의 일본군이 평양을 공격하지 않을까 우려했기 때문이다. 따라서 행주산성에 웅거하면서 명군과 합세하여 서울을 탈환하려 한 권율은 고립상태에 빠지고 말았다. 그러나 그는 적은 병력으로 대규모의 일본군을 물리침으로써 그의 행주전투는 이순신이 한산도에서 거둔 승리, 김시민이 진주성에서 거둔 승리와 더불어 임진왜란의 3대 승리로 기록되고 있다. 남쪽으로 후퇴한 일본군은 진주성을 재공격하여 점령한 후, 경상도 연해지방으로 물러가 울산으로부터 동래와 거제에 이르는 지역에 일본식 성(왜성)을 쌓고 장기주둔 태세를 보였다.

명군지휘부는 일본군의 강화 요구에 응해 협상을 추진하면서 이여송이 거느린 주력부대를 요동으로 철수시켰다. 자국의 영토 밖에서 일본의 침략을 저지한다는 목표를 달성한 명은 전쟁보다 강화가 낫다고 판단했던 것이다. 조선은 전쟁의 당사국이면서도 정작 명과 일본 사이의 교섭과정에서 소외되었다. 그 뿐만 아니라 명군지휘부는 조선군의 전투가 일본과의 강화협상에서 걸림돌이 된다고 생각하고, 조선군에게 아예 일본군과 전투를 벌이지 못하도록 압력을 행사하였다.

명과 일본의 강화회담은 3년을 끌었다. 명이 도요토미를 일본의 왕으로 책봉하는 것으로 국면을 해결하려고 한 반면, 도요토미는 자신이 승리자라고 믿고 조선의 8도 가운데 4도를 일본에 떼어줄 것 등을 요구했던 것이다. 명과의 강화회담이 결렬되자 일본은 다시 조선을 침략하였다(정유재란; 1597). 그러나 이순신의 수군과 명군에 잇달아 참패를 당한데다가 도요토미가 죽자 그들은 철수하였다.

명나라 군대가 참전함으로써 받은 피해에도 불구하고 7년 동안 지속된 전쟁이 끝날 무렵부터 선조와 관리들은 '명이 조선을 구원하여 다시 일으켜 세워준 은혜를 잊지 말아야 한다'는 '재조의 은혜'를 강조하기 시작했다. 전란 극복의 공을 명나라 군대에게 돌리고, 그 명나라 군대를 부른 것은 자신들임을 부각시키기 위함이었다. 자신들의 실정을 호도하고, 전란으로 인해 실추된 권위를 회복하는 데 필요했기 때문이다. '재조의 은혜'를 강조하면 할수록 지방사회의 영웅으로 떠오른 이순신이나 권율, 그리고 재야 의병장의 역할은 축소되고, 선조나 중앙 관리의 정치적 입장은 다소 호전될 수 있었던 것이다.[21]

광해군과 인조반정

왜란 중 일본군이 평양을 점령하자, 선조는 의주로 떠나면서 왕세자인 광해군에게 조상의 신주를 모시게 하였다. 이후 광해군의 분조分朝는 조정의 건재함을 알려 민심을 진정시키는 데 큰 역할을 하였다. 광해군의 이러한 활동은 선조로 하여금 도리어 그를 꺼리게 만든 요인이 되었다. 그를 따르는 인물이 많았기 때문이다. 더구나 임진왜란 후에 선조가 계비로 맞은 인목왕후에게서 적자 영창대군이 출생하자 광해군의 후계 계승은 불투명해졌다. 선조가 갑자기 돌아감에 따라 광해군(1608~1623)은 정인홍 등 임진왜란 중 의병장을 많이 배출한 북인의 지지를 받아 즉위하였다.

광해군 2년, 김굉필·정여창·이언적·조광조·이황이 문묘에 종사되었다. 유생의 거듭된 요구에 따른 결과였다. 그러자 정인

홍이 〈회·퇴변척소晦·退辨斥疏〉를 올려 회재 이언적과 퇴계 이황의 문묘종사에 반대하였다. 일찍이 이황이 자신의 스승 조식을 비난한 데 대한 정인홍의 반격이었다. 그러나 성균관 유생의 반발로 정인홍의 이러한 시도는 실패로 끝났다. 양반의 격렬한 반발을 경험한 북인정권은 이후 왕권에 의존하여 중앙 정계를 보다 확고하게 장악하려고 시도했는데, 이른바 폐모살제廢母殺弟는 이 과정에서 대두한 것이었다.

선조의 적자인 영창대군의 존재는 광해군에게 위협적인 것이었다. 영창대군이 자라남에 따라 그를 중심으로 반대파가 형성될 소지가 있었기 때문이다. 이에 북인정권은 영창대군을 살해하고, 그의 생모인 인목대비의 호를 깎았다. 이로써 왕권에 위협을 가할 소지를 제거하였다. 그러나 많은 인물이 폐모살제를 정면에서 비판하였다.

그러한 시기에 중국에서는 여진족의 실력자로 등장한 누르하치가 지난날 여진족 국가였던 금의 뒤를 이어 후금을 세웠다 (1616). 그는 명을 남조南朝라고 칭함으로써 후금이 명과 대등한 국가임을 과시한 후, 선전포고하였다. 후금의 공격을 받은 명은 조선에 원군을 요청하였다. 임진왜란 당시 명이 조선을 위해 군대를 파견하여 도왔으니, 조선도 병력을 보내 후금을 협공하라는 것이었다.

조선은 명의 원병요구문제를 논의하기 위해 비변사(국방에 관한 일을 논의하기 위해 설치된 회의기관)회의를 열었다. 여기에서 광해군은 훈련되지 않는 농민을 파견하는 것은 명에게도 도움이 되지 않는다고 반대하였다. 그는 현실적인 외교정책을 선택하여 국가를 전란에 빠뜨리지 않으려고 했던 것이다. 그러나 북인정권에 불만을 품고 있던 관리들은 '부모의 나라를 지원하라'고 광해군을 압박했다. 파병에 소극적인 광해군의 태도는 임진왜란 때 조선을 구원하여 다시 일으켜 세워준 명의 은혜를 망각한 처사라는 것이었다.

광해군이 명과 조선 관리의 압력을 이겨내기는 어려웠다. 그는 강홍립을 도원수로 삼아 명에 파견하면서, '대의명분상 어쩔 수 없이 출병하는 것이니 형세를 보아 향배를 정하라'는 밀명을 내렸다. 강홍립은 명이 심하深河(사르후薩爾滸)전투에서 패배하자 병력을 이끌고 후금에 항복하였다. 이러한 그의 행동은 후금이 소수의 지휘관을 제외한 병사를 모두 조선으로 돌려보냄으로써 전투에 참가한 많은 조선인 군사의 목숨을 구하는 데 기여하였다. 그리고 조선에 대한 후금의 보복적 행동을 막는 데도 도움이 되었다.[22]

그러나 폐모살제와 명에 대한 의리를 구실로 내건 인조반정이 성공하여 광해군이 폐위되고 인조(1623~1649)가 즉위하였다. 광해군이 명나라를 배반한 것은 불충이며 폐모살제를 행한 것은 불효인데, 불충과 불효는 곧 강상죄綱常罪에 해당하고, 이는 국왕이라도 모면할 길이 없다는 것이 반정공신이 내세운 명분이었다. 그러함에도 불구하고 인조반정의 명분은 확고한 것이 아니었다. 상하관계, 특히 군신의 차이가 철저했던 조선의 정치질서에서 임금이 불충과 불효의 죄목으로 숙청되고, 그를 폐한 신하들의 행동이 오히려 올바른 상태로 돌아간다는 의미의 반정反正으로 정당화된 것은 납득하기 어려운 것이었다.[23] 인조 2년(1624)에 일어난 이괄의 난은 이러한 분위기를 반영한 것이었다. 그의 난은 곧 진압되었으나, 잔당이 후금으로 도망하여 광해군의 폐위와 인조 즉위의 부당성을 호소하면서 후금의 침략을 종용하였다.

후금(청)과의 전쟁

인조를 세우는 데 공을 세운 인물은 이귀·최명길 등 서인이었다. 따라서 인조반정 후에는 서인이 정권을 장악하였다. 서인정권 아래서는 북인이 몰락하고, 남인이 일부 정권에 참여하였다. 반정의 약점을 보완하고 정권의 정당성을 확보하기 위해 이원익을 비롯한 명망이 있는 남인 인사를 포섭한 결과였다. 그리하여 이후의 정국은 서인과 남인이 대립하는 형세, 이른바 서남당쟁의 형태로 전개되었다.

서인정권은 외교에 있어서 광해군과 차이를 드러냈다. 광해군이 명과 후금 사이에서 관망적인 태도를 취한 데 반해, 명으로부터 책봉을 받아 새 정권의 정통성과 통치기반을 다지려고 했던 인조의 서인정권은 '친명배금' 정책을 표방했던 것이다. 그들이 광해군을 몰아낸 명분도 바로 그것이었다. 따라서 인조정권이 실제로 후금을 배척하는 정책을 실시했는가의 여부와 관계없이, 그러한 정권이 들어섰다는 것 자체가 후금을 자극할 수 있는 것이었다. 게다가 명의 장군 모문룡毛文龍이 압록강 하구의 가도椵島에 근거를 마련하고 그들의 후방을 어지럽힌 것도 후금을 불안케 하였다. 후금은 여러 차례 조선을 향해 모문룡에 대한 지원을 중단할 것을 요구했다. 그러나 명의 책봉을 받는 과정에서 모문룡의 도움을 받은 인조는 이를 수용할 태세를 갖추고 있지 않았다. 산해관山海關을 공략하여 중국 본토로 들어가는 것을 최대의 목표로 삼고 있던 후금은 명을 치기 위해서는 먼저 자신의 배후를 위협하고 있는 모문룡과, 그와 관계를 맺고 있는 조선을 정벌할 필요를 느꼈다.

후금은 광해군을 위해 복수한다는 점을 내세워 조선에 침입하였다(정묘호란; 1627). 그리고 군 일부를 가도에 파견하여 모문룡을 잡게 하였다. 인조는 강화도로 피난하면서 화의를 청하였다. 자신들이 조선 내륙에서 싸우는 동안 명나라 군대가 공격해 올 것을 꺼린 후금이 여기에 응함으로써 조선과 후금 사이에는 형제관계임을 확인한 화의가 성립되었다. 여기에서 후금은 명과의 관계를 끊고, 그 연호를 쓰지 말 것을 조선에 요구했다. 그러나 조선은 명과 유지해 왔던 기존의 군신관계를 포기하지 않았다.

후금은 국호를 청淸으로 고치고, 여진이라는 이름도 만주滿洲로 바꾸었다(1636). 황제를 칭한 청 태종은 조선에 대해 왕자를 인질로 보낼 것을 요구했다. 조선은 오랑캐가 칭제건원했다고 분노하면서 이를 묵살하였다. 그러자 청 태종은 직접 12만 군대를 거느리고 침입하였다(병자호란). 조선이 약속을 어기고 명을 도와 청을 해쳤다는 것이 침략의 이유였다. 그러나 실제는 조선을 군사적으로 철저히 제압 복종시켜, 자신들이 명을 대신하여 중국을 지배할 경우 후환이 없도록 예비적 조치를 취하려는 것이었다. 그들은 선양瀋陽을 떠난 지 10여 일만에 서울 외곽에 주둔하였다.

인조는 왕자들을 강화도에 피난시키고, 자신도 들어가려고 했다. 그러나 급하게 밀어닥친 청군에 의해 길이 막히자, 세자와 함께 남한산성으로 피신하였다. 그곳에서 명에 군대를 요청하였으나 원병은 도착하지 않았다. 당시 명은 나라 밖으로 관심을 돌릴 여유가 없었던 것이다. 그러한 가운데 관리들은 김상헌 등 주전파와 최명길 등의 주화파로 갈려 논쟁을 벌였다. 주전파는 명에 대한 의리를 지키기 위해서도 청과 싸워야 한다는 점을 내세웠다. 이에 대해 주화파는 화의로써 나라를 보존한 다음이라야 복수도 할 수 있다고 반박하면서, 주전파의 주장이 나라의 형편을 헤아리지 않는 데서 나온 것이라고 비판했다.

강화도가 청군에게 함락되었다는 소식이 전해지자, 인조는 주화파의 주장을 좇아서 세자와 함께 삼전도(오늘날의 송파)에 나아갔다. 그는 청 태종에게 무릎을 꿇고, 한 번 절하고 세 번 머리를 땅에 부딪치는 행위를 세 차례 하는 삼배구고두三拜九叩頭를 행함으로써 신하의 예절을 갖추었다(1637). 그리하여 조선은 청과 군신관계를 맺고, 명과 국교를 단절하며, 청이 명을 공격할 때 군대를 파견하여 돕는다는 등의 조건으로 강화를 맺었다. 청은 철군하면서 소현세자와 그의 동생 봉림대군을 인질로 데려갔

세계화시대
우리한국사

다. 주전파인 홍익한·윤집·오달제 등 이른바 삼학사는 잡혀가 죽임을 당했고, 김상헌도 청에서 오랜 옥중생활을 하였다.

병자호란 직후 청은 인조가 청나라 황제에게 무릎을 꿇고 항복한 자리인 삼전도에 청나라 황제의 공덕을 찬양하는 비를 세울 것을 요구하였다. 그런데 조선을 침략한 청 태종을 칭송하는 비문을 찬술한다는 사실은 관리들에게 매우 곤혹스러운 일이었다. 자칫 역사의 죄인이 될 수 있는 것이기 때문이다. 그렇다고 청의 요구를 묵살할 수도 없는 노릇이었다. 결국 예문관제학 이경석이 비문을 써서 '대청황제공덕비', 이른바 삼전도비가 세워졌다(1638, 인조 16).

병자호란은 임진왜란에 비해 기간도 짧았고, 또 국토의 일부만이 전쟁터로 변하였기 때문에 인적·물적 피해가 적은 편이었다. 그러나 조선의 양반이 받은 정신적 피해는 왜란과 비할 바가 아니었다. 일찍이 고려가 정벌한 적이 있던 여진족에게 국왕이 머리를 조아려 항복함으로써 나라의 체모가 땅바닥에 떨어졌던 것이다.

14—
국왕과 당쟁

병자호란은 조선의 양반에게 씻을 수 없는 치욕을 안겨주었다. 청 태종 앞에서 무릎을 꿇고 머리를 땅에 찧은 인조의 행위는 조선 양반의 자존심을 여지없이 짓밟았던 것이다. 후금과 통교한 점을 들어 광해군을 몰아낸 서인정권에는 특히 커다란 타격이었다. 서인정권은 정권의 정당성과 지배층 모두의 손상된 자존심을 만회할 필요가 있었다. 이를 위해 그들은 복수하여 치욕을 씻기 위한 북벌北伐을 표방하였다. 북벌론은 서인정권의 외교적 실패에 대한 호도책이었다.

한편, 명에 대한 의리는 더욱 강조되었다. 양반 가운데는 '숭정崇禎(명의 연호)처사' 혹은 '대명大明거사'로 자처한 인물이 적지 않았다. 임진왜란 이후 형성된 '재조의 은혜'에 대한 관념이 명에 대한 의리론으로 발전했던 것이다. 그리하여 숙종이 명의 만력제萬曆帝(신종)를 제사하는 대보단을 설치했고, 영조는 홍무제

洪武帝(태조)와 숭정제崇禎帝(의종)를 추가로 제사하였다. 그리고 정조는 임진왜란과 병자호란 이후의 숭명배청운동을 정리한 《존주휘편》을 편찬함으로써 명에 대한 의리를 다시 확인하였다.

청에 대한 복수와 명에 대한 의리, 즉 숭명배청의 논리는 조선의 정치·사회·문화 전반을 지배하는 이념으로 등장하였다. 조선의 양반은 성종대 이후 도덕성 경쟁을 벌였던 것처럼, 이제 누가 숭명배청에 철저한가를 두고 경쟁했던 것이다. 따라서 고려인이나 조선인이 내세웠던 소중화小中華의 개념에도 변화가 있었다. 이제까지의 소중화가 중국 다음의 문명국이라는 의미를 지녔다면, 병자호란 이후의 소중화는 중국이 오랑캐인 만주족의 지배를 받는 현실에서 조선이 유일한 문명국이라는 논리를 내포하고 있었다.

그러나 숭명배청은 대내의 정치선전에 불과한 것이었다. 현실적으로 중국을 지배한 것은 청이지 명이 아니었기 때문이다. 조선도 청에 대한 조공에 만전을 기하면서 내부적으로만 청을 적으로 규정하고 있었다. 이처럼 양반의 의식세계를 비현실적인 논리가 지배하고 있었던 만큼, 당쟁 역시 공허한 문제를 둘러싸고 전개되는 경우가 허다하였다. 따라서 당쟁은 백성들로부터 지지를 얻지 못했다. 이에 국왕은 당쟁을 이용하여 왕권을 강화하였다. 숙종은 환국換局을 실시하여, 그리고 영조와 정조는 탕평을 표방하면서 당파를 무력화시켰던 것이다.

조선의 양반은 숭명배청의 이론적 근거를 성리학에서 찾았다. 개인과 마찬가지로 국가 간에도 의리는 지켜져야 한다는 것이다. 성리학의 명분론이 중시되었음은 물론이다. 이러한 분위기 아래에서 대부분의 양반은 주자를 성인시하며 여타의 사상이나 학문을 이단으로 규정하고, 그 논자를 '유학에 있어서의 반역자[사문난적斯文亂賊]'로 몰아 파문하기를 주저하지 않았다. 그러한 가운데 지나친 명분의 강조에 회의와 공허함을 느끼고, 현실을 있는 그대로 직시하며 실제적으로 해결하려는 인식 태도가 싹트고 있었다. 이른바 실학이 등장한 것이다. 이는 곧 성리학 지상주의의 학문 경향에 대한 비판과 반성이기도 했다.

한국의 일부 학자들은 이 시기, 즉 17~18세기 조선사회가 농업에 있어서 이앙법의 보급으로 광작운동이 행해지고 사상私商의 성장으로 상업자본이 발전하는 등의 사회경제적 변화가 있었으며, 이를 바탕으로 민중이 성장했다고 주장한다. 조선사회가 자생적으로 발전할 수 있는 징후와 잠재력을 가지고 있었음을 증명하려고 한 이 연구를 한국사에서는 내재적 발전론이라고 부른다. 그런데 최근 이에 대한 비판이 만만치 않게 대두하고 있다. 사실 내재적 발전론은 당시의 정치적 상황과 잘 연결이 되지 않는 면이 있다. 우선 조선의 양반이 숭명배청의 논리에 사로잡혀 있던 상황에서 어떻게 그러한 변화가 가능했는지 궁금하다. 학계가 청 문물의 우수성을 직시한 북학파를 높이 평가한 것도 이러한 주장과 모순된다. 북학파를 높이 평가한 것은 조선의 낙후성을 전제로 한 것이기 때문이다. 만일 17~18세기에 커다란 발전이 있었고 이를 바탕으로 민중이 성장한 것이 사실이라면, 이후는 그들의 역할에 대한 언급이 있어야 할 것이다. 그런데 19세기에 관한 학계의 서술은 삼정三政의 문란과 이로 인한 농민의 고통에 초점이 모아지고 있다. 이점 역시 내재적 발전론을 무조건 따르기 어렵게 만든다.

효종의 북벌론

병자호란 당시 청에 인질로 잡혀간 소현세자는 8년 동안 선양에 억류되어 있었다. 그는 그곳에서 황족이나 고관과 친분을 맺는 등, 청과 원만한 관계를 유지하기 위해 노력하였다. 소현세자의 이러한 처신은 정권유지의 명분을 위해 반청적인 태도를 필요로 했던 서인의 불만을 초래하였다. 청을 적으로 규정하면서 내부단속을 강화해 나갔던 그들은 청과 밀착된 소현세자를 자신들의 반정이념을 정면에서 부인할 수 있는 존재로 여겼던 것이다. 한편 인조는 원이 고려왕의 폐립을 마음대로 했던 것처럼 청이 자신을 폐하고 소현세자를 즉위시키지 않을까 두려워했다.

소현세자는 인질생활을 끝내고 귀국하였다. 명이 망했기 때문에 청으로서는 더 이상 그를 볼모로 잡아둘 필요가 없었던 것이다. 그러나 인조와 서인정권은 소현세자가 명을 버리고 청에 붙었기 때문에 풀려날 수 있다고 믿었다. 귀국한 소현세자는 두 달 만에 병을 얻어 죽었는데, 그가 죽자 인조는 곧 둘째 아들 봉림대군을 세자로 책봉하고, 세자빈 강씨姜氏에게 사약을 내렸다. 따라서 소현세자 역시 인조에 의해 살해되었을 것이라는 주장은[24] 설득력이 있다.

인조 사후 즉위한 봉림대군, 즉 효종(1649~1659)은 북벌을 추진하였다. 그는 군신 상하가 일치단결하면 북벌이 가능하다고 역설하면서, 자신과 정치적 견해를 달리한 인물을 친청분자親清分子로 몰아 제거하였다. 따라서 북벌의 원칙에 대해서는 어느 누구도 감히 공개적으로 이론을 제기할 수 없었다. 이러한 북벌론은 국론 통일에 이용되어, 둘째 아들이라는 왕위계승상의 약점을 지니고 있던 그의 왕권 확립에 기여하였다.

효종대에는 대동법大同法이 충청도와 전라도에까지 확대 시행되었다. 조선시대 각 호에서 현물로 토산물을 내는 것을 공납貢納이라고 하였는데, 여기에는 그 지역에서 생산되지도 않는 물건이 배정되는가 하면, 식료품 등의 부패와 운송과정에서의 손실에 따른 비용을 백성이 부담하는 폐단이 뒤따랐다. 또한 방납防納이라고 하여 상인이 공납물을 미리 국가에 바치고, 실제보다 많은 액수를 백성들로부터 징수하기도 했다. 이에 광해군은 토산물을 현물 대신 쌀로 거두고, 과세의 기준도 종전의 가호에서 토지의 결수로 바꾼 대동법을 실시하였다. 그러나 양반 지주의 방해로 경기를 제외한 다른 지역에는 실시되지 못하였다. 토지를 소유한 양반에게 불리한 제도였기 때문이다. 이러한 대동법이 효종대에 확대 시행된 데에는 군사력 강화에 필요한 경제적 토대를 마련하려는 효종의 의도가 숨어있었다.

효종은 북벌을 내세우면서 무신을 우대하는 한편, 국왕의 친위병인 금군을 전부 기병화하였다. 그리고 대규모의 열병식을 거행함으로써 무력을 시위하였다. 그러한 시기에 청이 흑룡강 방면의 나선羅禪(러시아)정벌을 이유로 조선에 군대 파견을 요청하였다. 만주를 자신의 발상지라 하여 중시한 청은 흑룡강을 누비며 북만주로 남하하는 러시아에 대한 정벌을 추진했던 것이다. 그들이 조선에 파병을 요청한 것은 조선이 임진왜란 이후 조총을 사용하는 부대의 양성에 주력한다는 사실을 알고 있었고, 또 조선의 충성심을 시험할 필요가 있었기 때문이다. 여기에 응해 효종은 1654년과 1658년 두 차례에 걸쳐 조총병 수백 명을 파병하였다. 이로써 그의 군사력 증강은 어느 정도 청의 감시를 피할 수 있었다.

조선의 양반은 북벌의 대상이던 오랑캐의 요구에 따라 그들을 돕는 군대를 파견하고, 또 그 지휘를 받았다는 사실에 큰 상처를 입었다. 이에 그들은 나선정벌을 묘사함에 있어서 청의 외압에 대해서는 언급하지 않고, 조선의 필요에 의해 출병이 이루어진 것처럼 윤색함으로써 자신들의 자괴감을 감추었다. 북벌에 치명적인 오점이었던 나선정벌이 조선과 러시아 양국 간의 문제로 바뀌어 북벌의 성과물로 둔갑한 것이다.[25] 오늘날 한국사학자의 나선정벌에 대한 서술은 대부분 여기에 근거하고 있다.

효종의 군비강화와 무신 우대정책은 문신의 불만을 자아냈다. 3사는 북벌의 총책임자인 병조판서 원두표와 훈련대장 이완을 탄핵하였다. 그리고 북벌을 준비하는 과정에서 표출된 농민의 불만도 간과하기 어려웠다. 그들은 농번기에 성을 쌓는 일에, 그리고 농한기에는 군사훈련에 시달렸던 것이다. 효종은 이러한 난국을 타개하고 북벌정책을 지속적으로 추진하기 위하여 반청의식이 투철한 송시열을 등용하였다.

송시열은 광해군의 후금에 대한 우호적인 정책을 패륜으로 단정했는가 하면, 청에 잡혀간 홍익한·윤집·오달제의 순절을 높이 평가한 《삼학사전》을 지어 청에 대한 복수론을 제기하였다. 그만큼 배청숭명에 철저한 인물이었다. 그런데 송시열의 북벌론은 효종의 그것과 달랐다. 그는 치욕을 씻기 위해서는 군대를 양성하기보다는 임금이 덕을 닦아야 한다고 주장했던 것이다. 효종의 북벌론이 왕권을 확립하여 양반 위에 군림하고자 한 것이었다면, 송시열의 그것은 왕에게 윤리 도덕을 강요함으로써 국왕을 자신의 영향 아래 두려는 것이었다. 실현 가능성이 희박한 북벌이 강력하게 주장되었던 배경에는 이처럼 왕권의 확립과 서인정권의 강화라는 국왕과 서인의 서로 다른 정치적 의도가 개재되어 있었다.[26]

현종과 예송

북벌을 빙자하여 강력한 왕권을 행사하던 효종이 사망한 이후, 남인과 서인은 예송禮訟으로 불리는 집권을 위한 투쟁을 전개하였다. 성리학이 지배하는 조선사회에서 예문제는 곧 모든 사회질서의 기본적인 규범이었으므로 이를 소홀히 할 수 없었던 것이다.

현종 1년(1659), 효종의 상을 치르는 데 효종보다 어린 인조의 계비 자의대비는 얼마 동안 상복을 입어야 하는가 하는 문제가 제기되었다. 당시의 장례의식은 성종 때 편찬된 《국조오례의》에 따르고 있었다. 그런데 여기에는 효종과 자의대비의 관계와 같은 사례에 대한 규정이 없었다. 당시 국정 전반에 영향력을 행사하고 있던 송시열은 효종이 적장자가 아니라는 이유를 들어 1년 동안 상복을 입는 기년복朞年服을 주장하였다. 이에 반해 남인 윤휴는 효종이 비록 차남이지만 왕위를 계승했으므로 3년을 입어야 한다고 했다. 왕은 송시열의 주장에 따랐다. 그러자 효종의 스승으로서 그에게 많은 학문적 영향을 끼친 남인 윤선도가 송시열의 이러한 주장은 적통을 효종 아닌 소현세자에게 돌리려는 것이라고 비난하고 나섰다. 그러나 그는 예론을 빙자해서 정국을 혼란에 빠뜨리게 했다는 죄목으로 도리어 서인에 의해 유배되었다. 이로써 1차예송, 즉 기해예송은 일단락되었다.

　현종 10년, 송시열은 이경석이 삼전도비문을 찬술했다는 점을 들어 그를 비방하는 상소를 올렸다. 병자호란 직후 청이 삼전도에 '대청황제공덕비'를 세울 것을 요구했고, 여기에 응해 이경석이 마지못해 비문을 찬술했음은 앞에서 언급하였다. 그런데 그로부터 30년이 지난 후에 새삼스럽게 송시열이 그를 비난하고 나선 것이다. 송시열은 이를 통해 자신이 숭명배청에 철저한 인물임을 드러내어 정국을 주도하려고 했다. 그러나 송시열의 이러한 행동은 도리어 조야의 신망을 잃은 결과를 초래하였다.

　현종 15년 효종의 비 인선왕후 장씨가 죽자, 시어머니인 자의 대비는 어떤 복을 입어야 하는가 하는 문제로 또다시 예송이 일어났다. 맏며느리가 죽으면 시어머니는 기년복을 입고, 둘째 며느리가 죽으면 9개월의 대공복大功服을 입게 되어 있었다. 남인이 기년복을 주장하자, 서인은 대공복으로 맞섰다. 남인이 효종을 적장자로 인정한 것과 달리, 서인은 그를 둘째 아들로 이해한 것이다. 이것이 갑인예송 혹은 2차예송이다. 그런데 당시는 송시열이 조야의 신망을 잃어 서인이 남인을 압도하지 못했다. 남인은 효종을 적장자로 볼 수 없다는 송시열의 주장이 왕실을 무시하는 처사와 다름없다고 공격하여 서인을 궁지로 몰아넣었다. 결국 현종은 남인의 주장을 따랐다. 이로 인해 서인은 실세하고, 남인 허적이 영의정에 임명되어 남인정권이 들어섰다.

숙종의 환국

숙종(1674~1720)대는 정국이 한꺼번에 전면적으로 바뀌는 환국이 자주 일어났다. 숙종 6년, 영의정 허적은 그의 조부가 시호를 받은 것을 축하하는 연회를 베풀었다. 그날 갑자기 큰비가 내리자 숙종은 왕실의 기름칠한 천막[유악帷幄]을 허적에게 내릴 것을 명하였다. 그런데 허적이 이미 가져 갔다는 보고를 들은 왕은 그의 이러한 행동이 자신을 업신여기는 것이라고 격노하였다. 이로 인해 환국이 단행되어 남인이 축출되고 서인이 정권을 장악하였다(경신환국; 1680).

정권을 장악한 서인은 남인을 철저하게 탄압하여 그들이 재기할 소지를 없애려고 하였다. 그러자 서인 내의 일부 소장파 사이에서 반발이 일어났다. 그들은 집권세력에 반대하는 당파라도 그 존재를 인정하는 것이 양반의 기본적인 태도임을 주장했던 것이다. 특히 송시열의 제자인 윤증은 송시열이 남인을 지나치게 몰아붙여 당쟁을 격화시키고, 북벌을 내세워 명성을 떨치려한다고 그의 정치노선을 정면으로 비판했다. 이로 인해 서인은 송시열 계열의 노론과 윤증을 중심으로 한 소론으로 갈리었다.

서인이 분열상태일 때, 숙종은 장희빈 소생의 왕자 윤을 원자(적자)로 삼았다. 송시열을 비롯한 서인은 숙종의 계비인 인현왕후 민씨가 아직 젊어 왕자를 생산할 가능성이 있으므로 윤을 원자로 세우는 것은 시기상조라고 반대하였다. 그러자 숙종은 송시열 등 서인을 숙청하였다. 이로써 남인정권이 성립되고, 윤이 세자로 책봉되었다(기사환국; 숙종 15).

숙종은 왕 20년에 자신의 인현왕후에 대한 가혹한 박대를 후회하면서 남인을 몰아내고 서인, 특히 소론을 중용하여 소론정권을 성립시켰다(갑술환국; 1694). 이후 남인은 영원히 정권에서 멀어졌다. 남인이 정권에서 배제됨으로써 율곡 이이와 우계 성혼의 문묘종사, 이른바 우율종사牛栗從祀를 둘러싼 오랜 논쟁도 종식되었다. 이이·성혼의 문묘종사는 일찍이 서인이 집권한 인조반정 이후 논의되기 시작했다. 반정공신의 절반 이상이 성혼의 문인이었기 때문이다. 이후 남인의 반대로 실현되지 못했는데, 경신환국으로 남인이 실세하자 종사되었다. 그러나 기사환국으로 남인이 정권을 잡으면서 출향黜享되었다가, 갑술환국으로 드디어 문묘종사가 이루어졌다.

노론과 소론은 장희빈 소생의 세자에 대한 지지 여부를 둘러싸고 격렬한 대립 양상을 드러냈다. 숙종대 중반까지 치열하게 전개되던 서인과 남인 사이의 서남당쟁이 갑술환국을 계기로 노론과 소론의 노소당쟁으로 전환했던 것이다. 소론이 세자를 지지한 반면, 노론은 이를 인정하지 않으려는 입장이었다. 그런데 숙종은 노론과 소론의 이러한 정쟁을 이용하여 자신의 왕권을 강화해 나갔다. 그리하여 심한 경우 노론과 소론 간에 한 해에 3~4차례나 정권이 바뀌었다 한다.[27] 과장된 표현이겠지만, 숙종이 당쟁을 이용하여 당파를 장악하려 했음을 아는 데는 부족함이 없다.

숙종이 환국을 이용하여 당파를 장악해 나갈 수 있었던 데에는 강력해진 척신戚臣의 도움이 컸다. 숙종대의 척신으로는 인경왕후의 아버지인 광산 김씨 김만기, 인현왕후의 아버지인 여흥 민씨 민유중 등이 있었다. 이들은 모두 서인이었는데, 인조반정 이후 서인이 추구한 '왕비는 반드시 서인 집안에서 내려는[국혼물실國婚勿失] 노력의 결과였다. 그러나 이들 척신은 서인보다는 왕실을 비호함으로써 서인세력의 약화와 왕권의 강화에 기여하였다.

숙종은 임진왜란 때 군대를 보내 조선을 도운 명의 만력제를 제사하는 대보단을 창덕궁 안에 설치하였다(1704). 당시 청에서는 강희제康熙帝가 삼번三藩의 난을 진압하고 중국에 지배질서를 확고하게 뿌리내리고 있었다. 또한 러시아의 남진을 저지하여 만주를 확보했고, 외몽골, 티베트를 장악해 나갔다. 따라서 조선의 북벌논의는 비록 대내적인 정치선전에 지나지 않은 것이었다 하더라도 설득력을 잃어갔다. 조선의 양반은 북벌론에 대체하여 자신을 드러낼 새로운 장치를 찾아야 했다. 송시열의 제자들이 화양동 계곡에 만동묘를 세워 명의 만력제와 마지막 황제인 숭정제를 제사지낸 것은 이와 관련이 있었다. 양반 지배층의 이러한 움직임을 감지한 숙종은 숭명의리를 실천함에 있어서 자신이 그 주도권을 장악하려고 했다. 그리하여 만동묘가 설립된 그 해에 대보단을 창설하였다.[28]

숙종은 또한 폐지된 4군의 일부를 다시 설치하여 압록강 연안을 본격적으로 개발했으며, 이순신사당에 현충이라는 호를 내리고, 의주에 강감찬사당을 건립하여 국민의 애국심을 고취시켰다. 이러한 조치들 역시 그가 당파를 장악하는 데 도움이 되었을 것이다.

영조의 탕평책

숙종의 사후 장희빈의 아들인 세자가 즉위하였으니, 그가 경종(1720~1724)이다. 그의 즉위에 기여한 당파는 소론이었음에도 불구하고, 경종의 즉위 후 노론이 정권을 장악하였다. 노론은 경종의 건강이 좋지 않고 후사가 없다는 점을 들어 후계자를 세울 것을 건의하였다. 당시 경종의 나이가 34세에 불과했으며, 더구나 즉위한 지 얼마 되지도 않은 그에게 이복동생을 후계자로 책정하도록 요구했던 것이다. 그리하여 소론의 반대에도 불구하고 연잉군, 즉 후일의 영조를 세제世弟로 책봉하는 데 성공하였다. 이어 노론은 또다시 연잉군으로 하여금 정무를 관장[대리청정代理聽政]케 할 것을 요구하였다.

이에 대한 대책을 강구한 소론은 대리청정을 주장한 김창집을 비롯한 노론 4대신을 역모자로 공격하였다. 경종이 이를 받아들임으로써 연잉군의 대리청정이 환수되고 노론 4대신은 유배되었다(신축사화; 경종 1). 한편 남인은 노론이 경종을 살해하려 한다고 주장했다. 이로 인해 유배되어 있던 4대신을 비롯하여 연잉군의 세제책봉과 대리청정을 주장한 노론 60여 명이 처형되었다(임인사화; 경종 2).

경종이 재위 4년 만에 돌아가자, 소론 일부의 묵인 아래 영조(1724~1776)가 즉위하였다. 영조대의 정국은 경종 1년에 영조를 세제로 책봉하고 그로 하여금 대리청정하게 하자고 건의한 노론 4대신의 주장이 옳은 것인가 아닌가, 그리고 경종 2년에 노론이 경종을 살해하려 했다는 남인의 주장이 노론에 대한 무고인가 아닌가를 두고 영조, 노론, 소론 간에 끊임없는 줄다리기, 이른바 충역시비忠逆是非가 지속된 가운데 전개되었다. 영조는 일찍이 숙종이 그러했던 것처럼 노론과 소론이 첨예하게 대립하고 있는 상황을 이용하여 환국을 단행하고, 이를 통해 왕권의 안정을 이룩하려고 했다. 그러나 이러한 수단으로는 노론과 소론을 장악하기 어렵다는 사실을 확인시켜준 사건이 일어났다. 무신란戊申亂으로도 불리어지는 이인좌의 난이 그것이었다(1728, 영조 4).

소론 이인좌 등은 경종살해 모의와 경종의 사망에 영조가 깊이 관여했다는 의혹을 가지고 있었다. 그리하여 영조와 노론을 제거하고 소론과 남인의 연합정권을 구성한다는 것을 목표로 충청·전라·경상도에서 거의 동시에 난을 일으켰다. 여기에는 전·현직 관리만이 아니라 지방에 거주한 사족, 그리고 자발적으로 참여한 양민이 적지 않았다. 특히 영남에서는 안동을 제외한 대다수의 남인이 난에 동조했다. 난이 평정된 후 영조가 대구에 평영남비平嶺南碑를 세워 영남을 반역향으로 못 박은 이유가 여기에 있었다.

이인좌의 난을 통해 자신에 대한 소론의 뿌리 깊은 반감을 확인한 영조는 이러한 반감이 당론에서 비롯된 것으로 판단하였다. 그는 환국보다는 당론이 형성되는 것을 막아 당색을 완화시키는 것이 왕권을 안정시키는 보다 근본적인 대책임을 인식하였다. 이에 영조가 주목한 것이 탕평이었다. 탕평이란 군주의 치우치지 않은 공정한 정치를 말한다. 탕평을 주장한 사람들은 처방을 내려 약을 짓듯이, 당 차원 아닌 개인 차원에서 인물을 변별하고 등용하자는 조제론調劑論을 폈다. 그러나 영조의 탕평은 이러한 원칙으로는 설명할 수 없다. 그의 탕평은 노·소·남·북 각 당 인사를 고루 등용시켜 국정의 안정을 도모하는 것이 아니고, 현실 정국을 담당하고 있던 노론과 소론만을 위한 탕평을 실시하여 왕권을 안정시키려는 것이었다. 그 결과 당파를 떠나서 국왕에게 협력한 탕평파가 등장하였다. 영조는 이들을 통해 왕권의 안정을 도모하였다.

탕평파를 통해 어느 정도 왕권의 안정을 이룩한 영조는 소론을 정권에서 몰아내고 노론을 장악하는 데 주력했다. 당파를 불문하고 양반을 장악하기 위한 조치를 취해 나갔던 것이다. 그는 우선 학문과 인품이 높은 선비인 산림山林을 정치권에서 배제하고, 자신이 산림의 역할을 수행하였다. 향촌에 거주한 산림이 당파의 논리를 주도하고 당파를 이끌어 나갔기 때문이다. 영조가 주자 못지않은 학식의 소유자임을 과시하고, 성리학 관련 서적을 다수 간행한 것도 이를 위한 것이었다. 그리고 서원의 정비에 착수하여 700여 개의 서원 가운데 170여 개를 철폐했다. 당시 서원이 당파의 본거지로 중앙 정계의 거물이 원장을 겸하면서 당인黨人을 규합하는 데 이용되었음을 고려하면, 이의 철폐는 불가피했던 것이다.

영조는 전랑의 통청권을 혁파하였다. 전랑 통청권이란, 앞서 언급한 바 있듯이, 이조 전랑이 3사의 당하관을 천거할 수 있는 권리를 말한다. 3사의 관리는 청직이므로 이에 대한 추천은 공론에 의거해야 하며, 따라서 전랑이 그것을 주관해야 한다는 논리에 따른 것이었다. 성균관 유생이나 재야 양반의 의견을 집약하여 공론으로 제시하는 역할을 수행한 직책이 전랑이었기 때문이다. 그런데 당쟁이 거듭되는 동안 전랑은 자기 당의 이익을 대변하는 존재로 타락하였다. 이에 영조는 통청권을 혁파함으로써 그들의 정치적 비중을 약화시켰다.

세계화시대
우리한국사

영조가 공론의 대변자인 전랑의 정치적 비중을 약화시킨 것은 양반의 여론을 중시하지 않겠다는 의지를 드러낸 것과 다를 바 없었다. 그 대신 백성의 여론을 직접 정치에 반영한다는 점을 내세웠다. 신문고제도를 부활하고, 궁궐 밖으로 자주 나가서 직접 민의를 청취한 것은 그러한 결과였다. 이에 따라 백성들은 격쟁 상언擊錚上言이라 하여, 징을 치고 행차 도중의 국왕에게 나아가 직접 억울한 일을 호소할 수 있었다. 백성을 내세워 양반의 여론을 무력하게 만들려는 것이 영조의 생각이었던 것 같다.

영조는 대보단의 제사에 명의 태조 홍무제와 마지막 황제 숭정제를 추가하였다. 홍무제가 조선의 국호를 정해주는 등 창업을 승인하고 도와주었다는 것이 그 이유였는데, 이후 대보단의 최고 주인공은 만력제에서 홍무제로 바뀌었다. 따라서 대보단의 권위가 만력제와 숭정제를 제사하는 만동묘를 압도했음은 물론이다. 영조는 홍무제의 권위를 등에 업고 자신을 드러내려고 했던 것이다.

1750년(영조 26) 2필의 군포를 1필로 감하는 균역법이 실시되었다. 임진왜란 이후 모병제가 실시됨으로써 일반 양인은 수포대역收布代役이라 하여 실제의 군역을 짊어지지 않는 대신에 1년에 2필의 군포를 바쳤다. 그런데 2필의 군포도 부담스러운 것이었지만, 이를 거두는 과정에서 야기된 부작용이 농민을 더욱 괴롭혔다. 어린애를 장정으로 편입시켜 군포를 징수했는가 하면, 죽은 자에게도 여전히 군포를 징수하는 부정수단이 행해졌던 것이다. 이러한 폐단은 농민의 이농을 초래하여 국가로 하여금 균역법의 실시를 피할 수 없게 만들었다. 그런데 균역법은 양반에게 불리한 것이었다. 군포의 필수를 반감하는 데서 생기는 부족액은 양반의 소유지를 포함한 모든 토지에서 1결당 미 2두를 결작結作이란 이름으로 징수하는 등의 방법으로 보충했기 때문이다. 따라서 영조대에 균역법이 실시된 이면에는 양반을 장악하려는 영조의 의도가 숨어 있었다고 할 수 있다.

영조가 양반을 장악해 나가자 집권 노론도 당론에 따르기보다는 그의 의지에 의해 움직여졌다. 따라서 영조의 뜻에 순응한 경주 김씨, 풍산 홍씨 등 노론 척족이 정권을 주도하였다. 경주 김씨는 영조가 51세에 맞이한 15세의 계비 정순왕후 집안이었으며, 풍산 홍씨는 사도세자의 처가였다. 탕평을 내세운 영조 대에 도리어 노론 척족이 정치권력을 독점한 까닭이 여기에 있었다.

정조와 노론

정조(1776~1800)는 즉위 이전 세손世孫으로서 노년의 영조를 대신하여 정무를 관장하였다. 그런데 이때부터 그는 노론 척신의 견제를 받았다. 정순왕후의 오빠인 노론 김구주와 정조의 외조부인 홍봉한의 동생 홍인한이 그의 대리청정을 반대했던 것이다. 이들이 정조의 아버지인 사도세자를 죽음에 이르게 한 장본인이었음을 감안하면, 그의 대리청정을 달가워했을 까닭도 없다. 일찍이 영조는 자신의 건강을 이유로 세자로 하여금 대리청정하게 했다가 무슨 이유인지 그를 폐하여 서인으로 삼고 뒤주에 가둬 죽였는데, 이때 김구주 등이 영조에게 세자의 처벌을 건의했던 것이다. 따라서 정조는 독자적인 세력형성에 주력하였다.

정조는 즉위와 더불어 창덕궁 안에 규장각이라는 정치기구 겸 학문연구소를 세웠다. 그리고 점차 그 기구를 확대하고 기능을 다양화시켰다. 6명의 정원으로 구성된 규장각의 각신閣臣은 경연에 참가하고 국왕의 통치를 보좌하는 등, 홍문관원의 역할을 수행하였다. 그들은 또한 왕을 조석으로 대면할 수 있었으므로 승정원의 승지와 같은 구실도 하였다. 그 결과 규장각의 각신은 홍문관이나 승정원의 관리들보다 국왕과 밀착되어 갔고, 언론 활동에 있어서도 대간을 능가했다. 따라서 각신은 채제공 같은 정조가 신임할 수 있는 인물로 구성되었다.

규장각에는 또한 각신을 보좌하는 4인의 검서관檢書官이 있었는데, 문명文名은 높으나 벼슬길에 진출하지 못한 실력이 있는 서얼이 그 대부분을 차지하였다. 《발해고》를 쓴 유득공과 《북학의》를 저술한 박제가 등이 그들이었다. 검서관제도는 서얼의 학문을 수용하기 위한 통로였던 셈이다.

정조는 경연을 폐지하고 그 대신 재능이 있는 젊은 문신을 선발하여 일정 기간 동안 규장각에서 공부를 하도록 하는 초계抄啓 문신제도를 시행하였다. 경연이 신하가 국왕에게 공부하기를 요청하는 형식으로 진행된 것과는 달리, 이 제도는 국왕이 신하에게 공부하기를 강요한 것이었다. 정조는 그들에게 자신의 학문과 정치노선을 강하게 주입시켰다. 그들은 암행어사로도 파견되어 정조의 왕권강화와 민폐 파악에 큰 역할을 수행하였다. 정약용은 초계문신제도를 통해 성장한 대표적인 인물이었다.

정조는 자신의 아버지 사도세자를 장헌세자로 올리는 조치를 취하였다. 죽임을 당하면서 서인庶人으로 폐해진 아버지를 그대로 두고서는 자신의 왕권을 확립할 수 없다는 판단에 따른 것이었다. 그리고 이를 기념하여 실시한 경과慶科에서 약 3천여 명의 무과합격자를 선발하였다. 이를 토대로 장용위라는 새로운 시위부대를 창설하였는데, 주목되는 것은 여기에 서얼·평민이 많이 포함되어 있었다는 사실이다. 이는 이들 세력의 성장을 알려주는 구체적인 예이며, 동시에 장용위의 성격을 이해하는 데 도움이 된다. 신분적 한계를 지닌 서얼·평민은 자신을 발탁해준 정조에게 충성을 바치기 마련이었다.

장용위는 이후 장용영으로 개칭되어 서울과 화성(수원)에 내영과 외영을 둔 큰 규모의 군영으로 발전하였다. 그런데 정조는 자신의 측근으로 장용영의 대장을 삼았으며, 이 영의 지휘관을 거친 인물을 5군영의 대장에 임명하였다. 그렇게 함으로써 모든 군영을 장악할 수 있었던 것이다.[29] 한편 정조는 새로운 성곽도시인 화성을 건설하였다. 그 지역을 자신의 세력근거지로 삼으려는 의도였다. 그리하여 양주에 있던 장헌세자(사도세자)의 능을 이곳으로 옮겨 현륭원이라고 하였다. 정조의 현륭원 행차는 화려한 것으로 유명한데, 자신의 권위를 드러내기 위한 방법의 하나였다.

정조대의 정치세력은 시파와 벽파로 나누어진다. 벽파가 사도세자의 죽음을 정당하다고 여긴 인물로 그 중심을 이룬 데 반해, 그의 죽음을 동정하면서 정조의 뜻에 따르는 인물이 시파를 구성하였다. 남인과 소론, 그리고 노론 일부가 시파를 이룬 반면, 벽파는 대부분 노론이었다. 따라서 정조는 노론 벽파를 정계에서 배제하는 것을 정치의 목표로 삼았다. 사도세자의 죽음에 대한 책임을 물어 김구주를 비롯한 정순왕후의 친정 집안 인물을 유배한 사실로 짐작되는 일이다. 그의 노론 벽파에 대한 견제 노력은 신해통공辛亥通共(1791, 정조 15)과 유생에 대한 회유에서도 드러났다.

서울의 6의전을 비롯한 시전상인은 국가로부터 금난전권禁亂廛權을 획득하여 사상私商의 활동을 억압하고 상업활동을 독점하였다. 이로 인해 물가가 상승하는 등의 부작용이 일어나자, 정조는 신해통공을 반포하여 6의전을 제외한 나머지 시전의 특권을 모두 폐지하였다. 사상의 자유로운 상업활동을 보장했던 것이다. 그런데 여기에는 권력을 이용하여 금난전권을 보유한 시전상인과 결탁한 노론 벽파에 대한 응징의 측면이 내포되어 있었다.[30]

정조는 8도의 유생을 포용하기 위해 규장각으로 하여금 각 도별 유생 명단인 《빈흥록》을 편찬케 하였다. 그리고 이와는 별도로 호남의 유생을 포섭하기 위해 장성 출신 김인후의 문묘종사를 결정했다. 무엇보다 정조는 이인좌의 난 이후 정계에서 소외된 영남의 남인에게 큰 관심을 표시하였다. 남인 채제공을 중용했는가 하면, 영남의 남인을 위한 별도의 과거시험을 그들의 정신적 지주인 퇴계 이황을 제사하는 도산서원에서 실시했던 것이다. 영남의 남인도 사도세자의 신원과 노론 벽파를 공격하는 〈영남만인소〉를 올림으로써 그들을 끌어안으려는 정조의 배려에 보답하였다.

정조는 왕 24년(1800) 사도세자에 대한 영조의 처분이 잘못임을 밝힘과 아울러 남인의 중용을 암시하였다. 그런데 이 하교下敎를 내린 지 한 달 만에 정조는 사망하고 말았다. 살갗을 파고드는 부스럼 병 때문이었다. 그러나 남인은 정조가 노론 벽파에 의해 독살 당했다고 믿었다.

광해군에서 정조에 이르는 조선의 국왕

세계화시대
우리한국사

15 —
세도정치와 대원군

학계는 순조(1800~1834)에서 철종(1849~1863)에 이르는 기간을 세도勢道정치시기로 이해하고 있다. 세도정치는 신하가 강력한 권력을 잡고 온갖 정사를 좌우하는 정치형태이다. 정조의 뒤를 이어 어린 순조가 즉위하자 외척이 정치적으로 부상하였다. 그런데 당시는 영조와 정조에 의해 당파의 기능이 크게 약화되어 이들을 견제할 만한 세력이 존재하지 않았다. 따라서 외척은 왕실의 권위를 등에 업고 권력을 독차지할 수 있었다.

세도정치를 이끌어 온 왕실의 외척 안동 김씨와 풍양 조씨는 고종의 즉위와 더불어 권력에서 물러났다. 흥선대원군이 그의 아들 고종을 대신하여 정권을 장악했기 때문이다. 그는 집권과 더불어 개혁을 실시했는데, 개혁의 핵심은 왕실의 권위를 높이는 데 있었다. 그러나 여기에는 민의民意가 어느 정도 반영되기도 했다. 백성을 내세워 서원을 철폐하고 양반으로부터 군포를 징수한 것이 그것이다. 한편 대원군은 양반의 뜻에 일부 영합하고, 그들에게 자신의 힘을 과시하기 위한 방법의 하나로 천주교를 탄압하였다. 그러자 이를 빌미삼아 프랑스가 침입하였는데, 이는 조선인으로 하여금 서양세력과의 교섭을 꺼리게 만든 계기가 되었다.

세도정치시기에는 숭명배청의 논리가 쇠퇴하고 청의 문물과 학술이 풍미했다. 정조대의 북학운동에 영향을 받았을 뿐만 아니라, 현실적으로 서양세력에 대처하기 위해서는 청과의 제휴가 필요했기 때문이다. 대원군이 대명의리의 상징인 만동묘를 철폐할 수 있었던 것은 이러한 시대상을 배경 삼은 것이었다. 따라서 조선의 양반은 점차 청을 중화로 인식하게 되었다.

세도정치의 전개

1800년 정조가 돌아가고 순조가 겨우 11세의 어린 나이로 즉위하자, 영조의 계비인 정순왕후가 왕을 대신하여 정치를 행하였다. 그녀는 노론 벽파의 실력자인 경주 김씨 김구주의 누이였으므로, 그녀의 수렴청정과 더불어 정조대에 정치적으로 불리한 위치에 있었던 노론 벽파가 득세하였다. 정순왕후는 정조대에 이미 계획되어 있던 내內(궁)·시寺(중앙관청)노비 가운데 궁과 관청에서 직접 사역하던 노비를 제외한, 납공納貢노비의 문서를 소각시켜 그들을 양민으로 삼았다(1801, 순조 1). 양인 감소에 따른 세수 부족을 해결하기 위해서는 노비를 양인으로 해방시켜 군 포를 받는 편이 낫다는 의견이 그 이전부터 정부의 각급 기관에 의해 제기되었기 때문이다. 그런데 이때 내시노비가 혁파된 데 에는 장용영을 폐지하여 시파, 특히 김조순 일파의 세력을 약화 시키려는 정순왕후와 노론 벽파의 정치적 의도가 숨어 있었다. 내시노비 혁파로 인한 재정상의 부족액을 장용영으로 하여금 메우도록 함으로써 장용영은 재정이 극도로 악화되어 결국 폐 지되었는데, 당시 그곳을 장악하고 있던 인물이 노론 시파의 김 조순이었던 것이다.

정순왕후의 시파 견제 노력에도 불구하고, 정조 생전에 세자 비로 간택된 안동 김씨 김조순의 딸이 순조의 비가 되었다. 벽파 는 그 가문과의 국혼을 막기 위해 안간힘을 썼으나 성공하지 못 했다. 선왕先王의 결정을 정면으로 뒤엎는 것은 정순왕후나 벽파 세력 모두에게 그들이 힘을 발휘하는 기반인 왕실의 권위를 부 정하는 것이었기 때문이다. 따라서 정순왕후가 수렴청정을 거 두고 순조가 친정하게 되면서 안동 김씨 김조순의 세도정치가 시작되었다.

안동 김씨의 뒤를 이어서는 풍양 조씨가 한동안 정권을 마음 대로 했다. 순조를 대신하여 그의 아들인 효명세자가 정치를 행 했는데, 그의 비가 풍양 조씨 조만영의 딸이었던 것이다. 그리고 순조 사후 효명세자의 아들인 8세의 어린 헌종(1834~1849)이 즉 위한 후에는 순조의 비이며 김조순의 딸인 순원왕후가 수렴청 정 함으로써 안동 김씨와 헌종의 외가인 풍양 조씨가 권력의 중심을 이루었다. 세도정치는 이들 가문 간의 연합 통치적 성격을 드러냈던 것이다. 그리고 헌종이 후사 없이 죽고 사도세자의 후손으로 헌종의 7촌인 철종이 즉위하면서 세도가 다시 안동 김씨로 돌아갔다. 순원왕후가 거듭 수렴청정한 데다가 철종의 왕비가 또한 안동 김씨 김문근의 딸이었기 때문이다.

세도정치 아래서 국왕의 위상은 형식적인 측면에서는 그 이전과 다를 바 없었다. 예컨대 순조는 중국의 요·순 임금과 비교될 만큼 탁월하다는 평가를 신하들로부터 받았다. 이는 세도정권의 권력의 원천이 국왕에게 있었던 것과 관련이 있었다. 후일 대원군이 집권하여 안동 김씨 세력의 약화를 기도했을 때, 그들이 대원군에게 도전하지 못한 것도 자신들 스스로가 국왕의 권위에 의존했기 때문이다. 그러나 국왕은 그 관념상의 지위에 상응하는 권력을 행사하지 못했다. 순조가 말년에 풍양 조씨 조인영에게 헌종을 부탁한 것은 김조순 가문의 권력 장악을 경험한 그가 외척의 강력한 정치적 역할을 현실로 받아들인 결과였다.

세도 가문의 권력을 뒷받침한 기관은 비변사였다. 비변사가 국방에 관한 일을 논의하는 회의기구였음을 감안하면, 그들은 국가의 안보를 내세워 자신들의 비정상적인 권력행사를 합리화하려 했던 듯하다. 한편 비변사를 이끈 당상관에는 공조를 제외한 6조의 판서가 자동적으로 참여하였다. 비변사는 외형상 국가의 중요한 사안을 합리적으로 처리할 수 있게 구성되어 있던 것이다. 그런데 때로 그 수가 30명에까지 이른 비변사의 당상관은 판서를 제외하고는 세도가에 의해 선출되는 것이 일반적이었다. 더구나 비변사의 당상관은 부자나 형제가 같은 관청에 근무할 수 없는 상피相避 규정에 적용되지 않았다. 따라서 세도가는 그들의 친인척으로 이를 채울 수 있었다. 그리고 회의 형식은 사관史官도 접근할 수 없는 비밀공사秘密公事였다. 그러므로 세도가는 스스로 전면에 나서서 활동하지 않아도 비변사를 통해서 자연스럽게 국정을 장악할 수 있었다. 이로 인해 의정부를 비롯한 정부 기구들이 무력해지고 비변사의 기능이 확대되었다.[31]

세도정치시기에는 공론이 드러나지 않았고, 3사의 활동 역시 크게 위축되었다. 세도가가 비변사를 통해 권력을 행사해도 이를 견제할 제도적 장치가 운용되지 않았던 것이다. 영조와 정조의 왕권강화 노력이 효과를 거두어 공론을 주도하던 산림이나 그 대변자인 전랑이 힘을 잃었기 때문이다. 그 결과 세도정치는 여러 사회세력이 중앙 정치로부터 소외되는 결과를 낳았다. 부정부패 역시 심할 수밖에 없었는데, 이로 인한 피해는 백성들이 감당할 수밖에 없었다. 백성들은 자신의 불만을 학정의 금지를 요청하는 소청운동訴請運動으로, 때로는 정부와 탐관오리를 비방하는 방서榜書·괘서掛書로 표출하였다. 그리고 민란으로 드러냈다. 과거에 낙방한 홍경래를 지도자로 하여 몰락한 양반·상인·무사 등이 주동이 되어 세도정권의 전복을 목표로 평안도에서 일어난 홍경래의 난은 그 대표적인 것이었다(1811, 순조 11).

(23) 순조純祖	—	(24) 헌종憲宗	—	(25) 철종哲宗	—	(26) 고종高宗

천주교 박해

조선인이 서양의 문물을 접한 것은 중국에 진출한 유럽의 천주교 선교사를 통해서였다. 일찍이 예수회 신부 마테오 리치Matteo Ricci는 명나라 황제로부터 천주교의 포교와 성당 건립을 허가받았으며, 청이 들어선 후에는 아담 샬 등이 청 황실과 밀접한 관계를 유지하였다. 그들이 명·청 황실을 사로잡은 것은 천문·역법·지리·수학과 같은 여러 과학 부문에 능통했을 뿐만 아니라, 대포의 제작에도 숙달하였기 때문이다. 그들은 서양의 과학지식을 선교활동의 수단으로 삼았던 것이다. 그리하여 베이징의 네 곳에 천주당이 건립되었는데, 그곳은 조선의 사신이 관광하는 대상이었다. 선교사들은 천주당을 방문한 조선 사신에게 전교를 목적으로 서양의 기기機器와 한문으로 번역된 서양서적을 전해주었다. 조선의 사신은 선교사가 건립한 천주당을 통해 서구문명과 접촉했던 것이다.

천주교는 서양의 과학과 더불어 서학이라고 일컬어졌다. 후일 천주교의 금압정책이 시작되자 서양과학의 수용 역시 거부된 것은 이 때문이었다. 조선인은 천주교를 종교적인 신앙으로서보다 서양문물이나 학술과 마찬가지로 학문적·사상적 호기심의 대상으로 삼았던 것이다. 그들은 중국으로부터 전래된 천주교 서적을 읽고 자발적으로 이에 관심을 가졌다. 이익의 학문적 영향을 받은 이벽·권철신·이승훈이 특히 그러하였다. 이는 성직자의 전교에 의해 종교가 전파된 다른 나라의 경우와는 다른 것이었다.[32]

이승훈은 동지사 서장관인 아버지를 따라 베이징에 갔다가, 그곳에서 서양인 신부로부터 영세를 받고 돌아왔다(1783). 이후 그를 중심으로 이벽·정약용 등이 종교의식을 위한 모임을 가졌다. 그리고 자기들끼리 교계제도敎階制度를 세워 이승훈을 교회의 영수로 추대하고, 10인을 신부로 선출하였다. 그들은 자기들이 임명한 신부의 적법성에 대해 의문을 품고 베이징교구에 이를 문의하였다.

조선의 천주교인으로부터 질문을 받은 베이징교구는 자체적으로 신부를 임명하는 것이 불법임을 지적하고, 그들의 사제직 수행을 중지할 것을 명하였다. 아울러 제사 참배도 금하였다. 이를 통해 천주교가 조선의 유교관습을 거부한다는 사실을 알게 된 이승훈과 정약용은 교회활동에서 손을 떼었다. 그러나 전라도 진산의 윤지충은 어머니 상을 당하여 신주를 불태우고 제사를 지내지 않았다. 그는 전주의 풍남문 앞에서 참수형을 당했는데, 그의 죄목은 불충이었다. 조선정부는 윤지충의 이러한 행위를 정부의 권위에 대한 도전으로 이해했던 것이다. 따라서 천주교는 '무부무군無父無君의 사학邪學'으로 규정되었다. 그러나 가혹한 탄압책을 쓰지는 않았다. 이에 베이징교구는 중국인 신부 주문모周文謨를 조선의 첫 사제로 임명하여 파견하였는데(1794), 그는 당시의 신자가 4천 명이라는 사실에 놀라움을 금치 못했다.

1801년 순조를 대신하여 정치를 하던 정순왕후는 천주교를 박해하여 이승훈 등과 중국인 신부 주문모를 사형시키고, 정약용 등을 유배하였다(신유사옥). 그런데 이 박해는 정순왕후와 연결된 노론 벽파가 남인 시파를 타도하려는 데서 비롯된 것이었다. 남인 시파 가운데 천주교 신자가 많았기 때문이다. 천주교인 황사영은 조선정부의 이러한 탄압에 항의하여 몰래 비단에 글을 적어 베이징의 프랑스인 주교에게 보내려다가 발각되어, 죽임을 당했다(황사영백서사건). 황사영은 백서에서 수난자의 약력과 당시의 국내 사정을 설명하고, 프랑스가 전함을 파견하여 조선정부에 위협을 가해줄 것을 요청했던 것이다. 이로 인해 천주교인은 외부 침략자와 내통하여 조선왕조의 존립을 심각하게 위협하는 무리로 간주되었다.

안동 김씨의 세도정치가 시작되면서 천주교는 이렇다 할 박해를 받지 않았다. 여기에 고무되어 프랑스의 파리외방전도회는 조선에 독립된 교구를 설립하고, 모방Maubant 등 세 명의 신부를 파견하였다(1831). 그 결과 천주교의 신도 수는 급격히 증가하였다. 그러나 헌종 때 풍양 조씨가 정권을 장악하면서 천주교에 대한 탄압이 다시 실시되었다. 천주교 박해에 소극적이었던 안동 김씨에 대한 풍양 조씨의 정치적 반격의 성격을 띤 것이었다. 이로 인해 프랑스 신부 세 사람과 많은 신도가 죽임을 당했다(기해사옥; 1839). 중국에 진출한 서양의 선교사가 우대를 받은 것과 달리 조선에 입국한 프랑스 신부들이 박해를 당한 것은 그들이 천주교를 금한 이후에 들어온 것과 관련이 있었다.

1848년에는 마카오Macao에서 신학교를 졸업하고 조선인 최초의 신부가 된 김대건이 해로를 통해 청의 선교사들과 연락을 시도하다가 붙잡혀 순교하였다. 그러나 철종이 즉위하고 안동 김씨가 다시 집권하면서 천주교에 대한 억압은 심하지 않았다. 이처럼 조선의 천주교에 대한 정책은 어느 당파가 정권을 장악하는가에 따라 달랐다.

청에 대한 인식의 변화

병자호란 이후 숭명배청의 논리가 조선사회를 지배했음은 여러 차례 언급했다. 그러한 가운데 정조대 청을 왕래한 젊은 관리들은 청 문물의 우수성을 직시하고, 청을 정벌의 대상(북벌)이 아닌 배움의 대상(북학)으로 설정하였다. 홍대용과 박지원이 그 선구적인 역할을 수행했으며, 이덕무와 박제가 여기에 동조하였다. 학계에서는 그들을 북학파, 그들의 주장을 북학사상이라고 부른다. 그들은 조선의 양반들이 청을 오랑캐라고 매도하면서 그로부터의 문물 수용을 거부하는 것을 비판하고, 조선의 낙후된 현실을 극복하기 위해서는 청의 문물을 배워야 할 것을 주장하였다.

북학파를 비롯한 일부 양반들은 청의 문물만이 아니라 학문을 수용하는 데도 적극적이었다. 그리하여 사실에 입각해서 옳은 것을 구한다는 실사구시實事求是의 고증학이 크게 유행하였다. 그들은 또한 청을 통해 서양 문물의 우수성을 알고 새로운 세계관을 형성해 나갔다. 서양을 제압하기 위해서는 먼저 서양의 정세를 잘 알아야 하고, 이를 위해서는 서양의 장기를 배워야 한다는 점을 강조한 위원魏源의《해국도지》와 같은 책이 조선에 유포된 결과였다. 최한기는 이를 참고하여 동서양의 풍토와 물산, 관습 등을 소개한《지구전요》를 저술하였다. 그리고 이덕무의 손자 이규경은 청나라가 서양 여러 나라와 교역하여 막대한 이익을 얻고 있음을 지적하면서 통상의 필요성을 역설하였다.

청이 중국의 문화를 계승하는 역량을 드러내 보이자, 조선의 양반 사이에는 청을 중화로 인정하는 경향이 나타났다. 그들의 화·이 구별은 문화수준을 기준으로 한 측면이 강했기 때문이다.[33] 그리하여 청과의 교류가 확대된 순조 때는 조선의 관리 사이에 청의 하급관리와 교유하고서도 대단한 일이라도 한 것처럼 자랑하는 풍조가 생기기에 이르렀다.

한편, 잦은 이양선의 출몰은 조선정부로 하여금 청에 의존하게 만들었다. 1832년 영국인 앰허스트Amherst가 동인도회사를 위해 조선과의 통상을 요구하자 조선정부는 이를 청에 보고했고, 청의 예부는 조선이 조공국이기 때문에 독자적으로 통상할 수 없다고 선언하였다. 또한 조선은 영국의 사마랑Samarang호가 제주도에 상륙하여 통상을 요구했을 때도 이를 거절한 후, 이러한 사실을 청에 통고하면서 외국배가 다시는 조선에 접근하지 못하도록 해달라고 요청하였다(1845). 조선정부는 청과의 제휴를 강화하여 서양세력에 공동으로 대처하려고 했던 것이다. 조선의 양반들은 청의 무사無事는 곧 조선의 평안과 직결된다고 여기게 되었다.

청의 학술과 문물이 풍미하고, 청과 공동의 안보의식을 가지게 된 분위기 아래에서는 병자호란 이후 조선 양반의 의식세계를 지배해 온 숭명배청의 논리가 쇠퇴할 수밖에 없었다. 신미양요 직후 박규수가 '중국인에 의해 조선이 "예의의 나라"로 불리어지는 것은 자랑할 만한 것이 아니라 수치스러운 것이다'라고 한 것은 곧 대명의리론을 비판한 것이었다. 조선의 명에 대한 의리를 높이 평가한 중국인이 조선을 '예의의 나라'라고 불렀기 때문이다. 대원군이 대명의리의 상징물인 만동묘를 철폐할 수 있었던 것도 이러한 시대상을 배경으로 했기에 가능한 일이었다.[34]

대원군의 집권

철종의 사후 안동 김씨와 풍양 조씨 사이에는 왕위계승을 둘러싸고 대립이 있었다. 그러한 가운데 헌종의 모인 신정왕후 조씨趙氏가 후원한 이하응의 둘째 아들이 새로운 국왕 고종으로 즉위하였다(1863). 이와 더불어 이하응은 흥선대원군에 봉해졌다. 대원군이란 왕이 후사 없이 죽고 그 후사를 종친 가운데서 골라 왕위를 계승시켰을 때, 새로운 왕의 아버지를 일컫는 용어이다. 조

선에는 홍선대원군 이전에도 3명의 대원군이 더 있었으나 그들
은 모두 사후에 추존되었다. 따라서 대원군은 살아서 대원군이
된 홍선대원군 이하응을 가리키는 고유명사처럼 사용되고 있다.
그는 12세의 어린 나이인 고종을 대신하여 정권을 장악하였다.

대원군은 세도정치의 상징적인 기구로서 유력한 가문이 독점
하다시피 한 비변사의 업무를 축소하고 그 지위를 격하시켰다.
이를 위해 의정부의 본래 기능을 부활시키고, 삼군부를 군사의
최고기관으로 삼았다. 이는 세도정권의 타도뿐만 아니라 명령
체계의 단일화를 위해서도 필요한 조치였다. 그는 또한 자신이
포섭한 무신을 훈련대장을 비롯한 각 군영의 책임자로 임명함
으로써 군대를 장악하였다. 그리고 임진왜란 때 불탄 경복궁의
재건에 착수하여, 근정전·경회루·광화문 등의 건물을 완성시켰
다. 이를 통해 그는 왕실의 위엄을 높이려고 했다.

대원군은 서원의 철폐를 단행하였다. 당시의 서원은 많은 농
토와 노비를 소유하고 면세의 특권을 누렸을 뿐만 아니라, 역役
을 피하려는 자들의 소굴처럼 되어 있었다. 더욱이 서원의 양반
은 유통儒通이라 일컫는 연판장을 돌려 국정을 비방하기도 했다.
그러므로 이러한 서원의 존재를 용인하고서는 국왕의 권위를
드러내기 어려웠다. 그는 우선 만동묘를 철폐하였다(1865). 창덕
궁 안에 설치된 대보단과 중첩된다는 것이 그 이유인데, 실은 명
에 대한 의리의 실천은 왕실만으로 충분하다는 점을 밝힌 것이
었다. 그리고 드디어 전국 47개 소 이외의 모든 서원을 철폐하
였다(1871). 이러한 조치에 분개한 각지의 양반이 대궐문 앞에서

시위를 벌이자, 대원군은 '진실로 백성에게 해가 된다면 공자가 다시 살아난다 해도 용서하지 않을 것이다'라고 하면서 포도청의 군졸로 하여금 그들을 강제로 해산시키게 했다.

대원군은 종래 일반 양인에게만 부과되던 군포를 호포戶布라고 이름을 고쳐 양반에게도 부과하였다(1871). 비록 상민이 양반을 멸시하는 폐단이 생길 수 있다는 반대 때문에 양반의 이름 아닌 하인의 이름으로 호포를 내도록 했지만, 호포제도 실시는 대원군의 개혁 가운데 괄목할만한 것이었다. 또한 고리대로 변질된 종래의 환곡제도를 그 지방민의 공동출자에 의해 운영되고 관리되는 사창社倉제도로 고쳤다.

1873년 대원군은 정권에서 물러났다. 서원철폐 등에 따른 양반의 반발과 더불어 고종의 비인 민씨와의 불화가 주된 요인이었다. 민비가 대원군과 정치적 갈등을 빚은 것을 계기로 그녀의 척족은 고종의 존호를 올리는 일을 추진하였다. 고종이 친정할 수 있는 여건을 조성하기 위함이었다. 고종 역시 친정에 강한 의지를 표명하였다. 결국 대원군을 탄핵하는 최익현의 상소가 올라오자, 고종은 최익현을 적극 비호하고 나섬으로써 친정을 기정사실화하였다. 대세가 고종에게 기울고 있다는 사실을 간파한 대원군은 은퇴의 길을 택할 수밖에 없었다.

프랑스·미국과의 충돌

대원군의 집권을 전후하여 조선은 천주교의 만연에 대해 공포심을 가지고 있었다. 1860년 영국과 프랑스 연합군의 베이징 점령은 지금까지 천주교에 대해 안이한 생각을 가지고 있던 조선인에게 큰 충격을 주었다. 베이징을 함락시킨 서양세력이 그 여세를 몰아 곧바로 동쪽에 있는 조선을 공격한다는 소문이 떠돌아 지방으로 낙향하는 사람까지 생겨났을 정도였다. 따라서 청에서 천주교를 탄압했다는 보도가 전해 오자, 양반은 이의 박해를 강력하게 주장하였다. 대원군은 이들의 요구를 수용해서 만동묘 철폐로 악화된 자신에 대한 여론을 무마하려고 했다. 아울러 자신의 힘을 과시하여 반대세력의 도전을 사전에 막으려는 의도도 가지고 있었다. 그는 천주교를 가혹하게 탄압하여 9명의 프랑스 선교사와 남종삼 등 수천 명의 신자를 처형하였다(병인박해; 1866).

박해를 피해 중국으로 탈출한 리델Ridel 신부는 이러한 사실을 청에 머물고 있던 프랑스의 극동함대사령관 로즈Rose에게 알렸다. 로즈는 선교사 살해의 책임을 묻는다는 구실을 내세워 7척의 군함과 1,500여 명의 병력을 거느리고 강화읍을 점령하였다(병인양요). 그들은 그곳에서 외규장각의 도서를 약탈하고, 전등사를 침탈하였다. 일찍이 정조는 규장각의 도서 가운데 특히 중요한 것을 별도로 보관하기 위해 강화도에 외규장각을 설치했는데, 프랑스군이 이를 약탈하여 본국으로 반출했던 것이다. 당시 강화도 점령에 참가했던 한 프랑스 장교는 '이곳에서 감탄하면서 볼 수밖에 없고, 우리의 자존심을 상하게 하는 또 한 가지는 아무리 가난한 집이라도 어디든지 책이 있다는 것이다'라고 하여, 조선의 대부분의 가정에 책이 있음을 높이 평가하는 기록을 남기기도 했다. 프랑스군은 정족산성을 공격하던 군대가 양헌수가 이끈 조선군과의 전투에서 참패를 당하자 곧 퇴각하였다.

프랑스군이 강화도를 점령한 직후 조정의 일각에서는 그들과 타협해야 서양의 침략이 그칠 것이라는 의견이 제기되었다. 청나라도 그들의 침략을 막아내지 못했다는 것이 그 이유였다. 그러나 이러한 주장은 위정척사론 때문에 크게 설득력을 얻지 못했다. 기정진은 병인양요 직전에 이미 프랑스의 침입을 예견하면서 척사와 해방海防을 주장하는 상소를 올렸다. 이항로 역시 위정척사를 내세우면서 조선정부의 항전을 독려하였다. 다만 그들이 내세운 위정척사의 방법은 대원군의 그것과 차이가 있었다. 이항로가 위정척사의 방안으로 만동묘의 복설復設을 요구하자, 대원군은 내정의 정비와 군비의 강화를 통해서만 위정척사를 실현할 수 있다고 하면서 그의 요구를 거절했던 것이다.

프랑스군의 침략에 대한 반감은 정부나 양반만이 아니라 백성 사이에도 널리 유포되고 있었다. 이러한 사실은 판소리를 정리한 신재효가

괘씸하다 서양되놈, 무부무군 천쥬학은, 네 나라나 할 것이지,

로 시작되는 〈서양되놈〉이라는 단가를 지은 사실에서 잘 드러
난다. 여기에서 그는 프랑스가 군사를 일으켜 조선을 해하고자
하였으나 도리어 참패하고 도주한 사실을 전하면서, 그들의 강
화도 침략을 규탄하였다. 백성들의 서양에 대한 이러한 반감은
대원군으로 하여금 서양의 침략에 강경하게 맞서게 한 원동력
이 되었다.[35]

병인양요는 서양인의 침략성을 조선인에게 알려준 계기가 되
었다. 따라서 병인양요 후 위정척사론이 강화되고 천주교에 대
한 정부의 탄압이 심해진 것은 당연한 추세였다. 그러한 가운데
제너럴 셔먼General Sherman호사건과 오페르트Oppert사건이 발
생했다. 통상을 위해 조선에 온 미국상선 제너럴 셔먼호는 마침
홍수로 물이 불어난 대동강을 따라 평양에 들어왔다. 당시 평안
도 관찰사였던 박규수가 이의 퇴거를 명하였으나, 그들은 도리
어 조선의 관리를 납치함으로써 이를 묵살하였다. 그런데 수량
의 감소로 배가 강 안에 박혀 빠져나가지 못하자, 박규수는 평양
백성을 지휘하여 선원들을 살해하고 선체를 불태웠다(1866). 박
지원의 손자인 박규수는 일찍이 청에 사신으로 파견되어 베이
징이 영국과 프랑스 연합군에게 함락된 실상을 직접 목격한 인
물이었다. 따라서 그에게는 서양의 우수한 것을 배우려는 생각
보다는 서양의 침략을 막으려는 방어의식이 앞섰다. 제너럴 셔
먼호에 대해 그가 강경한 조치를 취했던 것은 그 때문이다. 한편
독일 상인 오페르트는 충청도 아산만에 상륙하여 덕산에 있는
대원군의 부친 남연군의 무덤을 도굴하는 만행을 저질렀다

(1868).

병인양요와 오페르트사건을 계기로 조선인의 서양인에 대한 감정이 악화된 가운데, 1868년 일본이 쓰시마도주를 통해 메이지明治유신을 통고하면서 새로 수교할 것을 청하였다. 이제까지 조선 국왕과 대등하게 상대했던 막부의 장군은 천황의 신하였으니, 천황이 직접 정치를 행하게 된 일본과 조선 간에는 대등한 국교가 아닌 일본을 상국으로 대우하는 차등적 외교를 새로 수립해야 한다는 것이었다. 따라서 쓰시마도주가 조선의 예조참판 앞으로 보내 온 서계書契(외교문서)에 사용된 용어도 이제까지와는 다른 것이었다. 일본 조정을 '황조'라고 하고 천황의 명령을 '칙'이라고 하여, 일본이 천황의 국가임을 분명히 했던 것이다.

조선은 임진왜란 직후 일본의 도쿠가와德川막부와 국교를 회복하고 통신사를 파견하였다(1607, 선조 40). 조선과의 무역이 필요했던 쓰시마도주가 조선과 일본의 국서를 위조하는 등의 수단을 동원하여 양국관계의 회복에 힘쓴 결과였다. 그러나 통신사행은 1811년을 끝으로 단절되어 조선은 일본에 대한 최신 정보를 거의 가지고 있지 못했다. 이러한 시기에 주일본 독일공사 브란트Brandt가 수 명의 일본인을 대동하고 군함에 탑승하여 부산에 나타난 사건이 발생하였다. 대원군은 이를 '왜가 양이와 공모하여 조선을 침범하려는 구체적인 증거'로 간주하였다. 조선 정부가 차등외교를 수립하자는 일본의 요구를 수용하지 않았음은 물론이고, 일본과의 교섭 자체를 일절 거부하였다.

1871년 미국의 주청공사 로우Low는 아세아함대사령관 로저

스Rodgers와 함께 군함과 병력을 거느리고 강화해협에 들어왔다. 뒤늦게 제너럴 셔먼호사건을 구실삼아 조난선원구휼문제 등을 조선정부와 상의하기 위함이었다. 그들은 조선정부가 협상에 소극적인 데다가 연안을 경비하던 조선군으로부터 공격을 받자, 일본을 개항시킨 페리perry제독의 포함외교를 본떠 초지진과 덕진진을 점령하고 이어 광성진에 대한 공격작전을 개시하였다(신미양요). 광성진을 지키고 있던 어재연부대는 미군 상륙부대에 맞서 치열한 전투를 벌였다. 그러나 구식 무기인 화포와 화승총으로 무장한 조선군은 대포와 소총을 보유한 미군의 적수가 되지 못하였다. 더구나 조선군 병사들은 두꺼운 목면으로 만든 방탄용 전투복을 착용하고 있었으므로 무더운 여름 날씨에 기동력마저 떨어졌다. 그러한 상황에서도 그들이 최선을 다해 싸웠음은 당시 이 전투에 참여했던 미군이, '우리는 가족과 국가를 위하여 그토록 장열하게 싸우다가 죽은 국민을 다시는 찾아볼 수 없을 것이다'라는 기록을 남긴 것으로 알 수 있다.[36] 이 전투에서 조선군은 어재연을 비롯한 350여 명이 최후를 마친 반면, 미군 전사자는 3명에 불과했다. 그러함에도 조선이 협상에 임하지 않자 미군은 물러갔다.

병인양요와 신미양요는 서양의 문호개방 요구와 이를 거부하는 대원군의 쇄국정책이 맞서서 빚어진 사건이 아니었다. 천주교 탄압과 조난선원의 구휼문제를 빌미로 침략한 프랑스와 미국 군대에 조선 군대가 맞서 싸움으로써 발생한 사건이었다. 따라서 대원군의 대외정책을 쇄국정책으로 표현하는 것은 온당하지 않다는 느낌이 든다.[37] 대원군은 외국의 침략에 적극적으로 대응했던 것이다.

병인양요 후 조선정부는 대대적인 군비증강책을 추진하였다. 각 지방에 포군砲軍을 상비군으로 설치하고, 새로운 무기의 개발을 시도하였다. 그리고 신미양요 후에는 서울 종로와 지방 각처에 '양이가 침범함에 싸우지 않으면 곧 화의인데, 화의를 주장함은 매국이다'는 내용의 척화비를 세워 서양에 대한 전의를 북돋았다.

16 —
개항과 근대적 개혁의 추진

1876년 조선은 일본에 의해 개항되었다. 이는 조선인에게 커다란 충격을 안겨주어 그들이 각성하는 계기가 되었다. 민족적 유대감이 필요하며 민족 내부의 분열은 공멸을 초래한다는 사실을 깨닫게 되었던 것이다. 그들은 기득권층의 양보를 전제로 하는 개혁의 필요성을 절실하게 느꼈다. 서구의 문물을 접한 소위 개화파가 특히 그러하였으며, 동학농민군을 비롯한 일반인도 여기에 공감하고 있었다. 갑오개혁으로 신분제도가 폐지될 수 있었던 것도 이 때문이다.

학계는 개항 이후의 사건에 대한 평가에 많은 관심을 표시하였다. 한국이 일제의 식민지가 된 계기를 개항에서 찾은 결과였다. 그 가운데는 개화파의 친일적인 행태를 비난한 것이 적지 않다. 개화파가 일본의 의도를 눈치채지 못하고 지나치게 그에 의존했다는 것이다. 그런데 개화는 국가 부강의 근본이 되는 과학

기술이나 문명 일반을 도입 수용하여 국제사회에 대처하자는 것으로서, 이를 위해서는 미국이나 영국보다 일본으로부터 영향을 받을 수밖에 없는 것이 당시의 상황이었다. 따라서 일본으로부터 문물을 수용하려 했다는 사실만으로 개화파를 비난할 수는 없다. 그들은 후일 일제의 조선 침략에 협력한 인물과는 경우가 다른 것이다. 개화파 가운데 후일 일제의 침략에 협력한 인물이 있음을 들어 개화파 모두를 소급해서 비난하는 것은 시대적인 상황을 무시한 것으로, 역사적인 해석이라고 할 수 없다.

개항과 개화정책

2
－
中世

병인양요를 일으킨 프랑스와 신미양요의 장본인인 미국이 조선과의 교전 후 쉽게 물러간 것은 그들이 교섭에 소극적이기도 했지만 조선의 저항이 완강했기 때문이다. 그들은 무력시위만으로 그들의 목적을 달성할 수 있으리라고 믿었으나, 조선의 저항이 뜻밖에 강하자 이를 포기했던 것이다. 그러나 일본은 그들과 달랐다.

　메이지유신 이후 일본에서는 실직한 무사의 불만을 달래기 위한 방법의 하나로 조선을 정벌하자는 '정한론征韓論'이 여러 차례 제기되었다. 조선 정벌은 무사에게 일자리를 마련해주는 조치와 다를 바 없었기 때문이다. 이러한 '정한론'은 조선이 여러 차례에 걸쳐 일본과의 외교교섭을 거부하자 점차 설득력을 얻어갔다. 메이지유신의 공신이며 무사 사이에 신망이 높았던 사이고西鄕隆盛가 '정한론'을 주장할 때는 특히 그러했다. 그러함에도 '정한론'이 실현되지 못한 것은 이와쿠라岩倉具視·이토伊藤博文 등 구미를 시찰하고 돌아온 인물들이 외정外征보다 내치內治를 강조하며 이에 반대했기 때문이다(1873). 그들은 조선 출병이 국내의 제반 개혁을 지연 혹은 중지시킬 것을 염려했던 것이다. 그리하여 조선과의 외교교섭을 서둘렀다. 외교를 통해 조선을 일본의 세력범위 안에 포함시키려는 의도였다.

이러한 계획에 따라 일본은 1875년 운요호雲揚號사건을 일으켰다. 그들은 조선 근해의 해로를 탐사한다는 명분을 내세워, 군함 운요호를 파견하여 조선에 무력을 시위하였다. 국적불명의 배가 예고 없이 나타나자 강화도의 초지진 포대에서는 포격을 가하지 않을 수 없었다. 이를 빌미삼아 일본은 대규모의 군대 파견을 준비하는 한편, 구로다黑田淸隆를 보내어 교섭을 요구하였다. 병력과 군함을 거느린 그들은 조선이 회담에 응하지 않을 경우, 강화도에서 곧바로 서울로 향할 것이라고 협박하였다. 조선 정부가 협상에 임하자, 일본은 미리 준비해 온 조약안을 전달하였다.

조선은 애초의 우려와는 달리 조약안이 일본을 상국으로 대우하는 형식이 아니라는 점에서 무난하게 받아들였다. 그리하여 일본이 제시한 안을 약간 수정한 선에서 조약은 체결되었다. 이것이 조일수호조규로서, 흔히 강화도조약이라고 하는 것이다(1876). 이 조약의 주요 내용은 조선이 자주의 나라로 일본과 동등한 권리를 가진다는 것과 20개월 안에 부산과 그밖의 2개 항구를 개항한다는 것 등이었다. 개항장에 거주하는 일본인은 일본인에 의하여 일본법으로 재판할 것을 규정한 치외법권의 조항도 포함되어 있었다. 일본은 조선이 국제법에 어둡다는 점을 이용하여 자신이 서양 여러 나라로부터 당한 불평등조약을 강요했던 것이다.

일본이 조선을 자주의 나라로 규정한 것은 청의 종주권을 배격하자는 것이었다. 이는 프랑스가 1874년 베트남과의 조약에서 청을 배제하기 위해 사용한 방법을 모방한 것이었다. 한편 개항장으로는 과거에 쓰시마와 무역을 하던 부산항 이외에 동해의 원산과 서해의 제물포(인천) 두 항구가 결정되었다. 일본은 개항장이 러시아의 남하에 대비할 수 있는 항구이기를 기대하여 원산을 선정하였으며, 서울의 입구인 인천을 개항시킴으로써 이를 정치적으로 이용하려고 했다.

조선정부는 조일수호조규를 체결한 그 해에 김기수를 수신사로 임명하여 일본에 파견하였다. 일본 사신이 온 데 대한 답례를 그 명목으로 내세웠으나, 실은 일본의 요구를 수용한 결과였다. 일본에 파견된 73명의 수신사 일행은 모든 경비를 일본이 부담한 가운데 주요 시설을 20일간 시찰하였다. 그들은 일본의 발전상에 큰 충격을 받았다. 그들이 일본에 호감을 가지게 됨으로써 일본의 초청외교가 계획했던 성과를 거둔 반면, 조선은 점차 일본의 영향 속으로 휘말려 들어갔다. 수신사 일행이 귀국한 후 얼마 안 되어 수호조규부록과 통상장정이 체결된 것은 그러한 결과였다. 수호조규부록에 따라 개항장에서의 일본화폐 유통이 허용되었으며, 통상장정에는 일본인이 조선의 미곡을 수출할 수 있고, 일본 선박의 항세港稅와 상품의 수출입세를 면제한다는 점이 규정되었다.

조선정부는 1880년 김홍집을 제2차 수신사로 일본에 파견하였다. 후일 종두법의 연구로 유명해진 지석영이 이때 그를 수행했다. 김홍집은 일본의 발전상을 살피고 개화에 대한 의욕을 다졌다. 그는 귀국할 때에 주일청국공사관 참찬관 황쭌셴黃遵憲이 지은《조선책략》을 가지고 왔는데, 여기에는 나라가 부강하려면 서양의 제도와 기술을 배워야 한다는 것과 러시아의 침략 위협에 대처하려면 중국·일본·미국 등과 연결하여 자강을 꾀해야 한다는 내용이 들어 있었다. 이는 당시 청나라 실력자 리훙장李鴻章의 정세 판단에 근거한 것으로, 러시아의 남하에 위협을 느끼고 있던 청이 조선을 끌어들이려고 한 것이었다.

1881년 조선은 박정양·어윤중·홍영식 등 12명과 수행원을 조사시찰단(일명 신사유람단)이라는 명목으로 일본에 파견하였다. 그들은 약 4개월간에 걸쳐 일본의 각지를 다니면서 행정기관을 비롯하여 산업시설을 두루 살피고, 귀국해서는 각 방면에 걸쳐 상세한 보고서를 제출하였다. 조선정부는 이 시찰단의 일원으로 참가했던 유길준과 윤치호를 일본에 유학시켜 서양의 학문과 어학을 공부하게 했다. 또한 청의 권고에 따라 영선사 김윤식의 인솔 아래 양반 출신의 학도와 공장工匠 수십 명을 톈진天津에 파견하여 신식무기의 제조법 등을 배우게 하였다.

수신사나 조사시찰단의 명목으로 일본에 파견된 조선의 관리들은 선진문물을 접할 수 있었다. 그런데 일본인의 눈에 비친 그들의 견문 태도는 일본의 구미사절단과 큰 차이가 있었다. 1860년대 초 미국과 유럽의 선진문물을 접한 후쿠자와福澤諭吉에 따르면, 자신들이 유럽의 선진문물을 견문하면서 이를 그대로 일본에 실행하겠다는 야심을 가졌던 것과 달리, 조선의 수신사나 조사시찰단은 일본의 박람회 등을 보고 단지 신기하게만 여기고 돌아갔다고 했다. 이러한 사소한 차이가 후일 일본으로 하여금 한국을 지배할 수 있게 했고, 한국은 일본의 식민지로 전락하는 결과를 낳았다.[38]

　조선과 일본 사이에 수호조약이 체결되자, 미국이 조선과의 수교 가능성을 타진하고 나섰다. 해외시장을 확보할 목적으로 나가사키長崎에 입항한 미국 해군제독 슈펠트Shufeldt는 조선과의 수교를 알선해줄 것을 일본에 요구하였다. 미국은 조선과의 무역에 상당한 기대를 걸고 있었고, 난파선원의 보호를 위해서도 수교가 필요하다고 여겼다. 그러나 일본은 미국의 요청에 매우 소극적인 태도를 취했다. 조선이 미국과 수교하게 되면 자신과의 조약을 이행함에 있어서 지장을 초래할지도 모른다는 것이었다. 신미양요 당시 미국과 충돌을 빚었던 조선정부 역시 적극적이지 않았다. 그러자 청이 조선에 미국과의 수교를 적극 권하고 나섰다. 청은 러시아의 남하를 막고, 조선에 대한 일본의 야심을 견제하기 위해서는 조선이 미국을 비롯한 구미 여러 나라와 수교하는 것이 바람직하다고 판단했던 것이다.

청의 권유를 받은 조선정부는 미국과 수교하기로 하고, 조약 체결 협상을 청의 리홍장에게 위임하였다. 그의 강력한 요청이 있었을 뿐만 아니라, 국내의 척사운동을 고려한 조치였다. 그렇다고 하더라도 이는 독립국가임을 스스로 포기한 것과 다를 바 없었다.

리홍장은 조미수호통상조약에 조선이 청의 '속방屬邦'이라는 문구를 넣음으로써 조선과 일본 사이에 맺어진 조일수호조규의 '조선은 자주의 나라'라는 조항을 사실상 무효화하려고 하였다. 조선정부도 이에 반대하지 않았다. 그러나 자국의 국가 위신을 고려한 미국의 반대로 이 조항은 삽입되지 않았다. 이러한 우여곡절을 거쳐 조선과 미국 간에 체결된 조미수호통상조약은 조선과 일본 간의 조약과 마찬가지로 불평등조약이었다. 조선은 국제법에 어두웠을 뿐만 아니라 청의 알선 아래 체결된 조약인 만큼 자신의 요구를 적극 주장할 수 없었던 것이다. 여기에는 조선인의 생명·재산을 손상케 한 미국인을 미국법에 의하여 처벌한다는 치외법권 조항과 앞으로 다른 나라에 통상·무역에 있어서의 권리나 특혜를 허가할 경우, 미국에게도 이를 부여한다는 최혜국대우가 포함되어 있었다.

조미수호통상조약이 체결되었다는 소식이 전해지자 청에 있던 서양 여러 나라 외교관은 다투어 리홍장에게 조선과의 조약 교섭을 알선해줄 것을 요구하였다. 러시아의 남하에 신경을 곤두세우고 있던 영국이 특히 적극적이었다. 그리하여 영국, 독일과 수호통상조약이 조인되었다(1882). 그러나 영국은 아편수입

금지와 고율의 관세에 관한 조항이 포함된 데 대해 불만을 품고 조약을 비준하지 않았을 뿐만 아니라, 독일에게도 비준의 거부를 종용하였다. 조선이 그들의 이익과 요구가 많이 반영된 조약을 다시 체결한 것은 임오군란 후의 일로(1883), 청의 권유에 따른 것이었다. 한편 프랑스 역시 조선과 조약의 체결을 원했으나, 그들이 천주교 포교의 자유를 요구한 데 대하여 일찍이 병인양요를 경험한 조선이 이를 거부함으로써 교섭은 원활하게 진행되지 못하였다. 조선이 프랑스와 조약을 체결한 것은 1886년의 일인데, 조약 내용에 삽입된 '언어와 문자를 가르친다'는 구절이 이후 문제가 되었다. 조선이 이를 대수롭지 않게 여긴 반면, 프랑스는 천주교의 포교를 승인받은 것이라고 주장했기 때문이다. 결국 조선정부는 프랑스에 포교를 허락하였다.

임오군란과 청의 정치적 간섭

정부가 미국과 조약을 맺는 등 개화의 방향으로 정책을 추진해 나가자, 재야의 양반 유학자들은 위정척사론을 펴며 이를 맹렬히 비판하였다. 정부는 이들을 계몽하기 위해 김홍집이 가져온 《조선책략》을 복사하여 배포하였다. 그러나 이는 도리어 그들의 반발을 불러일으켜 이만손이 주동자가 되어 올린 〈영남만인소〉 등 개화에 반대하는 상소가 답지했다. 한편 이들과 달리 곽기락 등 젊은 양반은 새로운 기계와 농업기술을 배워야 할 것을 주장하는 상소를 잇달아 올렸다. 개화를 둘러싸고 양반의 여론이 분열했던 것이다. 이러한 시기에 군란이 발생하였다(임오군란, 1882).

고종은 수신사 김홍집이 귀국한 직후 군제개혁을 단행하여 약 400여 명의 인원을 보유한 교련병대敎鍊兵隊(일명 별기군)를 창설하고, 일본인 장교를 초빙하여 신식군사훈련을 실시하였다. 이들 교련병대가 특별한 대우를 받은 데 반해 훈련도감 등에 소속된 구식군대에 대한 처우는 매우 나빴다. 그들에게 급료를 지급하지 못한 지가 13개월이나 되었을 뿐만 아니라, 더구나 급료의 지급을 관장한 선혜청의 관리들은 벼에다 겨를 섞어 자신들의 욕심을 채웠다. 이에 군인들이 선혜청의 관리와 싸움을 벌였는데, 장관인 민겸호는 도리어 군인들을 잡아 가두었다. 격분한 군인들이 그의 집을 습격하자 그는 궁성으로 도망하였다. 그의 형 민승호가 민비의 아버지에게 입양되어 민비의 오빠가 되었기 때문이다.

군인 주모자들은 일이 이렇게 벌어진 이상 사형을 면할 길이 없다고 판단하고, 대원군에게 달려가 앞으로의 진로를 자문했다. 이 사태를 주시하고 있던 대원군은 겉으로는 해산을 종용하면서도 뒤로는 은밀하게 다음 일을 지시하였다. 대원군을 만나고 난 군인들은 무기고를 습격하여 무기를 탈취하고, 교련병대를 훈련하던 일본인 장교를 노상에서 살해한 다음 일본공사관을 불태웠다. 여기에는 개항 후 경제적으로 어려움을 겪고 있던 서울의 하층민이 적지 않게 가담하였다. 그들은 궁성으로 들어가 민겸호를 살해하고 민비를 찾았다. 민비가 몸을 숨겨 탈출한 후였다.

고종은 사태의 수습을 위해 대원군을 입궐시키고, 앞으로 모든 정사는 그의 결재를 받아 시행하도록 명을 내리었다. 정권을 잡은 대원군은 교련병대를 폐지하고, 그 전해에 위정척사운동을 벌이다가 유배되었던 이만손을 석방하였다. 그리고 민비의 국상國喪을 공포함으로써 민비가 나타나는 것을 막았다.

조선의 군란 소식은 청에 전해졌다. 일본세력을 견제하기 위해 서양 여러 나라와 조약을 맺을 것을 권유한 바 있던 청으로서는 조선의 사태를 방치할 수 없었다. 군란을 자신들이 성공적으로 추진한 대조선정책을 무너뜨리는 사태로 간주했던 것이다. 리훙장은 당시 톈진에 체류 중이던 영선사 김윤식을 불러 군란 처리 방안에 관해 의견을 물었다. 김윤식은 일본이 조선에 출병할 것이 분명하므로 그들과의 관계에서 기선을 제압하기 위해서는 청군의 출병이 필요하다는 사실을 역설하고, 아울러 대원군의 제거도 요청하였다. 이는 고종의 지시에 의한 것이었다. 민비는 비밀리에 고종에게 자기가 살아 있음을 알리고, 청에 요청하여 대원군을 납치해 가게 했던 것이다. 자신들의 정적을 제거하기 위해 왕과 왕비가 외국의 군대를 끌어들인 셈이다. 이것이 어떠한 결과를 초래할지는 염두에 두지 않고 취해진 행동이었다.

청은 일본에게 빼앗겼던 조선에 대한 우월한 지위를 이 기회에 회복하려고 하였다. 그리하여 '속방이 어려움에 처하면 종주국이 이를 도와야 한다'는 명분을 내세워 우창칭吳長慶에게 3천

명의 군대를 주어 출동케 하였다. 우창칭은 서울의 요소에 군대를 배치한 후, 대원군을 군란의 책임자로 몰아 톈진으로 납치하였다. 조선의 국왕은 청의 황제가 책봉했는데, 군인을 조종하여 궁궐에 침입케 한 것은 황제를 무시한 것과 다를 바 없다는 것이 대원군에게 씌워진 죄목이었다. 결국 대원군은 33일 만에 다시 정권에서 축출되고 말았다. 그 대신 군란을 피해 충주에 가 있던 민비가 청과 제휴하여 민씨일파의 정권을 수립하였다.

한편, 군인이 공사관을 습격하자 급히 귀국했던 일본공사 하나부사花房義質는 본국으로부터 훈령을 받고 돌아와 조선정부와 군란 처리를 위한 교섭을 벌였다. 그리하여 일본은 조선정부로부터 손해배상금을 지급 받고, 공사관의 호위 명목으로 군대를 주둔시킬 수 있게 되었다(제물포조약). 아울러 신미양요 후 대원군의 명령으로 전국 각처에 세웠던 척화비를 철폐해줄 것을 요구해 승낙을 얻어냈다. 그러나 청과의 군사적 충돌은 없었다. 군란의 책임자이며 반일적인 대원군이 청에 의해 정계에서 사라졌을 뿐만 아니라, 청과 일전을 불사할 정도로 군사력에 자신감을 가지고 있지도 못했기 때문이다.

군란 직후 조선은 청과 상민수륙무역장정商民水陸貿易章程을 체결하였다. 이로 인해 청의 상인은 치외법권을 가지고 서울에 거주하면서 점포를 개설할 수 있는 권리를 얻었다. 조선의 상인 역시 베이징에서 교역할 수 있도록 규정되었다. 그러나 이 조약을 체결하게 된 근본적인 이유는 정치적인 데 있었다. 청이 종주국이고 조선이 속국임을 명기한 것으로 알 수 있다. 통상조약이 아니라 무역장정이라고 이름을 붙인 것도, 종주국과 속국 사이에는 대등한 국가 간의 통상조약이 체결될 수 없다고 청이 주장했기 때문이다.

청은 조선주재 총영사에 해당하는 총판조선상무總辦朝鮮商務에 천서우탕陳壽棠을 임명하고, 정치와 외교를 지도하기 위해 독일인 묄렌도르프Mollendorff를 고문으로 파견하는 등 조선의 내정, 특히 외교문제에 적극 관여하였다. 조선이 자신의 속국임을 분명히 하기 위해서는 다른 나라의 간섭을 배제할 필요가 있었기 때문이다. 후일 을사조약을 체결한 일본이 조선의 외교권을 장악한 것과 마찬가지 논리였다.

조선은 두 고문을 맞아 외교·통상을 관장하는 통리교섭통상사무아문(외아문)과 내정을 관장하는 통리군국사무아문(내아문)을 각각 설치하였다. 그리고 군사제도를 고쳐 친군영을 세우고 그 밑에 좌·우·전·후의 4영을 두었으며, 군대는 우창칭을 따라왔다가 조선에 머물고 있던 24세의 위안스카이袁世凱로 하여금 훈련하게 했다.

개화파의 개혁 시도

청이 조선의 종주국으로 행세하면서 외교·군사에 대한 간섭을 강화해 나가자, 김옥균·박영효·홍영식·서광범 등 젊은 관리들이 크게 반발하였다. 김옥균과 서광범은 임오군란 직전 잠깐 일본을 방문한 적이 있었고, 군란 후에는 이의 뒤처리를 위해 파견된 수신사 박영효를 따라 일본에 다녀왔다. 조선보다 못하다고 생각했던 일본이 서구문물을 도입하여 놀라운 발전을 한 데에 그들은 큰 감동을 받았다. 그들은 청의 간섭을 배격하고 일본의 메이지유신을 본받아 개혁을 실시하려고 하였다.

김옥균 등은 일본에서 견문한 내용을 고종에게 보고하고 여러 가지 개화정책을 건의하였다. 그들은 〈한성순보〉를 간행했으며, 근대적인 우편사업을 위한 우정국, 새로운 화폐를 주조하기 위한 전환국典圜局, 병기제조를 위한 기기국機器局의 설치를 요청하여 관철시켰다. 그리고 그들의 건의로 신식 군사기술을 습득하기 위한 유학생이 일본의 사관학교에 보내졌다. 그러나 김옥균 등의 활동은 민씨정권에 의해 견제되었다. 임오군란 이후 청을 등에 업고 집권한 민씨정권은 일본을 모델로 삼아 개혁을 추진하려는 김옥균 등을 달갑지 않게 여기고 있었던 것이다. 박영효가 광주廣州에서 실시한 신식군대 양성은 이를 위험시한 민씨정권의 방해로 곧 중지되고 말았으며, 김옥균이 추진한 사관학교 설립은 청군의 압력으로 실현되지 못하였다.

그러한 때에 베트남문제를 둘러싸고 청과 프랑스 사이에 전쟁이 일어났다(청불전쟁; 1884). 두 나라가 다 같이 베트남에 대한 종주권을 주장하는 가운데 베트남이 청에 조공하지 않자 충돌이 일어났던 것이다. 청은 서울에 주둔시켰던 병력 가운데 절반을 베트남전선으로 이동시켰다. 김옥균 등은 이를 청의 간섭을 배격할 절호의 기회로 여겼다. 그들은 정변을 일으켜 민씨정권을 타도하고 신정부를 수립할 것을 계획하였다. 그 무렵 이제까지 김옥균에게 냉담했던 일본공사 다케소에(竹添進一郎)가 그에게 접근했다. 청이 조선에서 대규모 군사행동을 벌일 여력이 없는 틈을 타서 일본의 영향력을 확대하려는 속셈이었다. 그는 정변이 발생할 경우 공사관 호위 명목으로 서울에 주둔하고 있는 일본군을 동원하여 적극적으로 협조할 것을 약속하였다. 정치적 위기에 봉착한 김옥균 등과 청국 때문에 조선에서 세력이 위축당한 일본의 이해타산이 맞았던 셈이다.

김옥균 등은 1884년 우정국의 개국축하연을 계기로 정변을 일으켰다(갑신정변). 그들은 왕과 왕비를 창덕궁에서 경우궁으로 옮겨 200여 명의 일본군으로 하여금 호위케 한 다음, 왕명으로 궁에 들어오는 민씨일파의 대신을 처단케 하였다. 그리고 신정부를 조직하여 이를 각국의 외교관에게 통고하는 한편, 14개조의 개혁안을 마련하여 국왕의 명령으로 공포하였다. 이 개혁안은 정변이 실패한 후 국왕의 명으로 회수되었기 때문에 그 구체적인 조목은 알려지지 않고 있으나, 후일 김옥균이 일본 망명 중에 쓴 《갑신일록》에 다음과 같은 내용이 전하고 있다.

우선 청과의 조공관계를 청산하고 대원군을 청으로부터 귀국하게 할 것을 규정하였다. 신정부가 대원군을 귀국시키려고 한 것이 설사 그를 이용하여 민씨일파를 압도하려는 의도에서 비롯된 것이었다 하더라도, 청의 조치를 정면으로 부정하는 행위였다는 점은 부인하기 어렵다. 따라서 신정부의 대원군 귀국 주장은 청에 의한 대원군의 납치를 치욕으로 여기고, 그로부터의 독립을 주장한 것과 다를 바 없었다. 한편 신정부는 고관의 회의를 통해 중요한 정책을 결정할 것을 규정하였는데, 이는 국왕의 전제적인 권한을 막으려는 것이었다.

신정부의 개혁안 가운데 주목되는 것은 신분제도의 폐지에 대한 조항이다. 신정부는 문벌을 폐지하여 인민 평등의 권리를 제정하고, 재능에 따라 인재를 등용하도록 규정하였다. 양반인 신정부 요인들이 신분제도의 폐지를 주장한 것은 양반의 힘만으로는 나라를 부강하게 하는 것이 불가능하다는 사실을 깨달은 결과였다. 김옥균은 '백성이 생산하면 양반 관리는 이를 약탈해 간다'고 하면서, 국력을 기르기 위해서는 신분제도를 폐지해야 한다고 했다. 그는 그 이전부터 양반뿐만 아니라 중인·평민 등 신분을 초월한 각계각층의 인물을 동지로 규합하여 개혁의 방안을 논의하였다.

그러나 이러한 개혁은 실시될 수 없었다. 청군이 출동하였기 때문이다. 당시 김옥균 등이 이용한 일본군은 2백여 명에 불과한 반면 청군은 1천 5백 명에 이르렀다. 더구나 국왕 보호를 내세워 위안스카이가 청군을 거느리고 궁궐을 공격해 오자, 조선의 군대도 측면에서 그를 도왔다. 따라서 일본군은 제대로 싸우지도 못하고 퇴각하고 말았다. 한편 조선의 군중은 정변에 일본군이 참여한 데 분개하여 공사관에 방화하고, 일본인 거주지를 습격하여 그들을 살해하였다. 일찍이 임오군란에 참여한 군중이 여기에 가담했음은 물론이다.

갑신정변이 실패로 끝나자, 고종은 신정부에 의해 추진된 각종의 조치를 무효화하였다. 그리고 정변에 일본군이 동원된 것을 비난하고 그 책임을 묻는 동시에 김옥균을 비롯한 망명자의 송환을 일본에 요구하였다. 일본으로서도 자국을 대표하는 공사가 갑신정변에 가담한 사실을 합리화시키기는 어려웠다. 그러나 일본은 도리어 거류민의 사망과 공사관이 불에 탄 것에 대한 배상을 요구하면서, 군함을 인천에 파견하여 무력을 시위하였다. 여기에 밀린 조선정부는 일본에 사죄하고 배상금을 지급하는 한성조약의 체결에 합의하였다. 한편 일본에 피신한 김옥균은 이후 10년간 일본과의 협력을 모색하다가 1894년 홍종우라는 인물에 의해 상하이에서 살해되었는데, 그의 시체는 국내에 들어와 대역죄인의 죄명으로 다시 능지처참되었다.

외교의 다변화

갑신정변 직후 일본의 이토와 청의 리훙장은 톈진에서 회담하였다. 그리하여 청·일 두 나라 군대는 모두 조선으로부터 철수할 것과 앞으로 조선에 파병할 경우 서로 통고할 것 등을 규정한 톈진조약을 이끌어냈다(1885). 군대를 동원하여 정변군을 도운 일본이 추궁을 당하기는커녕 도리어 청과 동등한 지위와 권리를 합법적으로 확보했던 것이다. 이 조약에 따라 청·일 두 나라 군대가 조선으로부터 모두 철수하였다.

　조선정부는 이 기회를 이용하여 청·일의 간섭을 배제하기 위한 노력을 다각도로 전개하였다. 고종은 우선 미국에 각별한 호의를 드러냄으로써 그들을 끌어들이려고 하였다. 그는 청과 일본의 억압으로부터 조선의 독립을 보전하는 데 미국이 힘을 빌려줄 것으로 기대하고 있었던 것이다. 그의 이러한 바람은 조미조약 제1관의

양국은 만일 다른 나라가 조약국정부에 대해 부당하게 또는 억압적으로 대하는 일이 있으면, 그러한 사건에 관하여 통지 받는 대로 원만한 타결을 위하여 거중조정居中調停(good offices)함으로써 그 우의를 표시해야 한다.

라는 대목에 대한 해석과 관련이 있었다. 고종과 조선정부는 이를 유사시에 미국이 중재하여 분쟁을 해결하거나, 더 나아가 일종의 동맹관계를 약속하는 조목으로 이해하였다. 따라서 미국이 베이징 및 도쿄 주재공사와 동격의 특명전권공사를 조선에 파견하자 고종은 크게 감격했고, 1883년 푸트Foote공사가 도착했을 때는 '기뻐서 춤을 출' 정도였다.[39] 그가 민영익과 홍영식을 보빙사로 미국에 보내 공사를 파견한 데 대해 사의를 표하고(1883), 아펜젤러Appenzeller의 배재학당과 스크랜턴 부인Mrs. Scranton의 이화학당 설립을 허가하고 후원한 것은 모두 미국에 대한 그의 기대를 반영한 것이었다.

그러나 미국은 고종의 이러한 노력에 특별한 관심을 보이지 않았다. 조선의 경제적 가치에 회의를 느낀 결과였다. 그들이 조

선과의 수교를 서둘렀던 것은 조선의 상업적 가치를 일본이나 중국과 맞먹는 것으로 판단한 데서 비롯되었는데, 실제는 전혀 그렇지 않다는 사실이 속속 드러났던 것이다. 따라서 미국은 조선주재 미국공사의 지위를 방콕주재공사와 동격으로 격하시켰다. 여기에 불만을 품고 푸트공사가 사임하자, 29세의 해군중위 포크Foulk를 임시대리공사에 임명하였다(1885). 그리고 후일 영국이 거문도를 점령한 데 대해 조선정부가 거중조정을 의뢰했을 때, 미국은 거절하였다.

조선은 청의 알선 없이 러시아와 수교하였다(1884). 이 역시 외교의 다변화를 통해 청의 간섭을 배제하려고 한 노력의 일부였다. 러시아를 끌어들이려고 한 조선정부의 노력은 묄렌도르프의 협력을 얻어서 더욱 촉진되었다. 청에 의해 외교고문에 임명된 묄렌도르프가 러시아세력을 끌어들이는 데 협력한 것은 그가 전임 독일 외교관이었다는 사실과 관련이 있었다. 러시아와 국경을 접하고 있던 독일로서는 러시아의 관심을 아시아로 돌려놓음으로써 국경의 안전을 도모하고, 그 틈을 이용하여 중동 진출을 기도하려고 했던 것이다.[40] 그러한 가운데 조선과 러시아의 밀약설이 떠돌았다. 조선 국왕이 러시아 황제에게 보호를 요청하고, 그에 대한 대가로 영흥만의 조차를 허락했다는 것이다. 고종이 이를 적극 부인하고 나섬으로써 이것이 사실인가의 여부는 밝혀지지 않았다.

조선에 러시아세력이 등장할 조짐을 보이자, 영국이 여수 앞의 거문도를 점령하였다(1885). 인도 방위를 위해 아프가니스탄을 자국의 세력 아래 둘 필요가 있었던 영국은 러시아가 아프가니스탄의 국경 요지를 장악한 데 대한 반응을 이렇게 드러냈다. 러시아 극동함대의 길목에 위치한 거문도를 점령하는 것은 러시아의 블라디보스토크Vladivostok 군항을 봉쇄하겠다는 위협과 같은 것으로, 영국은 이를 통해 러시아의 아프가니스탄 침공을 막을 수 있다고 여겼다.

영국이 거문도를 점령하자, 러시아는 자신들도 조선의 영토를 점령하겠다고 청을 위협하였다. 한편, 1개월 후에야 이러한 사실을 알게 된 조선정부는 즉각 영국에 항의하였다. 그러나 영국은 조선의 항의는 묵살한 채, 철수 조건으로 러시아로부터 조선의 영토를 점령하지 않겠다는 약속을 받아낼 것을 청에 요구하였다. 청이 개입하여 2년 여 동안 교섭을 벌인 결과, 영국군은 거문도에서 물러났다.

조선에 러시아세력이 대두하는 것을 가장 경계하고 나선 것은 물론 청이었다. 청은 톈진조약으로 조선에서 군대를 철수시키기는 했지만 결코 일본에게 우위를 뺏기지 않으려고 했다. 따라서 조선과 러시아와의 밀약설이 떠돌자 청은 묄렌도르프를 해임하고, 미국인 데니Denny를 외교고문으로 추천하였다. 아울러 천서우탕을 대신해 위안스카이를 주차조선총리교섭통상사의에 임명하여 서울에 부임케 하였다. 그리고 대원군을 귀국시켰다. 그를 내세워 민비를 견제하려는 의도였다. 그러나 대원군은 귀국과 더불어 민비세력에 의해 운현궁에 유폐됨으로써 정치적인 활동을 하지 못했다.

위안스카이가 주차조선총리교섭통상사의에 부임한 이후 청의 간섭은 더욱 노골화하였다. 이때부터 1894년 그가 청으로 돌아갈 때까지의 10여 년이 '원세개조정'이라고 불릴 정도였다. 의아스러운 것은 위정척사론을 펴며 개화정책에 강하게 반대했던 조선의 양반이 청의 내정 간섭이나 청나라 군대의 횡포에 대해서는 이렇다 할 반발을 보이지 않았다는 사실이다. 이는 그들이 청을 중화로 인식한 데에 기인한 것이었다.

1887년 조선은 박정양을 주미전권대신으로, 심상학을 영국·독일·러시아·벨기에·프랑스 등 5개국 주재 전권대신으로, 그리고 민영준을 주일변리대신에 임명하여 해당국에 부임하게 했다. 구미 열강과 제휴하여 청과의 종속관계를 끊기 위함이었다. 청은 자신들이 조선에서 일본의 세력을 누르고 있다고 판단했기 때문에 일본에의 공사 파견에는 반론을 제기하지 않았다. 그러나 구미 여러 나라에 공사를 파견하는 데 대해서는 제동을 걸고 나섰다. 조선과 구미 여러 나라와의 교섭이 청의 대조선정책에 해를 끼칠 뿐 결코 도움이 되지 않는다는 사실을 깨달은 결과였다. 위안스카이는 공사 파견의 조건으로 조선의 외국주재 공사가 준수해야 할 세 가지 원칙을 제시하였다. 여기에는 조선의 공사가 주재국의 청나라 공사와 모든 문제를 먼저 상의해야 한다는 내용이 담겨 있었다.

조선정부는 당시 주한미국공사관에서 근무하던 선교사 알렌Allen의 도움을 받아 박정양을 주미공사로 파견했다. 그러나 박정양이 미국에서 주미청국공사를 먼저 만나지 않자, 위안스카이는 그의 귀국을 요구했다. 결국 박정양은 미국 대통령에게 신임장까지 봉정해놓고도 귀국하지 않을 수 없었다. 이후 조선정부는 주미공사관을 대리공사체제로 유지하다가, 후일 워싱턴에 공사관 건물을 매입하였다(1893). 한편 유럽 5개국 전권대신은 홍콩에 머물다가 부임하지도 못하고 돌아왔다.

동학농민군의 활동

1860년 최제우는 유교와 불교, 그리고 도교의 장점을 취해 서학(천주교)에 대항하여 동학을 개창하였다. 그러나 그는 세상을 어지럽힌다는 죄목으로 정부에 의해 사형을 당했다. 이후 제2대 교주인 최시형은 식자층을 상대로 한 경전인 《동경대전》과 한글로 쓴 《용담유사》를 편찬하고, 교단도 조직하였다(1880). 이로 인해 손병희 등 충청도 출신의 북접 간부들이 입도하였고, 1890년대 초에는 전봉준 등 전라도 출신의 남접 간부들이 가담함으로써 교세가 크게 확장되었다.

동학교도는 억울하게 사형당한 교조 최제우의 누명을 벗기고, 자신들에 대한 탄압금지를 요구하기 위해 삼례(1892)와 보은(1893)에서 두 차례에 걸쳐 대규모의 집회를 개최하였다. 그들의 기세에 당황한 정부가 회유와 아울러 무력동원의 기세를 보이자, 동학교도는 자진 해산하였다. 그러나 그들은 자신들의 세력을 확인하고 자신감을 얻었다.

동학에 가담한 농민이 지방관의 탐학에 저항하여 군사행동을 일으킨 것은 1894년의 일이었다. 전봉준의 지휘 아래 '나라를 돕고 백성을 편안케 한다[보국안민輔國安民]'는 점을 내세워 고부군 백산에서 봉기한 동학농민군은 출동한 관군을 황토현에서 격파하고, 남쪽으로 정읍·고창을 점령한 후 함평에 도착하였다. 그들이 다시 북상하여 장성에서 홍계훈이 거느린 관군을 패퇴시키고 전주를 점령하자, 고종은 청에 파병을 요청하였다. 여기에 응해 청군이 아산만에 상륙했는데, 이는 일본군을 불러들이는 결과를 초래하였다. 1885년에 맺은 톈진조약에서 청·일 양국은 어느 한 나라가 조선에 출병할 경우 다른 나라도 군대를 파견한다는 점을 합의했기 때문이다.

조선에 출병하여 대치한 청·일 두 나라 군대 사이에는 긴장감이 감돌았다. 조선정부는 하루 속히 동학농민군을 회유하여 해산시킬 필요를 느끼고, 그들에게 휴전을 제의하였다. 전봉준도 폐정(악정)개혁을 조건으로 휴전에 동의했다. 이때 동학농민군이 제의한 폐정개혁안의 내용은 정확히 알려져 있지 않으나, 탐관오리의 숙청과 양반의 부당한 가렴주구의 배격, 미곡의 국외유출 방지 등, 그들이 봉기 당초부터 주장하던 것들로 이해되고 있다. 급변한 상황 때문에 동학농민군 역시 화해를 바랐으므로 정부가 받아들일 수 있는 사항만을 요구했던 것이다. 정부를 대표한 홍계훈이 이를 수락으로써 전주화약和約이 성립되었다(1894. 6).

전주화약의 성립으로 해산한 동학농민군은 각자의 출신지로 돌아가 향촌 자치기구인 집강소를 설치하고 개혁을 추진하였다. 여기에서 발표한 개혁 요강 가운데는 양반과 상민을 구별하는 모든 관행을 부정하는 조목이 적지 않았다. 탐관오리와 불량한 양반의 징계, 노비문서의 소각, 청춘과부의 개가 허용, 문벌타파와 능력에 따른 인재 등용 등이 그것이었다. 동학농민군의 집강소를 통한 이러한 사회개혁운동은 농민으로부터 큰 환영을 받아, 동학의 세력은 경상도와 평안·함경도에까지 미쳤다.

동학은 그 사상에 신분제도를 부정하는 요소를 내포하고 있었다. 동학에서는 천주(하나님)를 최고 유일신으로 받들었는데, 이 점은 천주교(서학)와 차이가 없다. 천주교의 영향을 받아 성립한 사상이었음을 감안하면 당연하다. 다만 동학의 천주는 만물을 주재主宰하는 초월적인 최고신인 동시에 사람이 천주를 모시고 있음으로 모든 사람에게 내재內在하고 있었다. 성리학의 이 개념으로 천주를 설명한 결과였다. 즉 사람마다 천주를 모셨다는 시천주侍天主사상, 사람이 곧 하늘이라는 인내천人乃天사상이 동학의 핵심인 것이다. 이에 따르면 어린아이나 여자, 그리고 노비에게도 천주가 있으니, 이들을 때리고 홀대하는 것은 천주를 때리고 홀대하는 것과 다를 바 없다.[41] 그러한 만큼 천민이 동학농민군에 적극 가담했고, 그들이 양반과 상민의 차이를 부정하고 나선 것은 당연한 일이었다.

동학농민군이 각 지방에 집강소를 설치하여 개혁을 실시하고 있을 때, 일본이 경복궁을 점령하고 내정개혁을 추진하였다. 이에 전봉준은 일본군을 축출하기 위해 재차 봉기하였다(1894. 10). 여기에는 지금까지 소극적이던 손병희 휘하의 북접도 가담

하여 통일전선을 폈다. 그러나 그들은 공주의 우금치전투에서
일본군과 합세한 관군에게 대패하였다. 이후 전봉준 이하 많은
지도자가 체포 혹은 피살됨으로써 동학농민군은 해체되었다.

갑오개혁에서의 신분제도 폐지

갑오경장甲午更張으로 불려온 갑오개혁은 1894년에서 1895년에
이르는 2년 동안 실시되었다. 1894년 청일전쟁 기간 중 일본공
사 오도리大鳥圭介가 제시한 개혁안을 토대로 군국기무처에서 실
시한 개혁을 1차 개혁, 이노우에가 새로운 일본공사로 부임하여
군국기무처를 폐지하고 추진한 개혁을 2차 개혁, 그리고 1895
년 일본이 민비를 살해한 직후에 실시한 개혁을 3차 개혁 혹은
을미개혁이라고 하여 구분하기도 하나, 이들을 모두 합하여 갑
오개혁이라고 부르는 것이 일반적이다.

　청·일 양군이 한반도에 진주하자 전주를 점령했던 동학농민
군이 해산하였음은 위에서 언급하였다. 조선정부는 동학농민군
이 이미 평정되었다는 사실을 청과 일본에 알리고 각각의 군대
를 철수할 것을 요구했다. 그러자 일본은 도리어 공동으로 내정
개혁을 추진하자고 청에 제의하였다. 내정개혁에 의하여 조선
의 정치가 혁신되지 않는 한 또 동란이 일어날지 모르므로, 동양
의 평화를 위해서도 이를 추진해야 한다는 것이었다. 그리고 내
정개혁의 실시를 위해서는 일본군의 주둔이 절대적으로 필요하

다는 점을 강조하였다.

조선에 대한 종주권을 주장하고 있던 청으로서는 이러한 요구를 절대 받아들일 수 없었다. 이를 수락하는 것은 일본의 조선 내정 관여를 인정하는 것과 다를 바 없었기 때문이다. 조선정부 역시 교정청校正廳을 설립하여 독자적으로 개혁을 실시한다는 점을 통보하면서, 일본군의 철수를 재차 요구했다. 그러자 일본은 경복궁을 점령하여 고종을 유폐시키고, 대원군을 앞세워 신정권을 수립하였다(7. 23).

경복궁을 점령한 일본이 아산만에서 청의 군함을 공격함으로써(7. 25) 청일전쟁이 시작되었다. 그런데 일본은 애초부터 청과의 전쟁을 계획하고 조선에 군대를 파견하였다. 난의 진원지가 아닌 인천에, 3천 명의 청군보다 훨씬 많은 7천 명의 병력을 상륙시킨 것으로 미루어 알 수 있다. 청에 대한 공격과 더불어 일본은 신정권 명의로 청과 체결한 모든 조약의 폐기를 선언하고, 군사동맹인 조일맹약朝日盟約의 체결을 강요하였다(7. 26). 여기에는 조선이 일본군의 군량준비에 편의를 제공한다는 등의 조항이 담겨 있었다.

청과 전쟁을 시작한 한편으로 일본은 개혁을 주관할 기관인 군국기무처를 설치하였다(7. 27). 군국기무처는 영의정 김홍집을 비롯한 17명의 회의원으로 구성되었다. 그들 가운데는 양반의 서자庶子가 다수 포함되어 있었으며, 또한 대부분이 개항 이후 해외를 시찰하여 견문을 넓힌 인물들이었다. 그들은 개혁이 단행되지 않고서는 조선이 대내외적으로 직면한 위기를 극복할 수 없다는 것을 알고 있었기에 개혁에 대단한 열성을 가지고 있었다. 일본은 그들을 내세워 개혁의 정당성을 확보하고, 개혁에 대한 기존 정치세력의 반발을 무마시키려고 하였다.

군국기무처에서 의결·공포한 개혁의 주요 내용은 우선 정치면에서 개국기년開國紀年의 사용을 규정하였다. 그리하여 이성계가 조선을 개국한 것이 1392년이었으므로 1894년은 개국 503년으로 표시하였다. 이는 청의 연호 사용을 부인하는 것으로서, 청으로부터의 종속관계에서 벗어났음을 나타내는 것이었다. 또한 왕실관계 여러 관부를 정리하여 간소화한 궁내부를 설치하고, 이를 의정부와 구별하였다. 그리고 과거제도를 없애고, 관리는 신분에 관계없이 시험에 의해 선발하도록 하였다. 이로써 문반·무반의 구분이 사라졌다. 관리선발을 위한 시험과목은 국문(한글)·산술·외국사정事情 등으로, 종래의 유교 교육만을 받은 인물이 합격하기는 어려웠다.

갑오개혁에 있어서 무엇보다 주목되는 것은 사회면의 개혁이었다. 양반과 상민의 차별을 없앴으며, 백정·광대 등의 면천과 함께 공·사노비의 소유를 금지하였다. 이로써 신분제도가 완전히 철폐되었다. 그리고 죄인의 처벌에 있어서 고문이나 연좌법이 폐지되고, 과부의 재가는 귀천을 막론하고 그 자유에 맡길 것이 규정되었다.

개혁을 추진한 군국기무처는 입법권을 갖고 있는 초정부적 존재였다. 누구의 간섭도 받지 않고 개혁을 추진하기 위함이었다. 정권을 이끌던 대원군이 군국기무처와 심각한 갈등을 빚었음은 물론인데, 이를 틈타 국왕과 왕비가 군국기무처 회의원을 배후에서 조종하였다. 이에 대원군은 고종을 폐할 것을 계획하고, 이를 위해 동학농민군 및 평양에 주둔하고 있던 청군과 연결하여 일본군을 축출하려고 하였다.

일본은 오도리 공사가 조선 정국을 장악하지 못한 데서 이러한 상황이 발생한 것으로 판단하고, 그를 소환한 대신 거물 정치인 이노우에를 공사로 파견하였다. 이노우에는 군국기무처를 폐지하고, 대원군을 퇴진시켰다. 그리고 고종에게 압력을 행사하여 일본에서 돌아온 박영효를 내무대신에, 서광범을 법무대신에 등용하도록 했다.

조선의 내정에 적극적인 간섭을 표방하고 나선 이노우에는 고종으로 하여금 백관을 거느리고 종묘에 나아가 '홍범14조'를 반포하고 이의 추진을 서약케 하였다. '홍범14조'는 청의 종주권을 부인하고, 대원군과 민비의 정치개입을 배제하고, 지방제도를 개편하며, 문벌을 폐지하고 능력에 따른 인재를 등용한다는 등, 제1차 갑오개혁에서 다루어진 항목을 그 내용으로 하고 있었다. 이노우에가 이를 국왕으로 하여금 종묘에 맹세케 한 것은 이것이 움직일 수 없는 사실임을 확인시키기 위함이었다. 아울러 이를 한글과 한문, 그리고 혼용문의 세 가지 문체로 발표케 하여 대중에의 침투를 도모하였다.

이노우에는 40명에 달하는 고문관을 일본에서 불러와 각 관청에 배속시키고, 그들로 하여금 메이지유신 경험을 바탕으로 개혁을 추진해 나가게 했다. 이것이 2차 개혁인데, 여기에서는 의정부를 내각이라고 고쳤다. 또 전국에 군郡을 설치하는 지방 제도의 개편이 이루어졌고, 사법권을 행정부로부터 독립시켜 재판소를 설치하였다. 그리고 많은 유학생을 일본에 파견하여 그들을 친일세력화 한다는 것도 이노우에가 추진한 정책 가운데 하나였다.

일본의 대조선정책의 궁극적 목적은 조선 지배였다. 그런데 이를 위해서는 청을 제치고 조선에서 정치적 주도권을 장악해야만 했다. 일본은 개혁을 내세워 조선의 내정에 깊숙이 관여함으로써 이를 실현하려고 했다. 따라서 갑오개혁은 비록 개혁에 적극적인 조선인이 참여하기는 했지만, 일본의 주도 아래 이루어진 것이었다. 정치제도의 개혁안 일부가 군국기무처가 설립된 3일 후에 심의·가결된(7, 30) 사실로도 알 수 있는 일이다. 그러한 만큼 조선의 자주 독립을 강화하는 방향으로 개혁이 실시될 수 없었다. 군사력의 강화방안이 개혁에서 제외되고, 일본화폐의 유통을 허용하는 등 일본의 조선침략에 필요한 조항들이 포함된 것은 그 구체적인 예이다. 일본은 갑오개혁을 통해 조선에 대한 간섭을 합리화시키고, 조선의 정치·경제체제를 변형시켜 그들의 침략을 용이하게 만들었던 것이다.

그러함에도 갑오개혁은 근대적 개혁으로서 커다란 역사적 의미를 지닌다. 조선의 현안이 개혁에 일부 반영되었기 때문이다. 과거제도와 신분제도가 폐지된 것이 그것이다. 과거제도의 경우, 이의 실시에 부정부패가 극심하게 따르고 실제 생활과는 유리된 학문을 시험하여 오래전부터 개혁 또는 폐지가 주장되어 왔다.

신분제도의 폐지 역시 조선인의 오랜 숙원이었다. 일찍이 실학자 일부와 김옥균 등 갑신정변의 주도세력, 그리고 동학농민군이 이의 타파운동을 벌였던 것이다. 과부의 개가문제도 갑오개혁에서 처음 거론된 사안이 아니었다. 실학자 홍대용이 이 문제를 제기한 이래, 동학농민군이 집강소에서 추진한 개혁요강 가운데 포함된 것이었다. 결국 과거제나 신분제도 폐지에 대한 조선사회 내부의 여건 성숙이 일본으로 하여금 이러한 조항들을 갑오개혁에 포함시키도록 만들었던 것이다.[42] 개화파 관리가 일본의 개혁 요구에 적극적으로 호응한 것도 이와 관련이 있었다.

[1] 신호철, 1995, 〈신라말 고려초 귀부호족의 정치적 성격〉, 《충북사학》 8.

[2] 今西龍, 1918, 〈고려 태조의 훈요십조에 대하여〉, 《東洋學報》 8-3.

[3] 채희숙, 1999, 〈고려 광종의 과거제 실시와 최승로〉, 《역사학보》 164.

[4] 채웅석, 1988, 〈고려전기 화폐유통의 기반〉, 《한국문화》 9.

[5] 정수아, 1993, 〈고려중기 개혁정책과 그 사상적 배경〉, 《박영석기념논총》.

[6] 에드워드 슐츠, 2014, 《무신과 문신》.

[7] 윤용혁, 1982, 〈고려의 해도입보책과 몽고의 전략변화〉, 《역사교육》 32.

[8] 이익주, 1996, 〈고려·원관계의 구조에 대한 연구〉, 《한국사론》 36.

[9] 김광철, 1998, 〈고려후기 도평의사사 연구〉, 《한국중세연구》 5.

[10] 민현구, 1974, 〈고려후기의 권문세족〉, 《한국사》 8, 국사편찬위원회.

[11] 한영우, 1983, 개정판 《정도전사상의 연구》.

[12] 민현구, 1983, 《조선초기의 군사제도와 정치》.

[13] 정두희, 1983, 《조선초기 정치지배세력연구》.

[14] 최승희, 1991, 〈태종조의 왕권과 정치운영체제〉, 《국사관논총》 30.

[15] 강만길, 1978, 〈한글 창제의 역사적 의미〉, 《분단시대의 역사인식》.

[16] 정두희, 1994, 《조선시대의 대간제도연구》.

[17] 정두희, 2001, 〈조선전기사 연구 100년〉, 《하나의 역사 두 개의 역사학》.

[18] 에드워드 와그너, 1980, 〈정치사적 입장에서 본 이조 사화의 성격〉, 《역사학보》 85.

[19] 송찬식, 1978, 〈조선조 사림정치의 권력구조〉, 《경제사학》 2.

[20] 이민웅, 2004, 《임진왜란 해전사》.

[21] 한명기, 1999, 《임진왜란과 대명관계》.

[22] 한명기, 2000, 《광해군》.

[23] 오수창, 1985, 〈인조대 정치세력의 동향〉, 《한국사론》 13.

[24] 김용덕, 1964, 《조선후기사상사연구》.

[25] 계승범, 2009, 《조선시대 해외파병과 한중관계》.

[26] 이경찬, 1988, 〈조선 효종조의 북벌운동〉, 《청계사학》 5.

[27] 이희환, 1995, 《조선후기당쟁연구》.

[28] 계승범, 2011, 《정지된 시간》.

[29] 박광용, 1997, 〈정조대 탕평정국과 왕정체제의 강화〉,
신편 《한국사》 32, 국사편찬위원회.

[30] 이성무, 2000, 《조선시대 당쟁사》 2.

[31] 오수창, 1997, 〈세도정치의 성립과 운영 구조〉,
신편 《한국사》 32, 국사편찬위원회.

[32] 이원순, 1998, 〈천주교의 수용과 전파〉, 신편 《한국사》 35, 국사편찬위원회.

[33] 고병익, 1976, 《동아사의 전통》.

[34] 유봉학, 1995, 《연암일파의 북학사상연구》.

[35] 조광, 2001, 〈병인양요에 대한 조선측의 반응〉, 《병인양요의 역사적 재조명》.

[36] 국방부전사편찬위원회, 1989, 《병인·신미양요사》.

[37] 연갑수, 2001, 《대원군집권기 부국강병정책 연구》.

[38] 허동현, 2000, 《근대한일관계사연구》.

[39] 유영익, 1982, 〈조미조약과 초기 한미관계의 전개〉, 《동양학》13.

[40] 최문형, 1990, 《제국주의시대의 열강과 한국》.

[41] 김용덕, 1989, 〈동학사상의 독자성과 세계성〉, 《한국사시민강좌》4.

[42] 신용하, 2001, 《갑오개혁과 독립협회운동의 사회사》.

3
-
近代

근대 시민사회

1898년 10월, 독립협회가 서울 종로광장에서 개최한 관민공동회에 백정 출신

박성춘이 등단하였다. 그가 '하나의 기둥으로 천막이 지탱될 수 없듯이,

나라를 위해서는 관민이 합심해야 한다'는 요지의 연설을 하자,

거기에 참석했던 의정부참정 박정양과 중추원의장 한규설 등 정부 관리를

비롯하여 상인·학생 등 만여 명이 갈채를 보냈다.

이처럼 독립협회를 중심으로 한

정치·사회개혁운동에는 정부관리·유학자·상인·학생과

더불어 갑오개혁으로 신분의 굴레에서 벗어난 천민이 함께 참여했던 것이다.

이들 정치·사회개혁에 뜻을 같이 한 여러 계층의 인물들을

함께 묶을 수 있는 용어로는 어떠한 것이 적절할까.

그들이 도시에 거주하면서 개혁의지를 가지고 있었다는 점에서,

시민 외에 달리 떠오르는 용어가 없다. 갑오개혁 이후 개혁운동을 주도한 이들은

시민이었던 것이다. 그러나 시민의 개혁운동은 한국이

일제의 식민지가 됨으로써 좌절되었다. 이후 한국인은 민주주의적

정치 훈련을 쌓을 기회를 가질 수 없었으며, 한국에는 민주적 자질을 가진

정치 지도자가 양성될 수 없었다. 그러한 가운데서도

1919년의 3·1운동에는 1백만 명 이상이 자발적으로 참여하였다.

17—
독립협회와 대한제국

1895년 민비가 일본인에 의해 살해된 사건이 발생했다. 그리고 그 다음해에는 신변에 위협을 느낀 고종이 왕궁을 떠나 러시아 공사관에서 1년 동안 기거하였다. 이른바 아관파천이 그것이다. 조선왕조가 어떠한 상황에 처했는가를 단적으로 보여준 사건들이었다.

러시아공사관으로 피신했던 고종은 독립협회 등의 요구에 따라 환궁한 후, 대한제국을 선포하고 광무라는 연호를 사용하였다. 대한제국은 1897년부터 1910년까지 약 13년간 존속하였다. 그러한 시기에 서재필을 중심으로 한 일부 인사들은 독립협회를 조직하였다. 시민·학생 등을 회원으로 한 독립협회는 국민주권운동을 전개하였다.

독립협회와 대한제국에 대해서는 그 평가를 둘러싸고 학자들 간에 뜨거운 논쟁이 벌어졌다. 이른바 '광무개혁논쟁'이 그것인데, 논쟁의 핵심은 개혁의 흐름을 독립협회가 주도했는가 아니면 대한제국 정부가 개혁의 주체였는가 하는 것이었다. 대한제국 정부의 개혁에 초점을 맞춘 학자들은 광무연간에 양전量田을 실시하여 토지에 대한 근대적 소유권을 인정하는 증서인 지계地契를 발급해주었으며, 각종 회사의 설립을 장려하는 등 상공업 분야의 개혁을 실시해서 상당한 성과를 거두었다고 한다. 그들은 이를 광무개혁이라고 부른다. 이러한 견해의 밑바닥에는 근대화가 이미 내부의 힘에 의해 이루어지고 있었다는 점을 강조함으로써 내재적 발전론을 보강하고, 일제가 고종황제와 대한제국 정부의 무능과 무력을 강조하여 망국의 원인을 한국의 내적 결함으로 돌려 그들의 통치를 정당화하려고 했기 때문에 광무연간의 치적을 올바르게 평가해야 한다는 문제의식이 깔려 있다.[1] 이와는 달리, 일부 학자들은 독립협회가 토론회와 만민공동회를 개최하고 의회의 설립을 추진하는 등 국민주권론에 입각한 민권운동을 벌인 사실을 높이 평가하였다.[2]

독립협회는 청으로부터의 독립을 내세워 창립되었다. 당시는 청일전쟁에서 패배한 청의 약함이 드러난 시기였으므로 독립협회가 창립된 사실 자체에 커다란 의미를 부여하기는 어렵다. 다만 독립협회의 구성원이 시민이었고, 이들을 중심으로 국민주권운동이 전개되었다는 점은 주목되어 마땅하다. 한편 대한제국에 대한 평가와 관련해서는 이를 다시 세우자는 복벽復辟운동이 두드러지지 않았다는 사실이 참고된다. 이는 많은 국민이 대한제국을 외면한 것과 다를 바 없다. 대한제국이 황제권의 강화에 주력했음을 염두에 두면, 당연한 것이 아닌가 생각한다.

조선왕조의 시련

청일전쟁은 예상을 뒤엎고 일본의 승리로 끝났다. 그 결과 청과
일본 사이에 시모노세키下關조약이 체결되었는데(1895), 그 첫째
조목은 조선이 독립국이라는 것이었다. 이로써 조선에 대한 청의
종주권은 완전히 부인되었다. 아울러 청이 일본에게 배상금과 함
께 랴오둥遼東반도와 타이완을 할양한다는 점이 규정되었다.

 이러한 조약의 내용이 밝혀지자 러시아가 반발하고 나섰다. 러
시아는 만주가 일본에 의해 점유된다면 그들이 탐내는 부동항인
뤼순旅順·다롄大連을 이용할 수 없게 되고, 그에 따라 극동 진출
의 길이 막힐 것을 우려하였다. 그리하여 역시 일본의 세력 확대
를 경계하고 있던 프랑스·독일과 함께 랴오둥반도를 청에게 돌
려줄 것을 일본에 요구하였다(삼국간섭). 일본의 랴오둥반도 점유
는 동양 평화에 해롭다는 것이었다. 청과의 전쟁에서 국력을 많
이 소모한 일본으로서는 이들의 압력에 굴복할 수밖에 없었다.

 일본의 약함이 드러나자 조선정부 안에서는 일본 배척의 기운
이 싹텄다. 그리고 이를 위해 러시아에 의지하려고 하였다. 이러
한 배일친러排日親露정책을 배후에서 조종한 것은 민비와 그 일
족이었다. 일본은 대원군과 훈련대를 이용하여 민비를 살해하
고, 친일세력을 부활시킬 것을 계획하였다. 민비의 정적인 대원

군은 당시 권력으로부터 소외되어 유폐된 상태였으며, 갑오개혁 때 설치된 일본군 지휘하의 훈련대는 해산될 운명에 처해 있었기 때문이다. 그러나 아무리 민비에 반대하는 세력이라 하더라도 조선인은 왕비를 살해하지 않을 것이라는 판단 아래, 당시 서울에 머물고 있던 로오닌浪人 등 일본 민간인을 동원하여 민비를 살해하였다(을미사변, 1895). 이는 민비살해에 대한 책임을 일본정부가 지지 않기 위한 방법의 하나였다.

조선정부는 긴급하게 범인의 수사에 착수해야 했다. 그러함에도 불구하고 을미사변 직후 새로 조직된 김홍집내각은 이를 덮어둔 채, 도리어 민비의 죄상을 열거하면서 그녀를 서인으로 폐한 폐비조칙을 반포하였다. 일본공사 미우라三浦梧樓의 압력에 의한 것으로, 여기에서 지적된 민비의 죄상은 훈련대의 해산을 추진한 것과 '국왕의 곁을 떠나 찾아도 나타나지 않은 것' 등이었다. 그들은 이 조칙을 통해 민비살해사건을 마무리 지으려고 했던 것이다.[3] 그러나 미국인 선교사를 비롯한 내외의 반발에 부딪치자 민비를 복위시켰다.

일본인의 민비살해는 조선주재 외교관을 통해서 세계 각국에 알려졌다. 일본은 외국의 비난을 두려워하여 미우라를 재판에 회부하였다. 그러나 조선에서 일본과 세력 다툼을 벌이던 러시아만이 항의했을 뿐, 영국과 미국은 이 사건에 그다지 큰 관심을 보이지 않았다. 미국의 국무장관 올니Olney는 조선내정불간섭을 표방하면서 서울의 자국 외교관에게 일본에 반대하는 행동을 자제하라고 훈령하였다. 그리고 도리어 일본의 대조선정책을 적극적으로 지지한다고 언명하였다. 결국 미우라는 증거 불충분이란 이유로 무죄 판결을 받았다. 그가 석방되자 일본 천황은 그의 노고를 치하하고 위로했다 한다.

그러한 가운데 일본은 고무라小村壽太郎를 새로운 조선공사에 임명하여 갑오개혁에 이은 여러 조치들을 다시 추진해 나갔다. 이를 을미개혁 혹은 3차 개혁이라고 하는데, 여기에서는 태양력을 채용하고, 연호를 제정하여 이듬해부터 건양建陽이라 하기로 했다. 시모노세키조약의 조선이 독립국이라는 규정을 구체화하기 위함이었다. 아울러 서울에 소학교를 설립하고, 단발령을 내려 이를 강행하였다. 여기에서 주목되는 것은 단발령으로, 성년 남자의 머리 위에 튼 상투를 자르라는 명령이었다. 활동상·건강상 나쁘기 때문이라는 것이 그들이 내세운 이유인데, 실은 이를 통해 조선인의 자존심을 일거에 박탈하여 굴욕감과 패배감을 조성하려는 의도였다.

일본에 의한 민비살해와 단발령의 시행은 격렬한 반발을 불러일으켰다. 유학자들은 '목을 자를 수는 있어도 머리털은 자를 수 없다'고 강하게 반발하였다. 그들은 상투를 성인의 상징으로 소중히 여겼기에 그것을 잃는다는 것을 수치로 생각하였다. 두 아들이 상투를 자르자 아버지가 자살했다는 사실이 이러한 사정을 알려준다. 설사 단발에 찬성한 사람도 일본의 강요는 싫다는 것이었다. 드디어 각지에서 의병이 일어났다. 이를 을미의병이라고 부르는데, 제천의 유인석, 춘천의 이소응 등이 의병장으로 활동하였다.

김홍집내각은 의병을 진압하기 위해, 훈련대를 폐지하고 설치한 친위대를 지방에 파견하였다. 이를 기회로 미국대리공사 알렌과 러시아공사 웨베르Waeber는 정동파貞洞派 인사들의 협조를 얻어(정동파란 외국의 공사관이 정동에 몰려 있었기 때문에 외국의 외교관이나 선교사와 빈번한 접촉을 가진 인사를 그렇게 불렀다) 일본군 감시하에 경복궁에 있던 국왕을 러시아공사관으로 데려갈 것을 모의하였다. 당시 러시아공사관에는 공사관 보호를 구실로 160여 명의 군대가 파견되어 있었으므로 그들에 의존하려는 것이었다. 고종이 여기에 동의함으로써 아관파천이 이루어졌다(1896. 2). 이후 만 1년 동안 국왕은 러시아공사관에 체류하였다.

　　러시아공사관에 도착한 국왕은 민비에 대해 폐비조칙을 내린 김홍집내각의 친일 대신을 역적으로 규정하고, 그들을 잡아 살해하라는 명령을 내렸다. 이러한 내용은 여러 곳에 방榜으로 붙여졌다. 그리하여 김홍집과 어윤중이 군중에 의해 살해되고, 김윤식은 제주도에 유배되었다.

　　이후 조직된 새 내각에는 이완용·이범진·박정양 등 정동파 인사가 대거 기용되었다. 일찍이 과거에 합격한 후 29세의 나이로 육영공원에 입학하여 영어를 배운 이완용은 박정양 주미공사와 함께 미국에 파견되기도 했던 인물로, 알렌의 추천으로 내각에 참여하였다. 러시아는 그를 비롯한 다양한 인물을 내각에 기용함으로써 러시아가 조선 내정에 깊이 개입한다는 인상을 지움과 동시에 아관파천으로 인해 야기될지도 모를 다른 나라의 비난을 미연에 방지하고자 했다. 그러나 정부가 러시아의 강한 영향력 밑에 놓였음은 두말할 나위가 없다.

국왕이 러시아 공사관에 있는 1년 동안 러시아는 광산채굴권과 두만강·압록강·울릉도의 삼림채벌권 등 각종 이권을 획득하였다. 그런데 이는 열강을 자극하여 그들로 하여금 러시아와 이익의 평등을 조선정부에 요구하게 만들었다. 그리하여 조선은 한 외국인 기자의 표현처럼 '이권획득자의 즐거운 사냥터'가 되었다. 알렌은 자신의 추천으로 내각에 들어간 인물을 통해 자신이 주목해 왔던 운산금광채굴권을 미국인 투자가 명의로 획득하는 데 성공하였다.

국왕이 궁성을 버리고 남의 나라 공사관으로 피난했다는 것은 떳떳한 일이 못되었다. 자국의 국민에게 커다란 치욕을 안긴, 주권국가의 국왕으로서는 상상조차 할 수 없는 큰 실책이었다.[4] 그러므로 무엇인가 해명을 하지 않으면 안 되었다. 고종은 도피한 친일대신들이 체포되고 정세가 안정되면 즉시 환궁하겠다는 뜻을 발표했다. 그런데 국왕이 환궁하기 위해서는 최소한 궁궐을 경비할 수 있을 정도의 군사력을 필요로 했다. 이에 고종은 러시아로부터 군사교관과 소총을 지원받고, 그들로 하여금 조선군 병사를 훈련시키게 했다. 러시아가 고종의 환궁에 이러한 협조를 한 것은 환궁이 불가피한 상황임을 간파한데다가, 고종의 신변을 장악하는 한 지속적으로 영향력을 행사할 수 있다고 판단했기 때문이다.

한편 국왕의 아관파천으로 인해 수세에 몰린 일본은 조선에서 러시아와 세력균형을 이루기 위한 방법의 하나로 러시아가 조

세계화시대
우리한국사

선의 북부에, 그리고 일본이 남쪽에 주둔하고 그 사이에 중립지
대를 설치할 것을 제의하였다(1896). 북위 38도선을 경계로 하여
조선을 양국의 세력 범위로 분할하자는 것이었다. 그러나 당시
조선에서 우월한 지위를 차지하고 있던 러시아가 이를 거절하
였다.

독립협회

갑신정변의 실패 후 미국에 망명했다가 귀국한 서재필은 1896년
정부의 후원을 얻어 〈독립신문〉을 발간하였다. 이 신문은 '상하
귀천이 다 보게' 순 한글로 펴냈다. 신문의 한글판 제작을 담당했
던 주시경은 한글 사용이 독립사상을 확고하게 하는 길이며 민권
을 신장시키는 방법이라고 여겼다. 독립협회의 견해를 대변하는
계몽적 역할을 수행하기도 한 이 신문은 계급과 지역, 연령과 성
의 장벽을 무너뜨리고 민족적 유대감을 형성하는 데 크게 기여하
였다.
　〈독립신문〉은 국민의 자유권을 중시하였다. 우리 국민 모두는
하느님이 준 권리를 지켜야 하는데, 오랜 압제 때문에 권리를 갖
고 있다는 것조차 잊어버리고 있는 상태라고 지적하였다. 또한 노
비제도와 남녀차별의 폐지를 통한 국민평등권의 실현을 강조하였
다. 갑오개혁으로 노비제도가 폐지되었음에도 불구하고 일부 인
사들이 아직도 노비를 두고 은밀히 매매까지 하는 것을 비판했던

것이다. 그리고 '백성이 주인이고 관원은 종'이라는 논설 제목을 통해서 알 수 있듯이, 국민이 나라의 주인임을 분명히 했다. 일본이 한반도의 분할을 러시아에 제의한 사실을 폭로하고, 그것이 조선에서 시행되어서는 안 된다는 점을 밝힌 것도 〈독립신문〉이었다. 대한제국의 성립 후에는 '한국인을 위한 한국'이란 기치를 내세우고, 외국인의 이권 침탈과 불법 행위를 규탄하였다.

〈독립신문〉은 인천·원산·부산·평양에 지사를 설립하였으며, 많을 때는 3천 부, 적을 때는 5백 부를 발간했다. 그런데 신문은 구독자만이 읽은 것이 아니라 이웃사람들에게 돌려져서, 신문 한 장을 적어도 2백 명이 같이 읽었다 한다. 이처럼 많은 사람이 〈독립신문〉을 읽었다는 것은 민권이나 주권의 보호에 관심을 가진 사람이 그만큼 많았다는 것과 다를 바 없다. 그러나 〈독립신문〉은 독립협회와 만민공동회가 강제 해산 당한 후, 정부에 의해 매수되어 폐간되었다(1899).

〈독립신문〉 창간 후 서재필은 안경수·이완용 등 정부 관리와 함께 독립문과 독립공원을 건립할 목적으로 독립협회를 결성하였다(1896). 이때의 독립은 청으로부터의 독립을 의미하는 것으로, 청의 사신을 맞이하던 곳의 영은문을 헐어 독립문을 세우고, 모화관을 개수하여 독립관으로 사용하고, 독립공원도 건설할 계획이었다. 이를 위한 모금운동이 전개되자 위로 왕태자로부터 관리, 그리고 일반국민에 이르기까지 많은 사람이 헌금에 참여하였다. 이들 헌금한 인물은 누구라도 회원이 되었으므로 협회는 약 4천 명의 회원을 보유하기에 이르렀다. 그리고 회원

50인 이상을 확보한 지역에 한하여 지회의 설립을 허락함에 따라, 공주지회를 필두로 하여 평양·대구·의주·목포·인천 등지에 지회가 설치되었다(1898). 이로써 서울 시민만이 아니라 지방도시민도 독립협회에 참여할 수 있게 되었다.[5]

독립협회는 독립문이 완공된 1897년 말부터 협회의 정기집회를 토론회 방식으로 전환하였다. 매주 개최된 토론회는 총 34회가 열렸는데, 교육·자유·독립을 비롯한 다양한 내용이 주제로 채택되었다. 토론회에 참가한 인원은 날로 증가하여 3개월 후부터는 언제나 5백 명이 넘었다. 그런데 토론이 진행되는 과정에서 점차 정부의 시책을 거론하게 되고, 그 무능에 대해 날카로운 비판을 가하게 되었다. 이를 지켜보던 안경수·이완용 등 간부들은 불만을 표시하고 협회에 자주 나타나지 않게 되었다. 결국 토론회의 개최를 계기로 독립협회는 고위관리를 중심으로 한 사교단체에서 시민·학생 중심의 계몽단체로 그 성격이 변모해 갔다. 이러한 독립협회를 이끈 인물은 서양의 시민사상에 영향을 받은 윤치호·이상재 등이었다.

토론회는 만민공동회로 발전해 나갔다. 독립협회가 최초로 만민공동회를 개최한 것은 1898년 3월의 일로, 이로부터 독립협회는 정치운동을 전개하였다. 종로에 약 8천 명의 시민이 운집한 가운데 상인 현덕호가 회장으로 선출되었고, 이승만 등 학생이 등단하여 러시아의 간섭을 비난하고 군사교관과 재정고문의 철수를 요구하였다. 그리고 이틀 후에는 독립협회와 직접 관계없는 서울의 평민이 자발적으로 만민공동회를 개최하였는데, 처음

3
—
近代

x

보다 더 많은 관중이 운집하였다. 여기에서 그들은 외국의 간섭을 배제하여 자주 독립의 기조를 견고히 할 것을 결의하였다.

독립협회는 관민 합동으로 국정개혁에 대한 공동 선서를 하는 대집회를 여는 것이 바람직하다고 보고, 종로에서 관민공동회를 개최하였다(1898. 10). 의정부참정 박정양을 비롯한 정부관리와 학생·상인 등이 참석한 가운데 개최된 이 관민공동회에서 백정 출신 박성춘이 연설하였음은 앞에서 언급한 바 있다. 그들은 '헌의6조'를 채택하여 고종에게 올릴 것을 결의하였다. 그 내용은 대외적으로 황제권을 공고히 하고, 대내적으로 전제군주권에 제약을 가한다는 것이었다.

전제군주권에 제약을 가하는 구체적인 방법의 하나로 독립협회는 의회의 설립을 추진하였다. 이는 전제왕권 대신 입헌군주제를 지향하는 것이었다. 정부는 독립협회가 황제 대신 대통령을 옹립하여 공화정치를 하려 한다고 해산 명령을 내렸다. 그리고 협회의 중심인물을 체포하였다. 이 소식을 들은 서울 시민 수천 명은 이후 여러 차례 만민공동회를 열고 정부의 정책을 비판하였다. 정부는 보부상을 회원으로 하여 결성된 황국협회를 동원하여 시위 군중에게 폭력을 행사하였다. 이 과정에서 신기료 장수(구두 수선공) 김덕구가 죽자 그의 장례를 만민장으로 치루는 등, 이후에도 만민공동회는 계속 열렸다. 결국 고종은 병력을 동원하여 독립협회를 강제로 해산시켰다(1898. 12).

현덕호와 이승만의 경우를 통해 알 수 있듯이, 만민공동회는 상인과 신식학교 학생에 의해 이끌어졌다. 그리고 김덕구와 박성춘 등, 평민과 천민 출신이 여기에서 적극적인 역할을 수행하였다. 갑오개혁에서 신분제도가 폐지되었기에 가능한 일이었다. 독립협회는 이처럼 다양한 계층의 서울 시민의 지지를 받았기에 만민공동회와 같은 활발한 정치활동을 전개할 수 있었다. 한편 서울의 시민은 독립협회의 만민공동회에 참여함으로써 그들의 정치·사회의식을 향상시켰다.

대한제국

아관파천으로 국왕이 러시아 공사관에 가 있고, 이권이 속속 외국인의 손으로 넘어가는 상태에 대하여 국민의 비난이 집중되었다. 독립협회를 중심으로 국왕의 환궁운동이 전개되었으며, 유학자들도 환궁을 요구하는 상소를 올렸다. 이에 고종은 경운궁(덕수궁)으로 옮겨왔다(1897). 그가 경복궁이 아닌 경운궁으로 돌아온 것은 이를 에워싼 러시아와 미국 등 외국공사관의 보호에 의지하기 위함이었다.

환궁한 고종은 하늘에 제사하는 원구단圜丘壇(혹은 환구단으로 읽는다)을 마련한 후, 문무백관을 거느리고 그곳에 나아가 황제즉위식을 거행하였다. 그리고 국호를 대한제국이라고 하였다. 조선이라는 명칭은 명이 정해준 것이므로 당당한 제국의 국호로 타당하지 않다는 것이었다. 또한 광무라는 연호를 사용하였다. 갑오개혁 때 개국기년, 그리고 을미개혁 때 건양이라는 연호를 사용하기로 한 것은 일본의 요구에 따른 것이었으므로, 이제 광무라는 새로운 연호를 제정했던 것이다.

국왕을 황제라고 칭하자는 논의는 일찍이 갑신정변 당시 김옥균에 의해서 거론되었다. 그는 청으로부터의 독립국임을 알리기 위해 이를 구상했으나 정변의 실패로 빛을 보지 못했다. 이후 갑오개혁 때와 민비가 살해된 직후에는 일본인에 의해 황제 칭호 사용이 제기되었다. '일본이 청나라로부터 조선을 독립시켰다'는 선전과 아울러 민비살해를 호도하기 위함이었다. 고종이 러시아공사관에서 환궁한 이후에는 주자학적 명분론에 사로잡힌 최익현·유인석 등 일부 유학자의 반대가 없었던 것은 아니지만, 칭제를 건의하는 상소가 폭주했다.[6] 고종 역시 칭제에 적극적이었다. 이를 통해 그는 민비살해와 아관파천 등으로 실추된 왕권을 회복하려고 했던 것이다. 그러나 기본적으로 청일전쟁에서 청나라가 패배함으로써 청과의 종속관계가 끊어졌고, 조선인의 청에 대한 인식이 변했기에 가능한 일이었다.

청을 중화로 여기던 조선인의 태도는 청일전쟁 이후 변화하였다. 예컨대 〈독립신문〉은 1896년 '세계에서 제일 천한 청국'이라는 제하의 기사에서 '조선 사람이 청인에게 배울 것은 하나도 없는데, 이는 청국의 개화된 모습이 조선만도 못하기 때문'이라고 했다. 이제 청을 포함한 중국은 조선인에게 비판과 부정의 대상이었다.[7] 따라서 중국 문화에 대한 유학자들의 의식구조에도 변화가 일어났다. 청년기에 방에 주자의 영정을 모셔놓고 매일 아침 절을 드릴 만큼 주자를 숭배한 박은식은 자신의 사상이 변했다고 하면서 1898년 독립협회에 가입하여 회원이 되었다. 또한 성균관의 학생으로 관장을 감복시킬 정도의 학식을 소유했던 신채호는 유학을 조선 쇠락의 근본 원인으로 간주하였다.

황제에 오른 고종은 구본신참舊本新參의 방향에서 국가의 정책을 추진하였다. 구본신참은 동도서기東道西器와 마찬가지로 옛것을 근본으로 하고 여기에 새것인 서양문명을 절충한다는 뜻이었다. 그런데 그가 추진한 정책의 대부분은 황제에게 모든 권한을 집중시키는 것이었다. 이러한 노력은 대한국국제國制의 제정(1899, 광무 3)으로 구체화되었다. 대한국국제는 국가의 통치 조직과 통치권의 행사를 규정한 국가의 근본법, 즉 헌법이라고 할 수 있는 것이었다. 여기에는 황제가 입법·행정·사법에 관한 모든 권한을 가지고 있음이 규정되었다. 이에 반해 황제권을 제약할 가능성이 있는 의회나 국민의 참정권에 대해서는 언급이 없었다.

황제권의 강화를 위해서는 무엇보다 군대를 증강할 필요가 있었다. 이를 위해 서울의 방비와 황제의 호위를 담당하는 부대가 새로 설치되거나 개편 증대되었고, 이들을 지휘 감독하는 원수부가 창설되어 황제의 통솔을 받았다. 정부는 여기에 소요되는 재정 수요를 충당하기 위하여 관리의 봉급을 줄이고, 막대한 양의 백동화를 주조하였다. 이로 인해 화폐 가치가 하락하자 국가 재정은 더욱 어려워졌다. 정부는 양전을 실시하고, 소유권이 확인된 소유주에게 토지증서인 지계地契를 발급해주었다. 재정적 기초를 튼튼히 하고자 함이었다. 또한 비록 성공하지는 못했으나, 미국과 영국 등에 차관을 교섭하기도 했다.

대한제국 정부는 대체로 갑오개혁에서 실시된 정책을 그대로 답습하여 추진하였다. 단발을 강요하고, 관원에게 서양식 복장을 착용하라는 명령이 내려졌다. 또한 기술교육을 장려하여 많은 유학생을 국비로 해외에 파견하였다. 그리고 고종의 사진을 찍어 이를 배포한 것도 특이하다. 황제를 중심으로 백성을 단결시키려는 의도였다.

세계화시대
우리한국사

18 ─
대한제국의 멸망과 3·1운동

을사조약(1905)과 일본에 의한 합병(1910)으로 대한제국은 일본의 식민지가 되었다. 이에 대한 학계의 연구는 대체로 일본의 침략성을 폭로하고, 여기에 동조한 이완용 등 일부 정부관리의 매도에 주력하였다. 그러나 이는 한국이 일본의 식민지가 된 책임을 그들 소수에게 전가시키는 것으로써 매우 소박한 해석이라는 느낌을 지우기 어렵다. 그렇게 함으로써 우리가 역사를 통해 배울 수 있는 것이 무엇인가 궁금하기도 하다. 당시 한국이 처한 상황이나 국제관계 등을 구체적으로 검토해 보아야 할 것이다.

일본이 한국을 침략하는 과정에서 미국·영국 등은 일본의 논리에 동조하였다. 영국은 영일동맹으로, 그리고 미국은 태프트Taft·카츠라桂太郎밀약을 통해 일본의 입장을 지지했던 것이다. 특히 미국은 러일전쟁 후 포츠머스Portsmouth조약의 체결을 알선함으로써 한국이 일본의 보호국이 되는 데 결정적인 역할을 수행하였다. 자국의 이익과 관련하여 일본이 한국보다 중요했기 때문일 것이다.

일본의 침략이 노골화되자, 고종은 전시국외중립을 선언했다. 그리고 밀사외교를 전개하였다. 그러나 이러한 고종의 노력은 모두 수포로 돌아갔다. 대한제국 정부는 국제정세에 밝지 못했고, 더구나 한국의 지식인은 일본인이 주장하는 삼국제휴론이나 일한동맹론에 매혹되어 있었다.

을사조약에 의해 한국이 일본의 실질적인 식민지로 전락하자, 이에 대한 한국인의 대응 태도는 다양하게 드러났다. 일본에 협력하는 자들이 있었는가 하면, 자신의 무능을 한탄하면서 날마다 한밤중에 통분의 눈물을 흘린 인물도 있었고, 나라를 그 지경으로 만든 책임을 황제와 관리 그리고 국민의 무능 탓으로 돌려 그들을 비난한 사람도 나타났다. 물론 분함을 이기지 못해 자살한 인물도 있었다. 그러한 가운데 일부는 의병을 일으켜 일본과 싸우거나 애국계몽운동을 통해 나라의 힘을 기르기 위해 노력하였다.

일제의 식민지배에 대한 대규모의 항쟁은 1919년 3월 1일에 일어났다. 3·1운동은 노동자·농민을 포함하여 거의 모든 국민이 아무런 조직을 갖추지 않은 상태에서 자발적으로 참여했다는 데 그 특징이 있다. 일제의 식민지배가 민족적 각성의 계기를 마련해주었던 셈이다.

대한제국을 둘러싼 러·일의 각축

삼국간섭을 통해 일본의 랴오둥반도 점령을 저지한 러시아·프랑스·독일 세 나라는 청에게 그에 대한 보상을 요구하였다. 그리하여 러시아는 랴오둥반도의 뤼순·다롄 항을 조차하고, 1903년 완공을 목표로 한 시베리아 횡단철도의 지름길인 동청東淸철도의 부설권 및 운행권을 차지하였다. 즉 시베리아 횡단철도의 동쪽 끝 부분이 만주를 통과하여 블라디보스토크에 이르도록 했던 것이다. 러시아의 이러한 만주 진출은 한국의 부동항에 대한 그들의 욕심을 감소시켜주었다. 한국보다는 만주를 중시할 수밖에 없었기 때문이다. 그 결과 일본 외무대신 니시西德二郎와 주일러시아공사 로젠Rosen 간에 니시·로젠협정이 체결되어 (1898), 양국은 일본이 한국에서 우월한 지위를 차지하고 러시아가 만주를 확보한다는, 이른바 '만한교환滿韓交換'을 이루어냈다. 이후 러시아는 한반도로부터 군사 및 재정고문을 자진 철수하고 한러은행도 스스로 폐쇄하였다.

그렇다고 러시아가 한국에 대한 욕심을 완전히 버린 것은 아니었다. 러시아에게 있어서 한반도는 연해주와 랴오둥반도 간의 해상 연락 및 만주 지배의 안전을 보장하기 위해서 포기할 수 없는 곳이었다. 러시아는 자신들이 만주를 차지하고 있는 한 필요하면 언제든지 한국으로 밀고 내려올 수가 있다고 판단했다. 따라서 한반도를 둘러싼 일본과 러시아의 갈등은 언제든지 재연될 소지를 안고 있었다. 청에서 일어난 의화단義和團의 난

(1900)은 이를 구체화시킨 계기가 되었다.

청일전쟁 이후 서구 열강이 앞을 다투어 청의 이권을 탈취하고 영토를 분할하자, 권법拳法을 익히는 단체인 의화단이 '청을 지키고 서양을 몰아내자'는 구호 아래 봉기하였다. 산둥山東에서 일어난 그들은 외국 선교사를 박해하고, 베이징으로 진격하여 외국의 공사관을 포위 공격하였다. 청나라 정부는 겉으로 진압하는 체 하면서 실은 이들을 지원하였다. 이에 열강은 자국민의 보호를 명목으로 연합군을 조직하여 청에 파병하였는데, 이 8개국의 연합군 가운데 러시아와 일본의 군대가 포함되어 있었다. 러시아는 의화단의 난이 진압된 후에도 만주에서 군대를 철수시키지 않음으로써 사실상 만주를 점령하였다. 막대한 자금을 투입하여 동청철도와 뤼순·다롄의 군사기지를 건설해놓고 있었기 때문이다.

러시아의 이러한 태도는 청의 영토 분할에 참여한 열강을 자극하였다. 특히 한국 지배를 염두에 두고 있던 일본과 청에서 독점적 위치를 차지하며 러시아의 남하에 신경을 곤두세우고 있던 영국이 반발하였다. 그리하여 영국과 일본은 청에서 영국이 보유한 권리와 이익을 일본이 인정하고, 한국에서 일본이 가지는 권리를 영국이 승인한다는 내용의 군사동맹을 맺었다(제1차 영일동맹; 1902).

영일동맹으로 입지가 강화된 일본은 만주로부터 군대를 철수시킬 것을 러시아에 요청하였다. 청국분할에 뒤늦게 참여하여 만주 진출을 목표로 삼고 있던 미국이 여기에 동조하자, 러시아는 하는 수 없이 철병을 약속하였다. 그러나 이 약속은 지켜지지 않았다. 그뿐만 아니라 러시아는 도리어 압록강 하류의 용암포를 불법 점령하여 군사기지를 건설하고, 이곳의 조차를 한국정부에 요구하였다. 일본이 이에 불만을 표시하자, 러시아는 한국의 북위 39도선 이북의 땅을 중립지대로 만들어 양국의 군대가 진입하는 것을 금지하자고 제의하였다(1903). 1896년 일본이 조선의 38도선으로 양국의 세력 범위를 분할할 것을 제안했을 때는 러시아가 거절했는데, 이제 도리어 러시아가 일본에게 이러한 제의를 했던 것이다. 그러나 이번에는 일본이 이를 거절하면서 뤼순항의 러시아함대를 기습 공격하였다. 이로써 러일전쟁이 발발하였다(1904. 2).

러시아와 일본 간에 전쟁이 일어나자, 미국과 영국은 일본을 지원하고 나섰다. 미국의 루즈벨트Roosevelt, Theodore 대통령은 러시아의 만주 지배를 견제하기 위해서는 일본이 한국을 지배하는 것이 적절하다고 판단했다. 러시아가 미국의 마닐라 만 철수를 요구하면서 일본으로 하여금 필리핀을 차지하도록 권유한 사실을 묵과하기 어려웠던 것이다. 그리하여 미국의 전쟁장관 태프트와 일본수상 카츠라 사이에 필리핀에 대한 미국의 지배를 분명히 하고, 아울러 일본의 한국에 대한 권리를 인정한다는 내용의 협약이 체결되었다(1905). 한편 영국은 아프가니스탄문제를 둘러싸고 러시아와 다시 대립하고 있었다. 러시아가 건설 중인 아프가니스탄 국경 근방의 철도망이 영국의 인도방위에 적신호가 되었기 때문이다. 따라서 영국은 세계 각지에 산재해 있던 영국령 식민지로 하여금 러시아함대의 기항과 연료 공급을 거부하게 함으로써 발틱Baltic함대의 동진을 지연시켰다.[8]

러일전쟁에서 일본은 연승을 거두었다. 그러나 군사적으로나 재정적으로 더 이상 전쟁을 계속할 수 없는 상황에 직면하였다. 이에 일본은 루즈벨트에게 강화를 의뢰하였다. 한편 러시아는 전장이 수도로부터 멀리 떨어져 있었고 전쟁물자의 수송을 단선 철로에 의존했기 때문에 전쟁에 지면서도 아직 싸울 여유가 있었으나, '5월혁명'으로 불리어지는 민중봉기가 일어나 전쟁을 지속하기 어려웠다. 결국 미국의 중재 아래 미국 뉴햄프셔New Hampshire주의 군항 포츠머스에서 강화조약이 체결되었다 (1905). 여기에는 일본이 한국에서 정치·군사·경제상의 우월한 이익과 필요할 경우 지도·보호·감독의 조치를 취하는 데 방해받지 않을 권리를 갖는다는 점이 명시되었다. 이러한 조약의 내용은 루즈벨트에 의해 독일에도 알려졌다.

을사조약

러일전쟁이 발발하자 일본은 한국에 한국주차군이라고 부른 대군을 급파하고, 공수동맹攻守同盟의 조약 체결을 강요하였다. 러일전쟁에서 승리를 거두기 위해서는 한국의 협조가 필수적이었기 때문이다. 그리하여 한일 간에 '의정서'가 체결되었다(1904. 2). 일찍이 청일전쟁 당시 조일맹약으로 조선이 청과 맺은 모든 조약이 폐기되었던 것처럼, 한일의정서의 체결로 한국과 러시아 사이의 모든 조약이 무효화되어 외교관계가 단절되었다.

한일의정서에는 제3국이나 내란에 의하여 대한제국 황제의 안녕·보전이 위험해질 경우, 일본이 이에 필요한 조치를 취한다는 조항이 들어 있었다. 이 목적을 위하여 일본이 군사전략상 필요한 지점을 사용할 수 있다는 점도 규정되었다. 이에 따라 일본은 러일전쟁의 수행에 필요한 병력과 군수품의 수송을 위해 경의·경부 두 철도를 부설하고, 통신망을 강점하였다. 그리고 한국 전국토의 거의 3할에 달하는 황무지의 개간·정리 등 일체의 경영권과 그곳에서 얻어지는 모든 권리(황무지 개척권)를 일본인에게 50년간 넘기라고 한국에 요구하였다. 이 요구는 한국인의 분노를 불러일으켜, 거의 모든 한국인을 반일감정으로 뭉치게 만들었다. 결국 일본은 이를 취소하지 않을 수 없었다. 일본이 울릉도의 부속도서인 독도를 주인 없는 섬이라고 하여 자국의 영토로 편입한 것도 이 무렵의 일이었는데, 한국인은 1년이 지나서야 이 사실을 알게 되었다.

일본은 곧 이어 한국과 '협정서'(제1차 '일한협약'; 1904. 8)를 강제로 맺고, 일본이 추천하는 고문관의 초빙을 한국에 강요하였다. 그리하여 메가다目賀田種太郎가 재정고문, 미국인 스티븐스 Stevens가 외교고문으로 채용되었다. 이제 한국정부의 실권은 일본인의 손으로 넘어갔고, 독자적인 외교권 수행도 불가능해졌다. 한국은 1900년을 전후해서 주러·주독·주영·주프랑스 공사를 임명하여 해당국에 주차케 했는데, 이에 이르러 이들을 소환함으로써 한국의 해외공관이 모두 철폐되었다.

포츠머스조약의 체결로 한국에 대한 보호조치를 국제적으로 인정받은 일본은 조약의 체결을 위해 이토를 한국에 파견하였다. 이토는 주한일본공사 하야시林權助와 함께 군대를 거느리고 궁궐에 들어가서, 황제와 대신을 위협하며 일본의 조약안에 승인할 것을 강요하였다. 그렇게 체결된 조약을 을사조약(1905), 일본의 요구에 응한 5명의 대신을 을사오적이라고 부르고 있다. 그런데 일본은 위의 '협정서'의 경우와 마찬가지로 이를 '일한협약'이라고 함으로써, 마치 조약 체결에 한국이 적극적으로 동의한 것과 같은 느낌을 가지게 만들었다.

을사조약은 한국의 외교권을 완전히 박탈하고, 한국의 외교에 관한 사항을 관리하기 위해 통감부를 설치한다는 것을 그 주된 내용으로 하였다. 이에 따라 일본은 주한외국공사관의 철수를 교섭하였다. 여기에 부응하여 미국이 제일 먼저 공사관을 폐쇄하였다. 그러자 영국·프랑스·독일·러시아 등도 아무런 항의 없이 외교관을 철수시켰다. 이러한 외교권 박탈은 일본의 한국 침략과 관련하여 매우 중요한 의미를 갖는다. 그렇게 함으로써 일본은 다른 나라의 간섭 없이 한국을 독자적으로 지배할 수 있었기 때문이다.

초대 통감으로 부임한 이토는 한국의 국정을 개선한다는 소위 '시정개선'을 표방하였다. 그런데 그가 내건 '시정개선'은 경찰력의 강화와 도로의 개설, 그리고 농사개량 등이었다. 이는 한국인의 반일운동을 봉쇄함과 아울러 일본 내의 식량 및 원료 부족을 해결하는 데 필요한 조치들이었다. 그는 이를 위해 일본으로부터 차관을 얻도록 한국정부에 강요하였다. 그렇게 해서 얻어진 돈은 도로확장과 일본인 거류민을 위한 수도공사 등에 쓰였다. 한국정부는 돈은 만져보지도 못한 채 부채만 짊어지게 된 것이다. 1907년 한국인들이 국채보상운동을 전개하며 갚자는 외채가 곧 그것이었다.

대한제국의 대응

러시아와 일본 사이에 전쟁의 위험이 높아지자, 한국은 영토를 유린당하지 않기 위한 방법의 하나로 밀사를 청의 즈푸芝罘에 파견하여 전시국외중립에 관한 선언문을 열강에 타전케 하였다 (1904. 1). 한국의 전신업무가 이미 일본의 실질적인 통제 아래 놓여 있었기 때문에, 그로부터의 방해공작을 우려해서 취해진 조치였다. 그런데 중립화를 위해서는 한반도에 야심을 갖고 있던 미국·영국·러시아·일본의 보장을 받아야 했는데, 그렇지 못했다. 러시아는 방관적이었으며, 영일동맹으로 한국을 일본에 양보한 영국은 냉소적이었고, 미국은 무시하였다. 일본이 거절했음은 두말할 나위가 없다. 이러한 국제적 환경은 차치하더라도, 한국은 내부적으로도 중립화가 가능한 조건을 갖추지 못하고 있었다. 국가 재정과 군사력의 결핍으로 중립국으로서의 책무를 다하기 어려웠던 것이다.

고종은 전쟁이 러시아의 승리로 끝날 것으로 전망하고 여러 차례 러시아에 친서를 보내 지원을 호소하였다. 그리고 러·일 간의 강화회담이 루즈벨트 대통령의 중재로 포츠머스에서 열리게 된다는 사실을 알게 된 후에는 이승만을 밀사로 선정하여 협상이 한국에 유리하게 결정되도록 교섭할 것을 지시하였다. 이승만은 미 국무장관 헤이Hay와 루즈벨트 대통령에게 한국의 독립을 지켜달라고 호소했다. 그러나 미국은 이미 일본의 한국 보호를 승인한 상태였으므로 이승만의 호소가 특별한 결과를 낳을 수는 없었다.

1907년 네델란드의 헤이그Hague에서 만국평화회의가 열리자, 고종은 이상설·이준·이위종 3인과 미국인 헐버트Hulbert를 특사로 파견하였다. 그들로 하여금 한국 침략에 대한 일본의 불법성을 호소케 하여 을사조약을 무효화시키려는 것이었다. 그러나 이들은 현지에서 일본의 방해를 받아 회의장에 들어가지도 못하였다. 의장인 러시아대표는 한국이 일본의 보호국으로서 외교권을 상실했으므로 회의에 참석할 자격이 없다고 거절하였다.

애초에 한국에 평화회의를 알리면서 초청장을 발송한 것은 러시아였다. 일본의 한국 지배에 타격을 주기 위함이었다. 그러한 러시아가 한국의 본회의 참석을 거부한 것은 외몽고에서의 러시아 권익과 한국에서의 일본 권익을 상호 보장하는 제1차 러일 협약이 체결될 예정이었기 때문이다.[9] 이처럼 당시의 국제회의나 국제기구는 열강의 침략성을 은폐하기 위해 만든 것이거나 그들의 활동을 제약할 수 없는 것들이 대부분이었다. 그러나 국제정세에 무지했던 한국은 이러한 기구나 회의에 과도한 신뢰를 보냈다. 본회의 참석에 실패하자, 이위종은 기자회견을 통해 한국의 비참한 실정을 세계의 언론인에게 알렸다.

한편, 당시 한국의 지식인은 삼국제휴론에 이끌리고 있었다. 삼국제휴론은 백색인종에 대항하여 한·청·일 동양3국의 황색인종이 단결해야 한다는 인종적 제휴론을 바탕에 깔고 있었다. 일본이 맹주가 되어 황인종을 백인종으로부터 보호해야 한다는 것이다. 삼국이 대등한 자격에서 자유와 평화를 누리자는 것이 아니었음은 물론이다. 그런데 일본은 이를 '동양평화론'으로 포장함으로써 많은 한국의 지식인을 현혹시켰다. 서구 열강에 의한 청나라의 분할을 충격으로 받아들인 한국의 지식인에게 삼국제휴론은 설득력 있게 다가섰던 것이다. 안중근이 일본이 러시아를 굴복시켜야 한다고 여긴 것은 이러한 논리에 공감한 결과였다. 그가 일본의 주장이 허구라는 사실을 깨달은 것은 을사조약 이후였다. 후일 이토를 저격한 안중근은 이토의 '동양평화론'이 한국 침략을 위한 논리에 불과하므로, 진정한 동양평화를 위해 그를 제거했다고 밝혔다.

러일전쟁의 발발 무렵부터 일본은 청을 제외한 한국과 일본의 제휴론인 일한동맹론을 내세웠다. 일본이 근대적 문명을 한국에 이식하고 한국을 지도 개발해야 한다는 것이었다. 일본의 근대적 문명을 동경한 한국의 많은 지식인이 여기에 동조했다. 일한동맹론의 궁극적 목표가 일본의 한국 지배라는 사실을 그들은 깨닫지 못했던 것이다. 따라서 대한제국은 일본의 침략에 효과적으로 대응하기 어려웠다.

의병항쟁과 애국계몽운동

한일의정서가 체결된 1904년부터 시작된 한국인의 철도부설 방해나 전선 파괴 등의 저항은 을사조약 체결 이후 광범위한 의병활동으로 발전해 갔다. 초기의 의병부대는 양반출신 의병장의 지휘 아래 실질적인 전투는 농민이 주축이 된 평민 의병이 담당하였다. 양반출신 의병장이 일본의 침략에 대한 항거를 내세운 것과는 달리, 대부분 먹고살기 위해 의병에 가담한 평민은 양반 중심의 지배체제를 타파하는 데 더 많은 관심을 가지고 있었다. 이 때문에 의병운동이 한때 침체되기도 했다.

당시에는 의병을 가장한 도적이 적지 않았다. 그들에 의한 피해를 막기 위해 민간인으로 구성된 자위단이 조직 운영될 정도였다. 평민 의병장으로 유명한 안규홍의 경우, 그는 순천을 중심으로 활동하던 강용언 의병부대에 투신했는데, 그 부대가 자주 민폐를 끼치자 강용언을 제거하고 보성에서 활동하였다.

의병활동은 구 군인이 합류함으로써 열기를 띠게 되었다. 일본이 한국의 군대를 해산하던 날(1907. 8), 장병들은 일본 군대와 시가전을 전개하였다. 그러나 버티기 어렵게 되자 지방으로 내려가 의병에 합류하였다. 의병운동이 격렬해지자 일본은 헌병과 헌병보조원을 동원하여 진압에 나섰다. 이 과정에서 그들은 마을에 방화하고, 무저항상태의 촌민을 일방적으로 공격하는 등의 악행을 저질렀다. 이러한 만행은 농민층의 의병 참여를 부채질하여, 함경도 갑산의 홍범도와 위에서 언급한 안규홍 등 다수의 평민 출신 의병장이 등장하는 결과를 가져왔다. 농민의병장으로 특히 이름을 떨친 인물로는 을사조약 직후부터 경북·강원 접경의 산악지대를 중심으로 활동한 신돌석이 유명한데, 그는 한때 1천 명이 넘는 농민군을 거느렸다.

의병운동이 확대되면서 강원도 의병대장 이인영을 중심으로 전국 의병부대의 연합에 의한 서울진공작전이 수립되었다(1907. 12). 그들은 이를 통해, 비록 독립을 쟁취하지는 못할망정 일본과의 관계에서 유리한 지위를 획득하기를 기대했던 것이다. 그러나 그들의 계획은 부친상을 당한 이인영이 '불효는 불충'이라 하고 귀가해버림으로써 실패로 끝났다.

서울진공작전이 실패한 후에도 의병부대들은 각기 독자적인 활동을 전개하였다. 그러나 기관총과 소총으로 무장한 일본군을 당하기는 어려웠다. 그리하여 민긍호·허위·이강년 등 의병대장이 희생을 당한 가운데, 의병은 새로운 대일항쟁의 기지를 찾아 두만강·압록강을 건너가 독립군으로 전환하였다.

을사조약을 전후한 시기 한국인은 민족적 위기를 스스로의 힘으로 타개해야 한다고 생각하고 애국계몽운동을 전개하였다. 100여 개에 이르는 수많은 단체가 애국과 계몽을 표방하면서 조직되었던 것이다. 이들 가운데는 일본의 사주를 받은 친일파에 의해 조직된 것도 있었다. 일진회나 그 외곽단체는 대표적인 것이었다. 그러나 대부분은 세계정세와 조국의 현실을 국민에게 알려 분발을 촉구했고, 애국정신과 민권사상을 고취하는 데 주력했다.

당시 주목되는 계몽단체로는 우선 보안회가 있었다. 보안회는 일본의 황무지 개척권 요구를 저지하기 위해 조직된 단체였다. 그러나 일본의 압력으로 곧 해산되었다. 이후 통감부를 설치한 일본이 대중적 정치집회를 금지시키자, 계몽운동가들은 방향을 바꾸어 산업을 진흥시키고 교육을 보급시키는 사회·문화운동을 전개하였다. 1906년의 대한자강회는 이를 위해 조직된 단체였다. 그러나 이 역시 통감부에 의해 강제로 해산되었다. 일본이 고종의 퇴위를 강요한 데 대한 반대운동을 전개했기 때문이다.

1907년 안창호·이승훈·이동휘·신채호 등을 중심으로 조직된 신민회는 평양에 대성학교, 정주에 오산학교를 세우고, 평양과 대구에 태극서관을 차려 교육·출판사업을 벌였다. 교육이 흥하지 않으면 백성이 깨우치지 못하고, 산업이 번창하지 못하면 나라가 부강할 수 없다는 논리에 따른 것이었다. 그러나 신민회는 독립에 대한 견해 차이로 두 파로 갈라지게 되었다. 실력을 기르면서 장래의 기회를 기다리자는 안창호 등의 선실력양성후독립론에 대해, 이동휘·신채호 등은 독립이 부강의 전제조건이 된다는 논리를 펴면서 이를 정면으로 비판했던 것이다. 결국 안창호는 미국으로 건너가 흥사단을 조직하여 새로운 도덕교육운동을 폈고, 이동휘 등은 중국과 러시아에서 항일독립운동을 전개하였다.

통감부의 감시와 억압이 심해져 기존의 정치·사회단체로는 더 이상 공개적인 활동을 계속할 수 없게 되자, 전국 각지에 학회가 조직되었다. 전라도의 호남학회, 강원도의 관동학회, 경상도의 교남학회 등이 그것이다. 이 학회는 기관지를 발행하여 애국사상을 고취하고, 학교를 설립하였다. 그러자 전국의 지식인과 자산가도 다투어 학교를 설립하여 서양의 학문과 우리나라의 역사·지리를 교육시켰다. 통감부는 이러한 교육열이 항일운동과 연결된다는 것을 알고 탄압을 시도하였다. 사립학교령을 제정 공포하여(1908) 높은 시설 기준을 제시하고, 모든 사립학교는 학부대신의 심사와 재인가를 받도록 했던 것이다. 그러함에도 의연금을 모아 결국 인가를 받아낸 학교 수가 2천여 교를 넘어섰다.

계몽운동가들은 신문을 통하여 계몽운동을 전개하기도 했다. 당시의 대표적인 신문으로는 〈황성신문〉과 영국 신문사의 통신원으로 러일전쟁을 취재하기 위해 한국에 왔던 베델Bethel(배설)이 만든 〈대한매일신보〉가 있었다. 혁신파 유학자의 대변지라고 할 수 있는 〈황성신문〉은 을사조약 직후 장지연의 〈시일야방성대곡〉(오늘 목 놓아 크게 우노라)이라는 논설이 실린 것으로 유명하다. 여기에서 장지연은 일본의 침략 행위와 한국정부의 무능을 신랄하게 비판했다. 한편 베델은 〈대한매일신보〉 제작의 실권을 한국인에게 맡기었다. 한국말을 몰랐기 때문이다. 이에 신채호·박은식 등은 논설을 통하여 국민의 애국심을 고취시켰

3
近代

다. 그들은 영국인이 한국에서 치외법권을 누리고 있어 통감부가 마음대로 검열할 수 없다는 점을 이용하여, 일본의 침략 행위를 신랄하게 공격하였다. 따라서 이 신문은 고종을 비롯한 한국인의 재정적인 후원을 받았다. 고종이 을사조약은 자신이 승인한 바가 아니니 열국의 보호를 바란다는 친서를 발표한 것도 이 신문이었다.

애국계몽운동은 일본의 침략이 노골화한 어려운 시기에 전개되었다. 운동가들이 정치운동보다는 문화운동에 주력했던 이유가 여기에 있다. 그러나 문화운동이라고 하지만, 일반인의 정치의식을 진전시키는 데도 크게 기여했다. 그리고 민족국가 형성에 필요한 한국사나 한국어의 연구와 교육에 힘을 쏟은 점도 높이 평가되어 마땅하다. 따라서 애국계몽운동과 의병항쟁은 대립적이 아닌, 상호 보완적인 관계였다. 의병의 목숨을 건 투쟁은 힘을 길러야 한다는 민족적 각성을 불러일으켰으며, 계몽운동가에 의한 학교 설립은 근대 교육을 받은 인물을 배출함으로써 의병운동을 독립항전으로 발전시키는 원동력이 되었다. 학교에서 신교육을 받은 학생들이 후일 3·1운동과 독립군의 무장투쟁에서 중추적인 역할을 담당한 것을 통해 확인할 수 있는 일이다.

애국계몽운동이 전개될 당시 한국에는 스펜서Spencer의 사회진화론이 수용되어 큰 영향을 끼쳤다. 사회진화론은 다윈Darwin의 진화론을 인간사회에 적용한 것으로서, 인간사회에도 적자생존·우승열패·약육강식이 존재한다는 것이었다. 계몽운동가들은 한국이 적자·우자가 되기 위해서는 지식과 실력을 길러야

세계화시대
우리한국사

한다고 주장했다. 실력양성의 필요성을 절감한 계몽운동가들은 사회진화론을 끌어들여 자신의 논리를 보강했던 것이다. 그러나 사회진화론은 일부 친일파 지식인의 자기변명에 이용되기도 했다. 그들은 사회진화론의 힘의 논리를 끌어들여 일본을 타도의 대상 아닌 모방의 대상으로 선정함으로써 자신의 친일을 합리화시켰던 것이다.

식민지로의 전락

헤이그밀사사건 직후, 이토는 일본이 한국에 대해 선전포고를 하지 않을 수 없다고 고종을 협박하였다. 외교권을 일본에 위임한 한국이 통감의 허가도 없이 국제회의에 대표를 파견한 것은 '일한협약(을사조약)'의 정신을 위반한 것일 뿐만 아니라, 국제적으로 일본의 위신을 실추시킨 행위라는 것이었다. 결국 고종은 일본에 의해 강제로 퇴위되고, 황태자인 순종(1907~1910)이 즉위하여 연호를 융희隆熙라고 하였다. 이후 일본은 한국을 병합하기 위한 조치들을 취해 나갔다. 각 부의 차관에 일본인 관리를 임명하여 이른바 차관정치를 실시하고, 순종으로 하여금 조서를 내리게 하여 군대를 해산시켰다. 아울러 집회와 결사를 금지하는 보안법과 언론 탄압을 위한 신문지법을 제정하여 일본에 대한 비판을 봉쇄하였다(1907).

1909년 안중근이 이토를 살해하자, 일본에서는 복수를 부르짖는가 하면 한국을 합병하여 한 현縣으로 만들어야 한다는 여론이 비등하였다. 안중근의 이토 살해를 그 이전부터 추진해 오던 한국합병의 호기로 삼았던 것이다. 일본은 육군대신 테라우치寺內正毅를 새 통감으로 임명하여 합병을 추진하게 하였다. 그는 총리 이완용과 더불어 합병조약안을 꾸미어 조인했는데, 그 내용은 황족과 친일파의 신분 보장을 규정한 것이 대부분이었다. 아울러 대한제국의 국호를 없애고 조선으로 명명하였다. 이때의 조선은 국호가 아닌, 규슈와 마찬가지로 일본의 한 지방을 의미하는 것이었다. 이로써 한국은 일본의 군함을 접한 지 34년 만에 그들의 식민지로 전락하고 말았다. 1854년 미국의 군함에 의해 개항된 일본이 22년 후인 1876년에 군함을 거느리고 조선을 위협했던 것과 대조적이다.

일제는 통감부를 총독부로 바꾸고, 전국을 13도 12부府 317군으로 나누어 한국을 통치하였다. 육·해군대장 중에서 임명된 총독은 일본정부의 통제를 받지 않고 오직 천황의 명령만을 받을 뿐이며, 한국의 입법권·행정권·사법권 및 군사통수권을 한손에 쥐었다. 그러므로 조선총독은 일본 군부는 물론 정계에서도 그 비중이 컸다. 일본 수상을 지낸 인물이 조선총독이 되는 경우도 있었고, 반대로 조선총독을 거쳐 일본 수상이 되는 경우도 있었으므로, 그들은 자신의 정치적 야심 때문에 가혹한 식민정책을 실시하는 경우가 허다하였다.

총독 밑에는 행정을 담당한 정무총감과 치안을 담당한 경무총감이 있었다. 경무총감에는 주한헌병사령관이, 각 도의 경무부장에는 각 도의 헌병대장이 임명되었는데, 이는 일제가 헌병이 경찰업무를 맡도록 하는 헌병경찰제도를 실시했기 때문이다. 그리고 한국인에게 겁을 주기 위해 일반관리나 교원에게까지 제복을 입히고 칼을 차게 하였다.

일제는 총독부의 부속 관청으로 중추원을 설치하였다. 한국인으로 구성된 중추원은 총독이 자문하는 사항을 협의하여 건의하는 기관이었다. 그러나 중추원의 의장은 정무총감이었으며 의원은 일제가 임명하였다. 또한 총독이 자문한 사항은 정치나 경제와 같은 중요한 시책이 아니라 옛 관습의 조사와 같은 것이었다. 일제가 한국인으로부터 기대한 것은 한국인을 다루는 데 필요한 지식뿐이었다.

3·1운동

1919년 3월 1일은 그해 1월에 사망한 고종의 장례식이 있기 이틀 전이었다. 천도교의 손병희, 기독교의 이승훈, 불교의 한용운 등은 이날을 기해 탑골공원에서 독립선언서를 낭독할 것을 계획하였다. 일본인이 고종을 독살했다는 소문이 퍼져 인심이 흉흉해 있었고, 많은 사람이 장례식에 참석하기 위해 상경할 것이 분명했기 때문이다. 그러나 정작 3월 1일이 되자 독립선언서에 서명한 민족대표 33인은 탑골공원 아닌 태화관(명월관)이라는 음식점에서 독립선언서를 낭독한 후, 일제 경찰에 연락하여 자수하고 말았다. 이들과 달리 학생들은 탑골공원에 모여 독립선언서를 낭독한 뒤 태극기를 들고 독립만세를 부르며 시위행진을 하였다. 3·1운동은 이렇게 시작되었다.

3·1운동을 주도한 손병희는 최시형의 뒤를 이어 동학의 교주가 된 인물이다. 일본에 가 있던 그는 자신의 제자인 이용구로 하여금 진보회를 조직하여 철도부설에 앞장서는 등, 러일전쟁을 앞둔 일본군의 군사활동을 지원하게 했다. 일본의 힘을 빌려 동학을 공인받으려는 의도였다. 그런데 진보회가 모체가 되어 친일단체인 일진회가 결성되자, 국내의 여론은 동학을 일진회와 동일시하였다. 이에 손병희는 여론의 비난을 피하기 위해 1905년 동학을 천도교로 개편하였다.[10]

손병희는 국내로부터 60여 명이 넘는 유학생을 선발하여 일본에서 공부하게 했다. 한국의 개화를 위해서는 젊은이들이 선진문물을 습득할 필요가 있다고 여겼던 것이다. 귀국 이후에도 그들과 긴밀한 관계를 유지한 그는 도쿄에서 유학생의 주도 아래 2·8독립선언이 발표되자, '젊은 학생들이 의거를 감행하는데 나이 든 선배가 이를 좌시할 수만은 없다'고 하여 국내에서의 독립선언을 계획하였다.

3·1운동의 민족대표 33인 가운데는 기독교계가 16인으로 천도교계의 15인보다 많았다. 이는 105인사건과 깊은 관련이 있었다. 1911년 테라우치총독암살사건과 관련하여 검거된 사람 가운데 105인이 1912년의 재판에서 유죄 판결을 받았는데, 그들 대부분은 서북지방의 기독교인이었다. 이들은 이후 학교 등

을 설립하여 일제에 대한 저항정신을 교육하다가, 3·1운동이 계획되자 적극 참여하였다.

서울에서 시작된 3·1운동은 점점 지방으로 파급되어 방방곡곡에서 시위가 전개되었다. 일제가 독립운동을 위한 조직의 편성을 불가능하게 했음에도 불구하고, 거의 모든 한국인이 아무런 조직을 갖추지 않은 상태에서 자발적으로 참여한 결과였다. 3·1운동으로 투옥된 한국인을 심문한 헌병대의 공식 보고서는 만세운동이 한국의 전 지역, 사회의 모든 계층에 걸쳐 일어났고, 일제의 한국합병에 찬성했던 일부 인사까지 참가했다는 점을 분명히 밝혔다. 당시 한국의 인구 1,600만 중 100만 명 이상이 시위에 참여했던 것이다. 3·1운동은 전 민족의 독립운동이었다.

3·1운동과 같은 거족적인 만세운동은 다른 식민지 국가에서는 찾아보기 어려운 것이었다. 어떻게 이러한 운동이 한국에서 가능했을까. 이와 관련하여 우선 지적되어야 할 것은 한국인의 정치·사회의식의 향상이다. 동학농민운동이나 독립협회의 만민공동회, 그리고 의병항쟁이나 애국계몽운동의 결과 한국인의 정치·사회의식이 크게 향상되었던 것이다. 아울러 3·1운동 이후 일제가 '문화정치'를 표방한 사실도 3·1운동의 원인과 관련하여 간과하기 어렵다.

3·1운동 후 총독에 부임한 사이토齊藤實는 '문화정치'를 실시한다고 공언하였다. 또한 일제는 일본에서 개최된 공진회나 박람회에 한국인을 유람시켜 일본문화가 한국문화보다 우수하다는 점을 일깨우려고 했다. 그리고 조선사편찬위원회(후일 조선사

편수회로 개칭)를 설치하여(1922), 한국사의 타율성과 정체성(停滯 性)이론의 확립에 주력하였다. 오랜 역사를 지닌 한국을 서구 열강의 식민지통치 방식에 따라 통치하는 것이 현실적으로 불가능하다는 사실을 깨달은 일제는 한국인의 자존심을 상하게 하여 독립정신을 말살하는 역사를 서술하려고 했던 것이다. 이러한 사실로 미루어 보면, 한국인의 역사와 문화에 대한 자부심이 그들로 하여금 일제의 식민 지배를 참을 수 없는 모욕으로 여기게 만들었다고 할 수 있다.

일제는 처음 시위의 해산과 주동자의 체포에 역점을 두었다. 그러나 시위가 더욱 확산되자, 총독은 조선군사령관에게 발포를 명하였다. 이후 그들은 평안남도 맹산에서 탄환 76발을 쏘아 54명을 쓰러뜨렸다는 것으로 알 수 있듯이, 시위 군중을 조준하여 학살하였다. 그리고 수원 부근의 제암리에서는 주민 29명을 교회에 가두고 총격을 가한 후, 불을 질러 살해했다. 제암리학살 사건은 미국인 선교사 스코필드Schofield의 현장사진으로 미국을 비롯한 세계에 알려졌다.

3·1운동은 민주주의에 입각한 정치체제의 대한민국임시정부가 수립된 계기를 마련하였다. 또한 만주지방에서 준비되고 있던 무장투쟁에 불길을 당겼다. 운동에 참여한 청년·학생들은 조직화·무장화 되지 못한 상태에서의 저항은 성과보다는 희생만을 초래한다고 믿고, 만주 등지로 망명하여 독립군에 가담하게 되었던 것이다. 그리고 노동자·농민의 정치·사회의식을 확산시켰다. 3·1운동 이후 노동자·농민이 그들의 독자적인 운동과 노

선을 가지게 된 것으로 알 수 있다. 1920년대의 빈번한 노동쟁의와 소작쟁의는 그러한 결과였다.

19—
일제 식민지배 아래서의 한국인

한국은 1910년부터 1945년까지 36년간 일제의 식민지배를 받았다. 이에 대한 학계의 연구 경향은 대체로 일제의 억압과 한국인의 저항에 초점이 맞추어져 왔다. 그러한 가운데 학계 일각에서는 한국이 일제 식민지 아래에서 근대화를 이룩했다는 '식민지 근대화론'을 제기하였다. 한국의 공업화나 자본주의가 일제의 식민지배로부터 기원했다는 점이 그 유력한 근거였다. 그리고 최근에는 한국인의 실질소득이 증가했다는 주장도 등장하였다.[11]

자본주의가 공장에서 같은 물건을 대량으로 생산하는 것을 의미한다면, 한국의 공업화나 자본주의가 일제 식민지시기에 비롯되었다는 견해는 부인하기 어렵다. 최초의 공장이라고 할 수 있는 경성방직이 1919년에 설립되었음을 감안할 때 그러하다. 그렇다고 하더라도, 이를 한국의 '근대화'로 이해할 수 있는지는 의문이다. 한국의 사정을 구체적으로 검토해 보지 않고, 자본주의의 시작이 근대라는 유럽사의 공식을 한국사에 무조건 적용할 수는 없다. 한국사가 유럽사의 발전 모델을 무조건 따라야 하는 것은 아니기 때문이다.

식민지시대에 실질소득이 증가했다는 한국인은 해방을 맞아 슬퍼하기는커녕 감격에 겨워했다. 이는 식민지시대 한국인의 삶의 질을 가늠하기 위해서는 공업화나 자본주의의 형성 이외에도 다양한 사실들이 검토되어야 한다는 점을 일깨워준다. 그런데 이와 관련하여 주목되는 것은 일제의 민족분열정책이다. 그 결과 해방 후 좌우대립이 심각하게 전개되었고, 이는 또한 남북분단으로 이어졌다. 한국에 자본주의를 도입한 일제의 식민지배는 한국사를 발전시키기보다 비극적인 상황으로 이끌었던 것이다. 그렇다면 일제 식민지배 아래에서 한국의 공업화가 이루어졌고 자본주의가 형성된 것이 사실이라 하더라도, 그것을 '근대화'로 이해하는 것은 잘못이라고 생각한다.

일제의 식민정책

3·1운동 후 총독에 부임한 사이토는 '문화정치'를 표방하였다. 이를 위해 헌병경찰제도 대신 보통경찰제도를 채용하며, 교육을 보급시켜 일본인과 같은 수준으로 올리고, 한국인이 경영하는 한글로 된 신문의 간행을 허락한다고 선전하였다. 그리고 경찰 총수인 경무총감을 경무국장으로 격을 낮추었다. 한국인에

게 겁을 주기 위해 실시했던 일본인 관리나 교원의 칼 차기도 폐지하였다.

일제는 보통경찰제도로 바꾸었으나, 경찰의 수를 1년 만에 약 3배로 급격히 늘리고, 전국 각지에 경찰서·파출소·주재소 등 경찰관서를 4배가량 증설하였다. 또 민족운동을 탄압하기 위해 경찰의 정보망을 강화했을 뿐만 아니라, 식민지체제를 부인하는 인물에게 치안유지법을 적용하여 가혹한 형벌을 부과하였다. 그리고 일제가 교육시설을 확장한 것은 '내선융화'를 위한 교육을 강화하여 한국인의 저항심을 약화시키고, 일제에 충성을 다하는 인물을 만들기 위한 것이었다. 이는 보통학교·고등보통학교의 교육목적이 일어를 습득·숙달시키는 데 있다고 천명한 것으로도 알 수 있다. 〈동아일보〉·〈조선일보〉 등 한국인이 경영하는 한글로 된 신문의 창간을 허락한 것은 여론을 수렴하고 확산시키는 신문의 기능을 이용하여 여론을 통제하기 위함이었다. 그들이 신문을 엄격히 검열하고, 삭제·압수·정간을 빈번하게 강행한 이유가 여기에 있었다. 물론 신문을 통해 여론을 조작하기도 했다.

'문화정치'를 표방한 시기 일제는 어용적인 단체를 조직하여 농민과 상인, 그리고 종교계를 분열시켰다. 친일파 송병준이 조직한 조선소작인상조회를 통하여 소작운동을 파괴하고, 보부상 단체를 후원하여 상인 간의 갈등을 조장하였다. 유도진흥회를 조직하여 유학자들의 내부 분열을 획책했고, 그들을 정치 선전에 이용하였다. 친일적인 기독교단체를 세웠는가 하면, 천도교 내에 혁신을 주장하는 신파를 만들어 자신의 편으로 끌어들였고, 불교의 대처승을 지원하기도 했다. 이에 따라 종교계에도 친일파와 민족주의자의 갈등이 일어나기 시작했다. 1920년 총독부의 예산이 급격하게 늘어난 것도 민족분열을 위한 정치 공작금, 즉 매수자금이 필요했기 때문으로 추측된다.

일제는 한국인 사회 내부의 계급적 대립을 조장하기도 했다. 예컨대 1919년에 설립된 경성방직은 총독부로부터 보조금을 지급받았는가 하면, 총독부의 알선에 의해 은행에서 융자를 얻는 등 일제의 각별한 비호를 받았다. 이와는 달리 당시 10대 소녀가 대부분이었던 경성방직의 노동자는 비참한 생활을 하였으며, 그들의 상조회와 같은 온건한 조직도 총독부에 의해 해산 당했다. 그러함에도 노동쟁의가 발생하자, 경성방직은 일제 경찰의 적극적인 개입에 힘입어 이를 진압하였다.[12]

결국 일제의 이른바 '문화정치'는 다름 아닌 민족분열정책이었다. 그 결과 한국인 사이에 배반과 밀고행위를 자행하는 경향이 생겨났다. 한국민족 내부에 상호 불신풍조가 깊이 뿌리박게 되었던 것이다. 이후 한국인은 3·1운동에서 보여주었던 것과 같은 민족적 역량을 발휘하지 못했다.

일제가 만주를 점령한 이후(1931) 한국은 일제의 대륙침략 중심기지로 부상하였다. 일제는 이러한 식민지 한국을 안정적으로 지배할 필요가 있었다. 그런데 당시 한국의 농촌은 매우 피폐해 있었다. 일제의 토지 수탈로 농민의 대부분이 영세소작농으로 전락했기 때문인데, 농민의 불만은 일제에 대한 저항으로 나타날 수밖에 없었다. 이 무렵 조선총독으로 부임한 우가끼宇垣一

成는 어떠한 사태가 발생하더라도 '모국母國' 일본을 배반하지 않을 식민지인을 만드는 것을 정책의 목표로 삼았다. 이에 전개한 것이 농촌진흥운동이었다(1933). 자력갱생自力更生에 의하여 춘궁春窮을 퇴치하고, 부채를 근절하여 농가의 경제를 갱신시킨다는 것이었다. 농촌의 피폐를 정치·사회적인 이유에서 찾지 않고 농민의 나태·도박 등 '나쁜 민족성'에 있다는 논리를 펴, 일제에 대한 저항을 약화시키려는 것이 농촌진흥운동이었다.

일제는 농촌진흥운동을 효과적으로 추진하기 위한 방안으로 종교계를 이용하여 심전개발心田開發운동을 전개하였다. 이는 일종의 정신계몽운동으로 일본 천황에게 순종하는 충량한 신민을 만들기 위한 것이었다. 그러한 점에서 농촌진흥운동이나 심전개발운동은 모두 한국인을 일본 천황에 충성하는 신민으로 만들려는 황국신민화정책의 일환이었다고 할 수 있다. 그러나 보다 적극적인 황국신민화정책은 일본이 전쟁을 수행하는 과정에서 추진되었다.

중·일전쟁(1937)과 태평양전쟁(1941)이 발발하자, 일제는 일본과 조선은 하나라는 '내선일체'의 표어를 내걸었다. 3·1운동 이후 추진된 '내선융화'보다 훨씬 강도 높은 것이었다. 이를 위해 그 이전부터 실시되어 온 신사참배를 강요하기 시작했다. 일본의 조상신과 천황을 제신祭神으로 모신 신사를 각 지방에 설치하고, 남산에는 신사보다 위인 신궁을 세워 그들의 조상신과 메이지 천황에 대한 예배를 강요했던 것이다. 아울러 '대일본제국의 신민'으로서 천황에게 충성을 다한다는 내용의 황국신민서사를 만들어 학생은 물론이고 일반인에게도 이를 일본어로 암송하게 하였다. 일본말을 모르는 농민이나 부녀자들이 이를 외우지 못해 많은 고초를 겪었음은 물론이다. 그리고 드디어는 창씨개명創氏改名이라 하여 성명조차 일본식으로 고치도록 강요하였다.

일제가 내세운 '내선일체'는 한국인을 일본인과 똑같이 대우하자는 것이 아니었다. 한국인의 황국신민화를 추진하기 위한 구호일 뿐이었다. 일제가 한국인을 어떻게 대우했는가는 1923년 일본의 간토關東대지진 당시 재일 한국인에 대한 학살에서 잘 드러난다. 도쿄 지역에 대지진이 발생하자, 일제는 재앙에 흥분하고 불안해하는 민중의 분노가 혹시 황실이나 치안당국으로 향하지 않을까 염려하여, 한국인이 폭동을 일으켰다고 거짓 선전하여 일본인 자경단自警團으로 하여금 그 지역에 살던 6천여 명의 재일 한국인을 학살케 했다.

일제는 침략전쟁을 수행하는 데 필요한 노동력을 한국인으로부터 수탈했다. 그 결과 많은 한국인이 전쟁을 위한 노동자로, 혹은 학병이나 징병으로 군대에 끌려갔다. 또한 일제는 정신대挺身隊(정신이란 국가를 위해 몸을 바친다는 의미)를 조직하여 여성들을 군수공장 등에서 일하게 하거나, 심지어 중국과 남양지방의 최전선에 투입하여 군인 상대의 위안부가 되게 하였다. 최근 들어 그 진상이 밝혀지기 시작한 종군위안부 문제를 간과하기 어려운 까닭은, 이러한 범죄행위가 개인 아닌 국가에 의해 조직적으로 행해졌다는 사실이다. 결국 일제의 황국신민화정책은 한국인으로 하여금 일본인과 공동운명체라는 인식을 갖게 하여 아무런 저항 없이 전쟁에 참여하고, 전쟁에서 천황을 위하여 주저함이 없이 죽을 수 있는 인간을 만들기 위한 것이었다.

친일파

일제가 한국을 식민통치하는 기간 동안, 강요에 의해서였건 자발적이었건 일제에 협력한 한국인이 적지 않았다. 일제는 한국을 합병한 후 여기에 공을 세운 한국인에게 후작·백작·자작·남작 등의 작위를 수여하였다. 친일인사는 또한 중추원의 의관이나 군수에 임명되었다. 그들은 한국이 선진의 지도를 받지 않고는 도저히 불가능한 상태에 있으므로, 일본의 지도하에 문명화하고 실력을 양성하는 것이 최선의 길이라고 믿고 있었다. 그리고 헌병이나 경찰에 충원된 한국인도 많았다. 1910년의 경우, 헌병 요원 2,019명 가운데 한국인 헌병보조원이 1,012명으로 꼭 절반이었으며, 경찰요원 5,881명 가운데 3,493명이 한국인이었다.

　3·1운동 이후 일제는 새로운 친일세력의 양성에 주력하였다. 일제의 한국합병 당시 친일파로 활약했던 세력이 민족의 적으로 규탄을 받게 되자, 그들을 내세워서는 3·1운동 이후의 민심수습이 불가능하다고 판단했던 것이다. 그리하여 독립선언서에 서명했거나 3·1운동에 참여한 명망 있는 인사를 포섭하려고 노력했다. 상해임시정부의 기관지인 〈독립신문〉의 주필로 있던 이광수나 3·1운동으로 복역 중이던 최린·최남선은 그 주된 대

상이었다. 결국 이광수 등은 일제가 내세운 한국의 '자치'를 선전함으로써 그들의 의도에 부응하였다. 한국의 독립이 '주체적·객관적 사정상 불가능한 현실'이므로 일제의 식민통치를 인정하고, '법률이 허하는 범위 내에서의 합법적 정치운동'을 하자는 것이었다. 이를 계기로 한국인 내부에서도 자치운동이 전개되었다. 경제적인 실력양성을 뒷받침하기 위해서는 최소한의 정치권력이 필요하다는 것이 그들의 논리였다. 그러나 그들은 그들이 주장한 자치가 구체적으로 어떠한 권리를 획득하자는 것인지도 분명하게 밝히지 않았다. 따라서 자치는 이를 주장하는 측에서도 일제에 대한 타협 내지 굴복을 의미했다.[13] 일제의 양해 없이는 벌일 수 없는 운동이었기 때문이다.

이광수 등이 자치운동을 전개할 당시 많은 한국의 지식인들은 독립을 가망 없는 것으로 인식했다. 3·1운동 당시 충북 괴산에서 시위운동을 주도한 홍명희나 상하이 임시정부의 내무총장을 역임한 안창호가 그러했다. 심지어 윤치호는 독립이 불가능한 상황에서의 독립운동이 일본인에게 한국인을 더욱 가혹하게 탄압하는 구실을 줄 뿐이라며, '독립운동 유해론'을 펴기도 했다. 이승만이 장래 한국의 완전 독립을 보장하는 조건하에, '일본의 현 통치에서 한국을 해방시켜 위임통치하에 두는 조치'를 취해줄 것을 국제연맹에 청원한 것도 당시 지식인의 이러한 상황인식과 무관하지 않았다.

한국의 '자치'를 선전하던 일제는 도道에 평의회, 도시의 부府와 면에 협의회를 두고, 여기에 친일인사를 임명하여 지방 행정

기관의 예산 및 공공사업에 대한 자문에 응하게 했다. 지방 인사의 명예욕을 채워줌으로써 일제에 협력하도록 하기 위함이었다. 그런데 1931년에 이르러서는 도·부·읍·면에 의결기구로서의 의회를 설치하고, 여기에 선거제를 도입하는 변화를 가져왔다. 그 결과 한국인의 도·부·읍·면 의회로의 진출이 크게 확대되어, 일제 식민통치의 동반자가 된 인물이 많아졌다. 또한 일제는 비록 소수이기는 하지만, 경찰의 고위간부인 경시와 재판소의 판검사에 한국인을 임용하였다. 그리고 다수의 유학생과 경성제대 학생이 총독부관리로 충원되었다. 이들과 더불어 일제의 보호 아래에서 성장한 지주와 자본가 역시 일제에 협력했다.[14]

중·일전쟁이 발발하자 일제는 국민정신총동원조선연맹을 결성하였다(1938). 이는 황국신민화정책을 선전하고 실천하는 민간기구였는데, 유력인사가 자의 혹은 타의로 위원에 위촉되었다. 아울러 시국대응전선사상보국연맹을 조직하여 항일인사의 전향을 유도하였다. 그 결과 많은 공산주의자들이 전향하여 일제의 식민지배를 인정했다. 실력양성운동을 전개하던 흥사단 계열의 동우회도 전향을 선언하며 '내선일체'의 길로 방향을 바꾸었다. 일제의 협박과 회유가 원인이었지만, 식민지배가 오래 지속되어 독립을 불가능한 것으로 인식한 결과이기도 했다. 따라서 명망 높은 인사들이 한국 청년의 자원입대와 여성의 정신대 지원을 호소했으며, 문인·화가·음악가 등은 친일작품을 쏟아냄으로써 황국신민화정책에 협력했다.

종교단체 역시 일제의 정책에 순응하였다. 기독교의 경우, 조선기독교연합회가 세계연맹에서 탈퇴하여 일본기독교연맹 산하로 들어가면서(1935) 친일화가 활발하게 진행되었다. 불교계는 부처님 오신 날에 천황의 장수長壽와 일본군의 무운武運을 비는 의식을 거행하였다. 중앙 중심의 체제를 갖추고 있던 기독교 감리교회의 경우 신사참배를 순순히 받아들였으며, 로마교황청은 신사참배를 국가의식이며 충성과 애국심의 표현이라고 하여 이를 허용하였다.

국내에서의 저항

한국을 식민지화한 직후 일제는 회사 설립에 복잡한 규정을 둔 회사령을 설치하였다. 한국에 진출한 일본의 영세자본을 보호할 목적이었다. 그런데 제1차 세계대전 중에 급성장한 일본의 독점 자본이 한국에 진출하여 본격적인 투자를 시작하자, 이를 폐지 하였다. 더 이상 회사령으로 일본자본을 보호할 필요가 없어졌 기 때문이다. 이로써 회사의 설립은 허가주의에서 신고주의로 변했다. 까다로운 절차를 거치지 않아도 회사 설립이 가능해진 것이다. 이 기회를 이용하여 서울의 경성방직을 비롯하여 평양 의 메리야스공장이나 고무신공장 등이 한국인에 의해 설립되었 다. 그러자 이들 기업을 적극적으로 육성하려는 운동이 전개되 고, 이를 이끌 조직인 조선물산장려회가 서울에서 창립되었다 (1923). 여기에는 공산주의자도 참여하였으며, 청년회·부인회·

소년단 등이 호응하여 단시일에 전국적인 운동으로 발전하였다.

물산장려운동은 힘을 길러 일제에 대항하려는 것이었다. 그런데 이를 추진한 인물들의 일부는 동시에 자치운동을 전개하였다. 따라서 학계 일각에서는 물산장려운동과 자치운동을 함께 묶어 실력양성운동이라고 부르고 있는데, 이는 구분되어야 한다고 생각한다. 일제에 대한 굴복을 전제로 한 자치운동은 비록 주도한 인물이 같았다고 하더라도 물산장려운동과 성격을 달리한 것이었다.

국내에서의 일제에 대한 적극적인 저항은 주로 공산주의자를 중심으로 이루어졌다. 공산주의는 1920년대 초반 일본 유학생의 귀환과 함께 자연스럽게 국내에 소개되었다. 이후 공산주의자로 자처하지 않은 인물이 없을 정도로 그 이념이 급속히 확산되었는데, 이는 일제에 의한 민족분열정책과 밀접한 관련이 있었다. 일제는 자치운동을 전개한 인물에게 그 활동영역을 넓게 허용하는 대신, 공산주의적 이념에 영향을 받고 반일적인 노선을 분명히 한 세력은 무자비하게 탄압했다. 따라서 일제로부터 탄압을 받던 노동자·농민 등 한국의 대중에게는 공산주의자야말로 진정한 민족주의자로 비추어졌다.[15] 1925년 김재봉을 책임비서로 하는 조선공산당이 발족된 것도 이러한 분위기가 바탕이 되었기에 가능했다. '일본제국주의의 완전타도와 조선의 완전독립' 등을 투쟁 구호로 내걸은 조선공산당은 1926년 순종의 장례식을 계기로 6·10만세운동을 계획하기도 했으나, 지도자 대부분이 치안유지법 위반의 사상범으로 투옥됨으로써 그 조직이 붕괴되었다.

공산주의자들은 자치운동에 불만을 품은 우파의 안재홍 등이 공동전선을 제의하자, 여기에 응했다. 우파와 통일전선을 구축하여 조직을 합법적으로 재건하기 위함이었다. 이로써 신간회가 결성되었다(1927). 신간회는 처음 신한회로 이름을 지었으나 총독부에서 거절하자, 간斡과 한韓이 같은 의미로 쓰이는데 착안하여 신간회라고 하였다. 신간회는 조선인에 대한 착취기관 철폐, 일본인의 조선 이민 반대, 타협적 정치운동 배격 등을 주장하였다. 신간회가 결성되자, 단시일 내에 전국에 140여 개가 넘는 지회가 설립되고 회원이 3만에 이르렀다. 이는 좌우합작운동에 대한 한국인의 열망이 어느 정도였는가를 알 수 있게 하는 좋은 예이다. 한편 여성단체인 근우회가 설립되어 신간회의 활동에 동조하였다.

일제는 처음 한국 민족운동의 내막을 손쉽게 파악하려는 저의에서 신간회를 합법적인 기관으로 인정하였다. 그러나 신간회가 원산노동자 총파업과 단천의 농민운동, 그리고 1929년의 광주학생운동에 조사단을 파견하는 등 노동운동·농민운동·학생운동과 연결되면서 세력을 확대해 나가자, 당황하여 탄압하기 시작했다. 그 결과 신간회는 침체에 빠져들어 창립 이래 처음으로 전체대회를 개최하여 해소를 결정하였다(1931). 이후 국내에서 일제에 대한 조직적 저항은 찾아보기 힘들게 되었다.

대한민국임시정부의 활동

3·1운동을 전후하여 국내외에는 여러 개의 임시정부가 수립되었다. 임시정부가 여러 곳에 세워지자 자연히 통합문제가 제기되었고, 통합 임시정부의 위치를 두고도 독립운동가 사이에 논란이 벌어졌다. 통신연락과 외교활동의 편의성, 프랑스 조계의 안정성 등을 들어 정부의 위치를 상하이로 하자는 주장이 있었는가 하면, 무장독립투쟁을 전개하기에 편리한 연해주나 만주에 정부를 두자는 주장도 있었던 것이다. 결국 대한민국임시정부(임시정부)는 상하이에 위치함으로써(1919. 9), 외교를 통한 독립운동에 역점을 둘 수밖에 없었다.

임시정부는 대한민국이라는 국호를 채택하였다. 대한제국의 '대한'을 쓴 데에는 10년 전에 일본에게 망한 나라를 되찾는다는 의미가 담겨 있었고, '민국'은 민주주의에 입각한 정치체제를 갖춘 국가를 건설한다는 뜻이었다. 실제로 국회인 의정원과 정부인 국무원을 설치하여 민주주의에 입각한 정부형태를 취하였다. 3·1운동에서 드러난 국민의 여망이 반영된 결과였다. 그리하여 대통령에 이승만, 국무총리에 이동휘를 선출하였다. 이로써 대한제국의 왕족을 추대하여 국가를 세우자는 이른바 복벽운동은 폐기되었다.

임시정부는 국제연맹으로부터 독립을 보장받는 것을 외교의 목표로 삼았다. 그러나 그것이 불가능하자 중국·미국·영국·러시아 등 각국으로부터 개별적 승인을 받기 위해 노력하였다. 이를 위해 해외에 주재하는 외교위원부 규정을 공포하여 파리위원부·런던위원부 등을 설치하였다(1920). 그리고 이승만이 워싱턴에 설립한 구미위원부 역시 임시정부에 소속되어 선전용 간행물의 발행과 강연회 개최 등을 통해 외교활동을 전개했다. 그러나 쑨원孫文이 광저우廣州에 세운 중화민국정부를 제외하고 임시정부를 승인한 나라는 없었다.

임시정부는 수립 당초부터 이동휘의 자금유용문제, 독립운동 방법의 차이, 안창호의 서북파와 이승만의 기호파 간 지역 갈등 등으로 진통을 겪었다. 임시정부의 국무총리 이동휘는 아시아 약소민족의 독립운동을 지원하겠다는 러시아로부터 자금을 받아 그 돈을 공산주의운동에 사용했다. 그리고 이승만은 미국을 움직이는 것이 독립의 지름길이라고 믿고 미국 대통령 윌슨 Wilson에게 한국의 독립과 독립 이후 국제연맹의 위임통치를 청원했는데, 신채호 등 임시정부의 요인들이 이를 비판했다. 이승만이 대통령 재임 기간 동안 줄곧 미국에 머물면서 임시정부의 주요 재정원인 하와이 동포의 인구세와 애국금을 독점한 것도 임시정부 인사들의 불만을 자아냈다. 결국 임시정부는 이승만을 해임시키고 박은식을 2대 대통령으로 추대하였다(1925).

임시정부 내에 노선 갈등이 일어나자 독립운동가들은 하나 둘임시정부를 빠져나갔다. 임시정부의 활동이 크게 위축되었음은 물론이고, 극도의 재정난에 빠져 정부청사를 초라한 개인 집으로 옮겼음에도 불구하고 집세를 내지 못할 정도였다. 당시 국내에는 일제의 민족분열정책이 효과를 거두어 한국인 지도층은 독립을 가망 없는 것으로 보았으며, 독립운동 자금을 대면 패가망신한다는 풍조가 퍼져 자금이 일체 걷히지 않았던 것이다.

임시정부를 지키고 있던 김구는 세상을 깜짝 놀라게 하고 국내 동포의 눈을 뜨게 하는 일을 해야겠다고 결심하였다. 그는 애국단을 조직하여 이봉창으로 하여금 수류탄을 던져 천황을 살해하게 하였다. 이봉창의 의거는 당초의 의도대로 성공하지 못했으나 이 사실은 널리 알려졌다. 이후 상하이를 침략한 일본이 그곳 홍커우虹口공원에서 천황의 생일을 맞아 대축제를 열자, 윤봉길은 폭탄을 단상에 투척하여 일본군 장교를 살상하였다(1932).

이봉창·윤봉길의 행동으로 한국문제는 세계인의 관심을 끌게 되었다. 그리고 완바오산萬寶山사건(1931)으로 악화되었던 중국인의 한국인에 대한 감정도 크게 누그러졌다. 완바오산사건이란 만주 완바오산 부근에 거주한 한국인이 중국인 소유의 토지에 수로를 개설하면서 중국 농민과 충돌한 사건인데, 이 사건은 여기에서 끝나지 않고 한국으로 비화하여 오히려 확대되었다. 완바오산에서 한국인이 중국인에 의해 살해되었다는 잘못된 소식이 일본인이 경영하는 신문사와 〈조선일보〉 등에 보도되자, 전국에서 화교에 대한 습격과 집단 폭행이 일어나 5백여 명이 넘는 사망자와 부상자가 발생했던 것이다.

윤봉길의 거사 후, 중국 국민당정부를 이끌던 장제스蔣介石는 '중국의 백만 군대가 하지 못한 일을 한국의 한 의사義士가 해냈다'고 그를 높이 평가하면서 임시정부에 각종 편의를 제공하는 등 깊은 신뢰를 보였다. 이후 임시정부는 상하이를 떠나 난징南

京·항저우杭州·창사長沙·광저우 등지로 떠돌면서 지도체제도 여러 차례 변경을 거듭하였다. 1940년 중국 국민당정부를 따라 충칭重慶에 정착한 임시정부는 김구를 주석으로 하는 단일지도체제를 확립하였다.

충칭에서 이청천을 총사령으로 하는 한국광복군총사령부를 발족시킨 임시정부는 태평양전쟁이 발발하자 대한민국임시정부대일선전성명서를 발표하여 일본과 전쟁에 돌입한다는 것을 선언하였다(1941, 12). 그러나 임시정부의 선전포고는 대외적인 설득력을 가지기 어려웠다. 당시 임시정부를 승인한 국가가 없었기 때문이다. 중국의 국민당정부는 임시정부를 승인하지 않았을 뿐만 아니라, 임시정부가 충칭에 주재하는 외국 외교관과 직접 접촉하는 것마저도 허락하지 않았다. 한국인은 중국 영토 내에서 독자적인 행동을 취할 수 없다는 것이었다. 한국광복군 역시 중국 국민당정부의 군사위원회에 예속되어 중국 군복과 표지를 사용하는 등, 독자적인 행동권을 가지지 못했다.

이러한 상황에서도 임시정부는 연합국군과 공동작전을 수행하기 위해 노력하였다. 전쟁이 끝난 후에 연합국의 지위를 획득하기 위함이었다. 그리하여 비록 중국군사위원회의 동의를 거치기는 했지만, 버마에서 대일전쟁을 수행하던 영국군에 9명의 공작대원을 파견하여 돕도록 했다. 영국군이 일본어를 구사할 수 있는 요원을 요청했기 때문이다. 또한 중국에 주둔한 미국 전략정보부(OSS; CIA의 전신)의 장교들과 합작으로 요원을 훈련시켜 국내 침투작전을 준비했다(1943). 연합군의 일원으로 참전하려는 광복군 측의 의도와 한국인을 대일전 첩보활동에 이용하려는 미국 측의 이해관계가 맞물려 이루어진 결과였다. 그러나 일제의 항복으로 실현되지 못했다.

중국에서의 무장투쟁

한국인의 독립운동은 국내에서보다 일제의 탄압을 피해 국외에서 활발하게 전개되었다. 연해주의 경우 을사조약 직후부터 많은 애국지사가 그곳에 건너가, 그들이 건설한 신한촌은 1910년대 해외 독립운동의 가장 유력한 근거지가 되었다. 그러나 일제의 요청을 받아들인 러시아정부에 의해 한국인 지도자들이 체포 또는 추방됨으로써 이후의 독립운동은 주로 중국을 중심으로 전개되었다.

중국의 만주는 한국과 국경선을 접하고 있었을 뿐만 아니라, 1백만에 이르는 한국인이 거주했기 때문에 무장독립투쟁의 본거지가 되었다. 여러 독립운동단체 가운데 홍범도 휘하의 대한독립군은 봉오동전투에서 대승을 거두었으며, 김좌진의 북로군정서는 청산리전투에서 일본군 1천 2백여 명을 사살하는 큰 전과를 이루었다(1920). 그러자 일제는 이에 대한 보복으로 이른바 훈춘琿春사건을 조작하였다. 중국인 마적을 시켜 일본영사관을 습격케 하고는 한국인에게 뒤집어 씌워 1만여 명을 학살했던 것이다(경신참변 혹은 간도학살사건).

일제의 소탕작전을 피한 한국의 독립군은 러시아와 만주의 국

경지대인 밀산부에 모여 대한독립군단을 조직하고, 아무르Amur
강(중국의 흑룡강 혹은 흑하黑河) 연안의 스보보드니Svobodny(자유
시)로 들어가 러시아 적군(러시아 혁명군)과 연합전선을 펴려고
하였다. 그런데 그곳에서 독립군 부대 간에 내부 갈등이 일어났
다. 공산주의혁명을 급선무로 여기는 이르쿠츠크Irkutsk파 고려
공산당과 민족독립을 우선적 과제로 삼은 대한독립군단이 이념
적 갈등과 아울러 군권의 장악을 두고 대립했던 것이다. 일찍이
러시아에 이주했다가 귀화한 한인을 중심으로 이루어진 이르쿠
츠크파는 한국독립군을 자신들의 지휘하에 둘 것을 주장하면
서, 이동휘의 상해파 고려공산당이 주축이 된 대한독립군단을
편협한 민족주의만을 고집하는 반혁명집단이라고 힐책하였다.
이에 대해 대한독립군단은 그들이 독립투쟁보다 한국독립군을
러시아 적군에 통합시키는 데에만 관심을 가지고 있다고 비난
하였다. 그러한 가운데 일본이 러시아 영토 내에서 한국인의 반
일적인 행동을 억제해줄 것을 요구하자, 일본과의 관계 개선을
바라고 있던 러시아가 이를 수용하여 이르쿠츠크파와 함께 대
한독립군단을 공격하여 많은 인명을 살상하였다. 1921년의 이
른바 자유시참변 혹은 흑하黑河사변이 그것이다.

만주에서의 독립운동은 미쯔야협약三矢協約의 체결로 더욱 제
약을 받았다. 일제는 그들의 후원을 받고 있던 펑텐奉天 군벌 장
쮀린張作霖에게 총독부 경무국장 미쯔야를 보내 한국인 독립군
을 탄압하는 협약을 맺게 했다(1925). 이 협약에 따르면 일제는
독립군 1인의 사살에 20원, 생포에 50원을 장쮀린에게 지급하

기로 하였다. 따라서 많은 독립운동가들이 중국인의 손에 붙잡혀 일제에 인도되기에 이르렀다.

1931년 일제가 만주사변을 일으키자, 중국공산당은 만주지역의 공산주의자에게 유격대의 창건을 지시했다. 이에 따라 한국인 공산주의자도 유격대를 조직하였는데, 김일성부대는 그 가운데 하나였다. 이들 유격대는 곧 중국공산당의 동북항일연군에 통합되었다(1936). 당시 북간도지방의 경우 공산주의자 80퍼센트가량이 한국인이었으나, 그들은 코민테른Comintern(국제공산당)의 1국1당 원칙에 따라 독자적으로 공산당을 조직하지 못하고 중국공산당에 가입하여 활동했던 것이다.

동북항일연군은 김일성부대로 하여금 국내로의 진출에 대비할 것을 지시하였다. 김일성부대는 백두산 지역을 근거로 민족통일전선을 위한 조국광복회를 결성하고, 이 조직의 국내 거점을 마련하기 위해 갑산군 보천보를 공격하였다(보천보전투, 1937). 이 전투로 인해 김일성의 이름은 국내에 널리 알려졌다. 그러나 그도 일제의 소탕작전을 견디지 못하고 동북항일연군과 함께 소련(러시아는 1922년 소련으로 이름을 바꿈)의 연해주로 들어갔다. 그들은 하바로프스크Khabarovsk 근교에 있던 외국인들로 구성된 소련군 88독립보병여단에 편성되어 해방 직전까지 활동하였다.

한편 중국공산당의 본거지인 옌안延安에는 그들과 함께 항일전을 전개하려는 독립군이 모여들었다. 그들 대부분은 장제스의 대일항전태도에 실망하여 국민당정부 지역으로부터 옮겨온

인물들이었다. 그리하여 마오쩌둥毛澤東과 함께 대장정에 참가
했던 김무정의 주도 아래 조선독립동맹이 발족되었다(1942). 조
선독립동맹은 김두봉을 주석으로 삼았는데, 일찍이 3·1운동에
참여하였던 그는 주시경 밑에서 한글을 연구한 저명한 학자였
다. 많은 지식인이 그 주위로 몰린 까닭이 여기에 있었다. 옌안
에 근거를 두었기에 연안파라고도 불리는 조선독립동맹은 조선
의용군을 조직하여 그 휘하에 두었다. 중국 국민당정부의 비호
를 받은 대한민국임시정부가 한국광복군을 결성했듯이, 중국공
산당 본거지의 조선독립동맹은 조선의용군을 그 예하 부대로
두었던 것이다.

조선의용군은 대일전에 참가하여 큰 공을 세웠을 뿐만 아니
라, 일본군 병사를 대상으로 한 반전사상 선전과 일본군에 동원
된 한국인 병사의 탈출공작 등에 큰 성과를 올렸다. 그러함에도
해방 후 그들의 국내 입국은 좌절되었다. 대규모 무장부대의 입
국을 꺼린 소련이 그들을 저지했기 때문이다. 그들은 만주에 머
물다가 국공내전에 참여하였고, 6·25전쟁 직전 북한으로 가서
인민군에 편입되었다.

[1] 이태진, 2000, 《고종시대의 재조명》.
[2] 신용하, 1980, 《한국근대사와 사회변동》.
[3] 박종근, 1989, 《청일전쟁과 조선》.

[4] 이광린, 1981, 《한국사강좌》 근대편.

[5] 신용하, 1976, 《독립협회연구》.

[6] 이민원, 1999, 〈대한제국의 성립〉 신편 《한국사》, 국사편찬위원회.

[7] 백영서, 1997, 〈대한제국기 한국 언론의 중국 인식〉, 《역사학보》 153.

[8] 구대열, 1999, 〈러일전쟁의 결과와 전후처리〉, 신편 《한국사》 42, 국사편찬위원회.

[9] 석화정, 2005, 〈한국 '보호' 문제를 둘러싼 러·일의 대립– '헤그 밀사사건'을 중심으로〉, 《러일전쟁과 동북아의 변화》.

[10] 최기영, 1994, 〈한말 동학의 천도교로의 개편에 관한 검토〉, 《한국학보》 76.

[11] 안병직·이영훈 대담, 2008, 《대한민국 역사의 기로에 서다》.

[12] 카터 에커트, 2008, 《제국의 후예》.

[13] 梶村秀樹, 1083, 〈신간회연구를 위한 노트〉, 《신간회연구》.

[14] 민족문제연구소, 1999, 《친일파란 무엇인가》.

[15] 임대식, 1994, 〈사회주의운동과 조선공산당〉, 《한국사》 15, 한길사.

4
-
現代

현대 민주사회

1948년 5월 10일, 비록 남한에 국한된 것이었지만,
한국의 역사상 최초로 선거가 실시되어 198명의 국회의원이 선출되었다.
이를 바탕으로 민주국가인 대한민국이 수립되었다.
그리고 4·19혁명과 광주민주항쟁 등 독재정권에 대한
국민의 끈질긴 투쟁의 결과, 마침내 한국에는 민주주의가 실현되었다.
여기에서는 해방 이후 현재에 이르는 역사를
민주화 과정을 중심으로 살펴보려고 한다.

20 —
해방과 분단

1945년 8월 15일 일제의 패망으로 한국은 해방이 되었다. 그러나 이와 더불어 남북으로 분단되는 또 다른 비극을 맞이하였다. 북위 38도선을 경계로 삼아 미·소 양군이 남북을 나누어 점령함으로써 독일과 같은 전쟁도발국이 아님에도 분단되었던 것이다. 미·소의 공격 목표였던 일본이 분단되지 않은 것과 대조적이다.

38선의 설정에 관해서는 두 개의 상반된 견해가 있다. 1945년 8월 9일 소련의 대일전 참전 이전에 미국에 의해 계획되었다는 견해가 그 하나이며, 이와는 달리 소련이 대일전에 참전하자 미국이 일본군의 항복접수를 위해 급하게 38선을 설정하여 소련에 통고했다는 이른바 '군사적 편의주의' 설이 다른 하나이다. 소련의 대일전 참전 이전에 38선의 획정이 계획되었다는 주장 가운데 주목되는 것은 얄타Yalta밀약설이다. 1945년 2월 미국의 루즈벨트Roosevelt, Franklin와 영국의 처칠Churchill, 그리고 소련의 스탈린Stalin은 독일 패전에 따른 대책을 논의하기 위해 얄타에 서 회동하였다. 여기에서 루즈벨트는 소련의 대일전 참전을 재 촉했는데, 그 조건으로 한국을 북위 38도선으로 분할하여 그 이 북을 소련의 영향 아래 둔다는 점을 약속했다는 것이다. 그러나 오늘날 대부분의 학자들은 얄타회담의 조항에 이러한 내용이 없다는 점을 들어 얄타밀약설을 부인하고 '군사적 편의주의' 설 을 취하고 있다.

'군사적 편의주의' 설은 38선의 설정이 군사작전상 일본군 무 장해제를 돕기 위한 임시적인 조치로서 사전 계획에 의한 결과 가 아니라는 것이다. 미국의 정치적 야심을 부인한 견해라고 할 수 있다. 그런데 무장해제의 편의에 따라 38선이 설정되었다면 일본군의 무장해제와 함께 철폐되어야 했을 것인데, 이후에도 미·소 양군이 이를 일종의 국경선으로 활용했다는 것은 납득하 기 어렵다. 또한 '군사적 편의주의' 설은 미국이 소련군의 대일전 참전과 한반도 진주에 대한 대책을 세워놓고 있지 않았다는 것 과 다를 바 없는데, 이미 카이로Cairo회담(1943)에서 적절한 시 기에 한국을 독립시킨다는 등 한국문제에 관심을 표시한 미국 이었고 보면 이 역시 잘 이해되지 않는다.

한반도의 38선은 오래전부터 외세에 의해 주목되었다. 1896 년 일본이 러시아에게 38도선을 경계로 한 세력권의 분할을 제 기했으며, 1903년에는 러시아가 39도선 이남에서 일본의 우위 를 인정하고 그 이북의 땅을 중립지대로 할 것을 일본에 제의했던 것이다. 이러한 사실을 염두에 두면 꼭 얄타회담에서가 아니었더라도 언제인가 소련이 먼저 미국에게 38선의 설정을 요구를 했을 가능성도 배제하기 어렵다.

38선의 획정과 더불어 미국과 소련이 한국을 점령했다. 따라서 한국인은 자신의 의지대로 정치상황을 이끌어 갈 수 없었다. 그러한 가운데 신탁통치문제를 둘러싸고 남한의 정치·사회단체, 청년·학생단체는 좌우로 나뉘어 극단적인 갈등을 빚었다. 미·소가 어떤 구상을 가지고 있었든지 간에 민족이 단결했다면 분단은 극복되었을런지 모른다. 그러나 국내의 좌우 분열과 이에 따른 갈등은 분단을 기정사실화했다.

해방 직후의 정치세력

일본이 연합국에 무조건 항복하자, 조선총독부는 일본인에 대한 한국인의 보복적 행동을 저지하기 위해 통치의 권한을 한국인에게 이양할 계획을 세웠다. 총독 아베阿部信行는 이를 위해 여운형에게 접근하였다. 그가 한국인에게 영향력을 행사할 수 있는 존재라고 여겼기 때문이다. 여운형은 일찍이 상하이에서 신한청년단의 조직에 관여했으며, 〈중앙일보〉 사장 재임 시절 베를린Berlin올림픽 마라톤에서 우승한 손기정의 사진에서 일장기를 말소하여 보도하는 데 앞장섰고, 1944년에는 국내 좌우익세력의 연합 조직체인 조선건국동맹을 조직하여 항일투쟁을 전개한 인물이었다.

조선총독으로부터 치안유지를 요청받은 여운형은 곧 건국준비위원회(건준)를 조직하였다. 그리하여 안재홍으로 하여금 건국준비위원회의 부위원장 자격으로 치안의 확보와 식량대책의 강구 등을 내용으로 한 담화를 방송을 통해 발표케 하였다. 이 방송은 해방의 감격으로 흥분할 뿐 무엇을 어떻게 해야 할지 모르는 일반 대중에게 하나의 방향과 진로를 제시한 것이었다.

건국준비위원회의 조직과 함께 지방에 치안대, 자치위원회 등 다양한 명칭으로 존재하던 조직이 건국준비위원회지부로 개편되었다. 평양에도 조만식의 지도 아래 건국준비위원회지부가 수립되었다. 그러나 평양의 건국준비위원회지부는 소련의 주도 아래 북한지역에 인민위원회가 설치되면서 곧 해체되었다.

9월 초 미군이 서울에 들어온다는 소식이 퍼지자 건국준비위원회의 여운형은 조선공산당의 박헌영과 제휴하여 일종의 정부 형태를 표방한 조선인민공화국(인공)을 만들었다. 박헌영은 일찍이 1925년 고려공산청년회를 조직했던 인물로 일제에 의해 체포되어 복역한 후, 해방 직후 조선공산당을 결성하였다. 그들이 조선인민공화국을 서둘러 만든 것은 미군이 상륙하기 이전에 정부를 수립하여 기정사실로 인정받고, 미군과 교섭할 대상이 되기 위함이었다. 그러나 우익인 안재홍 등이 참여하지 않음으로써 조선인민공화국은 건국준비위원회와 달리 좌익이 대부분을 점하였다.

조선인민공화국이 성립되면서 건국준비위원회는 해체되었다.

그리고 지방에도 인민위원회라는 자치조직이 설치되었다. 건국준비위원회지부가 인민위원회로 개편되었고, 새로운 인민위원회가 설치되기도 했던 것이다. 그리하여 남한의 경우, 거의 전 군에 인민위원회가 설치되었다. 아울러 종래의 행정체계에 따라 도에는 도 인민위원회, 면에는 면 인민위원회가 조직되었다.

조선인민공화국이 조직되자, 우익세력을 대표한 송진우는 이의 타도를 전면에 내세우며 한국민주당(한민당)을 창당하였다. 송진우가 〈동아일보〉 사장을 역임했던 만큼 한민당에는 언론계 출신이 다수 가담하였다. 또한 미국에서 교육을 받은 지식인과 성공한 사업가들이 참여하였다. 그리고 일제 치하에서 고위 관료와 경찰을 역임한 인물도 대거 입당하였다. 조선인민공화국과 맞서기 위해 반공산세력이면 누구를 막론하고 포섭했기 때문이다. 이러한 한민당은 〈동아일보〉의 지국과 지사를 활용하여 지구당을 쉽게 조직할 수 있었으며, 여론 조작에도 유리한 지위를 점할 수 있었다. 그리고 반공을 표방했기에 미군정의 강력한 지원을 받아 기반을 확대해 나갔다.

1945년 10월 이승만이 귀국하였다. 이승만은 국내에 이렇다할 정치적 기반이 없었음에도 불구하고, 그의 명성이나 인기는 대단했다. 그가 귀국하기 전부터 조선인민공화국은 그를 위해 주석 자리를 비워놓고 있었고, 한민당도 그를 기다렸다. 심지어 박헌영의 조선공산당조차 당수 교섭을 할 정도였다. 이는 그가 해방 직전 대한민국임시정부 초대대통령 혹은 주미외교위원부 위원장이라는 직함을 내걸고 충칭 임시정부의 승인과 한국광복

세계화시대
우리한국사

군에 대한 군사적 지원을 획득하기 위해 외교적인 노력을 기울인 것과 관련이 있었다. 그리고 대부분의 국내 인사들이 변절하여 일제에 협력한 상황에서 '미국의 소리' 방송을 통해 국내에 광복의 날이 멀지 않았음을 알리는 내용의 연설을 한 것도 그의 인기를 높였다.

11월에는 김구 등 대한민국임시정부의 요인들이 개인 자격으로 귀국하였다. 미군정이 임시정부를 인정하지 않았기 때문이다. 김구는 일찍이 일본의 민비살해에 격분하여 한 일본군 장교를 살해함으로써 사형을 언도받았으나, 고종의 특사령에 의해 죽음을 면하고 탈옥하였다. 이로 인해 그는 민비 암살범을 처치한 인물이라는 명성을 얻었다. 1919년 중국으로 망명한 그는 귀국할 때까지 그곳에서 임시정부를 이끌었다. 김구는 중국으로부터 귀국할 때 장제스로부터 거액의 돈을 전별금 명목으로 건네받았는데, 이러한 점이 미국으로 하여금 그를 경계하게 만들었다. 미국은 중국이 임시정부의 요인을 통해 한국에 영향력을 행사하지 않을까 우려했던 것이다.

한편 북한에서는 김일성이 소련으로부터 귀국하여 정치적 주도권을 잡아 나갔다. 1912년생으로 본명이 김성주인 그는 반일운동가 대부분이 그러했듯이, 일제의 감시를 피하기 위해 20세 무렵에 김일성으로 이름을 고쳤다. 그가 만주를 중심으로 항일무장투쟁을 전개했고 일제의 소탕작전을 피해 소련군으로 활동했음은 앞에서 언급했다. 소련은 이러한 김일성을 내세우는 것이 자신들의 북한 점령정책에 도움이 된다고 판단하여 그를 적

극 지원하였다.[1]

김일성은 일국일당의 원칙을 지켜 조선공산당 북조선 분국을 설치하였다. 당시는 박헌영에 의해 조선공산당이 서울에 조직되어 있었으므로, 새로운 공산당을 만든다면 당을 분열시킨다는 비난을 받을 소지가 컸기 때문이다. 그러나 곧 북조선공산당으로 개칭하고 '민주기지론民主基地論'을 채택하였다. 혁명을 통해 먼저 북한을 민주기지화한 다음, 이를 토대로 '전조선 혁명'을 실현시킨다는 것이었다.

1945년 말에는 조선독립동맹, 즉 연안파의 김두봉·김무정 등이 입국하였다. 연안파는 투쟁 경력이나 명망에 있어서 다른 집단을 압도하였다. 그러나 그들은 소련과 원만한 관계를 유지하지 못했다. 중국 공산당과 함께 항일운동을 전개한 그들을 소련이 달가워했을 까닭도 없다. 그들은 북한에 들어온 이후에도 조선독립동맹이라는 명칭을 계속 사용하다가, 조선신민당으로 고친 후 김두봉을 당수로 지명하였다.

소련군 점령하의 북한

해방 이후 한반도에 먼저 진주한 것은 한국과 국경을 접하고 있던 소련군이었다. 소련군은 일본의 패망이 거의 확실해진 1945년 8월 9일 선전포고하고, 일본이 항복하자 남진하여 평양·함흥 등 북한의 주요 도시를 점령하였다. 일찍이 연해주에 살고 있던 18만 명의 한국인을 일본의 첩자가 될 가능성이 있다는 이유로 일거에 중앙아시아로 강제 이주시켰으며(1937), 코민테른에서 활동하던 한국인 공산주의자를 일본의 스파이로 몰아 살해한 소련은 한국에 대해서 비교적 충분한 지식을 가지고 있었다. 그리하여 그들은 평양에 사령부를 설치하였으나 직접통치를 피하고 간접통치 방식을 썼다. 공산당세력이 우세했기 때문에 굳이 직접통치의 필요성을 느끼지 않았던 것이다.

북한에는 서울의 조선인민공화국이 성립되기 이전인 8월 하순부터 평남인민위원회의 조직을 시작으로 각 지역에 자치기구인 인민위원회가 결성되었다. 따라서 북한의 인민위원회는 남한의 조선인민공화국이나 인민위원회와 관련이 없는 것으로, 소련의 영향 아래 있었다. 그리하여 전국 인민위원회를 대표하는 5도임시인민위원회가 창설되었는데(1945. 10), 곧 북조선임시인민위원회로 대체되었다. 이 기구를 통해 북한은 1946년 2월 무상매수·무상분배 원칙에 따른 토지개혁과 일본·일본인·친일파가 소유한 모든 산업체를 국유화하는 '반제反帝·반봉건反封建 민주개혁(민주개혁)'을 실시하였다. 이는 북한에 새로운 정부가 수립된 것과 다를 바 없었다.

'민주개혁'은 농민을 공산당에 포섭하는 효과를 거두어 북조선공산당의 당원 수가 크게 늘어났다. 이후 북조선공산당은 연안파의 조선신민당과 합당하여 북조선노동당(북로당)을 탄생시켰다(1946. 8). 노동자와 농민 위주의 북조선공산당은 지식인 중심의 조선신민당의 협력을 필요로 한다는 것이 김일성이 내세운 합당의 명분이었다.

1946년 11월, 인민위원 선거가 실시되었다. 북로당이 추천한 단일후보에 대한 찬반투표였다. 따라서 찬성표는 백색함에, 반대표는 흑색함에 넣는 투표방법을 취했다. 이 선거를 토대로 1947년 2월에는 '임시'를 뗀 북조선인민위원회가 구성되었는데, 여기에서 김일성이 위원장으로 선출되었다. 김일성의 주도권 장악이 이처럼 빠른 속도로 진행된 것은 소련군의 지원이 있은 데다가, '민주개혁'으로 인해 토지를 잃은 지주나 기독교도 등 우익세력이 계속적으로 월남하여 저항세력이 미약하였기 때문이다. 1947년 말에 이르러 그 수가 80만 명을 넘어선 월남인은 이후 남한의 반공세력이 되었다.

미군정과 남한사회

1945년 9월 인천에 상륙한 미군은 군정청을 설치하고, 일본의 조선총독부 건물을 청사로 사용하였다. 군정의 조직도 조선총독부의 그것을 답습하였다. 그리하여 총독과 같은 존재인 주한 미군사령관에는 하지Hodge 중장이, 그리고 정무총감에 해당하는 군정장관에는 아놀드Arnold 소장이 임명되어 남한을 직접 통치하였다. 소련군이 북한에서 간접통치를 실시한 것과는 달리, 미군이 남한에서 직접 통치방식을 채택한 것은 공산주의자를 제압하기 위함이었다.

그러나 당시 미군에는 한국에서 점령정책을 실시할 만한 지식을 가진 사람이 없었다. 따라서 행정 경험이 풍부한 인물을 필요로 한 미군정은 조선총독부에서 일해 온 관리로 하여금 현직을 유지하도록 했다. 그 결과 일제에 적극 협력한 자들이 다시 등용되었다. 그리고 미국이나 영국에서 교육을 받은, 영어회화 능력이 있는 인물이 고위 간부로 임명되었다. 영국 에딘버러Edinburgh 대학 고고학과를 나온 지주 출신의 윤보선이 농상국農商局 고문이 된 것은 그 단적인 예이다.

미군정은 조선인민공화국과 김구의 영향력 아래 있던 대한민국임시정부를 달갑지 않게 여겼다. 남한에서 직접통치를 실시한 미군정이 정부형태를 표방한 그들을 인정했을 까닭도 없다. 특히 미군정은 조선인민공화국이 그 명칭만으로 미루어서도 북한의 소련군과 동맹관계에 있다고 보고, 지방 인민위원회의 강제 해산에 착수하였다(1945.12). 그리하여 제주도를 제외한 전 지역의 인민위원회가 해체되었다. 이에 따라 조선인민공화국도 자연스럽게 와해되었다.

미군정의 좌익세력에 대한 탄압은 1946년 조선공산당에서 운영하는 출판사인 조선정판사에서 위조지폐가 발견된 것을 계기로 노골화했다. 조선공산당은 노동자의 파업을 주도하며 이에 저항하였다. 1946년 10월의 '대구폭동'은 이로 인해 야기된 사건이었다. 공산주의자들이 주도한 노동자의 파업에 경찰과 극우 테러단이 진압에 나섰고, 여기에 항의하는 시위대에 경찰이 발포함으로써 많은 사상자가 발생했던 것이다. 이 사건은 다른 지역으로 확산되어 쌀 공출의 폐지, 토지개혁 실시, 극우의 테러 반대 등을 요구하는 시위가 전국에서 일어났다. 이른바 '10월민중항쟁'이 그것이다.

해방 후 남한에는 농민의 생산의욕 저하와 화학비료의 부족으로 인한 생산량의 감소로 식량부족 현상이 나타났다. 여기에 북에서 내려온 피난민과 해외동포의 유입으로 상황은 더욱 나빠졌다. 한국을 미곡 수출국으로 알았던 미국은 실은 한국이 한국인 수요를 위한 미곡도 생산하지 못한다는 사실에 큰 충격을 받았다. 미군정은 절반이 넘었던 고율소작료를 3분의 1 이하로 낮추면서 배급제를 폐지하고 미곡시장을 자유화하였다. 미가 하락을 기대하고 취해진 조치였다. 그러나 현실은 쌀이 투기의 대상이 되어 도리어 값이 폭등하였다. 모리배가 쌀을 매점매석했기 때문이다. 이로 인해 식량 사정이 어려워져 도시 노동자가 기아에 허덕였다. 미군정은 다시 배급제를 실시했는데, 이를 위해서는 공출이 불가피했다. 이에 미곡수집령을 공포하고(1946. 1), 일제강점기 때에도 없던 하곡夏穀수매를 실시했으나 농민의 반발로 실패하였다. 그러함에도 미군정은 또다시 시장 가격의 3분의 1 수준의 수매가로 추곡수매를 강행함으로써 농민의 불만을 유발시켰던 것이다.

'10월민중항쟁'이 발발하자 미군정은 조선공산당 간부에 대한 체포령을 내렸다. 이를 피해 박헌영이 월북한 와중에 조선공산당·남조선신민당·조선인민당이 합당하여 허헌을 위원장으로 한 남조선노동당(남로당)을 발족시켰다(1946. 11). 당시 남한의 좌익세력은 한국 공산주의의 주도권을 장악한 북한 지도부와 합의하여 중요한 문제를 결정했으므로, 북한에서 북조선공산당과 조선신민당이 합당하여 북조선노동당을 결성하자 그 예를 따랐던 것이다. 이와 더불어 조선공산당이라는 이름으로 대중의 지지를 이끌어내기 어려웠던 점도 남로당의 결성을 부추겼다. 신탁통치에 찬성한다는 것이 알려지면서 대중이 점차 조선공산당을 외면했기 때문이다. 그러나 남로당은 미군정의 탄압과 당원의 이탈로 재기 불가능한 상태가 되었다.

1947년, 제주도에서는 3·1절 기념식을 계기로 반미 시위가 전개되고, 이에 경찰이 발포하는 사건이 일어났다. 제주도는 다른 지역과는 달리 그때까지 인민위원회가 존속하고 있었는데, 이는 제주도의 특성에 기인한 것이었다. 일제는 미국에 항복하기 전 제주도를 대미 결전의 마지막 보루로 삼아 요새화하면서 많은 제주도민을 노역에 강제 동원하였고, 해방 후에도 한 달 간 머물면서 횡포를 일삼았다. 따라서 제주도의 인민위원회는 어느 지방보다 강한 조직을 갖추고 있었다. 그런데 미군정이 이를 불법화하자 반미 시위가 전개되었던 것이다.

경찰의 발포에도 불구하고 항쟁이 수그러들지 않자, 미군정은 북한의 공산당정권을 피해 월남한 청년들로 조직된 서북청년단을 파견하여 경찰의 진압을 돕도록 했다. 이 과정에서 서북청년단은 제주도민으로부터 '인간 백정'이라는 칭호를 들었을 정도로 학살을 자행하였다. 그러나 제주도민은 이에 굴하지 않고 남한의 단독선거반대 등을 내세우며 항쟁을 재개하였다(1948. 4.

3). 이것이 제주4·3민중항쟁인데, 그들의 항쟁은 정부수립 이후까지 이어졌다. 그들이 이처럼 장기간에 걸쳐 항쟁을 지속할 수 있었던 이유 가운데 하나는 일본군이 버리고 간 무기와 탄약이 충분했고, 일본군이 파놓은 동굴을 참호로 이용할 수 있었기 때문이다.

신탁통치문제

1945년 12월, 소련의 모스크바Moskva에 모인 미국·영국·소련의 외상外相은 다음과 같은 3개항을 결정하였다(3상회의). 제1항은 한국에 임시정부를 조속히 수립한다는 것이고, 제2항은 임시정부의 수립을 위해 미소공동위원회를 열어 정당·사회단체와 협의한다는 것, 그리고 제3항은 미국·영국·중국·소련 4개국은 새로 수립된 한국의 임시정부와 상의하여 신탁통치 방안을 마련하고, 그 기한은 최고 5년으로 한다는 것이었다.

한반도의 신탁통치안은 미국에 의해 구상되었다. '한국인이 자치능력이 없기 때문'이라는 것이 그들이 내세운 표면적인 이유였으나, 실은 한반도가 인접국가인 소련이나 중국의 영향권으로 편입되어 이 지역에서 자국의 영향력이 배제될 수도 있다는 점을 미국은 우려하였다. 그렇다고 한반도를 단독으로 점령할 수도 없는 노릇이었다. 주변국의 반발을 불러일으킬 가능성이 컸기 때문이다. 이에 미국은 신탁통치를 통해 친미국의 통일정부를 수립한다는 한반도에 대한 기본정책을 수립했다. 한편 소련은 남북한 모두 좌익이 우세하므로 임시정부의 수립이 자국에 유리하다고 판단했다. 결국 모스크바 3상회의의 결의는 소련과 미국의 이해관계가 배합된 것이었다.

한국의 신탁통치와 관련하여 이해하기 어려운 점은, 신탁통치를 미국이 제안했음에도 불구하고 〈동아일보〉에 한국의 신탁통치를 원한 것은 소련이고 미국은 즉각 독립을 주장했다고 보도된 사실이다. 이것이 단순한 오보인지 아니면 소련과 공산당을 매도하기 위한 의도적인 보도였는지는 분명치 않지만, 적어도 미군정의 묵인이 있었기에 가능한 일이었다. 실제로 미군정은 신탁통치반대운동을 후원하였다. 미군정이 왜 이러한 조치를 취했는지 궁금한데, 이에 대해서는 한국인의 반대로 신탁통치 실시가 불가능하다고 판단한 미군정이 신탁통치를 미국이 제안했다는 사실이 가져올 정치적 곤경을 예상하고, 미국에게 쏟아질 비난의 방향을 소련으로 돌리려 했다는 견해가[2] 도움이 된다.

모스크바 3상회의의 합의 내용이 전해지자 신탁통치를 반대하는 시위운동이 전국적으로 번져 갔다. 언론에서는 이를 '대리통치' 혹은 '국제적인 노예제'라고 불렀다. 그리고 일본이 그들의 식민통치를 '신탁'이라는 용어를 사용하면서 변명했기에, 한국인은 이를 식민지 상태로 되돌아가는 것으로 이해하였다.[3] 따라서 신탁통치보다는 죽음을 달라고 외쳐댔다. 이승만과 김구는 대한국민대표민주의원(민주의원)을 결성하여 반탁운동을 주도하였다.

조선공산당 등 좌익세력 역시 신탁통치에 반대하였다. 그러나 신탁통치를 제안한 것이 소련이라는 설 때문에 공식적인 태도 표명을 보류하다가, 상황 파악을 위해 북한에 갔던 박헌영이 귀환하면서 찬탁으로 방향을 선회하였다. 소련이 김일성에게 찬탁 지령을 내렸기 때문이다. 좌익세력은 정보 부족 때문에 반탁의 태도를 취한 것이 과오였음을 밝히고 임시정부의 수립을 탁치안보다 더 강조하였다. 그들은 찬탁 대신 '3상회의 결정 지지'라는 표현을 사용하면서 반탁을 소박한 민족감정에서 비롯된 것으로 이해하고, 자력 아닌 미·소의 힘으로 독립을 이룬 상황에서는 3상회의의 결의를 받아들일 수밖에 없다고 주장했다. 그러나 좌익세력은 대중적 지지기반을 상실하고 정국의 주도권을 우익에 넘겨줄 수밖에 없었다.

신탁통치반대운동이 전개될 당시의 주요 정치쟁점은 친일파의 처리와 토지문제의 해결이었다. 그런데 이러한 현안은 신탁통치 반대 열기에 묻혀 뒷전으로 밀리게 되었다. 또한 친일세력은 신탁통치 반대를 외침으로써 '애국자'가 되었다. 한국인의 민족주의적 열정에서 비롯된 신탁통치반대운동이 도리어 토지개혁을 지연시키고 친일파를 '애국자'로 둔갑시켜주는 결과를 초래했던 것이다.[4]

신탁통치를 둘러싼 갈등은 정치단체에 국한되지 않았다. 해방 직후 광범위한 실업자의 발생과 해외 인구의 유입으로 인해 많은 청년단체가 조직되었는데, 이들이 좌우익으로 나뉘어 대립했던 것이다. 그리고 우익의 학생단체인 반탁전국학생총연맹(반탁학련)과 좌익의 재경학생행동통일촉성회(학통)도 심각한 갈등을 빚었다. 이러한 청년·학생의 신탁통치를 둘러싼 대립은 정치가의 그것보다 문제의 심각성을 더했다. 이들의 폭력 행사로 좌우합작이나 남북통일은 점점 요원한 것이 되어 갔다.

모스크바 3상회의 결정에 따라 미소공동위원회가 서울에서 개최되었다(1946. 3). 미소공동위원회에서 해야 할 일은 첫째 정당·사회단체와의 협의에 의한 임시정부 수립문제였고, 둘째 수립된 임시정부 참여하에 신탁통치 협약을 작성하는 것이었다. 그러나 임시정부 수립을 협의하기 위한 정당·사회단체의 선정 과정에서부터 난관에 부딪쳤다. 미국은 어떠한 상황에서도 공산주의자에 의해 지배되고 소련의 괴뢰정부가 될 임시정부의 수립에 동의하지 않으려 했으며, 소련도 이승만과 김구에 의해 주도되는 임시정부는 수락하지 않으려고 했던 것이다. 이 대립으로 인해 제1차 미소공동위원회는 결렬되고 회의는 무기한 연기되었다.

미소공동위원회가 재개되지 않으면 분단은 불가피한 것이었다. 따라서 분단이라는 민족적 위기를 막기 위해서는 좌우가 일정한 원칙 아래 합작하여 미소공동위원회가 다시 열릴 수 있게 하자는 견해가 제기되었다. 그리하여 우익에서 김규식 등 5명이, 그리고 좌익에서는 여운형 등 5명이 대표로 선출되어 좌우합작위원회를 구성했다(1946. 7). 그들은 남한에서 좌우합작이 성사되면 그 다음에는 북한의 주요 지도자들과 합작을 추진하려고 했다. 미군정도 좌우합작을 지지했다. 좌익과 우익의 극단

세력을 배격하고 온건한 중도세력을 친미세력으로 키워 그것이 장차 수립될 임시정부의 중심이 될 것을 기대했던 것이다. 그러나 토지개혁·친일파 제거·신탁통치문제를 둘러싸고 양측의 견해가 엇갈려 좌우합작을 위한 회담은 난항을 거듭했다. 여기에 이승만이나 한민당의 소극적인 태도도 좌우합작을 어렵게 만들었다. 그들에게 있어서 공산주의 세력과의 타협은 있을 수 없는 일이었다.

이승만은 미소공동위원회 결렬 직후 정읍에서 행한 연설에서 단독정부 수립의 필요성을 제기했다(1946. 6). 북한정권의 성립이 현실화 된 마당에 미군정에서 벗어나기 위해서는 남쪽만의 정부수립이 불가피하다는 논리였다. 이승만의 이러한 주장은 좌우합작운동을 지원하면서 소련과의 협의 아래 한반도문제를 해결하려 한 미군정으로서는 받아들일 수 없는 것이었다. 이승만은 미국으로 건너가 국무성과 유엔을 상대로 단독정부 수립을 위한 외교활동을 전개하였다.

좌우합작운동이 답보상태를 지속하는 가운데 소련 점령하의 북한에서는 단독정권의 수립이 기정사실화 되었다. 그런데 '민주개혁'을 토대로 한 북한의 발전은 놀라운 것이어서 미군정을 괴롭게 만들었다. 미군정은 자신들의 직접통치에 대한 남한 사람들의 불만이 북한에 대한 지지로 이어지지 않을까 우려하였다.[5] 그들은 북조선임시인민위원회에 대응하는 남한 사람에 의한 대표기관이 설립되어야 한다는 판단을 하게 되었다. 이에 남조선과도입법의원(입법의원) 선거가 치러졌다. 90명의 입법의원 가운데 45명을 간접선거에 의해 선출하고, 나머지 45명은 좌우 합작위원회가 추천한 후보를 미군정이 지명하였다. 이로써 입법의원議院이 구성되고, 김규식이 의장에 선출되었다(1946. 12). 미군정은 또한 미국인 군정장관 밑에 한국인 민정장관직을 두어 안재홍으로 하여금 이를 맡게 하고, 대법원장에 김용무를 임명하였다. 그리고 군정청을 남조선과도정부로 이름을 바꾸었다 (1947. 6).

1947년 5월 제2차 미소공동위원회가 열리었다. 여기에서도 1차 회담 때와 마찬가지로 협의 대상단체를 놓고 미·소가 대립하였다. 소련이 반탁을 주장한 정당을 제외할 것을 주장한 반면, 그렇게 되면 좌익의 임시정부 지배를 보장하는 것이 된다고 판단한 미국은 여기에 반대했던 것이다. 결국 미소공동위원회가 또다시 정체상태에 빠짐으로써 한국의 신탁통치를 위한 임시정부의 구성부터가 불가능해졌다.

5·10선거

미소공동위원회가 실패로 끝나자, 미국은 소련과 협력해서 한국문제를 처리하기 어렵다고 판단했다. 신탁통치를 통해 친미국의 통일정부를 수립한다는 자신들의 한반도에 대한 기본정책이 실현 불가능하다는 사실을 깨달은 것이다. 그런데 한국으로부터의 무조건 철수는 한국을 공산주의자와 소련에 넘겨주는 것이었다. 미국은 자신의 체면을 유지하면서 남한으로부터 군대를 철수하는 방법을 모색하였다. 그 결과 한국문제를 자신의 영향력 아래 있던 유엔에 상정하면서 유엔 감시하에 총선거를 실시하고, 이 절차를 감시 및 협의하기 위하여 유엔한국임시위원단(UNTCOK)을 설치할 것을 내용으로 하는 결의안을 제출하였다(1947. 9). 이 결의안은 약간의 수정을 거쳐 다수의 찬성으로 유엔총회를 통과하였다.

1948년 1월 오스트레일리아·캐나다·중국·엘살바도르·프랑스·인도·필리핀·시리아 등 8개국 대표로 구성된 유엔한국임시위원단이 도착하여 활동을 개시하였다. 그러나 소련의 반대로 인해 북한에서의 활동이 불가능했다. 소련은 유엔한국임시위원단이 그 구성 국가만을 보더라도 미국의 정책을 일방적으로 지지하는 데 이용될 수 있는 것으로, 한국인의 자주권 행사와 상반되는 기구라고 주장했다. 아울러 남한의 인구가 북한에 비해 많으므로 인구비례에 따라 의석 수를 배분하는 것이 불합리하다는 점을 지적하기도 했다.

김규식은 소련의 이러한 태도를 미리 간파하고 총선거는 한반도의 영구적인 분단을 의미하는 것으로 이해하였다. 김구도 유엔은 한국의 국내문제에 간섭할 권리가 없다고 주장하였다. 그러나 이승만은 선거를 치르지 않으면 계속 미국에 예속된다는 점을 들어 선거를 지지했다. 김구와 김규식은 통일국가를 건설하기 위한 마지막 수단으로 남북지도자회의를 구상하였다. 그런데 김구와 김규식이 김일성·김두봉에게 남북지도자회담을 제의하자, 북한은 규모를 확대하여 남북의 모든 정당·사회단체의 대표가 참가하는 회의를 열 것을 수정 제안하였다.

1948년 4월 평양에서 '남북조선 제정당·사회단체 지도자협의회'가 개최되었다. 여기에서는 미·소 양군의 즉시 철수와 남한 단독선거 반대 등 4개항이 합의되었다. 이어 열린 김구·김규식·김일성·김두봉의 4자회담에서는 남한에 대해 북한이 전기 공급을 계속하고, 기독교지도자 조만식을 월남시킨다는 점 등이 약속되었다. 그러나 북한은 애초부터 이러한 회의를 남한 단독선거의 '반민족성'을 폭로하기 위한 선전으로 이용할 속셈을 가지고 있었다. 인민군을 창설하고 헌법을 만들면서 남북협상을 제안했던 것이다. 한편 미국은 정부수립 후 철군한다는 그들의 주장을 고집하였다. 따라서 지도자협의회와 4자회담의 합의 내용은 쓸데없는 것이 되고 말았다.

결국 유엔한국임시위원단은 가능한 지역에서만이라도 선거를 실시하여 독립정부를 수립할 것을 결의하였다. 그리하여 1948년 5월 10일 남한 전 지역에서 총선거가 실시되었다.

21 —
두 개의 한국

1948년, 남에 대한민국이, 그리고 북에는 조선민주주의인민공화국이 수립되었다. 이로 인해 한국 현대사는 비극적으로 전개될 수밖에 없었다. 한반도에 서로 다른 체제의 두 나라가 존재한 것만으로 그치지 않고, 상호간에 전쟁이 일어났던 것이다.

6·25전쟁은 6·25동란으로 불리어졌는데, 이것이 적절하지 않다는 지적이 적지 않았다. 여기에 대신하여 한국전쟁이라는 표현이 널리 사용되고 있다. 그러나 외국에서 한국전쟁이라고 부르는 것은 무리가 없으나, 우리 스스로가 한국전쟁이라고 지칭하는 것은 어딘가 어색하다.[6] 이에 여기에서는 학계 일부에서 사용하고 있는 6·25전쟁이라는 용어를 채택하였다.

대한민국과 조선민주주의인민공화국

1948년 5월 10일 남한 전 지역에서 총선거가 실시된 결과, 198명이 임기 2년의 국회의원으로 선출되었다(국회의원의 임기는 제헌헌법에 의해 1950년의 2대부터 4년이 되었으며, 국회의원의 수도 달라졌다). 북한에 1백 석, 남한에 2백 석의 국회의원이 배정되었는데, 4·3민중항쟁으로 인해 제주도의 2개 선거구에서 투표가 진행되지 못했던 것이다. 그리하여 최초의 국회인 제헌국회가 구성되었다.

제헌국회에서는 서울 동대문에서 출마하여 당선된 73세의 이승만을 의장으로 선출하였다. 또한 투표에 의해 국호를 대한민국으로 결정했는데, 여기에는 대한제국과 대한민국임시정부의 법통을 계승하고 민주공화국이라는 점을 분명히 한다는 의미가 내포되어 있었다. 그리고 헌법의 제정에 착수하여 이를 공포하였다(7. 17).

새로 마련된 헌법, 즉 제헌헌법의 절차에 따라 국회에서 치러진 간접선거에서 이승만과 이시영이 각각 4년 임기의 대통령과 부통령에 당선되었다. 이승만의 대통령 당선으로 다시 뽑은 국회의장에는 임시정부의 요인이었음에도 이승만의 단독정부 수립 방안에 찬동한 신익희가 선출되었다. 1948년 8월 15일 정부의 수립을 국내외에 선포한 대한민국은 그해 12월 유엔총회의 승인을 얻고, 뒤이어 미국을 위시한 50여 국의 개별적인 승인도 받았다.

정부가 수립된 이후에도 좌우대립은 지속되어 이로 인한 대규모 유혈사태가 잇따라 발생하였다. 1948년 제주도민이 미군정과 경찰·우익청년단체에 반발하여 봉기하였음은 앞에서 언급했다. 정부는 이의 진압을 위해 그해 10월 여수에 주둔한 14연대에게 제주도로 출동할 것을 명령하였다. 그러나 군인들은 동족상잔을 위한 출동에 반대한다는 점을 밝히고 장교를 살해한 후, 여수와 순천을 장악하였다. 이것이 여순사건인데, 사건이 진압된 후 여기에 가담했던 군인 약 천여 명은 지리산과 백운산으로 들어가 6·25전쟁 때까지 유격투쟁을 전개하였다.

이러한 상황은 이승만정부의 공산주의자에 대한 탄압을 합리화시켜주었다. 이승만정부는 북한을 불법정부로 규정하여 그와의 협상이나 교류를 단호히 배격하였다. 그리고 북한과의 관계를 금지한 국가보안법을 국회에서 통과시켜 이를 공포하였다 (1948. 12). 그런데 국가보안법은 일제가 제정한 치안유지법의 재판再版이라는 비난을 통해서도 알 수 있듯이, 북한과 관계를 가진 인물에 대한 처벌보다는 국내의 정치적 반대세력을 효과적으로 탄압하는 데 이용되었다.

제헌국회에서는 당시 최대의 현안이던 친일파처단과 토지개혁에 관한 법안을 논의하였다. 친일파처단은 이승만이나 국회의원의 상당수(29명)를 점하고 있던 한민당에게 미묘한 사안이었다. 이를 거부한다면 친일파를 용인하는 것이 될 것이고, 이를 지지한다면 자신들의 기반을 와해시킬 수 있는 것이었기 때문이다. 한민당은 과거의 반민족행위자라 하더라도 지금 처벌하는 것은 민족분열을 초래하니, 통일정부가 수립된 후의 과제로 넘겨야 한다는 입장을 취했다. 이승만 역시 국론분열과 민심혼란을 초래한다는 이유로 친일파 숙청에 공개적으로 반대하였다. 일본을 혐오한 이승만이었지만, 오랜 망명생활로 국내에 세력기반을 갖지 못한 그는 친일파 관리와 경찰을 자신의 권력기반으로 삼고 있었던 것이다.

그러나 친일파처단은 국민적 여망이었다. 따라서 한민당도 친일파를 구속 처벌하기 위한 반민족행위처벌법(반민법)을 통과시키는 데 협조하지 않을 수 없었다. 결국 이 법은 통과되었고, 법의 집행을 위한 반민족행위특별조사위원회(반민특위)가 국회 내에 구성되어 활동을 시작하였다(1948. 9). 그러자 친일파 인사들은 반공구국총궐기대회를 열고, 반민법 제정에 적극적이었던 국회의원을 공산당으로 몰아 규탄하였다. 주목되는 것은 이 대회에 이범석 국무총리가 참석하여 이승만 대통령의 축사를 낭독했다는 사실이다. 이후 친일파처단을 강하게 주장했던 국회의원 3명이 국가보안법 위반혐의로 구속되고, 경찰이 반민특위를 습격하는 사태가 발생하였다. 이로써 친일파처단은 유야무야되었다.

해방 후 미군정은 식량부족 현상을 타개하기 위해서는 토지개혁이 불가피하다고 판단했다. 농민에게 토지를 제공하여 증산의욕을 북돋울 필요가 있었던 것이다. 아울러 북한의 토지개혁이 널리 알려지면서 남한의 농민이 전국농민조합총연맹(전농)을 중심으로 토지개혁 투쟁을 전개하고 있었으므로, 북한 토지개혁에 대한 농민의 지지가 북한의 체제에 대한 지지로까지 확대되지 않을까 우려하였다. 그리하여 미군정의 지지아래 토지개혁법안이 입법의원議院에 상정되었다. 그러나 의원議員의 다수를 점한 한민당의 방해로 이 법안은 심의조차 되지 못했다. 이에 미군정은 신한공사新韓公社가 관리하던 일본인 소유의 귀속歸屬농지를 1948년 유상으로 경작농민에게 분배하였다. 미국이 이처럼 귀속농지의 처리를 서둔 것은 곧 실시될 5·10선거를 앞두고 좌익의 정치 공세를 둔화시켜 선거를 유리하게 이끌기 위함이었다.

정부수립 이후 여론의 압력으로 토지개혁은 더 이상 미룰 수 없게 되었다. 그런데 '농지개혁법'안이 국회에 제출된 데에는 이승만의 정치적인 의도가 작용하였다. 토지개혁은 공산당만이 할 수 있는 것이 아님을 보여주어 이를 남한 적화의 수단으로 여기고 있던 북한의 공세를 차단하고, 지주 출신 국회의원의 경제 기반을 파괴시키기 위함이었다. 국회가 반민법을 통과시켜 자신에게 정치적 타격을 가한 데 대한 이승만의 반격이었던 셈이다. 그러나 정부안보다 국회안이 농민에게 불리하게 상정되는 등, 지주층의 반대가 만만치 않았다. 즉 정부안은 보상액과 상환액을 모두 연평균 생산량의 2배로 하자는 것인데 반해, 국회안은 3배였던 것이다. 이러한 우여곡절을 거쳐 1950년 3월에 시행된 농지개혁법은 삼림·임야 등 비경지가 제외되고, 농지만을 대상으로 3정보 이상에 한해서 유상으로 매수하고 이를 그 한도 안에서 유상으로 분배하는 것이었다. 그리고 보상액과 상환액 모두를 평년작의 1.5배로 하고, 상환기간은 5년으로 하였다. 이렇게 된 것은 농민에게 유리한 개혁이 되어야 한다는 여론의 결과였다. 그리하여 적지 않은 농민들이 자신의 농토를 얻어 자작농으로 발전하게 되었다.

한편, 북한은 미국이 제안한 유엔한국위원단의 설치를 내용으로 하는 결의안이 유엔에서 통과되자, 유엔에 의한 선거의 거부를 결정하고 독자적인 정부수립을 면밀하게 준비하였다. 그리하여 헌법초안을 작성하여 인민위원회 전체회의에서 이를 토의하고 인민군을 창설하였다(1948. 2). 국호 역시 확정했으나 분단의 책임을 남한에 미루기 위해 발표하지는 않았다. 남한에 대한민국이 성립되자 총선거를 실시하여 최고인민회의를 구성한 후, 1948년 9월 9일 조선민주주의인민공화국을 선포하였다. 그리고 수상 김일성, 부수상 겸 외상 박헌영 등으로 내각을 구성하였다. 임기 3년의 대의원으로 구성된 입법기관인 최고인민회의의 의장에 허헌이, 최고인민회의가 휴회 중일 때 주권을 행사할 수 있는 상임위원회의 의장에는 김두봉이 선출되었다. 남과 북의 인물을 고루 참여시킴으로써 형식적으로 남북통일정부의 형태를 취했던 것이다. 그리고 남로당을 북로당에 흡수하여 조선노동당을 결성하였다(1949. 6)

6·25전쟁

1949년 미국은 소수의 군사고문단만 남기고 7만의 주한미군을
모두 철수시켰다. 이후 국무장관 애치슨Acheson은 한국이 미국
의 극동방위선 안에 들어있지 않다고 발언하였다. 그리고 이승
만은 북진통일론을 제기하면서 '점심은 평양에서, 저녁은 신의
주에서'라고 호언하였다. 이러한 점들이 북한의 침략을 부추겼
음은 부인하기 어렵다. 이와 아울러 1949년 이후 38선을 둘러싸
고 남북 간에 군사적 충돌이 끊임없이 일어난 것도 6·25전쟁의
발발과 관련하여 간과하기 어렵다.

한편 북한은 1945년 12월 조선공산당 북조선분국을 북조선공
산당으로 개칭하면서 '민주기지론'을 채택하였다. 따라서 북한
의 정권 담당자에게 있어서 남한의 적화통일은 해결해야할 숙
제였다. 이를 더욱 부채질한 것은 김일성과 박헌영의 경쟁이었
다. 박헌영은 미군정의 탄압을 피해 1946년 월북한 이후 김일성
의 '식객' 노릇을 하면서, '박헌영 서한'을 보내 남로당을 이끌어
나갔다. 그런데 조선노동당의 발족과 더불어 남로당이 공식적
으로 소멸되자 박헌영의 정치적 입지가 크게 약화되었다. 박헌
영은 50만의 남로당원이 지하에 잠복했음을 들어 자신의 세력
을 김일성에게 과시하였다. 일단 전쟁이 일어나면 이들이 일제
히 호응 봉기할 것이라는 점을 강조했던 것이다. 김일성은 민족
해방을 위한 투사로서의 경쟁에서 박헌영을 압도해야할 필요를
느꼈다.

김일성은 한반도에서 전쟁이 나도 미국이 개입하지 않을 것으로 여겼다. 소련이 핵실험에 성공했으며(1949), 국공내전에서 패한 장제스와 미국이 중국 본토에서 쫓겨난 것이 1년도 되지 않았기 때문이다. 그는 박헌영과 함께 모스크바를 방문하여 스탈린에게 남침계획을 설명하고 그의 동의를 구했다. 스탈린이 여기에 동조함으로써 탱크 등 대량의 중무기가 북한에 공급되었다. 서유럽에서 베를린 봉쇄가 실패로 끝나 위신을 회복할 필요가 있었던 스탈린은 미국이 일본을 반공 군사기지로 삼으려는 데 불안해하고 있었다. 스탈린은 손쉬운 승리가 예상되는 북한의 남침을 통해 한반도 전체를 공산화하려고 했다.

중국은 북한을 원조함으로써 자국 내에서 마오쩌둥의 권위를 강화할 수 있다고 판단하여, 국공내전이 끝나자 김일성의 요구에 따라 중국 인민해방군 각 사단에 소속된 한인 병사를 북한에 인도하였다. 이들 가운데는 해방 후 소련군에 의해 무장을 해제당하고 중국으로 되돌아간 연안파의 조선의용군이 포함되어 있었다. 그들은 만주로 들어가 현지 한인청년을 끌어들여 세력을 키워 나갔고, 국공내전에 참여하면서 풍부한 경험과 전투력을 갖추었다.

소련의 무기와 중국으로부터 군대를 지원받은 김일성은 1950년 6월 25일 대규모의 남침을 감행하였다. 불과 3일 만에 서울을 점령한 북한군은 두 달 후에 낙동강 부근까지 내려왔다. 그들은 경상남·북도와 제주도를 제외한 전 지역의 군·면·리에 인민위원회를 설치하고, 인민재판을 통해 많은 인사를 친일·친미파라는 이름으로 처단하였다. 그리고 18세 이상의 청년을 대상으로 '의용군'을 모집하였는데, 국민보도연맹에 가입한 사람은 의무적으로 참여하게 하여 40여만 명의 남한 청년을 전쟁에 동원하였다.

한반도에서 전쟁이 발발하자 미국은 즉각 참전을 결정했다. 1949년 중국이 공산화된 것을 본 미국인은 공산주의 세력의 확산에 불안해하고 있었다. 증거 없이 상대방을 공산주의자로 몰아 공격하는 매카시즘McCarthyism이 당시 미국을 휩쓴 것도 이 때문이었다. 미국 대통령 트루먼Truman은 일본에 주둔하고 있던 미군으로 하여금 한국을 돕도록 하는 한편, 유엔안전보장이사회를 소집하여 미국·영국 등 16개 국가의 군대로 유엔군을 조직하고, 맥아더MacArthur를 사령관으로 임명하여 한국에 파견하였다. 이는 안전보장이사회의 상임이사국인 소련이 중국대표권문제(유엔에서 중국을 대표하는 국가가 타이완臺灣의 중화민국이여야 하는가 아니면 공산당의 중화인민공화국이여야 하는가에 대한 문제)에 항의하여 이사회에 참석하지 않음으로써, 거부권을 행사하지 않았기에 가능한 일이었다. 유엔군 파견에 즈음하여 이승만 대통령은 한국군의 작전지휘권을 유엔군사령관에게 이양하였다. 이로부터 6·25전쟁은 북한과 미국 간의 전쟁으로 변했다.

유엔군은 맥아더의 지휘 아래 인천상륙작전을 성공시키고(9. 15) 서울을 수복했으며, 그 여세를 몰아 38선을 넘어 한·중 국경까지 접근하였다. 그러자 중국이 '미국에 대항하고 조선을 돕는다[항미원조抗美援朝]'는 명분 아래 26만여 명을 '의용군'이라는 이름으로 파견하였다(1950. 10). 미국이 전쟁을 중국 대륙까지 확대시킬 것을 우려하여 전장을 한반도에 국한시키려는 속셈도 있었지만, 그보다는 북한에 대한 영향력을 증대시키기 위함이었다. 이후 북한군은 중국군과 중조연합사령부를 구성했는데, 총사령관은 중국의 펑더화이彭德懷가 맡았다. 따라서 6·25전쟁은 미국과 중국의 전쟁으로 변모했다. 그러나 중국은 전쟁에 참여한 군대가 정규군 아니라 지원병이었다고 했고, 미국은 자국 군대가 유엔의 명령 아래 활동하고 있다고 주장함으로써 자신들의 전쟁임을 부인했다.

중국군의 공세에 직면한 유엔군은 한강 이남으로 후퇴했다가 서울을 재탈환하였다. 그러나 원자탄 사용을 고려하는 등 북한과 중국에 대한 과감한 보복조처를 주장한 유엔군사령관 맥아더가 트루먼에 의해 해임된 것을 계기로, 전선은 교착상태에 빠졌다. 맥아더의 해임은 미국정부가 6·25전쟁의 조기종결을 선언한 것과 다를 바 없었다.

이러한 시기에 전쟁에 소극적으로 참여한 소련이 유엔을 통해서 휴전을 제의하였다. 미국이 이 제안을 수용함으로써 개성에서 처음으로 유엔군과 북한군 및 중국군 사이에 휴전회담이 개최되었다(1951. 7). 그러나 군사분계선의 설정, 중립국 감시기구의 구성, 포로 교환 등을 둘러싸고 난항을 거듭하였다. 특히 포로문제에 대해 양측의 견해가 팽팽히 맞섰는데, 유엔군 측이 포로 개개인의 자유에 따를 것을 제의한 반면 북한과 중국 측은 모든 포로가 본국으로 돌아가야 한다고 주장했다. 당시 북한군과 중국군의 포로 수는 13만여 명이었고, 한국군 및 유엔군의 포로는 1만여 명이었다.

1953년 미국에서는 6·25전쟁 종결을 선거공약으로 내세웠던 공화당의 아이젠하워Eisenhower 후보가 대통령에 취임하였다. 그리고 소련의 스탈린이 사망함으로써 휴전회담이 성립될 가능성이 높아졌다. 그러자 이승만 대통령이 여기에 제동을 걸고 나섰다. 그는 휴전이 한반도의 지속적인 분단을 의미한다고 주장하면서, 휴전회담 반대와 북진통일운동을 전개했던 것이다. 그리고 2만 5천여 명의 반공포로를 석방하여 휴전회담에 찬물을 끼얹었다(1953, 6). 북한으로의 송환을 거부하는 북한군 포로를 일방적으로 석방한 것이다. 이는 당사국 대통령의 존재를 무시하고 휴전회담이 진행되고 있는 데 대한 항의 표시였으며, 다음에 설명하겠지만, 휴전 후 한미상호방위조약의 체결과 경제 원조를 미국으로부터 보장받기 위한 계산된 수단이었다.[7] 이승만의 반공포로 석방에 불만을 품은 북한과 중국의 거부로 휴전회담은 한때 위기를 맞았으나, 마침내 유엔군사령관 클라크Clark, 조선인민군사령관 김일성, 중화인민공화국 인민지원군사령관 펑더화이 사이에 휴전협정이 체결되었다(1953. 7. 27).

6·25전쟁으로 남·북한에서는 약 150만 명의 사망자와 360만 명의 부상자가 발생했다. 특히 국민보도연맹사건과 거창양민학살사건에서 볼 수 있듯이, 비전투요원의 인적 손실이 전쟁역사상 유례가 없을 만큼 컸다. 국민보도연맹은 1949년 한국정부가 전향한 좌익 인사를 중심으로 조직한 단체인데, 여기에 가입한

유명 인사로는 양주동·황순원 등이 있었다. '보호하여 지도한다'는 뜻의 보도라는 단어가 들어간 것으로 알 수 있듯이, 이 단체는 좌익세력을 전향시킨다는 점을 내세워 조직되었다. 그러나 여기에는 좌익은 물론이고 그 잠재세력까지 색출하여 반정부세력을 단속·통제한다는 목적과 아울러, 이들을 자신의 세력으로 활용하려는 이승만의 정치적 의도가 내포되어 있었다. 연맹원의 수는 중앙에서 일괄적으로 책정되어 하달됨으로써 좌익활동을 하지 않은 사람도 포함되었는데, 6만 명이 넘는 가입자의 상당수가 6·25 당시 북한에 협력할 소지가 있다고 하여 한국정부에 의해 학살되었다.[8] 순수 전향자와 위장 가맹자를 구별하기 어려웠고, 급속한 후퇴로 그럴 시간적 여유도 없었다는 것이 정부의 변명이었다. 한편 지리산 부근에는 유엔군의 인천상륙작전으로 퇴로를 차단당한 1만여 명의 인민군이 유격대로 활동하고 있었다. 그런데 이들과 내통했다고 해서 한국의 군과 경찰이 거창군 신원면의 주민 7백여 명을 학살하였다(거창양민학살사건, 1951). 거창뿐만이 아니라 산청·함양·남원·순창 등 지리산 부근 곳곳에서 이러한 학살이 행해졌다. 낮에는 한국군이, 그리고 밤에는 인민군유격대가 지배한 상황이 가져온 비극이었다.

6·25전쟁은 남과 북의 상대편에 대한 반감을 더욱 고조시켰다. 전쟁 전 남한 사람 상당수는 일제의 유산을 청산하지 못한 남한의 현실에 반발하여 북한을 동경했다. 그러나 전쟁 중 북한 통치를 경험한 그들 대부분은 북한공산주의를 증오하게 되었다. 남한의 자유로운 체제를 동경하던 북한 주민 역시 전쟁 중

행해진 미군과 한국군의 잔학한 행위에 대해 반감을 품었다.

　남과 북의 내전으로 시작된 6·25전쟁은 미군과 유엔군, 그리고 중국군의 참전으로 국제전으로 비화하였다. 따라서 6·25전쟁은 설사 무력을 사용하더라도 한반도는 남과 북 어느 한쪽에 의해 쉽게 통일될 수 없다는 사실을 확인시켜주었다.[9] 미국과 소련, 그리고 중국이 이를 방관하지 않을 것이기 때문이다. 특히 미국은 아시아에 있어서 반공의 보루로 일본을 지목하고, 일본의 안전을 위해서는 한반도 남쪽을 자신의 영향권 안에 두어야 한다고 여겼다.

22 —
이승만정부

대한민국정부 수립 이후 대통령이 된 이승만은 사사오입개헌 등 상상을 초월한 방법을 동원하여 정치권력을 유지했다. 그런데 그의 독재권력 유지에는 반공체제가 큰 기여를 하였다. 이승만 정부는 반공을 '국시國是'라고 하여 국가의 기본정책으로 정하고 독재에 반대한 인물을 모두 용공분자로 몰아 처형했으므로, 그의 정권에 저항하기가 쉽지 않았던 것이다. 그러나 그러한 독재 정권도 맨주먹밖에 가지지 못한 민중에 의해 결국 타도되었다.

이승만은 1905년에서 1910년까지 미국의 조지 워싱턴대학에서 학사, 하버드대학에서 석사, 그리고 프린스턴대학에서 국제법으로 박사학위를 취득했다. 미국인의 경우에도 최소 12년이 걸리는 이 과정을 5년 반 만에 마친 것은 그를 한국의 선교사로 키우려 했던 미국 기독교계의 특별한 배려 때문이었다.[10] 그는 대통령이 된 후 미국 위주의 외교노선을 추구하였다. 그렇다고 그를 친미주의자라고 할 수는 없다. 이승만은 미군정 기간 중에 미국의 대한정책에 반발하여 군정의 책임자 하지 중장과 빈번하게 충돌했으며, 6·25전쟁 때는 독단적으로 반공포로를 석방했다. 미국과 상의 없이 평화선을 선포했는가 하면, 한미상호방위조약 체결을 미국에 강요했다. 이 때문에 미국은 그를 제거할 계획을 세우기도 했다. 결국 1960년 4월혁명 당시 학생들이 대통령 관저인 경무대 앞에서 경찰의 발포로 사망하자, 미국은 이승만의 사임을 불가피한 것으로 여겼다.

자유당의 창당

대한민국 수립 당시의 정부형태는 대통령중심제와 내각책임제를 혼합한 것이었다. 이러한 정부형태 아래서는 대통령이 국무총리를 비롯한 각료 임명권을 가지고 있었다. 따라서 많은 사람이 국무총리에는 김성수가 지명될 것으로 예측하였다. 이승만과 김성수의 한민당은 해방 직후부터 긴밀한 관계를 유지했기 때문이다. 국내에 정치적 기반이 없던 이승만은 미군정에 참여하여 실권을 장악하고 있던 한민당을 이용했고, 한민당은 대중에게 부각된 뚜렷한 지도자를 갖지 못하고 친일세력을 포용하고 있다는 약점을 이승만과 제휴함으로써 보완했던 것이다. 그러나 이승만은 예측을 뒤엎고 김성수 대신 이범석을 국무총리로 지명하였다. 한민당에게 정부의 실권을 주지 않으려는 의도였다.

1949년 김구가 서북청년단 출신의 안두희에게 살해당했다. 안두희는 김구가 자신의 정치적 목적을 위해 군의 일부를 이용하려 했기에 제거했다고 밝혔다. 그런데 안두희의 김구 살해에는 이승만정부가 깊숙이 관여했다는 의혹이 끊임없이 제기되었다. 실제로 안두희는 곧 석방되어 육군 장교로 복권되었다. 이로써 이승만의 최대 정적이 사라졌다.

이승만은 정당을 가지지 않았다. 그는 어느 한 집단의 지도자가 아니라 전 국민의 지도자임을 강조하였다. 그가 대한독립촉성국민회를 육성하지 않은 것도 이 때문이었다. 이 단체는 이승만의 주된 지지기반이었음에도 불구하고 그가 대통령으로 취임한이후 강력한 정당으로 성장하지 못하고 소멸되었다. 그는 국회와정당이 아닌 대중조직으로 정치기반을 구축하려고 시도하였다. 그가 여러 청년단체들을 통합하여 설립한 대한청년단과 대한부인회의 총재를 맡은 것은 이와 관련이 있었다. 1949년에 창단된학도호국단 역시 이승만의 정치적 의도에 부응한 단체였다.

이승만은 이러한 대중조직을 이끌 지도이념으로 일민주의一民主義를 제창하였다. 사상이나 국론을 하나로 통일하기 위해서는문벌과 반상班常, 그리고 남녀차별을 철폐해야 한다는 것이 그가내세운 일민주의의 요체였다. 그런데 문벌·반상의 철폐는 친일파처단이나 토지개혁 등과 같은 당시의 긴급한 정치적 사안과비교해 볼 때 중요한 과제로 부각되기 어려운 것이었다. 그러함에도 문교부장관 안호상은 '일민주의는 대한민국의 국시요 우리 민족의 지도원리'라고 공언하였다. 다양한 이념이나 사상을

제압하여 이승만을 중심으로 국민의 단결을 꾀하고, 이를 통해 정권을 안정시키려는 의도였다.[11]

이러한 과정을 거쳐 이승만은 확고하게 권력을 장악해 나갔다. 그러나 6·25전쟁 기간 중에 일어난 국민방위군사건과 앞서 언급한 거창양민학살사건은 이승만에게 커다란 정치적 부담을 안겨주었다. 국민방위군사건이란 국민방위군 수천 명이 기아, 동상 등으로 사망한 사건을 말한다. 대한민국 정부는 중국군의 개입으로 후퇴가 불가피해지자, 17세 이상 40세 이하의 청·장년으로 국민방위군을 편성하여 경남·북 일대의 교육대에 수용할 계획을 세웠다. 이들이 적군에 이용당하는 것을 방지하기 위함이었다. 그런데 이에 대한 예산은 부족했고, 사령관 이하 간부들이 보급 물자를 횡령함으로써 추위와 굶주림으로 많은 사망자가 발생했다. 그리고 이들이 횡령한 자금 가운데 상당 부분이 이승만 대통령의 정치자금으로 유입되었다는 의혹이 제기됨으로써 그를 궁지로 몰아넣었다.

이승만은 국회에서 치러지는 1952년 대통령선거에서 자신이 당선될 가능성이 희박하다고 판단했다. 국회가 이시영의 사퇴로 공석이 된 부통령에 자신과 정치적으로 대립하고 있던 김성수를 선출한 것도 이승만의 이러한 우려를 가중시켰다. 따라서 헌법의 규정대로 국회가 대통령을 선출하게 둘 수는 없었다. 이승만은 직선제로의 개헌이 불가피하고, 이를 위해서는 국회를 장악해야 한다는 사실을 깨달았다. 그는 신당을 조직할 필요성을 느꼈다. 그런데 6·25전쟁 이후 그에게는 풍부한 정치자금원이 생겼다. 한국군의 장교 가운데는 미국의 군사원조자금을 이용하거나 군수물자를 팔아서 축재한 인물들이 있었는데, 이승만은 특무부대(CIC)라는 군 수사기관을 설치하여 이들의 비행을 일일이 파악했으나 고의적으로 처벌하지 않았다. 따라서 그들은 축재한 돈의 일부를 이승만에게 정치자금으로 제공하지 않을 수 없었다.[12] 이승만은 이를 이용하여 자유당을 창당하였다(1951. 12).

자유당의 창당과 더불어 이승만은 대통령직선제를 주요 내용으로 하는 헌법개정안을 국회에 제출하였다. 그러나 압도적인 표 차로 부결되었다. 전시상황 아래에서 전국적인 선거가 가능하다고 생각한 의원이 많지 않았던 것이다. 그 직후 이승만은 '인접해양에 대한 주권선언', 이른바 평화선을 선포하여 독도가 한국의 영토임을 분명히 했다(1952. 1). 그 전해에 샌프란시스코 강화조약이 한국이 불참한 가운데 체결되었으므로, 일본이 주권을 회복하기 전에 한국의 영토를 확정지으려는 것이 이승만의 속셈이었다. 그런데 이 선언이 대통령직선제 개헌안이 국회에서 부결된 직후에 있었다는 사실은 간과하기 어렵다. 평화선의 선포가 국민의 절대적인 지지를 받았음을 고려하면, 여기에는 이를 국내의 정치에 이용하려는 이승만의 의도가 내포되어 있었다고 할 수 있다.

한편, 앞에서 언급했듯이 6·25전쟁 기간 중 이승만은 휴전회담 반대와 북진통일론을 전개하였다. 그런데 이는 전쟁의 참상 속에서 무엇인가 보상받기를 원하는 대중의 정서를 끌어당기는 힘이 있었다.[13] 이승만에 호응하여 정당·사회단체가 휴전반대 투쟁위원회를 결성한 가운데 북진통일 시위가 전국적으로 확산되었던 것이다. 국회도 북진통일을 만장일치로 결의하였다. 이러한 분위기는 이승만으로 하여금 야당과 대중에 대한 장악력을 강화해 나갈 수 있게 만들었다. 그리하여 1952년 4월 시·읍·면의회 의원선거와 도의회 의원선거가 실시되었다. 전쟁 중이라도 전국 단위의 대통령직선제 선거가 가능하다는 것을 입증하기 위함이었다. 여기에서 자유당은 대승을 거둠으로써 당세를 크게 확장하였다. 지방의회의 구성은 이승만의 권력기반 구축을 위한 제도적인 포석이었던 것이다.

지방의회 선거의 승리 이후 이승만정부의 국회에 대한 탄압은 노골화되었다. 임시수도인 부산에서 공비토벌을 빙자하여 계엄령을 선포하고, 대통령직선제의 헌법개정에 반대하는 야당의원을 감금하고 폭행했다. 결국 국회는 기립표결에 의하여 정부 측 주장인 대통령직선제와 국회 측 요구사항인 내각불신임권을 하나씩 발췌해서 절충시킨 소위 발췌개헌안을 통과시켰다. 이를 5·26정치파동, 혹은 부산정치파동이라고 한다. 이어 실시된 8월의 대통령선거에서 이승만은 조봉암을 누르고 쉽게 재선되었다. 1951에서 1952년 사이에 발생한 국내외 중요사건을 연대순으로 표시하면 다음과 같다.

1951년	7월	휴전회담 개최
	9월	샌프란시스코강화조약 조인
	12월	자유당 창당
1952년	1월	대통령직선제 개헌안 부결 평화선 선포
	2월	제1차 한일회담
	4월	지방의원 선거 일본 주권회복
	5월	부산정치파동, 발췌개헌안 통과
	8월	대통령 선거

한일회담

1945년 일본이 연합국에 항복하자, 미국은 도쿄에 연합국군최고사령부(GHQ)를 설치하여 일본 점령업무를 맡아보게 하였다. 그런데 6·25전쟁은 미국으로 하여금 일본에 대한 점령상태를 끝내는 강화조약의 체결을 서두르게 하였다. 일본을 공산주의 세력에 대항하는 국가로 키우기 위해서는 먼저 주권을 회복시킬 필요가 있다고 판단했던 것이다. 그리하여 1951년 미국의 주도 아래 제2차 세계대전의 승전국인 연합국과 패전국인 일본 간의 강화조약이 샌프란시스코에서 조인되었다.

한국은 남조선과도입법의원立法議院에서 대일강화회의에 한국의 참가를 요구하는 결의안을 통과시키는 등(1946), 정부수립 이전부터 여기에의 참가를 당연한 권리로 인식하고 있었다. 1941년 충칭의 대한민국임시정부가 일본에 선전포고 했으므로 한국은 전승국으로서 참가할 권리가 있다는 것이었다. 따라서 샌프란시스코에서 강화조약이 열린다는 사실이 알려지자 한국은 무초Muccio 주한미국대사를 통해 서명국으로 참가해야 한다는 점을 분명히 했다.

그러나 미국은 미국 및 주요국이 대한민국임시정부를 승인하지 않았음을 들어 한국의 요구를 묵살했다. 일부 한국인이 일본과 항쟁한 것은 아무런 의미를 갖지 않는다는 것이었다. 미국이 이러한 주장을 한 데에는 일본의 경제력을 배양하여 국제적 위상을 강화하고, 그들을 공산세력에 대항시키려는 전략적 고려가 내포되어 있었다. 한국을 강화조약의 서명국으로 참가시킬 경우 한국이 일본에 상당한 액수의 배상을 요구할 것을 미국은 우려했던 것이다.

샌프란시스코강화조약에 한국의 불참이 정식으로 결정되자, 이승만은 일본과의 직접 교섭을 희망했다. 강화조약에 의해 일본의 주권이 회복되기 전에 외교교섭을 통해 한일 간의 현안을 처리하는 것이 유리하다고 판단했던 것이다. 일본정부 역시 재일한국인을 한국으로 돌려보내기 위해서는 한국정부와 교섭할 필요를 느꼈다. 그리하여 미국의 알선에 의해 1952년 도쿄에서 제1차 한일회담이 개최되었다. 여기에서 한국은 청구권으로 불러지는 배상문제를 제기했다. 일본이 한국을 식민지로 지배한 데 대한 피해를 보상해야 한다는 것이었다. 한국이 요구한 배상액은 310억 엔으로, 당시의 환율로 미화 20억 불이 넘는 액수였다. 이에 대해 일본은 한국에 남겨두고 온 일본정부 및 일본인 재산에 대해 그 권리를 주장할 수 있다는 논리를 전개하였다. 이른바 역청구권이 그것이다. 당시 한국 전 재산의 85~90퍼센트를 점하고 있던 일본정부 및 일본인의 재산은 해방 후 미 군정청에 접수되었다가 1948년 한국정부에 이양되었는데, 일본이 이에 대한 권리를 주장했던 것이다. 한국의 청구권 주장을 상쇄 혹은 완화시키기 위함이었다.[14] 이로 인해 회담이 결렬되자, 한국정부는 6·25전쟁 중임에도 평화선을 침범한 일본어선을 나포하고 어부를 억류시켰다.

1953년에 열린 제3차 회담은 일본의 수석대표 구보다久保田貫一郞가 일제의 한반도 통치는 한국인에게 유익했다는 등의 발언을 함으로써 결렬되었다. 그 후 제4차 회담이 열렸으나(1958) 재일교포북송北送문제로 한일관계는 급속히 악화되었다.

한국이 재일한국인을 받아들일 의사를 가지고 있지 않다는 사실을 확인한 일본은 그들을 북한으로 보낼 것을 계획하였다. 이는 평화선 침범 혐의로 일본 어선을 나포한 한국에 대한 보복적 성격을 띤 것이었다. 북한도 그들의 귀국사업을 적극 추진하였다. 일본과의 관계를 개선하고 재일조선인 사회에 영향력을 확보하며, 체제의 우월성을 과시하기 위함이었다. 그리하여 재일한국인을 실은 북송선 제1호가 1959년 일본 니이가타新潟항을 출발하였다. 이로 인해 한일회담은 결렬되었다. 한국은 재일한국인의 북송이 국가의 위신을 크게 실추시키는 것으로 판단했던 것이다.

한미상호방위조약의 체결

샌프란시스코강화조약이 조인된 것과 동시에 미국과 일본 사이에는 미일상호안전보장조약이 체결되었다. 이로써 미군이 일본에 주둔하게 되었다. 이를 부러워한 이승만 대통령은 한국도 미국과 이러한 조약을 맺기를 희망했다. 그는 1882년 체결된 조미수호통상조약의 '거중조정' 대목을 거론하며, 휴전에 동의하는 대신 한미 양국 간의 상호방위조약 체결 및 한국군의 증강과 지원을 미국에 요구했다. 공산주의의 침략과 일본의 위협에 대처하기 위해서는 이의 체결이 불가피하다는 것이 이승만의 논리였다. 특히 그는 한국인이 소련보다 일본을 더 두려워한다는 점을 강조했는데, 이는 미국이 한국과 일본의 관계개선을 열망하고 있다는 사실을 잘 알고 있던 그가 한일관계를 한미관계에 이용하려고 한 것이었다.

결국 휴전협정이 성립한 석 달 뒤에 한미상호방위조약이 조인되고, 1954년 비준 발효되었다. 여기에는 한국이 침략을 당하면 미국이 참전한다는 방위공약이 담겨 있었다. 아울러 미국이 자국의 육·해·공군을 대한민국의 어느 곳에나 배치할 수 있다는 조항이 삽입되었는데, 이는 이승만의 요구에 따른 것이었다. 그리고 이 조약의 유효기간을 무한정으로 한다는 규정을 넣자고 한 것도 이승만이었다. 따라서 미국은 거의 영구적으로 한국의 방위를 책임져야 하는 입장에 서게 되었다.

한미상호방위조약에는 한국군에 대한 지휘권문제가 언급되

지 않았다. 이에 미국은 한국과 1954년 한미합의의사록을 체결하고, 한국군에 대한 작전통제권(종래의 작전지휘권)이 계속 유엔군사령관에 있음을 확인하였다. 이로써 미국은 이승만의 북침을 견제할 수 있는 확실한 제도적 장치를 마련하였다. 한미상호방위조약이 북한의 남침을 막기 위한 것이었다면, 한미합의의사록은 남한의 북침을 막기 위한 것이었다.[15]

이승만의 독재정치

제헌헌법에 의하면, 대통령은 4년의 임기를 두 번만 역임할 수 있었다. 따라서 이승만은 1956년에 치러질 대통령선거에 출마할 수 없었다. 그가 다시 출마하기 위해서는 헌법을 개정하지 않으면 안 되었다. 이에 자유당은 1954년 '현 대통령에 한하여 중임 제한을 폐지'할 것을 내용으로 하는 개헌안을 국회에 제출하였다. 이는 두말할 나위도 없이 이승만의 영구집권을 목적으로하는 것이었는데, 여기에는 국무총리직을 없애는 조항도 포함되어 있었다. 이 개헌안은 표결 결과 총 203명의 국회의원 가운데 135명이 찬성하여, 개헌선인 3분의 2에 해당하는 135.3(136)명에 이르지 못하여 부결이 선포되었다. 그러나 그 다음 날, 135.3을 사사오입하면 135이므로 135표의 찬성을 얻은 개헌안은 통과된 것이라고 다시 가결을 선포하였다. 이른바 사사오입四捨五入개헌이 그것이었다.

이승만의 사사오입개헌에 불만을 품은 무소속 의원과 야당인 민주국민당(민국당) 의원들은 호헌동지회를 구성하였다. 그리고 이것이 모체가 되어서 야당세력을 규합한 민주당이 결성되었다. 여기에는 이승만의 관직 분배에 불만을 품고 자유당을 탈당한 인사도 참여하였다. 이후 치러진 1956년의 정·부통령선거에서 민주당의 신익희 후보가 사망함으로써 이승만이 다시 대통령이 되었다.

자유당은 다가올 1960년 정·부통령 선거에서 이승만의 정치자금을 관리해 온 이기붕을 부통령에 당선시키고자 노력했다. 이를 위해서는 대통령과 부통령을 묶어서 투표하는 미국식의 러닝메이트running mate제로 만들어야 했고, 그러자면 헌법의 정·부통령 선거조항을 개정해야만 했다. 그러나 1958년의 국회의원 선거에서 3분의 2석을 확보하지 못함으로써 개정이 불가능해졌다. 그러자 이승만정부는 무술경관을 동원하여 야당의원을 국회 지하실에 감금한 가운데 대공사찰의 강화와 언론통제를 내용으로 하는 국가보안법개정안을 전격적으로 통과시켰다. 1948년에 제정된 국가보안법으로 효율적인 안보를 기할 수 없다는 것이었으나, 실은 이승만정부에 반대하는 인물을 탄압하는데 이용하기 위함이었다. 아울러 지방자치단체의 장을 종전의 선거제에서 임명제로 바꾸어 지방에 대한 통제도 강화하였다.

이승만정부는 이른바 진보당사건을 일으켜 조봉암을 구속하였다. 1920년대 공산주의 활동을 한 조봉암은 해방 직후 공산당과 결별하였다. 이승만정부 아래에서 농림부장관, 국회부의장

등을 지낸 그는 노동자·농민을 위한다는 목적 아래 진보당을 조직하고 평화통일론을 제창했다. 그런데 이 평화통일론이 학생·시민을 대규모로 동원하여 끊임없이 멸공·북진통일운동을 벌이고 있던 이승만정부의 비위를 건드렸다. 그들은 조봉암의 평화통일론이 국시에 위배된다고 주장하면서, 간첩과 접선하고 북한으로부터 정치자금을 받았다는 죄목을 씌워 그를 처단하였다(1959). 그를 방치했다가는 1960년의 대통령선거가 위험해질 수 있다고 판단했기 때문이다.

이승만이 독재권력을 강화해 나가자, 미국이 불만을 표시하였다. 이승만이 그들의 통제를 벗어날 것을 우려했던 것이다. 더구나 이승만은 일본과의 국교를 재개하라는 미국의 요구를 거절함으로써, 일본과 결부시켜 한반도정책을 수립해 나가려 한 미국의 동북아정책에 방해가 되었다. 미국은 1959년부터 한국에 대한 경제 원조를 감축하기 시작했다.

4월혁명

독재정치로 말미암은 사회적 불안은 1960년 3월의 정·부통령 선거에 이르러 그 절정에 달하였다. 이승만은 민주당 후보인 조병옥이 갑자기 사망하는 바람에 이번에도 무난히 당선될 수 있었지만, 부통령에 출마한 이기붕이 문제였다. 자유당은 이기붕을 당선시키기 위해 극심한 불법을 자행하였다. 이승만과 이기

붕의 득표가 100퍼센트에 육박하는 지역이 속출했을 뿐만 아니라, 심지어 이들의 득표수가 총유권자 수를 초과하기도 했던 것이다. 이에 당황한 자유당이 내무부장관 최인규에게 득표율을 하향 조정할 것을 요구하자, 그는 전국의 도지사와 경찰국장에게 이승만 후보의 득표율을 80퍼센트 정도로, 이기붕 후보의 득표율을 70~75퍼센트 정도로 하도록 지시했다. 그리하여 최종 집계는 이승만이 92퍼센트, 이기붕이 78퍼센트를 득표한 것으로 나타났다. 이것이 바로 3·15부정선거였다.

이승만정부의 불법선거를 규탄하는 학생 시위가 선거 당일인 3월 15일 마산에서 일어났다. 이 시위는 경찰의 발포로 1백여 명의 사상자가 나자 일단 가라앉았다. 그러나 4월에 시위 학생 김주열의 시체가 눈에 최루탄이 박힌 채 마산 앞 바다에 떠오르자, 분노한 마산의 학생과 시민이 다시 시위에 돌입하였다. 이승만은 마산사건이 '공산주의자의 책동에 의한 것'이라고 주장하면서, '젊은 층을 선동·교사하여 폭동을 야기시킨 정치적 야심을 가진 인물들'에 대하여 경고하였다. 이는 이승만정부가 학생 시위를 진압하는 데 사용해 온 수법으로, 후일의 박정희나 전두환의 군사정부에 의해서도 답습되었다. 그런데 이는 학생의 분노를 더욱 촉발시켰다.

마산의 시위는 서울로 비화하여, 4월 19일 시내의 거의 모든 대학과 고등학교의 학생이 '민주주의 사수하자'는 등의 구호를 외치며 거리에 나섰다. 학생들이 대통령 관저인 경무대로 돌진했을 때 경찰이 실탄을 발사하여 1백여 명의 사망자가 발생하였다. 따라서 시위는 훨씬 과격한 양상을 띠게 되었다. 여기에 당황한 정부는 계엄령을 선포하고 군대를 출동시켰다.

그러나 4월 25일 대학교수단이 '학생의 피에 보답하라'며 대통령의 퇴진을 촉구하는 시국선언문을 발표한 것을 계기로, 학생과 시민의 시위는 다시 치열해졌다. 미국도 이승만의 무력탄압을 비난하고, 한국정부는 시위군중의 불만을 해소해야할 것이라는 성명을 발표하였다. 주목되는 것은 이때 계엄군이 시위군중에게 발포하지 않았다는 사실이다. 군부의 지도자들은 이승만과 미국의 갈등을 눈치채고 있었으며, 이승만이 군부 내의 부패를 눈감아주던 종전의 태도를 바꾸어 이를 적발한 데 대한 불만도 가지고 있었다.[16] 결국 계엄사령관 송요찬 중장이 시위대표 5명을 대동하고 이승만을 면담한 직후, 이승만은 대통령직에서 물러났다.

민주당정부의 출범

이승만이 물러나자 국회의 자유당과 민주당은 과도정부의 수립에 합의하였다. 그리하여 허정을 수반으로 하는 과도정부가 들어섰다. 과도정부는 민주당이 주장해 온 양원제兩院制와, 국회와 내각이 서로를 견제하는 정부형태인 내각책임제를 골자로 한 개헌안을 국회에서 통과시켰다. 많은 정치인이 한국에 있어서 민주주의 파탄의 근본 원인을 대통령중심제에서 찾은 결과였다. 이에 따라 실시된 민의원과 참의원 선거에서 의원의 탈당으로 붕괴된 자유당에 대신하여 민주당이 압승을 거두었다.

민주당이 다수를 점한 국회에서는 민주당 구파의 윤보선을 대통령으로 선출하였다. 그리고 윤보선이 신파의 장면을 국무총리로 지명하자 이를 승인하였다. 민주당 구파란 한민당의 뒤를 이은 민국당 의원을 가리키며, 신파란 자유당의 사사오입개헌에 반대하여 1955년 새로 민주당을 결성할 때 참여한 인사를 지칭한다. 장면이 국무총리가 됨으로써 신파 중심의 내각이 구성되었다. 내각책임제하에서 대통령은 형식적인 국가원수에 불과했고 국무총리가 행정수반이었기 때문이다. 이 민주당정부는 장면정부, 혹은 제2공화국으로 불리어진다.

제2공화국 아래에서 국민은 오랫동안 희망해 오던 민주정치의 혜택을 누리게 되었다. 학원가에는 민족주의 열풍이 불어닥치고, 통일운동이 활발하게 전개되었다. 학생들은 '오라! 남으로 가자! 북으로', '소련에 속지 말고 미국을 믿지 말자' 등의 구호를 외쳐댔다. 이승만정부가 분단상황을 이용하여 독재체제를 구축했음을 감안하면, 이승만 독재를 무너뜨린 학생의 이러한 통일운동은 자연스러운 일이었다.

민주당정부 아래서는 연일 가두시위가 계속되었다. 특히 법원이 자유당정부의 부정선거 주모자에 대해서 가벼운 형량을 선고하자, 분노한 학생들은 국회의사당을 점거하기까지 했다. 민주당정부 아래에서 일어난 이러한 현상을 두고 일부 보수적인 지식인 사이에 '민주주의는 한국에 적합하지 않다'는 말이 공공연하게 떠돌았다.

　물론 빈번한 시위는 바람직한 현상이 아니었다. 또한 수많은 사이비기자의 등장도 민주당정부를 비난하는 사람에게는 좋은 공격의 소재가 되었다. 그러나 이러한 현상은 민주화에 대한 열망의 표현이었다. 그리고 일시적이고 지엽적인 문제였다. 이러한 점만을 들추어 당시의 정치상황을 비난하는 것은 민주주의를 외면하고 독재정권을 정당화하는 것과 다를 바 없다. 실제로 이러한 분위기를 틈탄 일부 정치군인에 의해 5·16군사정변이 일어났다. 그들은 4월혁명을 '4·19의거'로 격하시켰는데, 이는 5·16군사정변을 혁명으로 미화하기 위함이었다.

23—
박정희정부

4월혁명으로 장면의 민주당정부가 들어선 지 불과 8개월 만에 5·16군사정변이 일어났다. 군인 가운데 일부는 이승만의 자유당정부 아래에서 억눌려 왔던 국민의 요구가 민주당정부 아래에서 일시에 분출되자 이를 혼란으로 규정하고, 북한의 위협에 대처해야 한다는 점을 내세워 정변을 일으켰다. 이후 정변을 주도한 박정희가 군부를 배경으로 18년간 집권하였다. 박정희는 고급장교를 전역시켜 주요 관공서와 정부투자기관의 요직에 앉힘으로써, 그의 집권기 동안 군 출신이 한국을 장악하였다.

박정희의 군사정변 당시 한국의 절량농가絶糧農家는 전체의 4할에 달하였다. 그만큼 많은 국민이 굶주렸던 것이다. 그러함에도 미국으로부터 식량 원조를 기다리는 것 이외에 민주당정부가 취할 수 있는 조치는 없었다. 그런데 박정희정부는 1962년부터 4차례에 걸친 경제개발 5개년계획을 실시하여, 연평균 40퍼센트의 수출신장률과 약 9퍼센트의 경제성장률을 기록하는 괄목할만한 경제성장을 거두었다. 수출은 1960년의 3,480만 달러에서 1979년 150억 달러로 격증하였고, 1인당 국민소득도 같은 기간에 81달러에서 1,662달러로 20배 이상 증가하였다. 그 결과 한국인의 배고픔의 상징으로 오랫동안 사용되어 온 '보릿고개'라는 단어가 사라졌다. '한강의 기적'으로 불리는 한국의 이러한 경제성장은 세계적인 주목을 받아, 개발도상국의 모범이 되었다.

박정희 유신독재 아래서의 한국 정치는 매우 기형적인 것이었다. 박정희는 통일주체국민회의라는 기구에서 99퍼센트를 상회하는 지지를 받아 두 번에 걸쳐 대통령에 선출되었다. 또한 자신이 국회의원 3분의 1을 임명하기도 했다. 이러한 정치형태는 공산주의 독재체제에서도 찾아볼 수 없는 것이었다. 그런데 박정희는 이를 '한국적 민주주의'라고 강변했다. 이를 통해 국민은 보편적인 것이 좋은 것이며, '한국적'이라는 수식어가 붙은 것이 얼마나 나쁜 것인가를 깨달을 수 있었다.

5·16군사정변

해방 직후 미군정은 한반도를 신탁통치하기로 한 모스크바 3상회의의 결정에 따라 정규군의 창설을 보류하고, 통역장교를 양성하기 위한 군사영어학교만을 설립하였다. 그러나 1946년 치안병력을 보강하는 방안으로 곧 조선경비대로 명칭이 변경된 남조선국방경비대를 설치하고, 조선경비사관학교를 설립하여 장교를 양성하였다. 이 조선경비사관학교에는 주로 해방 이전 일본군과 만주군 출신 군 경력자와 서북청년단 등 북한 출신 청년이 다수 입교하였다.

정부수립 후 조선경비대는 육군으로 개편되었다. 그리고 조선경비사관학교는 육군사관학교로 개칭되어 8·9·10기가 차례로 입교하였다. 그런데 조선경비사관학교가 서둘러 창설된 까닭에 1기는 불과 6주간의 훈련으로 소위로 임관된 반면, 기수가 늘어남에 따라 훈련기간이 늘어났다. 더구나 1·2·3기가 빠른 진급을 한 데 반해 오랜 훈련을 받은 8·9·10기는 승진할 자리가 거의 없었다. 따라서 군 내부에는 계급 승진을 둘러싸고 장교들의 불만이 쌓여 갔다.

4월혁명 이후 성립한 민주당정부는 단 한 명의 군 출신도 각료에 임명하지 않았다. 국방부장관도 민간인 출신이 기용되었다. 따라서 민주당정부는 군을 제대로 장악하지 못했다. 자신들이 선거 공약으로 내세운 감군계획을 군이 반대하자 철회했을 정도였다. 그러한 시기에 젊은 장교들이 이승만정부의 부정선거에 협력한 송요찬 육군참모총장을 비롯한 고위 장성의 퇴진을 요구하였다. 민주당정부는 이들의 요구를 수용하여 군부를 정화하겠다고 약속했으나, 장성들의 반발에 부딪쳐 실행하지 못하였다. 군부 숙청에 기대를 걸고 있던 젊은 장교들이 실망했음은 물론이다. 결국 김종필 등 육사 8기생을 주축으로 한 젊은 장교들은 청렴함 때문에 신망을 얻고 있던 박정희 소장을 내세워 정변을 일으켰다(1961. 5. 16).

육사 8기는 다른 기에 비해 수가 압도적으로 많아 그 세를 과시할 수 있었다. 또한 그들은 자신들이 정부수립과 더불어 육군사관학교로 명칭을 바꾼 이후에 최초로 입교했다는 자부심을 가지고 비교적 단결하고 있었다. 한편 1917년생인 박정희는 대구사범학교를 졸업하고 보통학교 교사로 봉직하다가, 일본이 만주국의 군인(관동군)을 양성하기 위해 설립한 신징新京군관학교에 입학하였다. 이 학교를 수석 졸업한 그는 군관학교의 우수한 졸업자에게 주는 특전에 따라 도쿄의 일본육군사관학교에 편입하여 그곳을 졸업했다. 이후 만주군의 소대장으로 복무하다가, 해방 후 조선경비사관학교 제2기로 입교하여 한국군 장교가 되었다. 그는 학력이나 군 경력이 뛰어났고, 연령도 동기생보다 많았으나 진급이 느렸다. 그들은 약 250여 명의 장교와 3천 5백여 명의 사병으로 군사정변을 성공으로 이끌었다.

박정희 등이 소수의 병력으로 군사정변을 성공으로 이끌 수 있었던 것은 우선 군 내부의 장교들 간에 일체감이 없었던 것과 관련이 있었다. 한국군은 일본군과 만주군 출신이 주도하는 가운데 군사영어학교·서북청년단·학병·광복군 출신 등 다양한 구성원을 가지고 있었다. 이승만은 이러한 군부의 파벌을 이용하여 그들을 견제했기 때문에 도리어 그들 사이의 대결의식을 조장시켰다. 그러나 무엇보다 미국의 방관이 있었기에 군사정변은 성공할 수 있었다.

6·25전쟁 이후 한국군에 대한 작전통제권을 유엔군사령관이 가지고 있었으므로, 한국군의 정변은 곧 유엔군사령관을 겸임한 주한미군사령관에 대한 반란이었다. 그런데 한국이 공산화되는 것을 결코 용납할 수 없었던 미국은 민주당정부 아래에서 일어난 학생들의 통일운동을 크게 우려하고 있었다. 따라서 그들은 북한의 위협에 대처해야 한다는 점을 내세운 군사정변을 무력으로 제압할 의도를 가지고 있지 않았다.

정변군은 중앙청·육군본부·서울중앙방송국을 점령한 후 비상계엄령을 전국에 선포하고, 반공정책의 고수, 유엔헌장의 준수, 부패 일소 등 6개 항목의 공약을 발표했다. 이 가운데 반공정책의 고수와 유엔헌장의 준수와 같은 항목은 미국을 의식한 것이었다. 그들은 국가재건최고회의를 구성하여 군정 최고의 통치기구로 삼고, 군 내부의 협조를 얻기 위해 의장에 당시 육군참모총장이던 장도영을 추대하였다. 그러나 박정희는 곧 '반혁명' 혐의를 씌워 그를 구속하고, 자신이 국가재건최고회의의 의장에 앉음으로써 실질적인 권력을 장악하였다.

국가재건최고회의는 정변의 정당성을 확보하고 국민의 지지를 획득하기 위해 다양한 조치들을 취해 나갔다. 도시 주변에서 폭력을 휘두르던 깡패를 소탕했는가 하면 내핍생활의 실천 등을 내세운 국민재건운동을 전개하였고, 또한 농어촌고리채정리법을 제정하여 농가 부채의 탕감을 시도하였다. 단기연호를 폐지하고 서기연호를 사용하여 세계 수준에 맞추어 가려고 한 것도 이때의 일이었다. 그리고 경제적 자립자족을 목표로 하는 제

1차 경제개발 5개년계획을 세워 수출주도형 공업화정책을 추진하였다(1962). 따라서 군사정부는 그 능률성 때문에 국민으로부터 박수를 받았다. 박정희는 특히 농민으로부터 신망을 얻었는데, 이는 그가 이승만과 장면, 그리고 윤보선과는 달리 농촌 출신이라는 점에 연유하는 바 컸다.

박정희는 민정이양民政移讓을 요구하는 국민의 여론이 비등하고 미국도 이에 대해 압력을 행사하자, 그 시기를 확정하여 발표하였다. 그와 동시에 군대조직을 본받아 민주공화당(공화당)을 창당하고, 정치활동정화법을 마련하여 기존 정치인의 정치활동을 규제하였다. 그들과 대결해야 할 공화당에 참여한 인물이 전국적인 명성을 결여했기 때문에 그들을 당분간 묶어두지 않을 수 없었던 것이다. 그리고 대통령직선제와 국회단원제를 골자로 하는 새 헌법을 제정하여 국민투표를 거쳐 공포하였다.

박정희는 자신이 창당한 공화당의 대통령 후보로서 선거에 출마하기 위해 군에서 전역하였다. 한편 민주당 구파 동료 대부분이 정치활동을 규제당한 데 대한 항의로 대통령직을 사임했던 윤보선은 1963년의 선거에서 민정당 후보로 나서 박정희와 대결하였다. 여기에서 박정희는 윤보선을 물리치고 대통령에 당선되었다. 이 박정희의 공화당정부를 제3공화국이라고 부른다.

한일국교정상화

이승만이 일본과의 국교를 재개하라는 미국의 요구를 거절했음은 앞에서 언급하였다. 4월혁명으로 장면정부가 들어서자 미국은 한국의 정치적 변동에도 불구하고 미국의 지원이 변함없다는 것을 강조하면서, 한일국교정상화를 위한 회담을 적극적으로 권유하였다. 이승만정권의 붕괴에 미국이 어떠한 역할을 수행했는가를 잘 알고 있던 장면정부로서는 미국의 권유를 외면하기 어려웠다. 그리하여 정부수립 이후 처음으로 일본외상이 한국을 방문하는 등 분위기가 고조된 가운데 회담이 열렸다. 그러나 5·16군사정변으로 인해 도중에서 그치게 되었다.

5·16군사정변 직후 박정희는 한일회담을 연내에 타결할 방침임을 언명하였다. 이는 일본과 결부시켜 한반도정책을 수립해나가려 한 미국의 의도에 부응한 것이었다. 따라서 케네디Kennedy정부는 주한미국대사에게 박정희 의장의 비공식 방미를 추진하라고 지시했다. 미국을 방문하게 된 박정희는 도쿄에 들려 이케다池田勇人 일본수상과 한일회담의 조기타결에 합의하였으며, 케네디와의 정상회담에서도 일본과의 국교정상화와 민정이양을 약속하였다. 이후 한국의 중앙정보부장 김종필과 일본외상 오히라大平正芳는 한일회담의 가장 큰 쟁점이었던 청구권문제에 관해 정치적 절충을 이루어 냈다(1962).

박정희가 한일회담에 적극적이었던 것은 경제개발에 필요한 외자를 확보하기 위함이었다. 시급한 민생고의 해결에서 정변의 정당성을 찾으려고 했던 군사정부로서는 외자의 확보가 절실했던 것이다. 한편 1960년대의 고도성장에 따른 과잉생산문제를 해결하기 위해 해외 시장을 찾고 있던 일본은 한국 시장으로의 진출을 기대하고 있었다. 그리고 미국은 일본이 한국에 경제 원조를 제공하여, 이들 두 나라가 극동지역에서 강력한 반공보루이기를 기대했다. 결국 한국과 일본, 그리고 미국의 이해가 맞물린 가운데 한일회담이 개최되어 한일조약이 체결되었다 (1965). 1951년 한일회담이 시작된 이래 14년 만의 일이었다.

한일조약의 기본조약에서는 새로운 외교관계를 수립하고, 그 이전 대한제국과 대일본제국 사이에 체결된 모든 조약 및 협약이 이미 무효화되었음을 확인하였다. 그리고 기본조약의 부속 협정으로 청구권협정, 재일한국인의 법적지위협정, 어업협정, 문화재협정을 체결하였다. 청구권협정은 미화 3억 달러의 무상 원조와 유상 2억 달러, 민간자금 3억 달러를 대부하는 것을 내용으로 하였다. 참고로 당시의 유가는 원유 1배럴당 미화 2달러 였다. 어업협정에서 양국은 전관수역 12해리 이외는 공해公海로 하는 것에 합의하였다. 따라서 평화선은 철폐되었다. 독도의 전관수역은 설정되지 않았는데, 독도문제 자체가 언급되지 않았기 때문이다. 재일한국인의 법적지위협정에서는 해방 이전부터 일본에서 거주한 한국인과 그의 자손에 한해 일본 영주권을 인정하였다. 그리고 문화재협정의 결과 일본이 약탈해 간 문화재의 일부가 한국의 요구에 의해 반환되었다.

한일관계정상화를 위해서는 과거사 청산이 전제되어야 했다.

그러나 정작 한일조약에서 이는 뒷전으로 밀리게 되었다. '과거의 역사를 들먹이는 것은 현명치 못하다'는 합의 아래 시작된 회담이었던 만큼 무리가 아니다. 일본정부는 과거의 침략행위를 사죄하지 않았으며, 징용·정신대문제도 더 이상 국가 차원에서 논의되지 않았다. 이로 인해 이른바 6·3사태로 불리는, 한일회담을 굴욕외교로 규정하고 이에 반대하는 격렬한 시위가 전개되었다. 박정희정부는 이러한 여론을 무마하기 위해 일본 영화 수입을 허락하지 않았고, '동백아가씨' 등을 왜색가요로 지정하여 금지시켰다.

베트남 파병

한일회담을 둘러싸고 정국이 소란스러울 때 한편에서는 전투부대의 베트남(월남) 파병문제가 제기되었다. 1964년 중국이 핵실험에 성공하자, 미국은 베트남이 공산화되고 아울러 인근의 동남아국가에까지 그 영향이 미칠 것을 우려하였다. 미국은 베트남에 군사적 개입을 확대시켜 나가면서 한국에 파병을 요청하였다. 단독으로 전쟁을 수행하는 데 따른 세계와 미국 국내의 비난 여론을 피해보려는 의도였다. 이와 더불어 한국군이 6·25전쟁을 치른 양질의 군대였을 뿐만 아니라, 그 유지비용이 베트남 주재 미군 1인당 유지비의 절반에도 미치지 못한다는 점도 고려되었다.

6·25전쟁 당시 일본이 얼마나 많은 이익을 챙겼는가를 잘 알고 있던 박정희 대통령은 파병에 적극적이었다. 그는 이를 통해 경제개발계획에 필요한 자금을 조달하려고 했다. 아울러 미국의 지지를 확보함으로써 한일회담 반대로 인한 정치적 위기를 극복하고, 북한이 도발하는 경우 미국의 자동개입을 보장받으려는 의도도 가지고 있었다. 그러나 반대가 만만치 않았다. 이로 인해 얻어진 자금이 박정희정부를 뒷받침하는 데 쓰일 것이라는 우려 때문이었다. 결국 '젊은이의 피를 파는 행위'라는 비난에도 불구하고, 이 안건은 야당의원이 전원 불참한 가운데 공화당 의원만에 의해 국회에서 통과되었다. 그리하여 1965년에서 1973년 철수 때까지 맹호·청룡부대 등 5만 5천여 명의 전투병이 베트남내전에 참여하였다.

베트남 파병 이후 한국은 미국과의 관계에 있어서 과거의 '의존적 위치'에서 '동반자적 위치'로 격상되었다. 한국의 미국에 대한 발언권이 강화되었던 것이다. 주둔군지위협정(SOFA)이 체결된 것은(1966) 그 구체적인 예였다. 미국에서 국회의 비준 동의를 필요로 하지 않는 행정부 간에 체결되는 조약을 행정협정이라고 하기 때문에 '한미행정협정'이라고도 불리어지는 이 조약은 주한미군의 범죄에 대해 한국이 재판권을 행사할 수 있다는 점이 규정되었다. 이로써 6·25전쟁 직후 체결된 대전협정으로 보장된 주한미군의 치외법권이 폐지되었다. 그러나 이는 형식에 불과했다. 한국은 공무 집행과 관련된 미군의 범죄는 재판할 수 없었는데, 공무인가 아닌가는 미군 장성이 판단하도록 했다. 더구나 미군의 요청이 있으면 범인을 양도해야 한다고 규정함으로써 실제로는 미군 범죄의 0.7퍼센트만 한국이 재판권을 행사하였다. 따라서 이후 미군 범죄가 발생할 때마다 불평등한 주둔군지위협정을 개정해야 한다는 여론이 비등했다.

한국군의 베트남 파병은 한국의 경제발전에 큰 기여를 하였다. 한국은 베트남전에 소요되는 군수물자의 일부를 공급했고, 건설회사 등 80여 개의 회사를 베트남에 진출시켰다. 따라서 미국의 경제 및 군사 원조를 제외하더라도 베트남으로부터의 외화 수입은 상당한 것이었다. 경부고속도로가 놓여지고 한국과학기술원(KIST)이 창설된 것은 이러한 자금이 바탕이 되었기에 가능했다. 이는 5천 명에 달하는 인명의 희생과 1만 명이 넘는 부상자의 고통의 대가였다.

유신체제

1968년, 북한이 무장군인을 파견하여 청와대를 습격한 사건이 발생하였다(1·21사태). 한반도의 긴장을 고조시켜 베트남에서 싸우고 있는 미국을 곤경에 빠뜨리기 위함이었다. 그런데 이를 계기로 박정희정부는 향토예비군을 창설하고, 대학과 고등학교에서 군사교육(교련)을 실시하도록 했으며, 국민교육헌장을 제정하여 각종 집회에서 낭송하도록 하고, 주민등록증을 발급하여 이의 휴대를 의무화하였다. 또한 '국기에 대한 맹세'를 제정하여, 국기에 대한 경례 시 이를 암송하게 했다. 그리고 '싸우면서 건설하자'는 구호 아래 민간인에게도 군가를 보급했는가 하면, 끊임없이 반공·안보궐기대회를 개최하였다.

이러한 조치는 모두 박정희의 장기집권 발판을 마련하기 위한 것이었다. 그는 북으로부터의 위협을 강조하면서 대통령의 3선이 가능하도록 하는 개헌에 착수하였다. 이 개헌에 대해서는 야당과 학생은 물론이고 심지어 공화당 내부에서도 반대가 만만치 않았다. 그러함에도 불구하고 개헌안은 야당의원이 철야농성을 벌이고 있던 국회 본회의장을 피해 별관에서, 일요일 새벽, 여당인 공화당 의원들만이 참석한 가운데 2분 만에 전격적으로 통과되었다. 그리고 뒤이은 국민투표에서도 가결되었다(1969). 국민투표가 끝난 뒤 박정희는 이후락 대통령비서실장과 김형욱 정보부장을 경질시켰는데, 이는 3선개헌을 주도한 인물이 이들이라는 인상을 줌으로써 야당과 국민의 자신에 대한 비난을 회피하기 위한 것이었다.

3선개헌의 결과 박정희는 1971년의 선거에 다시 출마하였다. 이 선거에서 박정희는 야당인 신민당의 김대중을 94만여 표 차로 이겼다. 영남지방에서 그에게 몰표를 던졌기 때문이다. 서울의 경우 박정희가 39퍼센트를 얻은 반면 김대중은 58퍼센트의 득표율을 올렸던 것이다.

박정희정부는 낙후된 농촌사회의 소득을 올리고 생활환경을 개선한다는 목표 아래 1971년부터 새마을운동을 전개하였다. 근면·자조·협동을 내세워 전개된 이 운동으로 초가집이 개량되고 도로가 정비되는 등, 침체된 농촌사회에 활력을 불어넣었다. 그런데 이 운동은 1930년대 조선총독 우가끼의 농촌진흥운동과 상당 부분 흡사했다. 농촌진흥운동이 그러했듯이, 새마을운동도 농민들로 하여금 정치보다는 농촌의 생활개선에 관심을 쏟게 하고, 농촌 지도자를 선발하여 권력의 기반으로 삼았던 것이다. 국기계양이나 가정의례 간소화를 강조한 것도 비슷했다. 농촌진흥가가 4절이었듯이 새마을 노래 역시 4절이었다.[17]

1972년 남한과 북한은 평화통일의 원칙에 합의한 남북공동성명을 서울과 평양에서 동시에 발표하였다(7·4남북공동성명). 이는 미국과 중국의 화해에 영향을 받은 것이었다. 미국 대통령 닉슨Nixon은 아시아 방위는 1차적으로 아시아 국가 자신의 책임하에서 이루어져야 한다는 내용의 이른바 닉슨독트린(괌독트린)을 선언하고, 이의 구체적인 실천으로 각지에 주둔 중인 미군병력을 줄여 나갔다. 그리고 중국과 소련의 관계가 국경에서의 충돌을 계기로 각각 전쟁을 대비할 만큼 악화되자, 중국과의 관계를 개선하여 그들로 하여금 소련을 견제시키려는 전략을 세웠다. 그리하여 닉슨의 중국 방문이 이루어졌다(1971). 그런데 그 직전 미국 국무장관 키신저Kissinger와 닉슨의 방중문제를 협의하는 과정에서 미국의 의도를 간파한 중국수상 저우언라이周恩來는 곧 평양을 방문하였다. 그는 북한이 원하는 주한미군 철수를 현실화시키기 위해서는 남북대화라는 가시적인 긴장완화 조치가 필요하다는 점을 김일성에게 귀뜸해주었다. 이에 북한은 남북 정치협상의 개최를 남한에 제안했고, 그 결과 7·4남북공동성명이 이루어졌다.

박정희는 한반도의 긴장완화가 자신의 정권유지에 결코 도움이 되지 않는다는 사실을 깨달았다. 그러한 가운데 미국이 닉슨독트린의 후속 조치로 한국과 아무런 상의 없이 일방적으로 주한미군 1개 사단 2만 명을 철수시키자, 박정희는 이를 자신의 권력기반을 강화하는 기회로 이용하였다. 비상계엄령을 선포하여 소위 10월유신을 단행했던 것이다(1972). 국민총화와 능률의 극대화가 이루어져야 남북대화를 뒷받침할 수 있으므로 유신체제가 필요하다는 것이었다.

10월유신에 따라 국회가 해산되고 정치활동이 중지되었으며, 모든 대학에 휴교령이 내려졌다. 그리고 유신헌법이 국민투표에 의해 확정되었다. 투표에 의해 선출된 대의원이 통일주체국민회의를 구성하여 대통령을 선거하며, 대통령의 임기는 6년이지만 중임에 제한이 없어 영구집권이 가능하다는 것이었다. 또한 대통령은 긴급조치권·국회해산권 등의 권한을 가지고, 전체 국회의원의 3분의 1을 임명할 수 있었다.

새 헌법에 따라 통일주체국민회의가 구성되어 대통령을 선거하였다. 여기에서 단독으로 출마한 박정희가 재적 대의원 2,395명 가운데 무효 2표를 제외한 만장일치로 대통령에 선출되었다. 이후 박정희는 국가를 지도하는 유일한 영도자로 추앙되었다. '쳐부수자 공산당', '때려잡자 김일성' 등의 반공구호가 도시의 골목이나 시골의 마을 입구에 등장한 것은 이 시기의 일이었다. 그리하여 한국인에게 북한 사람들은 같은 민족이기는커녕 인간이 아닌 이질적인 존재로 인식되기에 이르렀다. 박정희정부가 유신체제 유지를 위해 반공논리를 강화한 결과였다.

10월유신에 반대하여 민주화운동이 일어났음은 필지의 사실이다. 이에 박정희정부는 유신헌법에 반대하는 자를 군법회의에서 재판할 수 있게 하는 등의 긴급조치를 잇달아 발표하였다. 그러한 가운데 많은 인사들이 중앙정보부에 끌려가 모진 고문을 당했다. 중앙정보부는 5·16군사정변 직후 설치되어 대공對共 업무를 주로 관장했는데, 반정부인사를 색출 고문한 것으로 유명하다. 따라서 북한의 4대 군사노선을 빗댄, '전 국토의 감옥화', '전 국민의 죄수화'라는 조어가 나돌기도 했다.

박정희의 유신체제는 남북대결을 전제로 한 것이었다. 이는 한반도의 긴장이 완화되면 주한미군을 철수시키려 한 미국의 의도와 상반된 것이었다. 따라서 베트남전을 통해 특별한 관계를 유지해 오던 한미관계는 점차 소원해져 갔다. 미국이 주한미군 철수를 들먹인 데 대해 박정희는 '자주국방'을 선언했던 것이다. 그리고 이의 실현을 위해 주한미군이 수백 기의 핵폭탄을 보유하고 있었음에도 불구하고, 프랑스와 협력하여 핵폭탄을 제조할 수 있는 핵 재처리 시설의 설치를 추진하였다.[18]

미국은 북한의 핵무기 개발을 자극할 우려가 있다는 점을 들어 한국의 핵무기 개발을 용인하지 않았다. 그들은 한국의 인권문제를 거론하며 우회적으로 박정희정부를 압박했다. 1976년 미국 대통령에 당선된 민주당의 카터Carter가 특히 그러했다. 그는 자국민을 억압하는 정부를 지원할 수 없다면서 주한미군 철수를 일방적으로 발표했던 것이다. 박정희의 독재체제는 국민의 불만을 야기시켜 북한의 침투에 취약성을 드러낼 수밖에 없고, 민주주의에도 배치된다는 것이었다. 결국 박정희정부는 핵재 처리 시설의 설치계획을 포기할 수밖에 없었다.

박정희는 제2기 통일주체국민회의에서 99퍼센트 이상의 지지를 얻어 다시 대통령에 선출되었다(1978). 장충체육관에서 실시된 대통령선거에서는 2,578명의 대의원 가운데 단 1명만이 무효표를 던졌을 뿐 2,577명이 박정희 후보를 지지함으로써 세계적인 조롱거리가 되었다. 한편 1978년의 국회의원선거에서 야당인 신민당은 공화당보다 득표율에서 1.1퍼센트 앞섰음에도 불구하고 국회의석은 3분의 1도 차지하지 못하였다. 국회의원의 3분의 1을 대통령이 임명하였고, 지역구 의원은 여야 동반당선의 구조를 가지고 있었기 때문이다. 즉 한 선거구에서 2명의 국회의원을 뽑는데, 각 당은 각기 한 명씩의 후보자만을 내도록 되어 있었던 것이다. 그러나 이 득표율 승리는 야당의원을 고무시켜, 여당이 박정희에 의해 임명된 국회의원으로 구성된 단체인 유정회 출신의 백두진을 국회의장에 선출하자 이에 반발하기도 하였다.

박정희정부는 부마釜馬항쟁으로 위기를 맞았다(1979). 부마항쟁은 YH사건과 야당인 김영삼 신민당총재의 제명사건을 계기로 촉발되었다. 가발 수출업체인 YH무역이 경영난을 이유로 폐업을 단행한 데 대해 여공들이 신민당사에 몰려가 농성하였다. 경찰이 이들을 해산하는 과정에서 여공이 사망하고 의원들이 부상을 입자, 신민당은 대여 강경투쟁을 선언하였다. 이에 국회는 김영삼의 의원직 제명을 결의하였는데, 이를 계기로 그의 출신지였던 부산과 마산에서 민주화를 요구하는 격렬한 시위가 일어났던 것이다.

박정희정부에 대한 민심의 이반은 박정희로 하여금 중앙정보부와 군부에 더욱 의존하게 만들었다. 그는 심복을 통해 그곳을 장악했는데, 심복들이 그의 총애를 다투는 가운데 내부 분열을 일으켰다. 중앙정보부장 김재규와 대통령경호실장 차지철의 갈등은 그 대표적인 것이었다. 차지철은 자신의 지위를 이용하여 군 인사에 개입하는 등 박정희 다음가는 권력을 행사하였다. 그는 부마항쟁에 강경한 태도를 취함으로써 부마항쟁의 심각성을 깨닫고 있던 김재규의 불만을 샀다. 결국 박정희와 조선경비사관학교 동기인 김재규는 박정희와 차지철을 술자리에서 살해하였다(1979). 이로써 박정희의 유신체제는 막을 내렸다. 이와 더불어 '유신만이 살길이다'고 외쳐대던 인물들이 흔적도 없이 자취를 감추었다.

24 —
민주화의 진전

1980년의 광주민주항쟁은 신군부에 의해 무자비하게 진압되었다. 이후 신군부를 대표하는 전두환이 집권했는데, 미국의 레이건Reagan 대통령은 취임 직후 초청한 최초의 외국지도자로 그를 선택했다. 이는 미국이 그의 정권을 승인한 것과 다를 바 없었다. 민주와 인권을 내세워 박정희정권을 압박하던 그 이전 미국의 태도와는 사뭇 다른 것이었다. 한국의 민주주의와 인권이 정작 심각하게 침해된 상황이 도래하자 미국은 이를 외면했던 것이다. 따라서 한국인은 미국이 내세운 민주와 인권이란 자국의 이익을 실현하기 위한 외교적 수사修辭에 불과한 것이라는 사실을 깨닫게 되었다. 한국에서 반미운동이 일어난 것은 그러한 결과였다.

1988년의 올림픽을 유치한 한국은 소련·중국을 비롯한 공산권 국가와 수교하였다. 올림픽의 성공을 위해서는 공산권 국가의 참여가 필수적이었기 때문이다. 그런데 공산권 국가와의 수교는 한국의 국제적 위상을 높이는 데 크게 기여하였다.

1987년의 6월민주항쟁 이후 대통령이 된 노태우는 군인 출신이었다. 그러나 국민의 직선에 의해 대통령에 당선되었다는 점에서 그의 정부는 그 이전의 군사정부와 차이가 있었다. 노태우의 뒤를 이어 민주화 투쟁의 중심인물이던 김영삼과 김대중이 차례로 대통령에 당선되었다. 김영삼은 전두환·노태우를 구속하고 정치군인에게 철저한 제재를 가함으로써, 군인이 정변을 통해 정권을 장악하는 것을 불가능하게 만들었다. 그리고 김대중은 평양을 방문하여 김정일과 회담하였다. 이는 남북 간의 갈등을 완화시키는 데 기여했을 뿐만 아니라, 한국 민주주의가 발전하는 계기를 마련하였다. 한국의 민주주의는 반공주의에 발목을 잡혀왔기에 남북관계의 개선 없이 진정한 민주화는 기대하기 어려웠던 것이다.

광주민주항쟁

박정희 대통령이 피살된 후 최규하가 통일주체국민회의 대의원에 의해 대통령에 선임되었다. 그러나 유신정권의 국무총리였고 통일주체국민회의에서 대통령에 선출된 만큼, 그는 정당한 권위를 누릴 수 없었다. 정치적 실권은 전두환 등 신군부세력의 수중에 있었다. 박정희살해사건의 수사본부장이던 전두환 국군

보안사령관은 그와 육사 동기인 노태우 소장과 함께 정변을 일으켜 육군참모총장이자 계엄사령관인 정승화를 체포하고 군부를 장악했던 것이다(12·12사태, 1979).

육사 11기인 전두환·노태우는 1952년에 입교한 4년제 육군사관학교의 첫 졸업생이었다. 그들은 1년 미만의 단기간 교육과정을 거쳐 임관된 선배와 자신들을 구분하였다. 북극성회라는 동창회 모임을 만들어 선배와의 차별성을 과시했던 것이다. 이러한 동창회 모임을 기반으로, 5·16군사정변 당시 육군 중위이던 전두환은 육사생도를 이끌고 광화문에서 군사정변을 지지하는 시위를 벌였다. 이로 인해 그는 박정희의 총애를 받게 되어 군 요직을 두루 역임하였다. 그리고 정승화를 제거한 후에는 중앙정보부장서리를 겸임하면서 권력자로서의 위치를 굳혀 갔다. 그가 육군참모총장인 정승화를 제거할 수 있었던 것은 국군보안사령관으로서 정보·보안기구를 장악한 데에도 원인이 있지만, 군부 내에 강한 결속력을 가진 하나회라는 사조직을 이끌고 있었기 때문이다. 당시 하나회의 장교 대부분은 실질적으로 부대를 움직일 수 있는 영관급 지휘관이었다.

1980년 '서울의 봄'으로 불리는 민주화운동이 일어났다. 유신체제가 무너져 자유화에 대한 요구가 증대된 결과였다. 그러자 신군부는 제주도를 포함한 전국에 계엄령을 선포하고, 김대중을 내란음모 혐의로 군법회의에 기소하는 등 주요 정치인 수백 명의 정치활동을 규제했다. 선거에 의해 반유신세력이 정권을 장악하는 것을 좌시하지 않겠다는 의지의 표현이었다. 신군부의 인물들이 박정희정권 아래에서 군의 요직을 점하면서 권력을 행사한 자들이었음을 감안하면, 그들의 이러한 조치는 당연한 것이었는지도 모른다. 그들은 민주화를 자신들의 특권이 상실되는 것으로 이해했던 것이다.

신군부의 계엄령에 항거한 학생들의 시위가 5월 18일 광주에서 일어났다. 이에 대해 공수부대로 구성된 계엄군이 무자비한 진압을 펼치자, 분노한 시민이 시위에 합세하였다. 특히 계엄군의 만행을 목도한 택시운전사들은 헤드라이트를 켠 2백여 대의 차량을 앞세워 금남로에서 차량시위를 벌였다. 그리고 광주상황은 방송하지 않고 팝송과 쇼만을 내보내 분노의 표적이 되었던 KBS와 MBC 방송국이 불에 탔다.

5월 21일 공수부대가 시위대에게 발포함으로써 많은 사상자가 발생하였다. 이를 계기로 항쟁의 참가자는 무장하기 시작했다. 시민은 예비군 무기고에서 카빈총을 꺼내 무장했는가 하면, 나주·화순 등지의 경찰관서에서 총기와 탄환을 탈취하여 광주시내로 반입하였다. 이렇게 형성된 시민무장군은 계엄군의 임시본부인 전남도청을 공격하여 그들을 일시 후퇴하게 만들었다. 신군부는 공수부대를 주축으로 한 4천여 명의 병력을 투입하여 진압작전을 실시하였다. 진압작전은 많은 사상자를 내면서 4시간 만에 끝났다.

광주민주항쟁의 가장 직접적인 원인은 민주화의 요구가 신군부에 의해 짓밟힌 데 대한 분노였다. 4월혁명의 정신이 박정희의 군사정변으로 인해 구현되지 못하였으므로, 박정희정권의 몰락은 국민들로 하여금 민주화에 대한 기대와 희망을 갖게 하였다. 그러나 이러한 기대와 희망이 신군부의 등장으로 무산될 위기에 처하자 많은 학생·시민들이 이를 경계하고 시위운동에 나섰던 것이다. 그리고 그 지역 출신의 정치인인 김대중이 내란음모라는 죄명으로 구속되자, 광주시민의 신군부에 대한 반대 시위는 한층 격화되었다.

신군부는 민주화의 요구에 대항하여 자신들의 힘을 과시할 필요가 있었다. 그들은 이를 위해 공수부대에게 '충정훈련'을 실시하였다. 광주에서 공수부대가 저지른 무자비한 행동은 이 훈련의 결과였다. 다만 그들이 굳이 광주를 택한 것은 그곳이 김대중의 정치적 기반이었다는 사실과 무관하지 않았다. 신군부는 김대중의 정치적 기반에 타격을 가하려고 했던 것이다. 김대중은 신민당총재인 김영삼이 군부를 자극하지 않으면서 제도권 내에서의 정치과정을 통한 민주화를 추구한 것과는 달리, 군부의 정치개입 가능성을 우려하면서 '서울의 봄'을 주도한 재야운동세력과 연계하고 있었기 때문이다.

광주민주항쟁은 1980년대 민주화운동의 원동력이 되었을 뿐만 아니라 반미·자주화운동을 일으키는 계기가 되었다. 미군이 한국군의 작전통제권을 장악하고 있던 만큼, 광주민주항쟁을 진압하는 부대가 미국의 승인이 있어야 동원될 수 있다는 인식이 확산된 결과였다. 한반도의 분단체제가 유지되어야 한국에 대해 지속적인 영향력을 행사할 수 있는 미국으로서는 반공을 내세운 인물의 경우, 그를 적대시하기 어려웠을 것이다.

전두환정부와 6·10항쟁

광주민주항쟁 이후 전두환은 전권을 장악하고, 최규하 대통령을 위협하여 하야토록 했다. 전군주요지휘관회의에서 국가원수로 추대된 그는 박정희의 전례에 따라 육군소장에서 육군대장으로 진급하여 전역한 다음, 유신체제의 유산인 통일주체국민회의에서 총 2525표 중 2524표를 얻어 대통령에 선출되었다(1980).

그러나 전두환은 통일주체국민회의를 해산하고 대통령선거를 위한 선거인단제를 도입하였다. 이 양자는 명칭만을 달리했을 뿐 그 내용은 동일한 것이었다. 그러나 유신잔당維新殘黨이라는 자신에 대한 국민들의 비난을 불식시킬 필요가 있던 전두환으로서는 명칭만이라도 바꾸지 않을 수 없었다. 그리하여 국민의 투표에 의해 선거인단이 선출되고, 이 선거인단이 전두환을 다시 7년 단임제의 대통령으로 선출하였다(1981). 아울러 여당인 민주정의당(민정당)뿐만이 아니라 야당인 민주한국당(민한당)·한국국민당(국민당) 등이 정보기관에 의해 급조되어 전두환의 통치를 뒷받침하였다. 1950년대 북한에 김일성의 조선노동당 이외에 천도교청우당·조선민주당 등이 존재했던 것과 마찬가지 이치였다.

전두환정부는 '정의사회 구현과 민주복지국가 건설'을 외치고 나섰다. 광주민주항쟁을 무력으로 진압하고 집권한 전두환정부가 이러한 구호를 내세운 데 대해 대부분의 국민은 희극으로 받아들였다. 그러나 그들은 이의 구체적인 실현으로 문신이나 전과가 있는 사람을 군 특수훈련장에 보내 이른바 '몸과 마음과 정신을 맑게 한다'는 이름의 삼청교육을 받게 했다.

전두환정부는 자신들의 개혁적 이미지를 부각시키기 위해서라도 최소한의 변화를 추구하지 않을 수 없었다. 해외여행을 자율화했으며(1981), 야간 통행금지를 해제하고 중·고등학생의 교복을 자율화시킨 것은(1982) 그러한 결과였다. 국민의 열렬한 호응을 얻은 KBS의 이산가족찾기운동(1983) 역시 이산의 책임을 북한에 돌리고 정권의 정당성을 확보하려는 전두환정부의 의도에서 비롯된 것이었다.

1983년 10월 전두환 대통령이 미얀마Myanma를 방문하던 도중 아웅산Aung San묘소에서 폭탄폭발사건이 발생하여 부총리 등 17명이 사망하였다. 이 사건의 배후에 북한이 관여했다고 알려져 남북관계는 냉각되었다. 그러나 1985년 민주화의 열기가 고조되자, 전두환정부는 이를 잠재우기 위해 1973년에 결렬되었던 남북적십자회담을 재개하였다. 그런데 다음 해에 북한이 금강산댐을 건설하자, 이는 서울을 물바다로 만들기 위한 것이므로 여기에 대응하는 댐을 만들어야 한다고 국민 성금을 거두는 등 법석을 떨었다. 이처럼 남한과 북한의 집권자들은 그들의 정권을 유지하기 위한 수단으로 남북관계를 이용했기에, 남북 간에 긴장과 화해의 국면이 끊임없이 반복되었다.

1985년 2월의 총선은 민주화에 하나의 전기가 되었다. 정치활동금지 규제에서 풀려난 야당 정치인들이 김영삼·김대중의 후원을 받아 신한민주당(신민당)을 창당했는데, 이들의 다수가 국회의원에 당선되었던 것이다. 더구나 민한당 의원들이 당을 탈당하여 신민당에 참여함으로써, 관제야당인 민한당은 붕괴되고 말았다. 제1야당이 된 신민당은 대통령직선제를 골자로 한 1천만 명 개헌서명운동을 벌였다.

민주화에 대한 요구는 1987년에 발생한 서울대생 박종철의 고문치사사건을 계기로 더욱 치열해졌다. 무고한 학생이 경찰의 고문으로 죽은 사건은 학생과 시민들의 분노를 촉발시켰던 것이다. 그런데 1981년 서독의 바덴바덴Baden Baden에서 개최된 국제올림픽위원회(IOC) 총회에서 한국이 1988년 올림픽의 개최지로 결정됨으로써, 전두환 정부는 이전과 같은 무자비한 시위진압으로 이에 대처하기 어려웠다. 세계의 이목이 한국의 민주화운동에 집중된 데다가, 사마란치Samaranch 국제올림픽위원회 위원장이 서울에서 대규모 소요사태가 발생하면 개최지를 옮길 수 있다는 성명을 발표했기 때문이다.

전두환은 처음부터 단임單任을 강조했으므로 1987년 대통령직에서 물러나게 되어 있었다. 그러나 그는 자신의 후임으로 노태우를 지명하면서 다시 체육관에서 선거인단의 거수에 의해 대통령을 뽑으려고 하였다. 국민은 이러한 선거제도로는 합법적 정권교체가 불가능하다고 판단하고, 대통령직선제를 위한 개헌서명운동을 전개하였다. 그러나 전두환정부는 개헌이 불가하다는 입장을 발표함으로써 국민을 분노케 했다. 따라서 민정당이 노태우를 간선제 대통령 후보로 지명한 6월 10일, 서울을 비롯한 전국 각지에서는 '군사독재 타도', '민주헌법 쟁취' 등을 외치는 시위가 벌어졌다. 이 과정에서 연세대생 이한열이 최루탄을 맞아 사망하자, 시위는 더욱 거세어졌다. 부산의 경우, 하루에 30~40만 명의 시민이 시위에 참여하여 경찰이 진압을 포기할 정도였다. 이후 17일간이나 항쟁이 지속되자 전두환은 대통령직선제 개헌과 김대중의 복권, 그리고 지방의회 구성 등을 주요 내용으로 한 6·29선언을 발표하였다. 여기에는 김대중을 사면 복권하면 그가 반드시 대통령선거에 출마할 것이며, 그렇게 될 경우 김대중과 김영삼의 분열을 이용하여 선거를 통해 정권을 재창출할 수 있다는 전두환정부의 계산이 작용하고 있었다. 그러나 기본적으로는 국민의 줄기찬 저항에 대한 군사정권의 항복이었다.

노태우정부의 소련·중국과의 수교

6월항쟁 이후 여당과 야당은 부통령 없는 5년 단임의 대통령 선출을 골자로 한 헌법 개정에 합의하였다. 이에 따라 1987년 대통령선거가 실시되었다. 1971년 이후 16년 만에 갖게 된 직선제 선거였다. 당시의 야당은 신민당에서 당명을 바꾼 통일민주당이었다. 그런데 국민의 우려와 비난에도 불구하고 김대중이 통일민주당에서 탈당하여 평화민주당(평민당)을 창당함으로써, 대통령선거를 앞두고 야권이 두 개의 세력으로 분열하였다. 결국 김영삼과 김대중이 모두 대통령 후보로 나섰고, 유신체제를 이끌어 온 인물 가운데 한 사람인 김종필도 신민주공화당(공화당)을 창당하여 출마하였다. 선거 결과 36퍼센트를 득표한 노태우 후보가 대통령으로 당선되었는데, 특이한 것은 광주·전남에서 김대중의 득표율이 90퍼센트를 상회할 정도로 극단적인 지역감정을 드러내 보였다는 점이다.

노태우정부는 1988년 소련을 비롯한 동구권의 여러 나라와 중국 등 세계 160개국이 참가한 서울올림픽을 성공적으로 치렀다. 여기에서 한국의 관중은 소련의 농구팀이 미국 팀을 물리치자 한국이 승리한 것처럼 열렬한 갈채를 보냈다. 이후 소련은 볼쇼이Bol'shoi발레단과 모스크바 필하모닉오케스트라 등을 서울에 파견하였다. 따라서 노태우정부는 전두환정부가 추진했던 중국·소련과의 관계 개선을 주요 내용으로 하는 '북방정책'을 보다 구체화시킬 수 있었다. 결국 동북아시아에서 우월한 지위를 보장받으려 한 미국의 주선아래, 노태우 대통령은 샌프란시스코에서 소련의 고르바초프Gorbachew 대통령과 국교정상화를 논의하였다. 그 결과 한국은 30억 달러의 경제협력차관을 소련에 약속하고 수교하였다(1990).

한국과 중화인민공화국은 상호 그 국가적 실체를 인정하지 않은 채 정식 국호 대신 '중공'과 '남조선'이라는 별칭으로 서로를 불러왔다. 그런데 1983년 납치된 중국 민항기가 한국에 기착하자, 이를 해결하기 위해 양국 관리들이 상대방 정부를 인정하는 합의각서에 서명함으로써 최초의 공식적인 접촉이 이루어졌다. 이후 1986년 서울에서 개최된 아시아경기대회를 계기로 한중관계는 우호적으로 변했다. 이 대회에 중국이 참여하자 한국은 이제까지 금지해 온 중국 관광을 허락했던 것이다. 그리고 중국이 북한의 불참에도 불구하고 서울올림픽에 대표단을 파견함으로써 한중수교는 가시화되었다. 한국이 수출을 증대시키기 위한 새로운 시장으로 중국을 주목한 반면, 중국은 기술과 경제발전의 모델이 될 국가로 한국을 지목하여 교류를 증진시키고자 했던 것이다. 마침내 한국은 중화인민공화국과 외교관계를 수립하였다(1992).

1990년 여당인 민정당과 제2야당인 통일민주당, 그리고 공화당이 합당하여 총재 노태우·대표최고위원 김영삼·최고위원 김종필을 지도체제로 한 민주자유당(민자당)을 출범시켰다. 그들은 3당 합당이 '남북통일에 대비한 구국적 차원의 결단'이라고 주장하였다. 그러나 이는 자신의 정당을 지지해준 국민을 속인 행동이었다. 노태우는 전두환이 6·29선언에서 군사정권의 한계를 자인하고 민주화 요구에 동의했던 것처럼 민정당의 한계를 인식하고 이들과 결탁하였다. 한편 김영삼은 야당이 분열되어 있는 한 야당의 집권가능성이 희박하며, 설사 야당이 통합을 이룬다고 해도 차기 대통령의 후보경쟁에서 자신이 이긴다는 보장이 없다는 사실을 잘 알고 있었다. 따라서 그는 여당을 이용하여 대통령이 되고자 했다. 그리고 김종필은 민자당이 장기적으로 정권을 장악하면 자신이 집권할 가능성도 있다고 내다보았다.

김영삼의 하나회 해산

1992년의 대통령선거에서는 민자당의 김영삼과 민주당의 김대중, 그리고 통일국민당의 정주영이 맞붙었다. 그런데 이 선거 역시 지역감정에 의해 좌우되었다. 광주·전남에서 김대중의 득표율이 90퍼센트를 훨씬 넘어섰으며, 김영삼은 부산·경남에서 70퍼센트를 상회하는 득표율을 기록했던 것이다. 그러한 가운데 김영삼이 여당 후보라는 점에 힘입어 대통령에 당선되었다. 그는 5·16군사정변 이후 군인 출신이 아닌 민간인으로서 대통령에 당선된 최초의 인물이었다. 따라서 그의 정부는 문민정부로 불리어졌다.

김영삼은 집권과 더불어 군부에 대해 단호한 조치를 취함으로써 국민으로부터 찬사를 들었다. 그는 우선 군부 내 최대 파벌인 하나회의 해산에 착수하였다. 경상도 출신의 육사 졸업생으로 조직된 하나회는 정권과 밀착되어 승진 등에서 유리한 지위를 점해 왔다. 김영삼은 이들을 퇴역시키거나 승진인사에서 배제시킴으로써, 군인이 정치에 관여할 수 없게 만들었다.

1993년 김영삼정부는 금융실명제를 실시하였다. 가명 또는 차명계좌借名計座를 악용해 불법 정치자금을 위한 돈을 은닉하거나 세탁하지 못하도록 하기 위함이었다. 이는 정경유착과 부정부패의 구조적 고리를 단절시키는 획기적인 조치였다. 그러함에도 불구하고 김영삼정부의 전반적인 경제정책은 실패했다. 이로 인해 그의 임기 말에는 외환위기가 초래되어, 한국은 국제통화기금(IMF)의 경제적 간섭을 받기에 이르렀다.

1995년에는 그동안 미루어져 왔던 지방자치단체장 선거가 실시되었다. 그리하여 도지사, 시장, 군수 등이 주민의 투표에 의해 선출되었다. 그런데 이 선거에서도 지역 분할의 구도가 극명하게 드러났다. 즉, 영남지방에서 김영삼의 민자당이 우세한 반면, 호남지방은 김대중의 영향 아래 있던 민주당이 지방자치단체장을 석권하였다. 그리고 충청지방은 민자당에서 소외된 김종필이 '충청도인의 자존심'을 내세우며 창당한 자유민주연합(자민련)이 장악하였다.

금융실명제의 실시 결과 막대한 규모의 전두환과 노태우의 비자금이 밝혀졌다. 노태우로부터 선거자금을 받은 것이 분명한 김영삼으로서는 자신의 결백을 주장하기 위해서도 이들에게 강경한 조치를 취하지 않을 수 없었다. 그는 5·16군사정변과 12·12사태를 군사반란으로 규정하였다. 아울러 전두환을 군사반란죄로, 노태우를 비자금 조성혐의로 구속하였다(1995). 따라서 김영삼은 자신이 몸담은 민자당을 신한국당으로 개칭하지 않을 수 없었다. 신군부 출신들과 영합하여 만든 정당이라는 이미지에서 벗어날 필요가 있었기 때문이다. 이로써 1990년 3당 합당을 통해 민자당을 출범시키면서 '남북통일에 대비한 구국적 차원의 결단'이라고 한 김영삼과 김종필의 주장이 한갓 말장난에 불과했음이 드러났다.

김영삼의 신한국당은 1996년의 총선에서 재적 과반수의 의석을 확보하는 데 실패하였다. 이에 신한국당은 무소속 및 야당의

원을 여당으로 끌어들이는, 이른바 '의원 빼내기' 공작을 전개하여 의석 수를 끌어올렸다. 선거에서 패배한 결과를 정치공작을 통해 뒤엎는 이러한 조치에 대해 국민의 여론이 비판적이었음은 물론이다. 김영삼은 대중적 지지도가 높았던 이회창을 당대표로 임명하여 이러한 위기를 극복하려고 했다. 그러나 이회창이 신한국당의 대통령 후보자로 선출되어 당내 입지가 강화되면서 양자는 갈등을 빚었다. 결국 이회창은 대통령선거 직전 한나라당을 창당하여 선거에 임했다.

1996년 한국은 경제협력개발기구(OECD)의 29번째 회원국이 되었다. 한국의 경제 규모에 걸맞게 국제사회에서의 역할을 제고하고, 국제 경제·통상의 규범을 제정하는 데 능동적으로 참여하기 위함이었다. OECD는 세계 경제에서 주도적 위치에 있는 주요 국가들만 참가하는 국제경제기구로서 회원국의 경제성장 촉진, 세계무역 확대를 그 목적으로 하는데, 당시 이 기구는 세계 경제력의 80퍼센트를 점유할 정도였다. 따라서 OECD 가입은 한국의 대외신인도를 제고하는 데 크게 기여하였다.

김대중의 북한 방문

1992년의 대통령선거에서 패배하자 정계를 은퇴했던 김대중은 곧 새정치국민회의(국민회의)를 창당하여 정계에 복귀하고, 1997년의 대통령선거에 나섰다. 여기에서 김대중은 자민련의 김종필과 공조共助를 통해 한나라당의 이회창을 누르고 대통령에 당선되었다. 그는 지역감정으로 인해 이번 선거에서도 자신이 대통령에 당선되기 힘들다는 사실을 알고, 충청도의 지지를 받은 김종필을 끌어들였던 것이다. 한편 김종필은 내각제개헌의 추진과 동등한 정치적 지분을 요구하며 공조에 합의했다.

　김대중정부는 야당인 한나라당에 의해 김종필 국무총리임명 동의안이 장기간 거부되는 등, 여소야대 정부로서의 한계를 지니고 있었다. 이에 공동여당은 한나라당의 의원을 빼내 인위적으로 과반수 의석을 만들었다. 이러한 이유로 여당에 대한 인기가 하락하자, 정치적 위기 때마다 새로운 정당을 창당하거나 혹은 당명을 바꿨던 김대중은 새천년민주당을 창당했다(1999). 그러함에도 2000년의 총선에서 여당은 야당인 한나라당에게 제1당의 자리를 내어주었다. 특히 여당과 공조관계를 맺었던 자민련은 17석을 얻는데 그쳐 20석 이상을 확보해야 가능한 국회교섭단체의 구성이 어렵게 되었다. 새천년민주당은 '의원 꿔주기'라는 비난을 무릅쓰고 의원 몇 명을 자민련으로 옮겨 교섭단체를 만들어주었다. 그러나 내각책임제로의 개헌이 추진되지 않은 데 불만을 품은 자민련이 2001년 한나라당이 제출한 임동원 통일부장관의 해임결의안에 동조하자, 김대중과 김종필의 공조는 와해되었다. 자민련으로 당적을 옮겼던 의원은 다시 새천년민주당으로 복귀하였다.

　김대중은 집권과 더불어 남북 간의 경제협력을 활성화하는 등, 이른바 '햇볕정책'으로 불리어진 대북포용정책을 추진하였다. 당시 국방비의 40분의 1인 5천 억 정도를 남북협력기금으로 만들어 평화 만들기를 추진한다는 것이 김대중정부의 의도였다. 북한의 위기를 방치하는 것은 한반도의 평화를 위해 바람직하지 않다는 판단에 따른 것이지만, 보다 근본적으로는 북한과의 관계 개선을 바라는 국민의 여망을 외면하기 어려웠기 때문이다. 이러한 국민의 여망은 남북한 정부당국자 간의 교섭이 빈번해진 1980년대 후반 구체적으로 표출되었다. 문익환 목사가 북한의 초청으로 평양을 방문하였으며, 전국대학생대표자협의회(전대협)에서는 평양의 세계청년학생축전에 한국외국어대학생 임수경을 파견했다. 그러한 가운데 남북관계 개선의 결정적인 물꼬는 현대 명예회장 정주영의 소떼몰이 방북에 의해 트여졌다(1998). 1990대 들어서면서 북한의 경제 사정이 '하루 두 끼 먹기 운동'을 전개할 정도로 악화되자, 정주영은 이를 돕기 위해 천 마리의 소를 몰고 휴전선을 넘어 방북했던 것이다. 이후 남한 인사의 금강산 관광이 실현되는 등 남북관계가 호전되었다. 이러한 분위기에 힘입어 김대중은 2000년 6월 북한을 방문하였다.

북한의 대남전략은 남조선혁명론이었다. 남한의 혁명세력을 지원하여 정권을 획득케 하고, 미군을 철수시켜 통일을 달성한다는 것이었다. 그런데 1990년 이후의 상황은 북한으로 하여금 남북대화에 적극 나서지 않을 수 없게 만들었다. 경제난과 이로 인한 체제 위기를 극복하기 위해서는 미국과의 관계 개선이 필수적이었는데, 남한정부를 배제하고는 불가능했기 때문이다. 북한이 잠수함을 동해안에 침투시키고(1996) 서해에서 남한의

해군과 교전을 벌인 것도(1999) 그들의 존재를 과시하여 남북회담을 유리하게 이끌려는 의도에서 비롯된 것이었다. 따라서 북한은 김대중의 방문을 환영하였다. 김대중 대통령과 북한의 김정일 국방위원장은 한반도의 평화를 기본 내용으로 한 6·15남북공동선언에 합의하였다.

2002년 한국은 일본과 공동으로 월드컵을 개최하였다. 한 달간 계속된 월드컵 기간 동안 한국인은 축구 국가대표팀 응원단체인 '붉은 악마'의 주도 아래, 붉은 셔츠를 입고 '대~한민국'을 외치며 길거리 응원을 펼쳤다. 서울 광화문과 시청 앞에서 전개된 길거리 응원에는 약 40만 명이 참가해 세계인을 놀라게 했다. 이러한 현상을 두고 '광적인 애국주의'의 발로라고 우려하는 목소리도 있었으나, 대부분의 국민은 한국인의 역동성을 세계에 과시했다고 긍정적으로 평가했다.

25 —
세계 속의 한국

21세기에 들어선 이후 한국의 국민들은 자신들이 선택한 정부라도 그 정부가 국가의 중요한 정책을 결정하면서 최소한의 공론화과정을 거치지 않았을 경우, 정권퇴진운동을 전개하였다. 그리고 민주화된 사회분위기에 편승한 집회와 시위의 증가에도 불구하고 폭력시위는 현저하게 줄어들었다. 이러한 사실은 모두 한국에 민주주의가 확고하게 뿌리내렸음을 입증하는 것이었다.

세계화는, 이로 인해 야기될 수 있는 대외종속과 빈부격차의 심화에 대한 일부의 우려에도 불구하고, 거부할 수 없는 대세로 자리 잡아가고 있다. 따라서 여기에서는 세계화시대 한국의 위상에 대해 알아보려고 한다.

노무현·이명박·박근혜정부

2002년의 대통령선거에서는 새천년민주당의 노무현후보가 '누 어서도 된다'던 한나라당의 이회창후보를 물리치고 대통령에 당선되는 이변이 일어났다. 학벌이 중시되는 한국사회에서 부 산상고 출신의 노무현이 서울법대 출신의 이회창을 이겼던 것이 다. 이러한 이변은 노무현을 지지한 20~30대의 젊은이들이 세계 최고 수준의 초고속 인터넷을 선거에 적극 활용한 결과였 다. 50~60대와 보수세력이 이회창후보를 지지한 것과 달리, 젊 은이들은 남북관계에 있어서 대결만을 강조한 이회창후보에 등 을 돌리고 변화와 개혁성향의 노무현을 지지했던 것이다. 이로 인해 대선 후 사회 전반에서 세대 갈등이 일어나고 이념 갈등 또 한 두드러졌다.

노무현은 새천년민주당 내에 반노무현세력이 형성되자, 자신 을 지지하는 세력을 모아 2003년 열린우리당을 창당하였다. 그 러나 소수의 의원만이 여기에 참여함으로써 열린우리당은 소수 당을 벗어나지 못했다. 그러한 가운데 새천년민주당은 한나라 당과 연합하여 대통령탄핵소추안을 가결시켰다. 2004년에 실시 될 총선에서 열린우리당이 많은 지지를 받았으면 좋겠다고 한 노무현의 발언이 선거법 위반이라는 것이었다. 이로 인해 노무 현 대통령의 직무는 정지되었고, 고건 국무총리가 직무를 대행 했다. 그러자 국민이 대통령의 편이 되어 탄핵을 이끈 야당을 규 탄하는 이례적인 사건이 발생했다. 국민이 뽑은 대통령을 1년 남짓 임기를 남긴 국회의원들이 탄핵한 데 대해 불만이었다. 결국 헌법재판소가 탄핵소추를 기각함으로써 대통령은 다시 공직을 수행했다. 이를 계기로 야당의 지지도는 떨어지고, 여당인 열린우리당의 인기가 급상승했다. 그리하여 곧이어 실시된 총선에서 열린우리당이 152석을 얻어 다수당이 된 반면, 탄핵을 주도한 새천년민주당은 전라남도에서 5석을 얻는 데 그쳤다.

총선에서 승리한 노무현정부는 대북유화정책을 적극 추진하였다. 그리하여 개성에 공단을 조성하여 한국 기업을 입주시켰다(2005). 북한의 값싼 노동력을 이용하기 위함이었다. 한편 북한은 이를 통해 외화를 벌어들일 수 있었다. 이러한 상호 우호적인 분위기에 힘입어 노무현 대통령은 북한을 방문하여 김정일 국방위원장과 회담하였다(2007). 여기에서는 통일문제를 자주적으로 해결하고, 적대관계를 종식시킨다는 등의 합의를 이끌어냈다.

김대중정부의 '햇볕정책'과 노무현정부의 대북유화정책은 이른바 '남남갈등'을 야기시켰다. '남남갈등'이라는 용어는 남북관계를 둘러싼 남한사회의 내부 갈등을 지칭하는 개념으로 사용되었는데, 우선 보수적 시민단체는 '햇볕정책'을 지지하는 세력을 '종북좌파'로 규정하고 비난하였다. 김대중정부의 '퍼주기'에도 불구하고 북한 측이 변화할 조짐은 없으므로, 이는 결국 핵개발 등 북한의 군비확대를 지원하는 결과를 초래했다는 것이다. 북한이 미사일 발사시험과 핵무기 개발작업을 계속한 것이 그 근거로 제시되었다. 그들은 한미동맹을 강화해야 한다고 주장했다.

그러나 '햇볕정책'을 지지하는 측에서는 보수적 시민단체를 '반통일적' 혹은 '반민주적'인 세력으로 비난하였다. 그들은 한미동맹도 중요하지만, 그보다는 민족공조를 우선시해야 한다고 했다. 이제까지의 반공주의가 그러했듯이, 보수적 인사들이 말하는 '종북'이 국민의 자유권을 침해하는 수단으로 이용되어서는 안 된다는 것이 그들의 논리였다. 이러한 견해 차이에도 불구하고 양 진영 모두가 남한체제의 우월성을 인정했고, 한반도가 전쟁의 위협으로부터 벗어나 영속적인 평화를 유지해야 한다는 점을 바탕에 깔고 있었다는 점에서 '남남갈등'은 크게 우려할 수준이 아니었다.

노무현과 열린우리당의 인기는 정권 말기에 접어들면서 급속히 하락하였다. 국민의 경제생활이 나아지지 않은 것이 가장 큰 이유였다. 이에 대부분의 의원은 열린우리당을 탈당하여 대통합민주신당을 창당하고, 대통령후보로 정동영을 지명하였다. 그러나 2007년의 대통령선거에서는 서울시장을 지냈던 한나라당의 이명박후보가 대통령에 당선되었다. 오랫동안 기업에 몸담았으므로 경제 살리기에 적합한 인물일 것이라는 서민의 기대와 김대중·노무현정부에 반발한 보수층이 결집한 결과였다.

이명박정부는 출범 초기 미국산 쇠고기 수입협상 타결에 반대하는 시위로 곤경에 처했다. 정부가 미국의 압력에 굴복하여 광우병에 걸린 미국산 소고기를 수입하려 한다는 언론보도로 인해, 미국산 쇠고기 수입을 반대하는 야간 촛불시위가 전국적으로 확산되었던 것이다. 국민이 알지 못하는 사이에 국민건강과 관련된 문제를 정부가 일방적으로 결정한 데 대한 분노였다. 결국 30개월 이상 된 미국산 쇠고기는 수입하지 않겠다는 대통령의 사과성명이 발표되면서 시위가 잦아들었다.

2009년에는 뇌물수수죄 혐의로 검찰의 조사를 받던 노무현 전대통령이 자살한 사건이 일어났다. 그의 죽음이 알려지자 애도의 물결이 전국을 뒤덮었다. 국민 가운데 일부는 그의 죽음이 이명박 대통령과 보수 언론에 의한 정치적 타살이라고 주장했다. 그를 매도하는 데 앞장선 보수언론과 정치적 해결을 외면한 채 검찰의 수사만을 지켜본 이명박 대통령에 대한 비판이었다.

이명박은 대선공약으로 내세웠던 한반도 대운하사업이 여론의 반대에 밀려 실행할 수 없게 되자, 그 대안으로 한강·낙동강·금강·영산강 등 4대강을 대대적으로 재정비하는 사업을 추진하였다. 높아진 하상을 준설하고 보와 댐을 건설하여 가뭄과 홍수를 조절한다는 것이었다. 아울러 4대강사업을 통해 건설경기를 일으키고 동시에 일자리를 창출한다는 의도도 가지고 있었다. 22조원의 예산이 투입되어 2012년에 마무리 된 이 사업으로 인해 만성적으로 범람하던 낙동강과 영산강의 하구가 개선되어 여름철 홍수에 별다른 피해를 받지 않았다는 점이 드러났다. 그러나 공사부실과 수질오염을 둘러싼 의혹은 끊임없이 제기되었다.

이명박정부는 대북지원을 중단하면서, 대북정책의 기조로 '비핵·개방·3000'을 내세웠다. 핵개발을 포기하고 개방정책으로 나아가면 대북투자를 통해 1인당 국민소득 3천 달러가 되도록 도와주겠다는 것이다. 그러나 이는 북한의 자존심만을 건드려 놓은 결과를 초래했다. 북한이 이를 커다란 모욕으로 받아들여 남북관계가 그 어느 때보다 경색되었던 것이다. 따라서 핵과 미사일을 놓고 세계최강국 미국과 오랫동안 실랑이를 벌여 온 북한을 먹는 것이나 돈으로 굴복시킬 수 있다고 생각한 것 자체가 유치한 발상이라는 비판이 뒤따랐다. 그러한 가운데 2010년 3월 서해를 항해 중이던 해군함정 천안함이 폭파되어 46명의 승조원이 사망하는 사건이 발생했다. 이 사건의 원인을 둘러싸고 의견이 분분했으나, 북한 잠수정이 발사한 어뢰를 맞고 수중폭발한 것으로 결론지어졌다.

2012년의 대통령선거를 앞두고 국민은 여당인 한나라당과 야당인 민주당에 실망하고 있었다. 그러한 가운데 컴퓨터 백신 개발로 유명해진 서울대의 안철수 교수가 서울시장 보궐선거에서 자신보다 훨씬 지지도가 낮은 박원순에게 후보 자리를 양보하자, 국민은 이를 신선하게 받아들였다. 그의 지지도가 박정희의 딸로 한나라당의 유력 대선주자였던 박근혜를 위협하자, 박근혜는 새누리당으로 당명을 변경하고 대선에 임했다. 한편 야당인 민주당의 후보자로는 노무현 대통령의 비서실장을 지낸 문재인이 지명되었다. 안철수 역시 대선출마를 선언했으나 곧 사퇴하여, 문재인이 단일후보로 확정되었다. 선거 결과 박근혜가 근소한 차이로 문재인을 누르고 대통령에 당선되었다. 이로써 한국역사상 최초의 여성 대통령이 탄생하였다.

박근혜정부는 출범 이후 고위공직자 인사문제로 곤혹을 치렀다. 국무총리 후보자를 비롯한 고위공직 내정자가 각종 비리 의혹으로 국회 인사청문회의장에 서보지도 못하고 사퇴하는 일이 잇달아 일어났던 것이다. 야당은 '인사 참사'라는 표현을 써가며 박근혜정부의 인사검증에 문제가 있음을 지적했다. 인사 관련 공식 라인이 아닌, 비선 조직으로부터 인사를 추천받고 있다는 의혹이 제기된 것도 이 때문이었다.

2014년 4월, 인천을 출발하여 제주로 가던 연안 여객선 세월호가 진도군 해상에서 전복되어 침몰하였다. 이 사고로 3백 명이 넘는 희생자가 발생했는데, 그 가운데 250여 명이 수학여행을 떠난 고등학교 학생이었다. 노후한 선박에 화물을 과적하는 등 법률과 규정에 따른 안전관리가 이루어지지 않았으며, 승객을 살릴 수 있었음에도 승무원의 판단 착오로 인명피해가 컸다. 슬픔에 젖은 국민은 국민의 생명과 안전을 지키지 못한 정부의 무능을 질타했다. 또한 기성세대의 탐욕과 부패로 인해 아이들이 죽은데 대해 죄책감을 느꼈으며, 침몰하는 세월호를 통해 몰락하는 한국을 보았다고 자조하기도 했다. 세월호의 침몰은 한국인의 자존심을 여지없이 짓밟아, 그들로 하여금 무엇을 어떻게 해야 할지 모르는 무력감에 빠져들게 만들었다.

박근혜 대통령은 친중국 외교를 펼쳤다. 그 자신이 중국을 방문했는가 하면, 이에 대한 답례로 중국의 시진핑習近주 주석이 한국을 방문하기도 했다. 한미동맹 또한 강조되었다. 북한을 고립시키고, 동북아시아를 둘러싼 미국과 중국의 대립구도에서 한국의 위상을 제고하기 위함이었다. 그러한 가운데 박근혜정부는 주한미군사령관이 보유한 전시작전통제권(전작권)의 환수를 연기하기로 미국과 합의하였다(평시작전통제권은 1994년 이미 환수되었다).

상당수의 국민은 군사주권을 찾아야 한다는 점에서 전작권이 환수되기를 바랐다. 세계 10위권의 경제규모를 가진 한국이 안보를 다른 나라에 의존한다는 점이 한국인의 자존심을 건드렸던 것이다. 그들은 전작권 환수 연기로 인해 한국이 중국과 미국의 경쟁구도에 휘말릴 가능성이 크다는 점을 아울러 지적하였다. 한편 일부에서는 전작권 환수 연기가 안보와 예산을 감안한 차선의 선택이라고 환영했다. 그들은 한국의 대북정보 수집이 미국의 인공위성 등에 전적으로 의존하고 있는 현실을 무시해서는 안 된다는 점을 강조하였다. 군사주권의 포기는 맞지만 국익이 우선이라는 것이다.

국제협력의 증대

2001년 한국은 유엔이 지역별 순환제도에 따라 아시아·오세아니아 주 그룹에 배정한 제56차 총회 의장직에 한승수 당시 외교통상부장관을 진출시키는 데 성공하였다. 그리고 역시 지역별 순환이라는 유엔 사무총장 선출 관행에 따라 아시아 지역이 유엔 사무총장직을 수임하게 될 것으로 예상되자, 한국정부는

2006년 반기문 외교통상부장관의 유엔 사무총장 출마를 공식 선언하고 아프리카·중동 및 중남미 지역의 지지세를 확대해 나 갔다. 결국 유엔은 반기문을 만장일치로 사무총장에 선출하였 다. 이러한 사실들은 모두 한국의 국제적 위상이 높아졌음을 웅 변하는 것이었다.

세계의 선진국은 저개발국가의 빈곤문제를 해결하기 위해 공 적개발원조(ODA)를 제공하고 있다. 그러나 경제협력개발기구 (OECD)가 국민총생산(GNP)의 약 0.7퍼센트를 적정한 원조규모 로 잡고 있는데 대부분의 회원국은 이 기준을 지키지 못하였다. 한국의 경우, 2011년 기준으로 O.12퍼센트에 불과했다. 한국이 동북아의 중심국가로서 국제사회에서도 중요한 역할을 수행하 기 위해서는 그러한 위상에 걸맞은 의무를 짊어져야 한다는 목 소리가 높다. 따라서 이 수치는 크게 향상될 전망이다.

세계 각국은 2000년대 이후 경제적 지역주의가 활성화됨에 따라 WTO(세계무역기구)로 상징되는 다자 간 무역질서에 의존 하기보다는 무역자유화를 위해 양자 혹은 소규모 다자 차원의 FTA(자유무역협정)를 맺고 있다. FTA는 프랑스·독일·영국 등의 유럽연합(EU)이나 미국·캐나다·멕시코의 NAFTA 등과 같이 대 부분 인접국가나 일정한 지역을 중심으로 이루어졌다. 이 때문 에 FTA는 지역 경제통합체로 불러지기도 한다. 그러나 인접국 가나 일정한 지역중심만이 아닌, 원거리 국가 간의 FTA도 있다.

FTA의 핵심 사항은 무역의 자유화를 위해 관세와 기타 제한 적인 무역규정을 모두 제거하는 것이다. 그러므로 FTA 체결국은 높은 가격의 국산재화를 낮은 가격의 상대국 재화로 대체할 수 있으며, 시장이 확대됨으로써 기업 간의 경쟁을 촉진시킬 수도 있다. 이는 가격의 인하와 질의 향상을 유발시켜 경제성장을 가속화할 수 있는 긍정적 효과가 있는 반면, 높은 가격의 자국 상품이 피해를 당하는 부정적 효과도 있다. 따라서 이해당사자의 극심한 반대 등이 따르지만, 통상협상을 강화하고 기업의 해외진출에 유리한 여건을 조성하기 위해서는 FTA체결이 불가피하다.

한국은 2004년 칠레와의 FTA를 시작으로 2011년에는 세계최대 경제권인 EU와, 2012년에는 미국과 FTA를 발효시켰다. 그리고 2014년에는 제1의 교역대상국인 중국과도 협상이 타결되어 향후 한국 경제를 한 단계 도약시키는 데 크게 기여할 것으로 기대된다. 실제로 한국의 연간수출입액은 2011년 1조 달러를 상회했고, 2015년의 경상수지 흑자는 1천 억 달러를 넘어설 전망이다. 한국은 전 세계 10위권의 경제 강국이 된 것이다.

한국문화의 확산

유네스코는 인류의 소중한 문화유산이 파괴되는 것을 막고 이를 보호하기 위해 유네스코 세계문화유산을 지정했다. 한국의 경우 1995년 불국사와 석굴암, 해인사 장경판전, 종묘 등이 등재된 이후, 2010년에는 안동 하회마을이 선정되었다. 이로써 한국의 문화재는 세계의 문화재가 되었다.

한국문화의 해외 확산과 관련하여 특히 주목되는 것은 한류이다. 한류란 TV드라마, 대중음악 등 한국의 대중문화가 다른 지역에 전해져 유행을 일으킨 현상을 말한다. 1990년대 중·후반부터 중국, 일본, 동남아시아에서 비롯된 한류는 최근 아시아를 넘어 북미, 남미, 중동, 러시아, 유럽 등 전 세계에 확산되었다. 이집트에서 방영된 한국 TV드라마 〈겨울연가〉는 '이집트 사람의 영혼을 울렸다'고 평가될 정도였다.

드라마나 대중가요에서 시작된 세계인의 한국에 대한 관심은 점차 광고, 패션 등 다른 대중문화 영역까지 그 범위를 넓혀 갔다. 한류가 한국 기업브랜드의 가치를 높인 결과였다. 그리하여 한국산 가전제품이나 자동차 등이 이미 세계시장을 휩쓴 마당에, 한류를 등에 업은 화장품 등 소비재 재화 또한 돌풍을 일으켰다. 그리고 한류가 이끈 한국관광객은 2014년 현재 1400만을 돌파했다.

한류의 확산은 사전의 준비와 설계에 의한 것이라기보다는 우연히 이루어진, 갑작스런 성공에 속한다. 따라서 이러한 현상이 일시적인 것인지 아니면 장기간 계속될지는 단언하기 어렵다. 그러나 비록 일시적인 것이라 하더라도, 한국문화가 세계문화를 이끌 수 있다는 가능성을 확인시켜주었다는 점에서, 한류의 확산이 가진 의미는 크다.

6·25전쟁 이후 김일성은 자신의 반대세력을 제거하면서 지도체제를 강화해 나갔다. 그러한 가운데 언급된 주체사상은 북한 내부의 단결을 이루는 데 크게 기여하였다. 주체사상과 이에 기초한 수령영도체제에 편승하여 김일성일가는 3대에 걸친 권력세습을 이룩할 수 있었던 것이다. 그러나 주체사상은 북한을 외부로부터 고립시킴으로써 발전을 가로막는 원인이 되었다.

해방 직후, 북한은 이른바 '민주개혁'을 실시하여 상당한 성과를 이루었다. 그러나 주체사상으로 인한 대외고립과 군사비의 증강은 북한의 경제를 어렵게 만들었다. 여기에 더하여 동구 공산권의 붕괴는 북한정권으로 하여금 체제의 존립을 걱정하게 했다. 북한은 정권의 존립을 위해 대남도발과 핵무기 개발을 추진하였다. 대남도발이 권력의 세습에 따른 불만을 잠재우고 내부의 결속을 다지기 위한 것이라면, 핵무기 개발은 미국으로부터 체제를 보장받기 위한 수단이었다.

주체사상의 형성

김일성의 남침으로 시작된 6·25전쟁은 북한의 패전으로 끝났다. 김일성은 패전의 책임을 져야 할 당사자였지만, 도리어 전쟁을 자신의 권력을 강화하는 계기로 활용하였다. 그는 6·25전쟁에 중국군이 개입한 사실로 연안파가 고무될 것을 우려하여, 평양이 함락된 책임을 씌워 연안파의 김무정을 해임하였다. 이는 패배의 책임을 자신이 지지 않기 위한 방책이었으며, 동시에 연안파가 중국군과 함께 국가를 구했다는 주장을 하지 못하도록 만드는 데 필요한 조치였다. 그리고 미국의 간첩이라는 이유로 남로당원에 대한 대대적인 체포를 지시하여 서울시당위원장을 역임한 이승엽 등을 제거하였다. 박헌영 역시 같은 혐의로 재판을 받고 1955년 사형되었다. 그러한 가운데 김일성은 자신의 호칭을 '김일성장군'에서 '김일성원수'로 바꾸어 부르게 하는 등, 자신에 대한 개인숭배를 확대시켜 나갔다.

김일성은 스탈린 사망 이후 소련에서 일기 시작한 스탈린 격하운동을 크게 우려하였다. 이는 북한에서 김일성 격하운동으로 연결될 수 있었기 때문이다. 그는 체제의 이념이 외부에 그 근원을 갖고 있다는 것이 정권에 불리하다는 사실을 깨달았다. 외부의 해석이 내정에 영향을 미칠 수 있기 때문이다. 이에 김일성은 반사대주의를 표방하면서 주체를 내세웠다(1955). 이때의 주체는 사상에서의 주체를 의미하는 것으로, 김일성에 따르면 '무조건 마르크스·레닌주의에 따르는 것이 아니라 우리의 구체적인 현실에 마르크스·레닌주의의 일반원리를 적용하는 것'이었다.

북한이 김일성 일인지배체제를 강화해 나가자, 소련은 1956년 북한의 3차 당대회에 브레즈네프Brezhnev를 파견하여 집단지도체제를 촉구하였다. 여기에 고무된 남일·허가이 등 소련파는 연안파와 합세하여 김일성의 단일지도체제를 공략할 계획을 세웠다. 그러나 김일성은 도리어 소련파와 연안파를 출당시키는 데 성공하였다(8월종파사건). 이 사건의 수습을 위해 소련은 미코얀Mikoyan 부수상을 평양에 파견했으며, 중국도 6·25전쟁 당시 중조연합사령부 총사령관이었던 국방부장 펑더화이를 보내 소련파와 연안파에 대한 출당 처분을 취소하도록 김일성에게 압력을 넣었다. 이후 북한에서는 정치에서의 자주가 강조되었다.

스탈린의 뒤를 이어 소련 공산당서기장이 된 흐루쇼프Khrushchev는 전쟁을 피하는 방법으로 자본주의 국가와의 평화공존론을 내세웠다. 그런데 이는 대만해협에서 미국과 군사적으로 대치상태에 있던 중국이나 남한에 배치된 미군과 맞서고 있던 북한으로서는 받아들일 수 없는 것이었다. 김일성은 마오쩌둥이 6·25전쟁을 중국과 미국의 전쟁으로 이끌어 가면서 자신을 지휘계통에서 배제했고, 8월종파사건 때는 펑더화이를 파견하여 간섭한 데 대해 분노했지만, 그러나 소련과의 관계 악화는 그로 하여금 중국에 접근하지 않을 수 없게 만들었다. 따라서 중국이 인민공사人民公社의 설립과 대약진운동을 통해 소련의 발전방식을 따르지 않고도 공산주의를 신속하게 달성할 수 있는 독자적인 방법을 발견했다고 주장하자, 북한은 대약진운동을 모방하여 천리마운동을 전개하고, 인민공사를 본받아 협동농장을 설립하였다(1958). 이후 경제에서의 자립이 강조되었다.

1962년 쿠바사태가 발생하였다. 소련이 쿠바에 핵미사일기지를 건설하려고 하자 미국의 케네디 대통령이 쿠바를 봉쇄했고, 이러한 기세에 눌린 소련이 미사일기지 건설을 포기했던 것이다. 여기에 큰 충격을 받은 김일성은 경제를 희생해서라도 국방력을 강화해야 한다고 생각하고, 전 인민의 무장화, 전 국토의 요새화, 전 군의 간부화, 전 군의 현대화라는 이른바 4대 군사노선을 채택하고 이를 추진하였다. 그리하여 주체사상에 국방에서의 자위自衛가 추가되었다. 그리고 중국에서 문화혁명이 일어나면서 김일성을 수정주의자, 독재자라고 비난하자, 외교에서의 자주를 내세웠다. 이로써 사상에서의 주체, 정치와 외교에서의 자주, 경제에서의 자립, 국방에서의 자위라는 주체사상의 4대 정책노선이 확립되었다.

주체사상은 심오한 철학이나 사상체계가 아니라 김일성의 지도체제를 정당화시키는 통치이념이었다. 사대주의를 배격한다는 점을 내세워 북한 주민으로 하여금 민족주의적 감정을 갖도록 하고, 이를 이용하여 김일성을 중심으로 단결시키려는 것이었다. 실제로 반사대주의와 민족의 자주성을 표방한 주체사상은 북한 내부에서 크게 설득력을 지닐 수 있었다. 김일성과 그의 동료들은 항일무장투쟁을 전개할 때부터 중국과 소련의 간섭을 받았고, 6·25전쟁 과정에서도 그들의 영향력을 배제할 수 없었기 때문이다.

그러나 주체사상은 북한을 국제사회로부터 고립시켜 소련과 동유럽국가와의 관계 악화를 초래했다. 이에 북한은 대소련 일변도의 외교정책을 지양하고, 자유 공산 어느 진영에도 가담하지 않은 비동맹국가를 상대로 다면외교를 전개하였다. 김일성이 인도네시아를 방문하여 반둥회의 10주년 기념행사에 참석한 것은 그러한 노력의 일부였다(1965). 반둥회의는 1955년 비동맹에 동조한 아시아·아프리카 국가들이 자립노선의 추구를 결의한 회의였다.

주체사상은 또한 국방비의 비중을 높이는 결과를 초래했다. 주체를 실현하기 위해서는 불가피한 일이었다. 특히 대남공작을 활발하게 추진할 당시인 1967~1969년 사이의 국방비는 전체예산의 30퍼센트를 상회할 정도였다. 이후 북한의 경제발전은 급속도로 둔화되었다. 주체사상은 북한의 발전을 가로막은 장애물이었던 것이다.

북한의 주체사상은 1980년대 남한의 학생운동에 큰 영향을 끼쳤다. 운동권 학생들 사이에 이른바 주체사상파(주사파)가 등장할 정도였다. 북한의 주한미군 철수 주장에 학생들이 공감했기 때문이다. 북한은 남한사회를 식민지·반半봉건사회로 규정하고, 이러한 남한을 해방시키기 위해서는 미군의 철수가 우선되어야 한다고 주장했다. 학생들도 분단을 내세워 독재를 정당화하는 남한의 군사독재정권을 무너뜨리기 위해서는 분단체제의 유지에 기여하는 주한미군의 철수가 불가피하다고 여겼다.

권력의 세습

1972년 북한은 사회주의헌법을 제정하였다. 같은 해 남한에서 10월유신이 이루어진 것에 대한 대응이기도 한 이 헌법의 가장 큰 특징은 주석에게 모든 권력을 집중시킨 것이었다. 1948년에 제정된 조선민주주의인민공화국 헌법이 내각 중심의 헌법이라면, 1972년의 헌법은 국가주석 중심의 헌법이었다. 내각수상을 주석으로 그 이름을 바꾸고, 그가 행정·입법·사법의 모든 권한을 장악하도록 했던 것이다. 그런데 북한은 이 헌법의 제정 의도를 '위대한 수령님께 모든 운명을 맡기고, 위대한 수령님의 영도를 충성으로 받들어 나가려는 인민의 염원을 반영한 것'이라고 설명하였다. 따라서 사회주의헌법에서의 주석제 신설은 수령영도체제로의 전환을 의미하는 것이었다.

북한에 수령이라는 직책은 존재하지 않는다. 그러함에도 조선민주주의인민공화국 수립 당시부터 김일성은 수령으로 불리었다. 그리고 사회주의헌법의 제정 이후에는 '어버이 수령'으로 호칭되었다. 이는 국가를 하나의 대가정으로 보는 것으로, 가족구성원으로서의 인민 대중이 가장인 수령을 비판한다는 것은 불가능하기 때문에 이러한 논리를 끌어들였던 것이다. 수령통치를 개인적인 것에서 제도적인 것으로 바꾼 것이 사회주의헌법이었던 것이다. 이후 수령은 점차 신격화되기 시작했다. 그리고 주체사상은 수령영도체제를 옹호하는 이론으로 변모해 갔다.

수령영도체제 아래서는 수령만이 아니라 그 후계자에 대해서도 절대적인 충성이 강조되었다. 수령의 후계자는 미래의 수령을 뜻하기 때문이다. 따라서 수령영도체제는 김일성에서 김정일로 이어지는 후계체제의 확립에 기여하였다. 김정일은 30세 되던 1973년부터 학생들로 조직된 소조小組를 농촌과 공장에 파견하여 사상·기술·문화의 세 분야에서 혁명을 지도하게 한 3대 혁명소조운동을 이끌면서 젊은 지식인을 장악해 나갔다. 이후 '대를 이어 충성하자'는 구호가 등장했고, 김정일은 '당중앙'으로 호칭되었다. 그리고 1980년에 이르러서는 '친애하는 지도자 동지'로 불리며 대외사업을 제외한 국정 전반에 걸쳐 실질적인 통치권을 행사했다. 그런데 경제상황의 악화와 동서 양진영의 냉전체제 종말은 북한의 세습체제를 위협하는 요인으로 등장하였다.

북한은 중국이 미국과 정식 외교관계를 수립하고 서방국가와의 경제교류를 강화한 것을 계기로, 중국의 개방정책을 부분적으로 원용하려고 했다. 그리하여 외국인의 직접투자나 합작투자를 유치하기 위한 합영법(합작회사운영법)을 제정하였다(1984). 이는 개방정책을 적극적으로 추진하겠다는 의지의 표현이었다. 그러나 외국인 투자 유치는 소기의 성과를 거두지 못했다. 경제를 정치와 사상의 논리로 움직인 것이 그 원인이었다. 학생과 시민의 민주화시위로 인해 야기된 중국의 톈안먼天安門사건(1989)을 목격한 북한으로서는 경제개방이 갖는 부작용을 우려하지 않을 수 없었다. 자본과 함께 들어올 자유주의를 차단해야 했으므로 사회주의체제가 훼손되지 않는 범위에서 제한적인 지역에만 개방정책을 추진했던 것이다. 따라서 북한의 경제는 1980년대 이후에도 침체의 늪에서 탈출하지 못했다.

1989년 체코·불가리아 등 동유럽 국가에서는 공산주의체제가 붕괴되는 큰 변화가 일어났다. 또한 소련에서는 다당제多黨制가 인정되면서 공산당 서기장 고르바초프가 대통령에 취임하더니, 러시아공화국의 옐친Yeltsin 대통령에 의하여 독립국가연합이 결성됨으로써 소련이 붕괴하였다(1991). 그리고 서독은 동독을 흡수하여 통일을 이루어냈다(1991). 여기에 더하여 한국은 소련·중국과 수교하여 북한을 외교적으로 고립시켰다. 이러한 변화에 대처하기 위해 북한은 남북한의 유엔 동시 가입이 분단을 영구화한다고 반대했던 기존의 태도를 버리고, 1991년 중국의 권유로 남한과 함께 유엔에 가입하였다. 그러는 한편으로 장차 있을 개방이나 정보 유입으로부터 주민의 사고와 시야를 차단하기 위해 모든 사상 역량을 총동원했다. 그 결과 '우리식 사회주의'와 '조선민족제일주의'가 등장하였다. 조선민족은 반만년의 유구한 역사와 전통을 가진 슬기로운 민족으로서 훌륭한 문화를 창조해 왔을 뿐만 아니라, 김일성의 지도 아래 항일무장투쟁을 승리로 이끈 '세계 제일'의 민족이기에 '우리식대로 살아야 한다는 것이다. 북한이 단군릉을 발굴했다고 수선을 떨면서 '단군의 자손은 단결하라'는 구호를 제창하고 나선 것도 이때의 일이었다(1993). 북한은 이를 통해 여타 사회주의 국가와의 차별성을 부각시켜 주민의 사상적 동요를 막고, 체제 결속을 도모하려고 했다.

1994년 김일성이 사망하였다. 김정일은 공식적인 권력승계를 미룬 채, 김일성이 죽어서도 유훈遺訓으로 북한을 통치하고 있다는 유훈통치를 내세웠다. 조상의 죽음 앞에 초연할 수밖에 없는 전통적 도덕심을 적절하게 활용하여 자신의 권력세습을 합리화시키려 한 것이다. 1995년부터 3년 동안 지속된 홍수와 가뭄으로 최악의 식량난을 겪자, 김일성이 항일전투 때 했다는 '고난의 행군'을 선포한 것도 그의 생전 권위를 이용하여 이를 극복해 보려는 의도였다.

북한은 1998년 건국 50주년을 기해 최고인민회의 제10기 회의를 개최하고 사회주의헌법을 수정 보완했다. 수정된 헌법의 특징은 북한의 최고 권력자가 국가주석이 아니고 국방위원회 위원장이라는 점인데, 이는 선군정치先軍政治를 법제화한 것이었다. 선군정치란 사회주의 강성대국, 즉 강하고 번영하는 나라를 건설하기 위해서는 군을 우선시해야 한다는 것이다. 군을 전면에 내세우고 군대를 혁명의 주력으로 삼아 사회주의 혁명을 이룬다는 것이 선군정치의 핵심이다. 2006년의 제1차 핵실험은 이의 구체적인 표현이었다. 선군정치는 '우리식 사회주의'와 '조선민족제일주의'로는 체제위기를 극복하기 어려웠기 때문에 등장한 것이었다.

2008년 김정일의 건강이 악화되면서 1983년 생으로 알려진 3남 김정은이 그 후계자로 부상되었다. 김정은이 후계자로 내정될 수 있었던 중요한 요인 가운데 하나는 그의 외모가 김일성을 닮은 점이었다. 김일성과 김정일로 이어지는 혁명전통의 승계자라는 점을 내세울 수 있었기 때문이다. 김정일의 현지지도에 중요한 수행자로 등장함으로써 후계자의 절차를 밟아 나간 김정은은 대남강경노선과 2009년 제2차 핵실험 등을 통해 지도력을 확보해 나갔다. 대남도발은 권력세습에 따른 북한 주민의 불만을 잠재우는 데, 그리고 핵실험은 북한의 위상을 제고하는 데 필요한 조치였다. 그리하여 김정일의 사망 직후인 2011년 김정은은 군 최고사령관에 올랐고, 곧이어 당 제1비서, 국방위원회 제1위원장에 올라 군과 당의 최고 직책을 모두 차지하였다. 이후 김정은은 군부대 중심으로 현지지도를 실시함으로써 선군정치를 계승한다는 의지를 드러냈다. 이는 남한의 대북정책이 어떻게 변하더라도 북한의 대남도발이나 핵무기 개발은 지속될 수밖에 없음을 암시하는 것이었다.

핵문제

북한이 소련의 기술지원을 받아 평안북도 영변에 원자력연구소를 설립한 것은 1964년의 일이었다. 미국이 일본으로부터 반입한 핵무기를 남한에 설치한 데 자극을 받은 결과였다. 제2차 세계대전 종전 직후 미국은 일본의 미군기지에 핵탄두를 비치했는데, 핵 피해를 경험한 일본 국민이 반핵운동을 전개하며 격렬하게 반발하자 일본에 있던 핵무기를 한국으로 옮겼던 것이다 (1958).[19] 이후 1978년 슐레신저Schlesinger 미국방장관은 '만약 북한이 남침하면 핵으로 보복 공격하겠다'고 공언하였다. 북한은 '한반도의 비핵화'를 줄기차게 주장하는 한편으로, 독자적으로 핵무기 개발을 추진하였다. 그들은 핵확산금지조약(NPT)에 가입한(1985) 후에도 비밀 핵시설의 건설을 중단하지 않았다.

북한이 핵무기를 개발하고 있다는 의혹을 가진 국제원자력기구(IAEA)는 1990년 북한에 핵사찰을 요구하였다. 미국도 북한에 핵무기 개발의 포기를 종용하였다. 북한이 핵폭탄을 보유할 경우 남한과 일본 등의 핵무기 개발 경쟁이 촉발될 것이며, 경제가 어려운 북한이 핵 수출에 나선다면 중동지역의 국가들까지 핵 원료를 손에 쥐게 되므로 이를 방치할 수 없었던 것이다. 북한은 미국이 남한에 핵무기를 배치해놓은 상태에서 핵사찰에 동의할 수 없다고 맞섰다. 이에 미국의 부시Bush, Herbert 대통령은 1991년 남한에 있는 모든 핵무기의 철수를 지시하였다. 주한미군이 보유하고 있던 핵무기를 철수하여 북한의 안보에 대한 불안을 해소시켜주려고 했던 것이다.

북한은 영변 핵시설에 대해서 국제원자력기구의 사찰을 허용하면서 미국에 평화 보장을 요구했다(1992). 핵무기 개발을 협상 카드로 내세워 미국과의 관계개선을 추진한 것이다. 여기에 부응하여 한국과 미국은 베트남이 공산화된 데 자극되어 1976년 부터 실시해 오던 한미연합 군사훈련인 팀스피리트Team Spirit 훈련을 취소하기로 했다. 그런데 같은 해 김영삼이 민자당의 대통령후보로 지명되면서 팀스피리트 훈련을 재개한다고 발표하였다. 북한과의 관계개선이 민주당의 김대중후보에게 유리하게 작용하지 않을까 하는 우려에서 이러한 조치를 취했던 것이다.[20] 그러자 북한은 핵확산금지조약에서 탈퇴를 선언하고, 국제원자력기구의 상주 사찰관을 추방함으로써 북미관계는 다시 경색되었다.

한국이 소련과 수교하고 러시아의 옐친 대통령이 한국을 방문하는 등 한러관계가 우호적으로 변화하자, 북한은 독자적 핵개발을 포기하는 대신 핵 원료를 사용하지 않고 전력 수요를 충당시킬 수 있는 경수로형 원자로 건설에 필요한 자금을 제공해줄 것을 미국에 제의하였다. 미국이 여기에 응함으로써 북한에 경수로 핵발전소 2기를 건설하기 위한 한반도에너지개발기구 (KEDO)가 발족되고, 한국전력이 공급사업의 주계약자가 되었다(1994). 이는 북한의 '벼랑 끝 외교'가 어느 정도 성공을 거두었음을 의미하는 것이었다. 약자가 문제를 일으켜 강자를 난처한 입장에 빠뜨려 자신의 요구를 들어주도록 하는 것을 '벼랑 끝 외교'라고 하는데, 북한은 이를 대미외교에 구사했던 것이다. 한국은 대북정책에서 주도권을 장악하기는커녕 북미 간의 대화에 참여하지도 못하고, 미국보다 많은 재정적 부담을 안게 되었다. 미국은 한국을 빼놓고 북한과 합의서를 만들고, 경수로 건설 경비 70퍼센트를 한국으로 하여금 부담케 했던 것이다.

김일성의 사망 이후 북한은 미사일 사정射程거리 연장계획을 수립하여 장거리 미사일인 대포동미사일의 시험발사에 성공하였다(1998). 이를 통해 김정일의 지도력을 과시하고, 체제를 결속시키려 했다. 아울러 대미협상력의 제고도 기대하였다. 생존을 위해서는 미국과의 관계개선이 불가피하다는 사실을 깨달은 북한은 핵과 더불어 미사일 개발을 양국 간의 관계정상화에 이용했던 것이다.

북미 간 관계정상화 분위기는 2000년 올브라이트Albright 미국무장관의 북한 방문과 북한 조명록특사의 미국 방문으로 무르익었다. 그러나 국제테러조직이 뉴욕의 세계무역센터와 워싱턴의 국방부를 강타한 9.11테러가 발생하자(2001), 미국 대통령 부시Bush, Walker는 북한을 '(지구상에서) 없어져야 할 악'으로 규정하였다. 그런데 부시의 대북강경태도는 도리어 한국인의 반발을 불러일으켰다. 여기에 경기도 동두천에서 두 여학생이 미군 소속 장갑차에 깔려 숨진 사건이 발생하자, 한국인의 반미감정은 극에 달했다. 북한은 이러한 분위기에 편승하여 영변 핵시설을 재가동하였다(2003).

그렇다고 북미 간의 핵문제 타결을 위한 대화가 단절된 것은 아니었다. 다만 북한이 핵무기 개발 프로그램을 포기하는 대가로 미국에 체제 보장과 보상을 요구한 데 대해, 미국은 사전 보장은 곤란하다는 입장을 견지하였다. 그리고 회담의 형식을 놓고도 갈등을 빚었다. 북한이 미국과의 직접 대화를 원한 데 반해, 미국은 다자多者회담의 형식을 통한 문제의 해결을 주장했던 것이다. 미국이 다자회담을 선호한 것은 회담의 타결 시 북한이 요구할 것으로 예상되는 체제 보장 및 경제지원에 필요한 비용을 분담할 수 있고, 실패할 경우 북한을 압박하는 데 그들의 여론을 활용할 수 있다고 판단했기 때문이다.

북한 핵문제의 해결을 위한 남한·북한·미국·일본·중국·러시아의 6자회담이 베이징에서 열렸다(2003). 그러나 6자회담은 이렇다 할 성과를 내지 못하였다. 따라서 한반도에너지개발기구도 북한으로부터 인력을 철수하고, 경수로사업의 종료를 결정했다(2006). 그러는 사이 북한은 2006년과 2009년, 그리고 2013년 세 차례에 걸쳐 핵실험을 실시하였다. 그리고 2012년 개정된 수정헌법에 핵보유국임을 명시하였다. 이는 북한이 핵을 폐기할 의사가 없음을 다시 확인한 것이었다.

---

1 와다 하루키, 2002, 《북조선》.

2 정용욱, 2003, 《해방전후 미국의 대한정책》.

3 송광성, 1993, 《미군점령4년사》.

4 허은, 2000, 〈8·15직후 민족국가 건설운동〉, 《우리민족해방운동사》.

5 이완범, 2007, 《한국해방3년사》.

6 이기백, 1990, 《한국사신론》 신수판.

7 김학준, 1989, 《한국전쟁》.

8 김기진, 2006, 《한국전쟁과 집단학살》.

9 강만길, 1994, 《고쳐 쓴 한국현대사》.

10 정병준, 2000, 《우남 이승만 연구》.

11 서중석, 1997, 〈이승만정부 초기의 일민주의〉, 《진단학보》 83.

12 김정원, 1985, 《분단한국사》.

13 홍석률, 1994, 〈이승만 정권의 북진통일론과 냉전외교정책〉, 《한국사연구》 85.

14 이원덕, 1996, 《한일과거사 처리의 원점》.

15 김일영, 2003, 《주한미군》.

16 김정원, 1985, 《분단한국사》.

17 최길성, 1997, 〈새마을운동과 농촌진흥운동〉, 《이현희기념논총》.

18 조철호, 2007, 〈박정희의 자주국방과 핵개발〉, 《역사비평》 80.

19 피터 헤이즈, 1993, 《핵 딜레마》.

20 돈 오버도퍼, 2002, 《두 개의 한국》.

종장
세계화시대와 한국사

한국의 역사가들은 시대에 따라 관점을 달리하여 역사를 서술했다. 역사를 서술한 이유가 달랐기 때문이다. 예컨대 한국이 일제의 식민지가 된 이후 역사가들은 민족정신의 앙양과 일제침략의 폭로에 주력하였다. 그리고 해방 이후의 학자들은 실증적 연구 결과를 토대로 일제 식민주의사학을 극복하여 민족의 자존심을 회복하는 데 역사 연구의 목적을 두고, 한국사가 오랜 전통과 훌륭한 문화유산을 지녔다는 점을 내세웠다. 1980년 광주민주항쟁이 발생하자, 민중사학을 표방한 일군의 역사학자는 군부독재정권의 타도를 역사 연구의 중요한 목표로 설정하였다. 이들의 역사 연구방법에 대해서는 적지 않은 문제점들이 지적되었지만, 그러함에도 해방 이전의 민족주의사학이 한국인의 독립의지를 북돋우고 자긍심을 갖는 데 크게 기여했고, 해방 이후의 한국사 연구가 새로운 국가건설에 이바지했으며, 민중사학이 독재정권의 타도에 일익을 담당했음은 부인하지 못할 사실이다.

그런데 오늘날은 식민지시대도, 새로운 국가를 건설해야 하는 시기도, 독재정권시대도 아니다. 일제 식민지에서 벗어난 지 60년이 넘은 오늘날 아직도 식민주의사학을 비난하면서 그것의 극복만이 한국 사학의 임무로 인식한다면 시대착오적인 것이라고 할 수 있다. 또한 한국사가 오랜 전통과 훌륭한 문화유산을 지녔다는 점을 내세울 필요는 있지만, 그렇다고 이것만을 강조할 수도 없는 노릇이다. 그리고 독재정권이 소멸한 것도 오래전의 일인 만큼 독재정권시대의 논리로 오늘날의 한국사를 이해하기도 어렵다.

오늘날은 다른 나라와 관계를 맺지 않고는 생존해 나갈 수 없는 시대가 되었다. 한 나라의 경제위기가 곧 인접국으로 비화되듯이, 한 나라에서 일어난 일이 그 나라에 그치지 않고 다른 여러 나라에 영향을 미치게 된 것이다. 세계, 특히 인접국이 하나의 공동운명체가 된 세계화시대인 것이다. 이러한 시대는 국가 간의 장벽을 허물고 공동의 번영을 추구할 수밖에 없다. 그러한 만큼 역사학이 국가 간의 갈등 요인이 되어서는 곤란하다. 한국·일본·중국사가 동북아시아 평화의 걸림돌이 되어서는 안 되는 것이다. 역사가 과거의 사실을 연구하는 것이지만, 그러나 과거 아닌, 현재나 미래를 위해 존재하는 것임을 염두에 둘 필요가 있다.

역사가 국가 간의 갈등 요인이 되지 않기 위한 방법으로 서양사 연구자들은 민족이나 국가 중심의 역사보다는 지구사Global History를 서술할 것을 촉구한다. 대립 갈등 지향의 역사를 신뢰와 통합 지향의 역사로 바꾸기 위해서는 국가나 민족보다는 지구에 함께 사는 공동체의 일원인 인류의 역사를 서술해야 한다는 것이다. 또한 중국사 전공자를 중심으로 동아시아사를 서술하자는 논의가 전개되기도 했다.

그러나 국가나 민족 중심의 역사 서술에서 탈피하자는 논리에는 공감하기 어렵다. 유럽에서 그러한 역사 서술이 가능한지 모르지만, 동북아시아의 경우는 국가가 그 구성원의 삶과 밀착된 것으로, 역사가 이를 중심으로 전개되어 온 것이 움직일 수 없는 사실이기 때문이다. 한국사 연구자들이 일본의 학자들과 한일 역사공동위원회를 구성하여 역사 갈등 극복을 위한 대화를 시도했으나, 서로의 입장 차이만을 확인한 채 이렇다 할 성과를 내지 못한 것은 이와 무관하지 않을 것이다.

결국 아무리 그럴듯한 역사상을 제시하더라도 자국의 역사 서술을 담당하는 학자들이 국가 간의 분쟁을 막기 위한 노력을 기울이지 않는다면, 이는 의미가 없어 보인다. 동북아시아의 경우 한국·일본·중국의 역사학자들이 지구사나 동아시아사의 서술에 매달리기보다는 자국의 역사 서술에서 주변국과의 갈등을 야기하지 않기 위한 방법을 찾아야 하는 것이다. 저자는 세계인이 공감할 수 있는 보편타당한 역사를 서술하는 것은 그러한 방법의 하나일 수 있다고 생각한다. 이 책은 이러한 관점에서 쓰여졌다. 이 책의 바탕에 깔린 저자의 생각을 다시 정리하면 다음과 같다.

한국의 일부 역사학자는 민족의 우수성이나 영광을 과장되게 드러냈다. 고조선이 기원전 23세기에 건국되었으며, 그 중심지가 평양이었다는 주장은 그 구체적인 예가 될 것이다. 그런데 국가의 형성은 청동기시대로 이해되고 있고, 한반도의 경우 기원전 10세기 이후에야 청동기가 사용된 것으로 알려져 있다. 따라서 기원전 23세기나 그 이전의 한반도는 석기시대였으므로 국가가 형성되었다고 보기 어렵다.

남한에서 국가 기원이 오래되고 영토가 넓었음이 강조된 것은 박정희의 유신정권과 전두환정권 때였다. 그리고 북한이 '조선민족'이 '세계 제일'이라는 점을 내세운 것은 서구의 공산주의가 무너지고 내부적으로 '하루 두 끼 먹기 운동'이 전개될 시기였다. 민족의 영광이 민족구성원을 위해서가 아니라 그들의 불만을 호도하고, 그들을 억압하기 위한 수단으로 이용되었던 것이다.

그렇게 보면, 정복전쟁을 벌여 영토를 확장한 것을 민족의 영광으로 이해할 일도 아닌 것 같다. 그러한 정복이 민족구성원을 위한 것이었다고 이해되지 않기 때문이다. 광개토왕의 경우, 그가 정복사업을 벌인 것은 자신의 권위를 높여 귀족을 장악하기 위함이었다는 견해가 있다. 그는 자신을 위한 전쟁에 민족구성원을 동원하여 그들을 고통으로 몰아넣었던 셈이다. 사실 우리가 남을 정복한 것을 자랑스럽게 여긴다면, 반대로 우리가 남의 침략을 받은 사실도 합리화되어야 하는 것이 아닌가 한다. 일찍이 이기백이 지적했듯이, 우리 민족이 소중하면 다른 민족도 소중한 줄 알아야 하며, 우리가 우리 민족을 사랑하듯이 다른 민족도 그들 민족을 사랑한다는 사실을 알아야 하는 것이다.

한국사에서는 외세배척을 긍정적으로, 그리고 외세와의 타협을 부정적으로 평가하는 경향이 일반적이다. 외세가 민족구성원을 불행으로 이끈 장본인이라면, 배척해 마땅하다. 예컨대 일본과의 역사 논쟁을 피하기 위해 일제의 침략을 합리화하고 종군위안부문제를 전쟁의 와중에 흔히 있을 수 있는 일로 서술한다면, 이는 명백한 역사왜곡이다. 종군위안부제도와 같은 범죄행위가 개인 아닌 국가에 의해 조직적으로 행해졌다는 사실은 간과되어서는 안 된다. 많은 일본인들이 제국주의의 침략전쟁에 희생되거나 혹은 고통을 당했음을 감안하면, 이러한 비판은 일본인에게도 도움이 될 것이다. 외국인들의 박정희 유신체제에 대한 비판이 한국의 민주화에 도움이 된 것과 마찬가지이다. 아울러 일제 식민지배의 실상을 구체적으로 드러내는 것은 한국사 연구가 세계사에 기여하는 길이기도 하다. 강대국의 횡포에 시달리는 오늘날의 약소국에게도 참고가 될 수 있기 때문이다. 다만 한국사에서 비판해야 할 것은 일본제국주의이지 오늘날의 일본이 아니다.

한편 외세배척이 한국사에 꼭 긍정적으로 작용하지 않은 경우도 있었다. 해방 직후의 신탁통치반대운동을 통해 알 수 있는 일이다. 신탁통치 논의는 한국인의 정서로는 용납하기 어려운 것이었다. 그러나 해방이 우리 손으로 얻어진 것이 아니었던 만큼 미·소의 주장을 외면할 수도 없는 상황이었다. 더구나 당시의 현안은 친일파처단과 토지개혁이었다. 이러한 현안이 신탁통치 반대 열기에 묻혀 유야무야 되었다. 따라서 한국인의 민족주의적 열정에서 비롯된 신탁통치반대운동이 도리어 수많은 친일파들을 '애국자'로 둔갑시켜주었고, 반공세력에 이용되어 이후 분단의 고착화에 기여했다는 비판적 견해도 있는 실정이다.

정치권력자 가운데는 심지어 외세배척을 내세워 민족구성원을 억압하기도 했다. 고려 최씨무신정권의 대몽항쟁이 그러했다. 몽고와의 항쟁을 정권유지의 수단으로 이용한 최씨집권자는 백성들이 자신의 항몽정책에 따르지 않을 경우, 그들을 고문하고 죽였다. 따라서 당시의 백성들은 도리어 몽고군이 오는 것을 기뻐했다 한다. 외세를 배척했다는 사실만으로 최씨의 행위가 정당화될 수는 없을 것이다.

민족구성원에게 해가 되는 외세는 배척해야 하지만, 그렇다고 그들의 선진문물까지 배격해야 하는 것은 아니다. 일찍이 실학자 박지원이 지적했듯이, 오랑캐의 것이라도 훌륭하면 배워야 하는 것이다. 실제로 지석영이 그러했다. 1879년 천연두가 만연했으나 한의학으로는 그것을 치료할 수 없었다. 이에 한의사인 지석영은 부산의 일본인을 위한 병원에서 종두법을 배워 많은 인명을 구했다. 그리고 두묘痘苗를 얻기 위해 1880년 제2차 수신사 김홍집을 따라 일본에 다녀온 후에는 위정척사를 주장한 유학자들에 맞서 개화 상소를 올렸다. 이로 미루어 보면 외세와 타협도 그것이 민족구성원 다수를 위한 것이라면 긍정적으로 평가되어야 하는 것이 아닌가 생각한다.

학계에는, 최근 그 영향력이 많이 약화되었지만, 한국사가 외부의 영향 없이 내부의 요인에 의해 발전했다는 내재적 발전론이 대세를 이루었다. 이는 17~18세기 사회경제적 변화를 입증하는 이론이었지만, 사회 주도세력의 변화를 설명하는 데도 적용되었다. 그리하여 고려가 원의 지배를 받던 시기에 새로운 세력인 사대부가 등장하여 당시의 지배세력인 권문세족을 몰아냈고, 조선 성종 때 김종직과 그의 제자를 중심으로 한 사림파가 집권세력인 훈구파와의 투쟁에서 승리하여 조선정계를 장악했다고 설명한다. 그러나 원의 지배를 받은 시기에 새로운 세력이 성장했다는 주장은 잘 납득이 안 된다. 그리고 김종직과 그의 문인을 그 이전의 양반과 다른 새로운 세력으로 이해할 근거는 찾기 어렵다.

저자는 한국사에 있어서 변화의 계기를 고려의 과거제도 실시와 1894년의 신분제도의 폐지에서 찾았다. 그런데 고려의 과거제도 실시는 신라인의 활발한 당나라 진출이 있었기에 가능했다. 당에 들어가 견문을 넓힌 상인, 유학자, 그리고 선종의 승려들은 귀국하여 신라의 골품제도를 와해시키고 유학을 지방사회에까지 보급하는 데 기여했던 것이다. 한편 천년이 넘게 지속되어 온 신분제도는 1894년 갑오개혁으로 폐지되었다. 조선사회 내부의 여건 성숙이 주된 원인이었지만, 그것이 실현된 것은 개항 이후 서구문물의 수용과 밀접한 관련이 있었다. 선진문물을 접한 개화파 관리들은 국가를 부강하게 하는 데는 신분제도의 타파가 필수적이라고 여기고, 이의 폐지에 적극적이었던 것이다.

결국 저자는 한국사의 역사적 사실이 민족구성원에게 어떠한 의미를 지녔는지에 서술의 초점을 맞추었다. 그리고 한국사의

세계화시대
우리한국사

발전은 자존이나 폐쇄보다는 선진문물의 적극적인 수용과 활발한 교류를 통해 얻어진다는 점을 드러내고자 했다. 한국사가, 한국의 문화유산이 세계의 문화유산이듯이, 세계사의 구성분자로서 인류의 보편적인 가치나 공동의 선을 추구하는 데 일익을 담당할 수 있기를 기대한다.

찾아보기

세계화시대
우리한국사

세계화시대
우리한국사

세계화시대
우리한국사

세계화시대
우리한국사

세계화시대
우리한국사

세계화시대
우리한국사

⊙ 2015년 8월 25일 초판 1쇄 발행
⊙ 2021년 3월　3일 초판 3쇄 발행
⊙ 글쓴이　　　　　김당택
⊙ 발행인　　　　　박혜숙
⊙ 디자인　　　　　이보용
⊙ 펴낸곳　　　　　도서출판 푸른역사
　우) 03044 서울시 종로구 자하문로8길 13
　전화: 02) 720-8921(편집부) 02) 720-8920(영업부)
　팩스: 02) 720-9887
　전자우편: 2013history@naver.com
　등록: 1997년 2월 14일 제13-483호

ⓒ 김당택, 2021
ISBN　979-11-5612-052-0　03900